HEINZ JÜRGEN REAL

Die privaten Stipendienstiftungen der Universität Ingolstadt
im ersten Jahrhundert ihres Bestehens

LUDOVICO MAXIMILIANEA

Universität Ingolstadt-Landshut-München

Forschungen und Quellen

Herausgegeben von Johannes Spörl und Laetitia Boehm

Forschungen Band 4

Die privaten Stipendienstiftungen der Universität Ingolstadt im ersten Jahrhundert ihres Bestehens

Von

Heinz Jürgen Real

Mit einem Beitrag

Das Georgianum 1494 - 1600
Frühe Geschichte und Gestalt eines staatlichen Stipendiatenkollegs

von Arno Seifert

DUNCKER & HUMBLOT / BERLIN

Alle Rechte vorbehalten
© 1972 Duncker & Humblot, Berlin 41
Gedruckt 1972 bei Berliner Buchdruckerei Union GmbH., Berlin 61
Printed in Germany
ISBN 3 428 02638 1

Zum Geleit

Der hiermit vorgelegte vierte Band der universitätsgeschichtlichen Reihe widmet sich einem thematischen Bereich, der in der universitätsgeschichtlichen Forschung zwar längst einen festen Platz einnimmt, jedoch für die älteste bayerische Landesuniversität bisher noch keine Darstellung gefunden hat, die das gedruckte und archivalische Material systematisch erfaßt. Die ‚Ludovico Maximilianea' wendet sich damit sozial- und wirtschaftsgeschichtlichen Fragestellungen zu, denen in Kürze eine weitere Untersuchung von anderem Aspekt her, nämlich zur Geschichte des Ingolstädter Studententums, folgen wird.

Wenn dieser Band zwei sich ergänzende Untersuchungen enthält, so sei gleichzeitig für die weitere Gestaltung der Forschungsreihe angekündigt, daß geplant ist, neben größeren Monographien auch Sammelbände mit Einzelbeiträgen herauszubringen.

Noch in diesem Jahr wird auch die Quellen-Reihe eröffnet mit zwei Editionen: einerseits Dokumenten zur bayerischen Studiengesetzgebung in der ersten Hälfte des 19. Jahrhunderts, andererseits zur Frühgeschichte der Universität Ingolstadt im 15. und 16. Jahrhundert.

München, im Juni 1972

Prof. Dr. Johannes Spörl   *Prof. Dr. Laetitia Boehm*

Inhaltsverzeichnis

Vorwort 9

Quellenverzeichnis 11

Literaturverzeichnis 12

Einführung 19

Erster Teil: Die einzelnen Stiftungen 22

  I. Vorbemerkung zur archivalischen Überlieferung 22

  II. Von der ersten Stipendienstiftung im Jahre 1509 bis zum Beginn der Regentschaft Christian Krippers (1562) 25

    Die Zingel-Stiftung (1509) 30
    Die Widmann-Stiftung (1513) 37
    Die Adorf-Stiftung (1515) 40
    Die Pettendorfer-Stiftung (1520) 44
    Die Schwebermair-Stiftung (1531) 46
    Die Zeys-Stiftung (1543) 50
    Die Erasmus-Wolf-Stiftung (1553) 54
    Die Kurz-Stiftung (1555) 56
    Die Furtmair-Stiftung (1561) 58
    Die Grill-Stiftung (1562) 61

  III. Die Stiftungsfreudigkeit auf ihrem Höhepunkt. Die Ära Christian Krippers und Rudolf Klenks (1562 - 1578) 66

    Die Pemler-Stiftung (1562) 66
    Die Harrer-Eck-Stiftung (1562) 68
    Die Flach-Stiftung (1568) 71
    Die Hofer-Stiftung (1569) 74
    Die Winkler-Stiftung (1569) 76
    Die Martin-Wolf-Stiftung (1569) 77
    Die Kripper-Stiftung (1568/69) 79
    Die Sterkel-Stiftung (1574) 83
    Die Landau-Stiftung (1574) 85
    Die Eck-Stiftung (1575) 89
    Die Klenk-Stiftung (1578) 92

IV. Das Abklingen der Stiftungsfreudigkeit bis zum Ausgang des Jahrhunderts 98
    Die Benz-Stiftung (1579) 98
    Die Eisengrein-Stiftung (1580) 101
    Die Fator-Stiftung (1585) 105

Zweiter Teil: Vergleichende Gesamtbetrachtung 109

  I. Der Stifterwille 109
    1. Die Zulassungsbedingungen 109
    2. Pflichten und Rechte der Stipendiaten 112

  II. Die Stiftungsaufsicht 118

  III. Stifter und Stiftungsmotive 122
    Exkurs: Seelgerät- und Jahrestagsstiftungen 125

  IV. Die Verwaltung der Stipendien 129

  V. Die Verhältnisse im Georgianum 132

  VI. Besetzungen und Vakaturen 139

Zusammenfassung 143

Beitrag: Das Georgianum (1494 - 1600)

Frühe Geschichte und Gestalt eines staatlichen Stipendiatenkollegs 147

Von Arno Seifert

Die Gründung 151

Rechtsstellung, Organisation und Ausstattung 157

Die Rolle des Georgianums im artistischen Fakultätsbetrieb 168

Die Kollegreform von 1555 175

Die herzogliche Kollegpolitik zwischen 1570 und 1600 185

Zustand und Stellung des Georgianums am Ende des 16. Jahrhunderts ... 190

Register 207

Vorwort

Für ihre freundliche Hilfe und ihr stetes Entgegenkommen beim Aufsuchen des archivalischen Materials sei allen Damen und Herren der betreffenden Archive herzlich gedankt. Besonderer Dank gilt Herrn Professor Dr. Johannes Spörl, auf dessen Anregung und unter dessen Leitung die vorliegende Untersuchung entstand. Durch wertvolle Ratschläge und großzügiges Öffnen der Quellen förderte und begleitete er die Bearbeitung des Themas. Frau Professor Dr. Laetitia Boehm sei für ihre stete Hilfsbereitschaft, ihre wertvollen Anregungen und ihr Interesse ebenfalls herzlich gedankt.

Die Untersuchung wurde im Wintersemester 1968 von der Philosophischen Fakultät der Universität München als Dissertation angenommen und in der seitdem verflossenen Zeit einer Überarbeitung unterzogen. Den Herausgebern der Ludovico Maximilianea, Herrn Professor Spörl und Frau Professor Boehm, gebührt für die Übernahme der Arbeit in die genannte Reihe der Dank des Verfassers, ebenso wie für die großzügige finanzielle Unterstützung.

Heinz Jürgen Real

Quellenverzeichnis

Gedruckte Quellen

Mederer, I. N.: Annales Ingolstadiensis Academiae, Bd. 4 (Diplomata), Ingolstadt 1782

Ostermair, F. X.: Hertzog Georgen Stipendium. Stipendium Petendorfers. Adorfers Stipendium: Sammelblatt des historischen Vereins in und für Ingolstadt 28 (1904) 71 - 74

Prantl, C.: Geschichte der Ludwig-Maximilians-Universität in Ingolstadt, Landshut, München, Bd. 2 (Dokumente), 1872

Schmid, A.: Geschichte des Georgianums in München. Festschrift zum 400jährigen Jubiläum, 1894, 8 - 28

(Pemlers und Adorfs Stiftungen): Sammelblatt des historischen Vereins in und für Ingolstadt 10 (1885) 22 - 31

Ungedruckte Quellen

I. *Archiv des Herzoglichen Georgianums München* (GA)
   Abteilung I: Nr. 8, 9, 11, 12, 15, 16, 21, 22, 25, 26, 27, 28, 31, 32, 33, 34, 36, 37, 40, 42, 47, 50, 54, 55
   Abteilung II: Nr. 46, 59 I, 61, 97, 102 I, 105, 112, 163
   Abteilung III: Nr. 1a, 2

II. *Universitätsarchiv München* (UA)

J II 7	J III 17	J III 61
J II 14	J III 19	J III 62
J II 23	J III 30 1	Sen. 81
J II 37	J III 34	D III 8
J III 3	J III 50	J III 63
J III 5	J III 52	J III 64
J III 10	J III 54	III 11/1
J III 13	J III 57	III 19

III. *Staatsarchiv für Oberbayern München* (StA Obb)

GL 1477/I	GL 1494/11	GL 1494/43
GL 1477/III	GL 1494/15	GL 1496/12
GL 1477/IV	GL 1494/17	GL 1499/11

IV. *Hauptstaatsarchiv München* (HStA)
   Staatsverwaltung, Gruppe Fundationes

V. *Stadtarchiv Ingolstadt* (StA Ingolstadt)
   A V 9
   A VI 5, 7, 8
   A VI 122 Nr. 3, 4, 8, 9, 15
   B 115
   B 116

VI. *Bischöfliches Ordinariatsarchiv Eichstätt* (OA Eichstätt)
   z 2

Literaturverzeichnis

Abert, J. Fr.: Aus der Geschichte der ersten Würzburger Universität unter Bischof Johann von Egloffstein: Archiv des historischen Vereins von Unterfranken und Aschaffenburg 63 (1923) 1 - 32

Ahlhaus, J.: Die Finanzierung der Universität Würzburg durch ihren Gründer Fürstbischof Julius Echter von Mespelbrunn: Buchner, M. (Hrsg.), Aus der Vergangenheit der Universität Würzburg. Festschr. zum 350jährigen Bestehen der Universität (1932) 9 - 41

Akademische Stiftungskommission, Prüfung des Anspruchs von Protestanten auf den Genuß der Studienstiftungen an der Universität Freiburg, Freiburg 1884

Albert, P. P.: Zur Geschichte der Gründung der Universität Freiburg: Zeitschrift der Gesellschaft für Beförderung der Geschichts-, Altertums- und Volkskunde von Freiburg und den angrenzenden Landschaften 27 (1911) 105 - 118

Albrecht, D.: Simon Thaddäus Eck: LThK, Bd. 3 ²1959 644 - 645

Bauch, G.: Die Anfänge des Humanismus in Ingolstadt. Eine literarische Studie zur deutschen Universitätsgeschichte, 1901

Baumgart, M.: Die Stipendien und Stiftungen zu Gunsten der Studierenden an allen Universitäten des deutschen Reichs nebst den Statuten und Bedingungen für die Bewerbung und den Vorschriften über die Stundung resp. den Erlass des Collegienhonorars, 1885

Bauerreis, R.: Kirchengeschichte Bayerns, Bd. 6, 1965

Bernary, F.: Via antiqua und via moderna auf den deutschen Hochschulen, 1919

Bezold, F. v.: Die ältesten deutschen Universitäten in ihrem Verhältnis zum Staat: HZ 80(1898) 436 - 467

Bley, H.: Die Universitätskörperschaft als Vermögensträger. Dargestellt am Beispiel der Universität Freiburg i. Br., 1963

Bianco, J. v.: Die ehemalige Universität und die Gymnasien zu Köln, sowie die an diese Lehranstalten geknüpften Studien-Stiftungen von ihren Ursprüngen bis auf unsere Zeiten, Köln 1850

Boehm, L.: Die Verleihung akademischer Grade an den Universitäten des 14. bis 16. Jahrhunderts. Ein Beitrag auch zur Geschichte der Alma Mater Ingolstadiensis: Chronik der Ludwig-Maximilians-Universität München 1958/59 (1959) 164 - 178

— Die Idee der Universität in der Geschichte. Belastendes Erbe oder Postulat?: Chronik der Ludwig-Maximilians-Universität München 1961/62 (1962) 189 - 208

Bonjour, E.: Die Universität Basel von den Anfängen bis zur Gegenwart (1460 - 1960), 1960

Brack, H.: Hochschulen: Staatslexikon, Bd. 4 ⁶1958, 114 - 116

Brouwere, J.-G.: Die Gründung der Universität Ingolstadt 1472, Diss. masch. München 1943

Brunn, H.: Wirtschaftsgeschichte der Universität Heidelberg von 1558 bis zum Ende des 17. Jahrhunderts, Diss. masch. Heidelberg 1950

Buchner, F. X.: Archivinventare der katholischen Pfarreien in der Diözese Eichstätt, 1918

— Das Bistum Eichstätt. Historisch-statistische Beschreibung auf Grund der Literatur, der Registratur des Bischöflichen Ordinariats Eichstätt sowie der pfarramtlichen Berichte, 2 Bde., 1937/38

Buchner, O.: Die humanistischen und gegenreformatorischen Bestrebungen Johann Egolfs von Knöringen (1537 - 1575) vor seiner Wahl zum Bischof von Augsburg: HJb 74, Festschr. Franz Schnabel (1955) 242 - 251

Buzas, L.: Bibliographie zur Geschichte der Universität Ingolstadt-Landshut-München, Manuskript München 1969

— Personenregister zur Matrikel der Ludwig-Maximilians-Universität Ingolstadt-Landshut-München, Maschinenschrift München 1964

Crozals, J. M. F. J. de: Conspectus historiae Ingolstadiensis Academiae durante primo a fundatione saeculo (1472 - 1588), Diss. Paris 1877

Curator der Universität Freiburg: Die Dauer des Stipendiengenusses an der großherzgl. bad. Universität Freiburg und der Genuss des Stipendiums pro anno practico, Freiburg 1833

Demelius, H.: Beiträge zur Haushaltsgeschichte der Universität Wien: Studien zur Geschichte der Universität Wien, Bd. 1 (1965) 92 - 217

Denifle, H.: Die Entstehung der Universitäten des Mittelalters bis 1400 (Berlin 1885), Nachdruck 1956

Diderot et d'Alembert (Hrsg.): Fondation: Encyclopédie. Dictionnaire raisonné des sciences, des arts et des métiers, Bd. 7 Paris 1757 72 - 75

Doeberl, M.: Entwicklungsgeschichte Bayerns, Bd. 1 ³1916

Dölger, F.: Akademien: Staatslexikon, Bd. 1 ⁶1957 178 - 182

Enders, G.: Die wirtschaftliche Ausstattung der Universität Wittenberg (1502 - 1547), Diss. Halle 1951

Ernst, F.: Die wirtschaftliche Ausstattung der Universität Tübingen in ihren ersten Jahrzehnten: Darstellungen aus der Württembergischen Geschichte 20 (1929) 1 - 105

Eulenburg, F.: Die Frequenz der deutschen Universitäten von ihrer Gründung bis zur Gegenwart, 1904

Die Familienstiftungen Deutschlands und Deutsch-Österreichs, 5 Bde. München 1890/1901

Fabricius, J. A.: Abriss einer allgemeinen Historie der Gelehrsamkeit, Bd. 3 Leipzig 1754

Ficker, G. und H. *Hermelink*: Handbuch der Kirchengeschichte, Bd. 2 ²1929

Fournier, M.: Les statuts et privilèges des universités françaises depuis leur fondation jusqu'en 1789, 4 Bde. Paris 1890/1894

Franzen, A.: Universitäten: LThK, Bd. 10 ²1965 510 - 517

Freninger, F. X.: Das Matrikelbuch der Universität Ingolstadt-Landshut-München. Rectoren, Professoren, Doctoren 1472 - 1872. Candidaten 1772 - 1872, München 1872

Gemminger, L.: Das alte Ingolstadt, Regensburg 1864

Gerlach, H.: Das Präsentationsrecht auf Pfarreien, Diss. München 1854

Gerstner, I.: Geschichte der Stadt Ingolstadt in Oberbayern, München 1853

Geusau, A. v.: Geschichte der Stiftungen, Erziehungs- und Unterrichtsanstalten in Wien von den ältesten Zeiten bis auf gegenwärtiges Jahr, Wien 1803

Götz, J. B.: St. Moritz in Ingolstadt. Kirche und Pfarrei: Sammelblatt des historischen Vereins in und für Ingolstadt 47 (1928) 1 - 112

— Ingolstädter Grabsteine: Sammelblatt des historischen Vereins in und für Ingolstadt 49 (1930) 1 - 111

— Die Urkunden von St. Moritz in Ingolstadt (1259 - 1824). Festgabe zum 700jährigen Jubiläum der Kircheneinweihung: Ingolstädter Heimatgeschichte (Beilage zur Ingolstädter Zeitung) Nr. 6 - 22, 1934; Nr. 1 - 7, 1935

Greving, J.: Johann Ecks Pfarrbuch für U. L. Frau in Ingolstadt. Ein Beitrag zur Kenntnis der pfarrkirchlichen Verhältnisse im sechzehnten Jahrhundert (= Reformationsgeschichtliche Studien und Texte Bd. 4 - 5) Münster 1908

— Ecks Pfründen und Wohnung in Ingolstadt (= Beiträge zur Geschichte der Renaissance und Reformation. Festschr. Joseph Schlecht, hrsg. von L. Fischer) München/Freising 1917 141 - 156

Grünzinger, M.: Ingolstadt und die Hohe Schule, 1959

Grundmann, H.: Vom Ursprung der Universität im Mittelalter, ²1962

Günthner, S.: Geschichte der literarischen Anstalten in Bayern, Bde. 2 - 3 München 1810 - 1815

Haller, J.: Die Anfänge der Universität Tübingen (1477 - 1537). Zur Feier des 450jährigen Bestehens der Universität, 2 Bde. 1927 - 1929

Hartfelder, K.: Der Zustand der deutschen Hochschulen am Ende des Mittelalters: HZ 64 (1890) 50 - 107

Haskins, Ch. H.: The rise of universities, Ithaca (New York) 1963

Haushofer, M.: Die Ludwig-Maximilians-Universität zu Ingolstadt, Landshut und München in Vergangenheit und Gegenwart (= Auf deutschen Hochschulen Bd. 1) 1890

Hermelink, H.: Die theologische Fakultät in Tübingen vor der Reformation (1477 - 1534), Diss. Leipzig. Stuttgart 1906

Hiereth, S.: Die bayerische Gerichts- und Verwaltungsorganisation vom 13. bis 19. Jahrhundert, 1950

— Georg der Reiche von Bayern-Landshut: NDB, Bd. 6 1964 199 - 200

Hirsching, F. K. G.: Versuch einer Beschreibung sehenswürdiger Bibliotheken Teutschlands nach alphabetischer Ordnung der Städte, 4 Bde. Erlangen 1786 - 1791

Hoffmann, C. H. L.: Oekonomischer Zustand der Tübinger Hochschule gegen die Mitte des 16. Jahrhunderts, Tübingen 1843

Hufen, F.: Über das Verhältnis der deutschen Territorialstaaten zu ihren Landesuniversitäten im alten Reich, Diss. masch. München 1955

Jacob, E. F.: Founders and foundations in the Later Middle Ages: Bulletin of the Institute of Historical Research Bd. 35 Nr. 91 (1962) 29 - 46

Jaeger, C.: Die Stipendien im Großherzogtum Baden, Freiburg 1853

Kaufmann, G.: Die Geschichte der deutschen Universitäten. Bd. 2 (Stuttgart 1896) Nachdruck 1958

Kink, R.: Geschichte der Kaiserlichen Universität zu Wien, 2 Bde. Wien 1854

Kius, O.: Das Stipendiatenwesen in Wittenberg und Jena unter den Ernestinern im 16. Jahrhundert: Niendners Zeitschrift der historischen Theologie 35 (1865) 96 - 159

Kobolt, A. M.: Baierisches Gelehrten-Lexikon, worin alle Gelehrte Baierns und der obern Pfalz, ohne Unterschied der Stände und Religion, welche bis auf das XVIII. Jahrhundert und zwar bis zum Ausgange des Jahres 1724 daselbst gelebt und geschrieben haben, mit ihren gedruckten als noch ungedruckten Schriften... beschrieben und enthalten sind, Landshut 1795.
— Ergänzungen und Berichtigungen, Landshut 1824

Koch, L.: Ingolstadt: Jesuitenlexikon. Die Gesellschaft Jesu einst und jetzt, Bd. 1 1934 869 - 872

Kuhn, H.: Ingolstädter Grabmähler und andere Inschriften: Sammelblatt des historschen Vereins in und für Ingolstadt 50 (1931) 1 - 26

— Löhne und Lebenshaltung im 16. Jahrhundert: Ingolstädter Heimatgeschichte (Beilage zur Ingolstädter Zeitung) Nr. 5 1934 18 - 19

Laufke, F.: Stiftung: Staatslexikon, Bd. 7 ⁶1962 722 - 727

Lehnert, H.: Kirchengut und Reformation, Diss. Erlangen 1935

Leidinger, G. (Hrsg.): Veit Arnpeck. Sämtliche Chroniken (= Quellen und Erörterungen zur Bayerischen und Deutschen Geschichte. Neue Folge Bd. 3) 1905

Lenk, L.: Simon Thaddäus Eck: NDB, Bd. 4 1959 275

Liermann, H.: Handbuch des Stiftungsrechts, Bd. 1 1963

Lins, B.: Geschichte des früheren (oberen) Franziskanerklosters in Ingolstadt, 1918

Loew, P.: Die Geschichte des Studententums an der Universität Ingolstadt im Zeitalter des Humanismus und der Reformation, Diss. masch. München 1941

Manns, P.: Stifftungs brieff uff 100 fl. zweier knaben bey den Jesuitern zu erhalten: Alemannia. Zeitschrift für Sprache, Kunst und Altertum besonders des allemannisch-schwäbischen Gebiets 25 (1898) 155 - 159

Mayer, H.: Die Frage nach dem klerikalen Charakter der mittelalterlichen Universitäten, unter besonderer Berücksichtigung von Freiburg: Freiburger Diözesanarchiv 63 (1935) 152 - 183

Mederer, I. N.: Annales Ingolstadiensis Academiae, 3 Bde. Ingolstadt 1782 (= Mederer)

— Geschichte des uralten königlichen Maierhofes Ingoldestat, izt der königl. baierischen Hauptstadt Ingolstadt, Ingolstadt 1807

Meiners, C.: Geschichte der Entstehung und Entwickelung der hohen Schulen unsers Erdteils, 4 Bde. Göttingen 1802 - 1805

Minges, P.: Geschichte der Franziskaner in Bayern, 1896

Mitterwieser, A.: Geschichte der Stiftungen und des Stiftungsrechts in Bayern, Diss. Würzburg 1907

Mone, F. J.: Über das Münzwesen vom 13. bis 17. Jahrhundert: ZGO 2 (1851) 385 - 431

— Masse und Preise in früheren Zeiten. Vom 8. bis 17. Jahrhundert: ZGO 10 (1859) 400 - 410

— Preise der Lebensmittel vom 12. bis 17. Jahrhundert: ZGO 19 (1866) 385 - 412

Obermeier, R.: Die Universität Ingolstadt. Köpfe Begebenheiten, 1959

Paulus, N.: Rudolf Clenk: LThK, Bd. 2 1931 986

Petry, L.: Deutsche Forschungen nach dem zweiten Weltkrieg zur Geschichte der Universitäten: Vierteljahresschrift für Sozial- und Wirtschaftsgeschichte 46 (1959) 145 - 203

Pfister, E.: Die finanziellen Verhältnisse der Universität Freiburg von der Zeit ihrer Gründung bis zur Mitte des 19. Jahrhunderts, 1889

Pfleger, L.: Martin Eisengrein und die Universität Ingolstadt (1562 - 1578): Historisch-politische Blätter 134 (1904) 705 - 723, 785 - 811

— Rudolph Clenck. Ein Ingolstädter Professor des 16. Jahrhunderts (1528 - 1578): Historisch-politische Blätter 132 (1903) 45 - 58, 90 - 101
(= Pfleger, Clenck)

— Der Begründer der Münchener Universitätsbibliothek: Beilage zur Augsburger Postzeitung Nr. 23 1903

— Martin Eisengrein (1535 - 1578), 1910
(= Pfleger, Eisengrein)

Phillips, G.: Beiträge zur Geschichte der Universität Ingolstadt: Verzeichnis der Vorlesungen, welche an der Königl. Bayerischen Ludwig-Maximilians-Universität im Wintersemester 1846/47 gehalten werden, München 1846

Pleimes, D.: Weltliches Stiftungsrecht, 1938

Pölnitz, G. Freiherr v.: Die Matrikel der Ludwig-Maximilians-Universität Ingolstadt, Landshut, München, 1937 - 1940
(= Pölnitz)

— Denkmale und Dokumente zur Geschichte der Ludwig-Maximilians-Universität Ingolstadt, Landshut, München, 1942

Pözl, J.: Ueber die Stellung der Studirenden an der Universität Ingolstadt im ersten Jahrhunderte ihres Bestehens. Rede zum Antritte des Rektorats, München 1859

— Rede zum Stiftungstage der Ludwig-Maximilians-Universität, München 1859

Prantl, C.: Geschichte der Ludwig-Maximilians-Universität in Ingolstadt, Landshut, München, 2 Bde. 1872
(= Prantl)

— Rudolf Clenck: ADB, Bd. 4 1876 322 - 323

— Geschichtsabriss der Ludwig-Maximilians-Universität: Bavaria. Landes- und Volkskunde des Königreichs Bayern Bd. 1 München 1860 699 - 721

Post, G.: Masters' salaries and students' fees in mediaeval universities: Speculum 7 (1932) 181 - 198

Rall, H.: Die Hohe Schule zu Ingolstadt: Bayerland 57 (1955) 104 - 107

Rashdall, H.: The universities of Europe in the Middle Ages. A new edition in three volumes edited by F. M. Powicke and A. B. Emden, Bd. 2 (London/Oxford 1936) Nachdruck 1958

Reicke, S.: Stiftungsbegriff und Stiftungsrecht im Mittelalter: ZRG GA 53 (1933) 247 - 276

Rest, J.: Beiträge zur Geschichte der Universität Freiburg: Zeitschrift für Beförderung der Geschichts-, Altertums- und Volkskunde von Freiburg, dem Breisgau und den angrenzenden Landschaften 28 (1913) 125 - 146

Riezler, S. (Hrsg.): Johannes Turmair, genannt Aventinus. Annales Ducum Boiariae, Bd. 2 1884

Ritter, G.: Via antiqua und via moderna auf den deutschen Universitäten des 15. Jahrhunderts (= Studien zur Spätscholastik, Bd. 2) 1922

Rotmarus, V.: Annales Ingolstadiensis Academiae, in amplissima Boiorum Ducum Provincia iam inde a centum annis in hunc usque diem plaeclare florentis, Ingolstadt 1580
(= Rotmar, Annales)
— Almae Ingolstadiensis Academiae tomus primus, absolutus a Ioanne Engerdo, Ingolstadt 1581

Saalfeld, H.: Die Verhältnisse an der Ingolstädter Universität um 1550 nach den Berichten des Petrus Canisius: Zeitschrift für bayerische Kirchengeschichte 29 (1960) 108 - 112

Sandberger, A.: Rechts- und kulturhistorische Beiträge zur Frühgeschichte der Universität Ingolstadt, Diss. München 1930

Sautier, H.: Der Geist der Stiftungen, Freiburg 1802
— Denkbuch der milden Stiftungen, Freiburg 1805

Sax, J.: Die Bischöfe und Reichsfürsten von Eichstätt (1745 - 1806), 2 Bde. 1884 - 1885

Schaub, F.: Die älteste Stipendienstiftung der Universität Freiburg und ihr Stifter Konrad Arnolt von Schorndorf: Zeitschrift der Gesellschaft für Beförderung der Geschichts-, Altertums- und Volkskunde von Freiburg, dem Breisgau und den angrenzenden Landschaften 38 (1925) 53 - 88

Schmid, A.: Geschichte des Georgianums in München. Festschrift zum 400-jährigen Jubiläum, 1894

Schmidt, F.: Geschichte der Erziehung der Bayerischen Wittelsbacher von den frühesten Zeiten bis 1750 (= Monumenta Paedagogica, Bd. 14) 1892

Schoenen, G.: Die kölnischen Studienstiftungen, 1892

Schorer, H.: Bayerns Studienstipendien, 1904

Schreiber, H.: Der Stifter des Hauses zum Frieden, Freiburg 1830

Schwarz, I.: Effigies historiae Bavariae in collegiis historico-politicis ratione methodica adumbratae, Ingolstadt o. J.

Siebenkees, J. Ch.: Abhandlungen von Stipendien und den Rechten derselben, Nürnberg 1786

Simon, M.: Evangelische Kirchengeschichte Bayerns, ²1952
— Martin Eisengrein: RGG, Bd. 2 ²1958 407

Simon, P.: Die Idee der mittelalterlichen Universität und ihre Geschichte. 1932

Spörl, J.: Bemerkungen zum Geistesleben im mittelalterlichen Bayern: ZBLG 18 Festschrift Max Spindler (1955) 197 - 212
— Universität und Stadt. Eröffnungsansprache zur Ausstellung ‚Aus der Geschichte der Ludwig-Maximilians-Universität': Jahrbuch der Ludwig-Maximilians-Universität München 1957/58 (1958) 20 - 36
— Die Ludwig-Maximilians-Universität: Neue Deutsche Hefte 4 (1957/58) 622 - 631

Stadlbauer, M.: Über die Stiftung und älteste Verfassung der Universität Ingolstadt, München 1849

Söltl, J. M.: Die frommen und milden Stiftungen der Wittelsbacher über einen großen Theil von Deutschland aus archivalischen und anderen Quellen geschöpft, Landshut 1858

Straus, A.: Viri scriptis, eruditione ac pietate insignes, quos Eichstadium vel genuit, vel aluit, Eichstätt 1799

Sugenheim, S.: Bayerns Kirchen- und Volkszustände im 16. Jahrhundert, Gießen 1842

Theobald, L. v.: Die weltlichen Stiftungen der Stadt Freiburg, Freiburg 1866

Tüchle, H.: Martin Eisengrein: NDB, Bd. 4 1959 412

Verdière, Ch.-H.: Histoire de l'université d'Ingolstadt, 2 Bde. Paris 1887

Vestner, G.: Verzeichnis der an allen deutschen Universitäten existierenden Universitätsstipendien sowie noch vieler anderer Studienstiftungen, Erlangen 1890

Wagner, C.: Die Stadtpfarrkirche zur Schönen Unserer Lieben Frau in Ingolstadt, 1925

Walther, A.: Geldwert in der Geschichte. Ein methodologischer Versuch: Vierteljahresschrift für Sozial- und Wirtschaftsgeschichte 10 (1912) 1 - 69

Wegele, F. X.: Geschichte der Universität Würzburg, 2 Bde. 1882

Weisbrod, A.: Die Freiburger Sapiens und ihr Stifter Johannes Kerer von Wertheim (= Beiträge zur Freiburger Wissenschafts- und Universitätsgeschichte 31) 1966

Weißthanner, A.: Die Gesandtschaft Herzog Albrechts IV. von Bayern an die Römische Kurie 1487. Stiftungsprivileg für eine Universität in Regensburg: Archivalische Zeitschrift 47 (1951) 189 - 200

Wiedemann, T.: Dr. Johann Eck, Professor der Theologie in Ingolstadt, Regensburg 1865

Werk, F. X.: Stiftungsurkunden akademischer Stipendien an der Hochschule zu Freiburg (1497 - 1842), Freiburg 1842

Werner, (?): Martin Eisengrein: ADB, Bd. 5 1877 766

Werner, A.: Die örtlichen Stiftungen für die Zwecke des Unterrichts und der Wohltätigkeit der Stadt Augsburg, 1899

Wetzer, H. J.: Die Universität Freiburg nach ihrem Ursprunge, ihrem Zweck, ihren Mitteln und Studienfonds, Freiburg 1844

Wiebe, G.: Zur Geschichte der Preisrevolution des 16. und 17. Jahrhunderts, 1895

Ziegler, A. W.: Die Nominations- und Präsentationsrechte der Universität München, 1929

Zoepfel, F.: Ingolstadt: LThK, Bd. 5 ^{2}1960 670 - 672

Zimmermann, L.: Das hessische Stipendiatenwesen im Zeitalter der Gründung der Universität Marburg, 1927

Einführung

Die vorliegende Untersuchung erhebt nicht den Anspruch, als Kapitel der Ingolstädter Wissenschafts- und Bildungsgeschichte verstanden zu werden, sondern möchte einen Beitrag zur Geschichte jener Randgebiete liefern, die sich an den Hohen Schulen unseres Kulturkreises im Laufe der Jahrhunderte herausgebildet haben[1]. Die bei der Lösung der Aufgabe sich ergebende Methode ist dabei vor allem durch den Charakter einer Stiftung als einer in einer bestimmten Zeit zu einem bestimmten und zeitlich unbegrenzten Zweck erklärten Willensäußerung bestimmt. Es handelt sich daher jeweils um einen bewußt gesetzten Akt, der wegen seiner Einmaligkeit eine vorerst isolierte, ihm allein zugewendete Betrachtung verdient. Daraus ergibt sich, daß die überlieferten Zeugnisse jener Willensäußerungen, d. h. die *Urkunden* der errichteten Stiftungen selbst, vorrangig in den Mittelpunkt der Untersuchung zu stellen sind. Darüber hinaus wird sich unser Interesse nicht minder darauf zu richten haben, wie sich die einmal errichteten Stiftungen weiterentwickelten, bzw. was die Stiftungs*akten* darüber auszusagen vermögen. Theoretisch war ein jedes Stipendium mit der Besiegelung der Stiftungsurkunde errichtet; ob es sich aber mit Leben füllte und unter welchen Umständen sowie in welcher Richtung es sich weiterentwickelte, Bedeutung gewann oder verlor, war eine ganz andere Frage. Theoretischer Stifterwille und praktischer Vollzug dieses Willens sind die beiden Gesichtspunkte, unter denen eine sachgerechte Betrachtung des Stipendienwesens vor sich gehen muß. In der zeitlichen Reihenfolge ihrer Errichtung werden wir uns dabei zunächst den georgianischen Stipendien zuwenden, dann jene wenigen, nicht an das herzogliche Kolleg gebundenen allgemeinen Universitätsstipendien beschreiben. Der Darstellung der einzelnen Stipendien wird eine vergleichende Gesamtbetrachtung der Stiftungsbedingungen folgen, wobei Unterschiede und Gemeinsamkeiten sowohl in der Verwaltung der Stipendien als auch bezüglich der Rechte und Pflichten der Stipendiaten aufzuzeigen sein werden. Dabei verdienen auch die verschiedenen Auswahlprinzipien und Präsentationsverfahren die gleiche Beachtung wie die landesherrlichen Konfirmationen und die Stellung von Rektor und Regens zum gesamten Stipendien-

---

[1] Die bisher einzige Untersuchung des Ingolstädter Stipendienwesens unternimmt A. Schmid im Rahmen seiner Geschichte des Georgianums; seine Angaben sind zwar vielfach anregend, aber weder vollständig noch immer zuverlässig, zudem durchwegs quellenmäßig nicht belegt.

wesen. Nicht minder drängt sich die Frage nach den persönlichen Motiven auf, die zur Errichtung eines Stipendiums führten. Wer sie klären will, dürfte zunächst die Stellung der Stifter zur Universität selbst zu umreißen haben. Religiöse Beweggründe, akademische Gesichtspunkte, nicht selten auch familiäre Interessen werden dabei in ihrer Wechselseitigkeit sowie in ihrer unterschiedlichen Motivationskraft oft schwer zu differenzieren sein.

Im Vergleich zu der erfreulicherweise nahezu vollständig erhaltenen urkundlichen Überlieferung der Stipendien muß das überkommene Aktenmaterial als zu dürftig bezeichnet werden, um auch nur ein einigermaßen zufriedenstellendes Bild von der geschichtlichen Entwicklung der gestifteten Kollegiaturen vermitteln zu können. Der größte Teil der Stiftungsakten des 16. Jahrhunderts ist offenbar verloren gegangen, so daß von einer ganzen Reihe von Stipendien für den Verlauf dieses Zeitraumes fast gar keine Nachrichten zu erlangen waren. Ja, das Fortbestehen solcher Kollegiaturen könnte ernsthaft bezweifelt werden, wenn sich nicht aus dem Jahre 1607 ein Stipendienverzeichnis[2] erhalten hätte, das über Zahl und Zustand der Stiftungen am Ende des hier behandelten Zeitraums einen vortrefflichen Überblick vermittelt. Die Geschichte der einzelnen Stipendien dagegen kann nur ganz fragmentarisch rekonstruiert werden; nur hier und da wird ein kurzer Einblick möglich, sofern sich Bruchstücke aus der Korrespondenz zwischen der Universität und den Kollatoren haben auffinden lassen. Zur Ergänzung empfahl es sich, die Aussagen, Berichte, Erlasse, Kritiken, Klagen und Verbesserungsvorschläge der Landesherren, der Regenten sowie der Stipendiaten — besonders für die Zeit des ausgehenden 16. Jahrhunderts — hinzuzuziehen. Die Sorge des Landesherren für ‚seine' Kollegiaten, nicht minder aber auch für die von privaten Wohltätern getragenen Stipendiaten, tritt in der Statutenänderung von 1563 und der Visitation von 1587 deutlich hervor.

---

[2] Das 39 Blätter umfassende Dokument mit der Signatur II 46 wurde an versteckter Stelle im Georgianischen Archiv gefunden. — Die Datierung des Faszikels machte zunächst Schwierigkeiten. Paläographische Gesichtspunkte sprachen für eine Abfassungszeit in der ersten Hälfte des 17. Jahrhunderts. Der Stipendiat mit dem jüngsten nachweisbaren Matrikeleintrag ist der Inhaber des Flach-Stipendiums Nicolaus Linsinger (19. Oktober 1607. Pölnitz I 2 1, 137). Andererseits heißt es von dem damaligen Grill-Stipendiaten Alexander Maier, er sei ‚des 14. Februarii nechsthin neben andern dreyen medicinae doctor publice alhie... creiert worden'. Aufgrund Mederer II 189 ist 1607 das Promotionsjahr der vier Medizindoktoren. Die drei anderen Neupromovierten waren Christophorus Carolus (Ridobochus), Philippus Henischius aus Augsburg und Iodocus Hartlieb aus Bamberg. So ist die Datierung des Dokumentes auf die Zeit nach dem 14. Februar 1607 anzusetzen. Möglicherweise ist als Terminus ante quem der 10. März 1607 anzunehmen und nicht das Immatrikulationsdatum des Flach-Stipendiaten (vgl. zu letzterem StA Obb GL 1499/11, 10. März 1607).

Wenn auch mancherlei Fragen, wie z. B. die nach der Frequenz des Georgianischen Kollegs oder die nach den späteren Lebensschicksalen der Stipendiaten, infolge des Verlustes oder der Unauffindbarkeit des Quellenmaterials nicht mehr beantwortet werden können, so hat doch das Studium des heute noch erreichbaren Urkunden- und Quellenmaterials eines eindeutig bewiesen: das Ansehen der Hohen Schule zu Ingolstadt spiegelt sich nicht zuletzt auch in den zahlreichen Stipendienstiftungen des 16. Jahrhunderts wider, ja, ihr Prestige ist mit dem zeitüberdauernden Charakter dieser Stiftungen unmittelbar verbunden.

Erster Teil

Die einzelnen Stiftungen

I. Vorbemerkung zur archivalischen Überlieferung

Über die urkundliche Überlieferung der Stipendienstiftungen etwas aussagen, heißt die Frage nach jenem gesicherten Text beantworten, der in authentischer Weise den Willen des Stifters zum Ausdruck bringt. Wie die vorhandenen Urkunden beweisen, kann dies in zweierlei Formen geschehen: in dem einen Falle ist die Stiftungsurkunde vom Stifter persönlich vollzogen, im anderen erfolgte die Ausstellung der Urkunde durch einen oder mehrere Exekutoren auf Grund einer Verfügung des Stifters. Eine den wissenschaftlichen Ansprüchen genügende Edition liegt bislang für keine der erhaltenen Stiftungsurkunden vor. Die vorgenommenen Untersuchungen haben für den Verlauf des 16. Jahrhunderts für die Ingolstädter Universität insgesamt 25 Stipendienstiftungen mit 39 Studienplätzen aufweisen können[1]. Es darf mit hoher Wahrscheinlichkeit angenommen werden, daß damit alle Stipendienstiftungen dieses Zeitraums erfaßt sind.

Die große Mehrheit der Wohltäter (20 von 25) verpflichteten ihre Stipendiaten auf die Statuten des Georgianums. Siebzehn Stiftungsbriefe sind als Originalurkunden im Georgianum heute noch vorhanden[2]. Die Originale der drei übrigen Stiftungsurkunden konnten trotz umfangreicher Nachforschungen nicht ausfindig gemacht werden. Der Inhalt der vom Regens Christian Kripper errichteten Stiftung ist durch eine Eintragung in einem zeitgenössischen Kopialbuchfragment überliefert[3]. Ob in diesem Fall eine Urkunde angefertigt wurde, läßt sich nicht genau nachweisen. Auch im Falle der Anna Sterkel spricht vieles dafür, daß neben dem Testament ein Stiftungsbrief niemals ausgestellt wurde. Auch vom Testament liegt das Original nicht vor, doch enthält das schon er-

---

[1] Für den Umfang der vorgenommenen Nachforschungen vgl. das Archivalienverzeichnis.

[2] Es handelt sich dabei um die Stiftungen Zingels (GA I 8), Widmanns (GA I 11), Schwebermairs (GA I 15), Zeys' (GA I 21), E. Wolfs (GA I 25), Kurz' (GA I 27), Furtmairs (GA I 31), Pemlers (GA I 32), Harrer-Ecks (GA I 33), Flachs (GA I 36), Hofers (GA I 37), Winklers (GA I 40), M. Wolfs (GA I 42), Ecks (GA I 47), Benz' (GA I 50), Eisengreins (GA I 52) und Fators (GA I 54).

[3] GA III (Rechnungen) 1a, 138 - 147; vgl. dazu unten S. 80.

I. Vorbemerkung zur archivalischen Überlieferung 23

wähnte Kopialbuch eine vollständige Abschrift[4]. Bei der dritten und letzten nicht im Original erhaltenen Stiftungsurkunde handelt es sich um die des Regens Rudolf Klenk, die durch einen Brief gegründet wurde. Eine Stiftungsurkunde dürfte auch in diesem Fall nicht ausgefertigt worden sein; der Brief ist im allerdings stark verderbten Original und in brauchbaren Abschriften überliefert[5]. Von den vier nicht an das Georgianum gebundenen privaten Stiftungen sind die Urkunden Adorfs und Landaus im Original, diejenigen Pettendorfers und Lorenz Grills in zuverlässigen Abschriften vorhanden[6].

Somit liegen neunzehn der insgesamt 25 in Ingolstadt im Laufe des 16. Jahrhunderts errichteten Stipendienstiftungen in Originalurkunden, zumeist im Georgianischen Archiv vor, während die übrigen sechs in zuverlässiger Form kopial überliefert sind. Die landesherrlichen Konfirmationsurkunden konnten von der Zingelstiftung (1509) an bis zur Flach-Stiftung (1568) mit nur einer Ausnahme aufgefunden werden[7]; von der Hofer- bis zur Klenk-Stiftung, also für den gesamten Zeitraum zwischen 1569 und 1578, fehlen solche Bestätigungen.

Es sei schon an dieser Stelle darauf hingewiesen, daß die Bedeutung der fürstlichen Konfirmation nicht so weit zu fassen ist, daß man in ihr eine conditio sine qua non zu sehen hätte, ohne die eine Errichtung von Stipendien nicht möglich gewesen wäre. Es ist durchaus denkbar, daß für die acht zuletzt genannten Stipendienstiftungen — mindestens aber für einige von ihnen — niemals landesherrliche Konfirmationen ausgestellt worden sind. Die drei noch verbleibenden Stiftungen des Georgianums, nämlich die von Benz (1579), Eisengrein (1580) und Fator (1585), wurden zwar wieder vom Herzog formell bestätigt; jedoch hatten diese drei Stifter das jeweilige Stiftungskapital entweder beim herzoglichen Kastenamt in Ingolstadt oder beim herzoglichen Rent- und Kammeramt in München angelegt, wodurch den herzoglichen Urkunden mehr der Charakter von Schuldverschreibungen zukommt. Von den drei nichtgeorgianischen Stipendien ist nur die Grill-Stiftung mit einer noch im

---
[4] GA III 1a, 160 - 172; vgl. im einzelnen unten S. 83 ff.
[5] StA Ingolstadt A V 9 (Original). Die Abschriften liegen in StA Ingolstadt B 116. Es handelt sich um einen unfoliierten, in gepreßtem Schweineleder gebundenen Kopialkodex des Ingolstädter Stadtmagistrats. Der vordere Einbanddeckel zeigt das Ingolstädter Stadtwappen sowie die Aufschrift ‚Stipendia'. Er enthält Abschriften jener Stipendien, bei deren Besetzung der Ingolstädter Rat ein Mitspracherecht hatte. Diesem Kodex dürften die beiden einzigen bislang gedruckt vorliegenden Stiftungstexte (Adorf 1515, Pemler 1562) im Sammelblatt X 1885 22 - 28 entnommen sein. Der Abdruck erfolgte ohne jeden Kommentar. — Ein Text der Klenk'schen Stiftung befindet sich auch im Ord A Eichstätt.
[6] GA I 12 (Adorf), UA J II 23 (Landau), StA Ingolstadt B 116 (Pettendorfer), UA J III 19 (Grill).
[7] Nämlich mit Ausnahme der Pemler-Stiftung (1562). Vgl. für die Konfirmationsurkunden der übrigen Stiftungen die Nachweise unter dem jeweiligen Abschnitt.

Original vorhandenen Konfirmation ausgestattet[8]. Eine herzogliche Konfirmation der Pettendorfer-Stiftung soll nach den Worten ihres Gründers vorhanden gewesen sein[9], aufgefunden werden konnte sie nicht. Sowohl in der Adorfschen (1515) als auch in der Landauschen Stiftungsurkunde (1574) wird die Bitte um eine landesherrliche Konfirmation ausgesprochen. Ob diesem Verlangen doch entsprochen wurde, ist nicht zu erkennen.

Die Geschichte keiner einzigen Stipendiatur kann für die Zeit des 16. Jahrhunderts auch nur annähernd vollständig geschrieben werden. Die Quellenlage ist zu lückenhaft. Aus der Geschichte der von Kurz, Harrer-Eck, Hofer, Winkler, Kripper, Benz und Landau gestifteten Stipendien konnte kein einziges Dokument ausfindig gemacht werden. Bei dem erhaltenen Material handelt es sich in der Hauptsache um Korrespondenzen zwischen der Universität und den zuständigen Elektoren, welche die Präsentation von Stipendiaten und damit zusammenhängende Angelegenheiten zum Inhalt haben[10]. Zeitlich gesehen verteilen sich die überkommenen Dokumente zum größten Teil auf die zweite Hälfte des 16. Jahrhunderts. Das Material ist bestenfalls geeignet, sozusagen blitzlichtartig kurze Einblicke in die Geschichte der einzelnen Stipendiaturen zu gestatten.

Daran konnte auch die Hinzuziehung solchen Materials keine völlig befriedigende Abhilfe schaffen, welches das Stipendienwesen als Ganzes betrifft[11]. Wie bereits gesagt, gehört es weitgehend in die zweite Hälfte des 16. Jahrhunderts, wobei eine gewisse Verdichtung an Material für die achtziger Jahre zu beobachten ist. Die rege Tätigkeit im Zusammenhang mit der Visitation des Kollegs im Jahre 1587 durch Herzog Wilhelm V. fand ihren Niederschlag in Texten, die von Prantl nur zum Teil veröffentlicht worden sind[12]. Aufgefunden werden konnten ferner ein ‚Archiv inventarium' des Georgianums[13], welches das älteste erhaltene darstellen dürfte, sowie ein Einnahmenverzeichnis desselben Kollegs[14]; die Abfassungszeit der beiden Dokumente ist in die Jahre nach 1580 an-

---

[8] UA J II 14.
[9] Das ist dem Schluß der Pettendorferschen Stiftungsurkunde zu entnehmen. StA Ingolstadt B 116.
[10] Das Archiv des Georgianums enthält Briefakten über die Ingolstädter, Landshuter, Wemdinger und Hilpoltsteiner Kollegiatur und über die Zingel-, Eisengrein- und Fator-Stiftung. — Im Universitätsarchiv kommen vor allem die Gruppen J II und III, dann auch die Senatsprotokolle in Betracht. — Im Stadtarchiv Ingolstadt ist Material über die Ingolstädter Kollegiatur und die Klenk-Stiftung vorhanden (unter den Signaturen A V 9, A VI 5, 7, 8, A VI 122/3, 4, 8, 9, 15; B 115 - 116. — Das Staatsarchiv für Oberbayern bewahrt einige Briefe zur Zeys- und zur Pemler-Stiftung (GL 1477/3, 164 f. und 279 f.).
[11] Besonders StA Obb GL 1477/1, 3 und 4; GL 1494/11 und 15; GL 1496/12, 13 und 28.
[12] Prantl II 333 - 337; ergänzend dazu StA Obb GL 1477/4, 51 - 55 und 60 - 65'.
[13] StA Obb GL 1477/3, 27 - 30.
[14] StA Obb GL 1477/3, 34 - 45'.

zusetzen. Etwa aus der gleichen Zeit stammt ein undatiertes Protokoll, welches die im Auftrag des Herzogs vorgenommenen Befragungen von Stipendiaten zum Inhalt hat[15]. Verloren zu sein scheint dagegen das ‚eingebunden buech, darein die regenten die nomina stipendiariorum schreiben', und die Rechnungsbücher des Kollegs[16]. Ein Verzeichnis der Inhaber der herzoglichen Ingolstädter, der Adorfschen und der Pettendorferschen Stipendien ist für den Zeitraum von 1563 bis 1600 erhalten[17]. Dem Dekanatsbuch der theologischen Fakultät sind die Namen weiterer Adorf-Stipendiaten zu entnehmen[18]. Schließlich verdienen noch zwei von Regens Kripper abgefaßte, an den Herzog gerichtete, umfangreiche Schreiben aus den Jahren 1565 und 1567 einen besonderen Hinweis[19]. Von keinem anderen Leiter des Georgianischen Kollegs sind Briefe von einem so hoch einzuschätzenden Quellenwert wie die Kripperschen erhalten.

II. Von der ersten Stipendienstiftung im Jahre 1509 bis zum Beginn der Regentschaft Christian Krippers (1562)

Das Ingolstädter Stipendienwesen des 16. Jahrhunderts kann nicht anders als in enger Beziehung zu dem von Herzog Georg dem Reichen im Jahre 1494 gegründeten ‚Georgen Collegium', auch ‚Novum Collegium' genannt, betrachtet werden[1]. Zweck dieser herzoglichen Stiftung ist es in erster Linie gewesen, in ihren Studien jene bedürftigen Landeskinder zu unterstützen, die nach dem Willen des Herzogs ‚zu bewerter kunst und verständnis der hailigen schrift götlicher lere'[2] geführt werden sollten. Das Kolleg war zunächst für elf Insassen — die ‚collegiati minores' — gedacht. Elf Städten seines Herrschaftsbereiches gestand der Herzog das Präsentationsrecht für je einen Stipendiaten zu: Landshut, Ingolstadt,

---

[15] StA Obb GL 1477/3, 105 - 109.
[16] Von dem „eingebunden buech" spricht das oben Anm. 13 zitierte Archivinventar. Rechnungen sind für die Zeit von 1633 - 1806 in 170 Bänden im StA Ingolstadt vorhanden (R 9).
[17] Gedruckt von F. X. Ostermair in den Ing. Sammelblättern 28 (1904), 71 ff. Die Vorlage fand sich in StA Ingolstadt B 115; es handelt sich um einen vom Stadtschreiber angelegten Codex mit der Aufschrift: „1563 junckfrawwn stipendiaten armer leut bit M. Panthaleon Hudler statschreiber." Der in Schweinsleder gebundene Band ist beschädigt, aber gut lesbar; er wurde mit Hand- und Tintenwechsel sukzessiv protokollarisch geführt, Paginierung fehlt.
[18] UA Georg. III 11/I, „Matricula collegii theologici".
[19] StA Obb GL 1477/3, 152 - 155' und 174 - 177; vgl. Prantl II 241 ff. Zum Inhalt vgl. unten Anm. 314.
[1] Die Bezeichnung „Novum Collegium" ist zu verstehen als Gegensatz zum „Collegium vetus", dem seit 1472 bestehenden Kolleg für sechs Artistenmagister; vgl. dazu A. Seifert, Das Ingolstädter Collegium vetus: HJb 89 (1969) 33 ff. — Der Stiftungsbrief des Georgianums wird im Georgianischen Archiv in einer kleinen Holztruhe aufbewahrt; er liegt gedruckt vor bei Mederer IV 128 - 152, bei Prantl II 117 - 131, ferner bei Schmid 8 - 28. Im folgenden wird nach der letzteren Edition zitiert.
[2] Schmid 10 f.

Lauingen, Wasserburg, Burghausen, Schärding, Braunau, Ötting, Wemding, Hilpoltstein und Weißenhorn. Offensichtlich war der Herzog bestrebt, durch diese breite Streuung der präsentationsberechtigten Städte ‚bildungspolitisch' zu wirken, indem er auch in weiter Entfernung vom Hochschulort lebenden Landeskindern die Möglichkeit bot, die junge Universität zu besuchen. Darüber hinaus empfahl der Herzog in seinem Stiftungsbrief allen Wohltätern ausdrücklich, ein gleiches zu tun und weitere, mit wenigstens 20 Gulden Jahreseinkünften ausgestattete Stipendien zu stiften, deren Inhaber die gleichen Rechte, Pflichten und Freiheiten wie die herzoglichen Stipendiaten genießen sollten[3].

Diesem Aufruf des Herzogs folgte eine große Anzahl angesehener Lehrer der Universität. In der langen Reihe der Stifter finden sich auch zwei Ingolstädter Bürger, ein Kürschner und eine Schneidermeisterin, die ihrer Verbundenheit zur Hohen Schule ihrer Stadt durch die Stiftung von Stipendienplätzen Ausdruck verliehen. Dabei stellten die Wohltäter ihr Werk bewußt in den Dienst der herzoglichen Stiftung, fehlt in den Stiftungsbriefen doch nur in ganz wenigen Fällen die Verfügung, der von ihnen bedachte Kollegiat solle die gleichen Rechte und Pflichten genießen und erfüllen, wie sie vom Fürsten für die Inhaber der landesherrlichen Stipendien angeordnet worden waren. In der Regel verfügen sie darüber hinaus, falls etwa in den von ihnen erlassenen Stiftungsbestim-

---

[3] „Damit wir auch andern Ursach, und fuegsam Stat geben aines andechtigen Werckhes, dergleichen Stiftung auch zu tun, so sezen und wollen wir, geben auch hiemit Urkunde in Craft ditz Briefs yezt alsdann, und dann als yez ainem yeden, der ainen oder mer Collegiaten in unser oftgedachten Collegium stiften wolt, gannz Macht, Gunst, und völlig Gerechtigkait solichs zu thun, yedoch nachvolgendermaßen, daß derselb Stifter für ainen Studenten, so er im gedachten Collegium stiften wolte, aufs minst 20. Gulden reinische guter jerlich gewißer Gült, die freys aygen sind, dem bemelt unserm Collegium und Collegiaten vorberürter maßen als wir getan haben, gennzlich gebe, und mit vollicher Gerechtigkait unwiderrufflich zwaygenen und einantwurten. Alsdann so mag der Stifter ainen Schuler oder Studenten der Statuten gemeß in obgedacht Collegium presentirn, und die Wale seines gestifteten Collegiaten zu einer yeden Zeite Im und seinen Erben behallten, oder nach seinem Gevallen ainem andern solich Wale der Gerechtigkait zuaignen. Es mag auch alsdann solich Stifter seinem Collegiaten ain Bete teglich zu tun nach seinem Willen auflegen. Aber die Irrung der Ungeleichnuß zu vermeiden, so soll nichts minder solicher Collegiat das Gesanng in der Capell des Collegiums mit sampt andern gestiften Collegiaten vorgeschribner maßen volnbringen, auch pflichtig sein, die obgeschriben Statut und Gesaz, so vill sie der Collegiaten Lernung, gut Sitten und Zucht berürnd, bey den vorgedachten Peenfalen zu halten. Es sollen auch die Collegiaten, so von andern in unser Colelgium obberürter maßen gestift worden, alsdan nichts minder, sonder geleich so vill Freyhait und Gerechtigkait haben in bemelten Collegium zu wonen, auch Zinns, Fruchtnutzung, und Gülten, so wir unserm Collegium geben, und in der Gemain den Collegiaten zugeaygent haben, zu nießen und zu gebrauchen, wie die ander Collegiaten, so wir selbs gestift haben. Es soll auch der Maister seines Regiments halben ainem Colelgiaten so vill ze Thun schuldig sein als dem andern on Unterschaid, ob derselb Colegiat von uns, oder von andern in unser Collegium gestift worden" (Schmid 24 f.).

mungen sich eine Lücke herausstellte und man im Zweifel war, wie man in einem nicht vorhergesehenen Falle zu entscheiden habe, Herzog Georgs Stiftungsbrief zu Rate zu ziehen und nach den in diesem niedergelegten Vorschriften eine Lösung des strittigen Falles herbeizuführen. In den Arengen der Stiftungsbriefe wird in augenfälliger Weise die bewußte Unterstützung des vom Herzog ins Leben gerufenen Kollegs insofern bezeugt, als unter den formelhaften Stiftungsmotiven immer wieder die Aufforderung des Herzogs erscheint. Es versteht sich, daß außer der Nacheiferung des landesherrlichen Vorbildes bzw. der Erfüllung des landesherrlichen Wunsches auch noch andere Motive eine erhebliche Rolle gespielt haben. Sie werden im weiteren Verlauf der Untersuchungen noch darzustellen und gegeneinander abzuwägen sein[4].

Diese Zustiftungen in das herzogliche Kolleg in ihren Bestimmungen und Auflagen, Besonderheiten und Gemeinsamkeiten darzustellen, ist das Anliegen der folgenden Ausführungen. Doch zuvor mögen jene Bestimmungen skizziert werden, denen die herzoglichen Kollegiaten durch die Stiftungsurkunde unterworfen wurden. Einem jeden privat gestifteten Stipendium lagen ja zunächst die Statuten des herzoglichen Kollegs zugrunde.

Sie gestanden das Präsentationsrecht für die auf eine fünfjährige Laufzeit beschränkten Wohnplätze im Kolleg den Inneren Räten der elf Städte zu. Die Kandidaten sollten möglichst, jedoch nicht unbedingt, aus der jeweiligen Stadt stammen, fromm, ehrbar, lernbegabt und wenigstens 16 Jahre alt sein, außerdem ungefähr den Chorgesang beherrschen. Qualifizierte Kandidaten hatten sich mit der Präsentationsurkunde der betreffenden Stadt beim Regens zu melden.

Die Leitung des Kollegs wurde einem Regens anvertraut, der Bakkalar der Theologie und Priester sein mußte. Das Recht, den Regens zu wählen und bei Untauglichkeit abzusetzen, gestand der Stifter dem Konzil der Artistenfakultät zu. Besoldet wurde der Regens mit einer auf die Pfarrei Baar gelegten Pension in Höhe von 40 Gulden[5].

---

[4] Als Beispiel ein Zitat aus der Arenga der Stiftungsurkunde des Johann Zeys von 1543 (vgl. hinten S. 50 f.): „... und wie er, Johann Zeyß seeligen, insonnder fest angesehen und betracht hatt die löblich stifttung des Newen Collegium, weilanndt durch den hochgebornen Fürsten Herdzog Geörgen in Bairn ... hochloblicher gedechtnus zu der ehr gottes und erpflanntzung guetter kunst, sitten und tugennden, auffgericht; in welicher stifftung und der schrifft darüber lauttennd gnedigklich bewilligt und zu geben ist ainem jetlichen, der durch göttlich genad solich guet werckh mit der gleichen stifftung ains oder mer stipendiaten bewegt wurde zumeren, wol fur nemmen and stifften mag, doch in alweg nach aufgerichter ordnung, derhalb in hochbenannter fürstlichen stifftungen lautter anzaigt. Das wir demnach in dem namen des almechtigen und auf mainung wie anzaigt, durch craft und macht desselben testaments uns herin von desselben herrn Johann Zeysen seeligen verlassen hab neben andern legaten..." (GA I 21).
[5] Schmid 18. Vgl. dazu die Bulle Hadrains VI. von 1523 bei Mederer IV 228 - 231.

Die satzungsgemäß ihrer Herkunft nach armen Stipendiaten waren von der Entrichtung der Hörgelder in der Artistenfakultät befreit, mußten aber für die Resumtionen bezahlen. Dem Charakter einer Almosenstiftung entsprachen die gottesdienstlichen Verpflichtungen der Kollegiaten: der tägliche Rosenkranz in der Kollegkapelle, das daran anschließende gemeinsame Stiftergebet, montags eine Vigil, dienstags ein gesungenes Seelamt und schließlich an allen Feiertagen Vesper, Salve und Hochamt. Auf die Versäumung dieser Pflichten standen Strafandrohungen bis hin zur Ausschließung. Unter Strafe waren auch alle möglichen Disziplinarverstöße gestellt: Körperverletzungen, besonders am Regens, Verkehr mit Frauen, Würfelspiel und Waffentragen sowie Übernachtung außerhalb des Kollegs. Leichtere Vergehen wurden mit Karzerstrafen geahndet, bei gröberen Delikten rief der Regens das Rektorgericht an, die Höchststrafe war der Entzug des Stipendiums.

Studienziel der Stipendiaten war zunächst der artistische Magistergrad, die verbleibende Zeit bestimmte der Stifter für das Theologiestudium. Auch graduierte Stipendiaten unterlagen den allgemeinen religiösen und disziplinarischen Verpflichtungen.

Bei der Verwaltung des Kollegs sollten dem Regens ein Magister und zwei ‚geschickte‘ Kollegiaten zur Seite stehen. Jede Veräußerung von Stiftungsvermögen verbat sich der Herzog. Überschüsse aus den Erträgnissen sollten bis zu einem Vorrat von 300 Gulden angesammelt werden, nur was darüber hinausging, durfte verteilt werden. Die vier Verwalter des Stiftungsvermögens mußten dem Rektor und den Dekanen der theologischen und der artistischen Fakultät jährlich in Gegenwart aller Kollegiaten Rechnung legen. Die oberste Aufsicht über ihre Wirtschaftsverwaltung wurde dem Rektor anvertraut.

Der Charakter der Stiftung als einer pia causa offenbart sich in den ausführlichen Absichtsbekundungen der Arenga und des Schlußteils der Urkunde. Sie war zuvörderst als eine Almosenstiftung gedacht, die zugleich in den Dienst der landesherrlichen Bildungspolitik gestellt wurde. Somit wird man den seiner Natur nach weltlichen Stiftungszweck, nämlich die Ausbildung bedürftiger Landeskinder, von dem in erster Linie auf die Ehre Gottes und das Seelenheil des Stifters gerichteten Stiftungsmotiv unterscheiden dürfen. Es ist zu betonen, daß die Stiftung nicht eindeutig auf die Heranbildung von Priesternachwuchs gerichtet war; nach der Erlangung des Magisteriums konnte jeder Stipendiat sein Stipendium aufsagen, und auch im anderen Fall war er nur verpflichtet, Theologie zu studieren, nicht Priester zu werden.

Von den elf herzoglichen Kollegiaturen sind nur spärliche Bruchstücke von Präsentationsakten auf uns gekommen: zwei Präsentationsschreiben der Stadt Landshut aus den Jahren 1571 und 1582[6], ein Brief des Regens an die Stadt Wemding von 1586[7], schließlich die in anderem Zusammenhang zu behandelnden Briefstücke über die Qualifikation der Hilpoltsteiner Stipendiaten[8]. Von der Ingolstädter als einziger der elf Kollegiaturen hat sich ein wohl lückenloses Stipendiatenverzeichnis erhalten[9]. Für die übrigen Städte lassen sich auch aus der Universitätsmatrikel nur spärliche Auskünfte gewinnen. Die Stipendiaten genossen hinsichtlich der Immatrikulationsgebühr vor 1538 kein Privileg[10] und brauchten da-

---

[6] Am 8. 8. 1571 präsentierte der Landshuter Magistrat dem Rektor den nicht näher gekennzeichneten Bartholomaeus Hueber, der sich bereits am folgenden Tage als „artium studiosus" immatrikulieren ließ (GA II 105; Pölnitz I 1 963). — Auch bei dem zweiten Schreiben vom 9. 9. 1582 handelt es sich um eine Präsentation. Die Universität hatte das Stipendium bereits einem Caspar Prätler verliehen, den die Landshuter jedoch ablehnten, um an seiner Stelle Georg Niedermair, Sohn des Schulmeisters von St. Jodok in Landshut, zu präsentieren. Einem Dorsalvermerk zufolge scheint Niedermair den Prätler wirklich verdrängt zu haben; er fehlt aber in der Matrikel (GA II 105).

[7] Der vom Wemdinger Magistrat präsentierte Hieronymus Aurpachius wird abgelehnt, weil nicht zu erwarten sei, daß er das „votum ecclesiastici status" leisten werde. Die Ablehnung erfolgte offenbar mit Zustimmung des Magistrats, denn der Brief fährt fort, Aurpach habe sein Stipendium für den zu räumen, den die Stadt soeben im Begriff sei neu zu präsentieren (GA II 105, 18. 11. 1586). Über die Verpflichtung zum geistlichen Stand vgl. unten S. 113 f. — Weitere Wemdinger Stipendaten unten Anm. 10.

[8] GA II 102 1; vgl. unten S. 130.

[9] Sammelblatt X (1885) 15 f. und XXVIII (1904) 71 f. Es handelt sich um folgende Namen (pr. bedeutet jeweils das Präsentations-, res. das Resignationsdatum laut Verzeichnis; i. das Immatrikulationsdatum laut Pölnitz' Matrikeledition): Wolfgang Diepolt (pr. 1496), Caspar Renner (pr. 1501, i. 12. 3. 1501), Jakob Schaider (pr. 1506, i. 2. 5. 1500), Jakob Daxer (res. 1515, i. 2. 8. 1509), Caspar Stromaier (pr. 1515), Andreas Hemmen (pr. 1520, i. 16. 6. 1520; Dr. iur. 1541), Jakob Strobl (pr. 1525, i. 20. 7. 1525), Sebastian Maister (pr. 1530), Wolfgang Sailer (pr. 1535, i. 21. 5. 1535), Sebastian Hepf (pr. 1540), Michael N. aus Landshut (pr. 1545), Anton Ziegler (pr. 1547), Johann Gerstner (pr. 1551, i. 13. 4. 1551), Hans Vogt (pr. 1557), Caspar N. (pr. 1561), Johannes Dersch (pr. 1566, i. 27. 4. 1566), Jakob (?) Winkler (pr. 1571, i. 8. 6. 1563), Caspar (?) Pogner (pr. 1572, i. 3. 7. 1571), Matthaeus (?) Wurzler (pr. 1574, i. 8. 6. 1570), Johann Waffenschmidt (pr. 1579, i. 18. 9. 1576), Michael Praun (abgesetzt 1583, i. 21. 2. 1581), Georg Bracher (pr. 1583), Johannes Baumschab (pr. 1586, i. 17. 8. 1583), Johann Widman (pr. 1588), Leonhart Erelmüller (pr. 1588, i. 28. 1. 1583, später Pfarrer in Meyling), Martin Ulmer (pr. 1593), Egidius Prinzenbach (pr. 1595, i. 30. 5. 1589); ohne Zeitangabe Friedrich Weigman und Bernhard Ried. Bei den mit Fragezeichen versehenen Vornamen fehlt im Verzeichnis jeweils die Angabe. — Die Matrikel nennt außerdem einen Anton Winner als Ingolstädter Stipendiaten (i. 1. 4. 1547).

[10] Beschluß der Universität vom 4. 1. 1538 (UA D III 7, 121). Erst nach diesem Datum werden in der Matrikel Stipendiaten häufiger als solche gekennzeichnet, obwohl sie noch immer nicht selten Gebühr zahlten. Die folgende Zusammenstellung ordnet die als solche bezeichneten Stipendiaten nach der Angabe ihres Herkunftsorts der jeweiligen Kollegiatur zu. Im April 1496 immatrikulierten sich ziemlich gleichzeitig eine Reihe von Studenten aus den Präsentationsstädten des Georgianums; obwohl die Matrikel sie nicht als Stipendiaten kennzeichnet, dürfte es sich bei ihnen um die Erstpräsentation handeln:
Braunau: Markus Hesslinger (erwähnt 1538 in UA D III 7, 23), Sigismund Leuttner (i. 4. 9. 1538), Ambrosius Wilflengheder (i. 13. 10. 1543), Andreas Hölzel (i. 4. 3. 1548), Simon Kugler (i. 30. 9. 1580);
Burghausen: Johannes Hauswirt (i. 29. 4. 1544), Adam Häslwanger (i. 22. 8. 1581), Johannes Walter (i. 5. 8. 1589);

her bei der Eintragung nicht kenntlich gemacht zu werden. Auch nach diesem Zeitpunkt ist die häufiger werdende Kennzeichnung der ‚alumni Georgiani' nur bei Studenten zu erwarten, die sich erst nach Erlangung des Stipendiums in Ingolstadt immatrikulieren ließen und bei der Einschreibung auf ihre Stipendiateneigenschaft verwiesen. Schließlich lassen sich die übrigbleibenden Namen von Georgianumsstipendiaten nicht eindeutig bestimmten Kollegiaturen zuordnen; der Herkunftsort kann, da die Städte nicht unbedingt eingeborene Kandidaten präsentieren mußten, nicht als sicheres Kriterium gelten. Unter diesen Umständen können die in der Anmerkung zusammengestellten Stipendiatenlisten nicht im entferntesten Vollständigkeit beanspruchen.

Die Zingel-Stiftung (1509)

Georg Zingel, Professor der Theologie, Domherr zu Eichstätt, Vizekanzler und viermaliger Rektor der Ingolstädter Hochschule, war der erste, der dem Aufruf des Landesherrn folgte und mit einer eigenen Stipendienstiftung in das Georgianum hervortrat[11]. Bereits am 3. Dezember 1474, zwei Jahre nach der Gründung der Hohen Schule, war Zingel in die Universitätsmatrikel aufgenommen worden[12]. Aus Schlierstadt im Odenwald stammend, hatte er schon siebzehn Jahre an der Wiener Universität verbracht, bevor der damals Siebenundvierzigjährige von Ludwig dem Reichen nach Ingolstadt berufen wurde, um dort an der jungen theologischen Fakultät als Ordinarius zu wirken[13]. Insgesamt zweiunddreißigmal hat er in der Folgezeit in Ingolstadt das Amt des Dekans bekleidet und darüber hinaus achtmal die Bürde des Promotors getragen.

Hilpoltstein: Nicolaus Mauser (i. 28. 4. 1496), Ulrich Werner (i. 14. 5. 1548), Johannes Mülich (i. 30. 12. 1567);
Landshut: Johannes Niedermayer (i. 1. 4. 1547), Leonhard Surtel (i. 13. 7. 1550), Augustin Zeelmayer (i. 20. 10. 1577), Bernhard Keck (i. 23. 9. 1580);
Lauingen: Christoph Partenschlag (i. 7. 10. 1540), Johannes Deminger (i. 4. 6. 1547);
Ötting: Heinrich Güglinger (i. 18. 4. 1496), Georg Kueperg (i. 3. 8. 1540), Wolfgang Seyst (i. 28. 7. 1546), Sigismund Pfaffenberger (i. 14. 4. 1548), Sebastian Liechtensperger (i. 15. 9. 1558), Jodocus Dürz (i. 10. 12. 1565), Georg Sameshueber (i. 6. 11. 1585, im Georgianum laut UA G IX 5/1);
Schärding: Johannes Einpeck (i. 18. 4. 1496), Bernhard Pihelmair (i. 1. 7. 1542), Alexander Rosenheimer (i. 16. 1. 1548);
Wasserburg: Wolfgang Aicher (i. 17. 4. 1496), Michael Ednelinger (i. 8. 11. 1560), Georg Hasenbüchler (etwa seit 1585 im Georgianum, UA G IX 5/1);
Weißenhorn: Johannes Schuentzle (i. 8. 6. 1541), Melchior Klaiber (i. 7. 3. 1556), Thomas Jacobus (i. 29. 4. 1569), Michael Seyz (i. 28. 8. 1574), Melchior Claus (i. 23. 9. 1580);
Wemding: Johannes Spieß (i. 22. 8. 1510), Christoph Zenckel (i. 31. 8. 1540), David Schack (i. 20. 11. 1544), Sixtus Utz (i. 28. 8. 1570), Martin Lang (pr. 1586, UA B IV 1); vgl. auch Anm. 7.
[11] Das Siftungsdiplom befindet sich im GA I 8.
[12] Pölnitz I 1 54.
[13] Mederer I 78.

Einiges Aufsehen erregte er durch seinen Streit mit Jacob Locher (Philomusus), dem Professor für Poetik[14]. Zingel, von dem berichtet wird, daß er es mit seinen Pflichten und Ämtern stets sehr genau nahm und sich durch besondere Gerechtigkeitsliebe auszeichnete, starb im hohen Alter von 80 Jahren am 26. April 1508. In der Ingolstädter Minoritenkirche fand er seine letzte Ruhestätte. Die prächtige Gedenktafel, die ihm dort errichtet ward, zeigt ihn in Lebensgröße, angetan mit dem Professorentalar und dem Birett, die Hände gefaltet, an seinem Haupte gleichsam als Insignien seiner Gelehrsamkeit dicke Folianten, zu seinen Füßen sein Wappenschild[15].

Am Feste des heiligen Georg, dem Tage der Rektorwahl des Jahres 1509, auf den Tag genau dreizehn Jahre nach der Eröffnung des Kollegs durch Herzog Georg, wurden die beiden Zingelschen Stipendien durch des Stifters Testamentsvorstrecker gegründet; Herzog Wolfgang konfirmierte sie am 31. Oktober des gleichen Jahres[16]. Als Exekutoren des Testaments stellen sich vor Johann Plümel, Ordinarius der heiligen Schrift, Dietrich Reysach, Ordinarius beider Rechte, und Georg Schwebermair, Baccalaureus formatus der Heiligen Schrift und Kollegiat der Universität[17].

Die Errichtung eines Stipendiums ging in den meisten Fällen so vor sich, daß der Stifter noch zu seinen Lebzeiten die von ihm gewünschten Vollstrecker seines letzten Willens benannte. Das konnte durch testamentarische Verfügung oder auch durch mündliche Absprache geschehen. Diese durch den Willen des Stifters legitimierten Exekutoren hatten nach dem Tode ihres Auftraggebers den Stiftungsbrief getreu nach den ihnen zugegangenen Angaben abzufassen. Ihnen oblag es ferner, diesen Brief durch die Beifügung ihrer Siegel als rechtskräftig zu bezeugen und damit die Glaubwürdigkeit, Gültigkeit und Dauerhaftigkeit der vorgenommenen Stiftung in aller Form zu verankern. Der Stiftungsbrief wurde wohl erst nach dem Tode des Stifters abgefaßt. Zwischen dem Todestag und dem Datum der Stiftungsurkunde liegt oft ein nicht geringer Zeitraum, der offenbar erforderlich gewesen ist, um alle vorbereitenden Maßnahmen, die Formulierung des Stiftungsbriefes, die Einsichtnahme in frühere Stiftungsbriefe, die Verifizierung der zugehörigen Zins- und Gültbriefe u. a. m. durchzuführen.

Anders lagen die Dinge naturgemäß bei solchen Stifterpersonen, die noch zu ihren Lebzeiten ihre Stiftung *selbst* errichteten, die Hilfe von Exekutoren also nicht benötigten. Dabei behielten sich diese Selbstaussteller Änderungen der Stiftungsbedingungen bis zu ihrem Tode aus-

---

[14] Vgl. hierzu ADB XIX 60.
[15] Vgl. auch die Würdigung bei Mederer I 78.
[16] GA I 8.
[17] Letzterer trat dann 1531, vielleicht angeregt durch diesen Auftrag, mit einer eigenen Stipendienstiftung hervor; vgl. unten S. 46.

drücklich vor. Von den 24 privaten Stipendienstiftungen des 16. Jahrhunderts wurden 14 durch Mithilfe von Exekutoren verwirklicht; bei den restlichen zehn siegelte der Stifter selbst.

Im Zingelschen Stiftungsbrief heißt es: Zingel habe, ‚nachdem er solich werck nicht so statlich verrichten mecht noch kunt', die Vollstrecker seines letzten Willens gebeten, von seiner Hinterlassenschaft zwei Studienpfründen in das Georgianum zu stiften; und zwar sollen die beiden Zingel-Stipendiaten den herzoglichen Kollegiaten ‚in aller und jeder ordnung, niessung, gebrauchung, freyhaiten, gerechtigkaiten, exemption auch gesatz, pflicht und schicklichkait' gleichgestellt sein. Sie sollen aus des ‚doctors Georgen Zingel gesipten fruntschaft und nachkommen' stammen. Sie sind zu präsentieren und zu bestimmen durch ein Wahlgremium, welches aus den ‚sechs eltern schöpfen zu Schlierstat, auch burgermaister sambt sechs elters des rats zu Buchen'[18] besteht. Ist aus der Verwandtschaft niemand aufzufinden, der für das Stipendium geeignet wäre, so dürfen ‚zwen ander Ottenwalder', doch ‚kainer ander nation, die da sind schüler Baccalarii oder maister der freyen kunst' erwählt und präsentiert werden. In ihren Studienverpflichtungen sind die Zingel-Stipendiaten ganz den georgianischen Stammstipendiaten gleichgestellt. Auch ihnen ist aufgetragen, ‚allain in freien künsten', nach dem Erwerb des Magisteriums aber Theologie zu studieren. Täglich müssen sie ‚unser lieben frawen sibenzeit' singen, bei ihren Gebeten sollen sie ‚alweg ingedenck' der Eltern und der Anverwandtschaft des Stifters sein. Gleich den herzoglichen Stipendien läuft auch ihr Stipendium über fünf Jahre, doch wenn einer der beiden ‚gnad hette', Theologie zu studieren und von den lehrenden Doktoren zu einem solchen Studium für ‚geschickt geacht' würde, soll die Dauer des Stipendiums bis höchstens auf das Doppelte dieser Zeit verlängert werden. Erweist sich ein Stipendiat als ‚unfleißig und unerber', so ist er ‚von stunander' von seinem Platz zu verweisen.

Wie erinnerlich, hatte Herzog Georg die Stiftung von Stipendien von einem jährlichen Mindestsatz von 20 Gulden abhängig gemacht. Zingel ließ sich sicher von der besten Absicht bestimmen, als er sein gesamtes Vermögen den von ihm gegründeten Stipendien zugeführt wissen wollte. Doch dadurch, daß seine jährlichen Zins- und Gülteinnahmen insgesamt aus vierzehn verschiedenen Quellen flossen, war die Eintreibung der Gelder und Naturalien eine recht schwierige und zeitraubende Angelegenheit. Wer etwa sollte die zwei Gulden, die Martin Schmid zu Möring schuldig war, herbeischaffen, wer das Viertel Korn, das Andreas Hölderbach aus Gerolfingen abzuliefern hatte, eintreiben? Addiert man die ein-

---

[18] Buchen liegt am Ostrand des badischen Odenwaldes. Für 1655 sind 752 Einwohner belegt. Badisches Städtebuch, hrsg. von Keyser, 1959 55 - 57.

zelnen Beträge, so ergibt sich für die Zingelsche Stiftung ein Jahresertrag von 42 fl. 7 pf. Hinzu kommen noch je ein Sack Korn und Hafer und ‚ain viertel korns'. Die jährliche Rente konnte im Grunde als gesichert angesehen werden. Wenn man aber neben der Vielzahl der Einnahmequellen noch die Unterschiedlichkeit der Fälligkeitstermine berücksichtigt, deren Einhaltung zudem von der jeweiligen Qualität der Ernten abhängig war, so überrascht nicht, daß es in einem Stipendienverzeichnis aus der Mitte des 17. Jahrhunderts über die Zingelsche Stiftung heißt: ‚Die iahrliche ... züns bestehen in 50 fl. in getraith und gelt von underschidlichen orthen, izt ist doch alles unbekhant oder verlohren[19].' Herzog Wolfgang, der die Stiftung konfirmierte, war der Meinung, die Zingelschen Stipendien seien ‚mit gebuhrlicher güllt und nutzung' ausgestattet, und gab sein Placet. Allem Anschein nach hat man jedoch im Laufe der Zeit im Kolleg die Überzeugung gewonnen, daß eine so weitgetriebene Zersplitterung der Einkünfte sich eher schädlich auswirken mußte, denn bereits die Stiftung Schwebermairs aus dem Jahre 1531, die dritte in der Reihe der privaten Stipendien der Universität, weist diese Mängel nicht mehr auf, und auch bei den sich zeitlich anschließenden ist das Stiftungskapital günstiger angelegt.

Als charakteristisch, vorwiegend für die frühen Stipendienstiftungen, erweist sich ferner die Überlassung von Gebrauchsgegenständen an die Stipendiaten. Es darf angenommen werden, daß es an Betten, Tischen, Zinngeschirr und dergleichen besonders in der Frühzeit des Kollegs gefehlt hat[20]. Zingel steuerte zum Haushalt der Burse im einzelnen bei: ‚zu teglichem gebrauch ainem yed ain bet, ain pfulben (?), ain strosack, zway bar leilach, ain deckbet, ain rawhe deck, ain truhen, ain s(e)edel, ain tisch, ain banck, und sunst einen clainen hawsrat von zinngeschirr'.

Neben der Überlassung von Einrichtungsgegenständen verbindet Zingel seine Stiftung auch noch mit einer Bücherschenkung, einer der ersten in der Ingolstädter Universitätsgeschichte, ‚damit sy kainen mangel an der lernung haben'. Offenbar war die hinterlassene Bibliothek — sie zählte 22 Titel und ‚zway gute betbücher sambt vil andern clainen buchlin scolasticalia, eingebunden und uneingebunden' — zum ausschließlichen Gebrauch der Zingelstipendiaten bestimmt, verfügte doch der Stifter, daß die wertvollsten Werke der Sammlung in der Kammer der Stipendiaten ‚an ketten gelegt' und auf ewig ‚nit verrückt' werden sollten. Die Titel der hinterlassenen Bibliothek sind seit langem bekannt[21]. Der Stifter legte auf ihre Erhaltung den größten Wert, wie ihm auch die unge-

---

[19] GA II 46 ‚Designatio ...', 3.
[20] Hausratsgegenstände stifteten später auch Widmann, Schwebermair und Winkler; vgl. dort.
[21] Ruf P., Eine Ingolstädter Bücherschenkung vom Jahre 1502: SB München (1933) 10 - 11, Anm. 4.

schmälerte Bewährung des Hausrats sehr am Herzen lag. War etwas abhanden gekommen oder zerbrochen worden, so hatten die Stipendiaten bei ihrem Auszug vollen Ersatz zu leisten, damit ihre Nachfolger die eingebrachten Gegenstände vollzählig übernehmen konnten. Einen jährlichen Gulden bestimmte Zingel ‚zu notwendigen aufenthaltung des bestimbten hausrats' und um an ‚denselben besserung annzulegen'. Der Regens hatte jährlich eine Abrechnung vorzulegen. Wer diese Abrechnung entgegenzunehmen hatte, hat Zingel nicht ausdrücklich bestimmt; mit großer Wahrscheinlichkeit wird die Artistenfakultät gemeint sein, in deren Kompetenz gemäß den herzoglichen Statuten Wahl und Absetzung des Kollegregens lagen.

Abschließend heißt es, von sämtlichen vermachten Werten und Zinsen seien die Kaufbriefe vorhanden. Werden einige von ihnen ‚ablosig', das heißt, erstattet der Zinszahlende das geliehene Kapital in Bargeld zurück, so ist dieses neu anzulegen. Abgelöste Summen sollten davor bewahrt werden, im allgemeinen Haushalt des Kollegs unterzugehen. Die Stiftungen, die doch ‚ewig' währen sollten, durften in ihrem Fortbestand nicht gefährdet werden.

Die Geschichte der Zingel-Stiftung ist durch eine Kette von Auseinandersetzungen zwischen den Präsentatoren, den Städten Buchen und Schlierstadt, und der passiv präsentationsberechtigten Stifterfamilie geprägt. Im August 1532 verlieh der Herzog eines der beiden Stipendien an Christoph Zingel, den Sohn des verstorbenen Johann Zingel aus Amberg[22]. Gegen diese Ernennung prozessierten die beiden Städte noch vier Jahre später vor der Universität, die dem kurz vor der Magisterprüfung stehenden Christoph in einem salomonischen Spruch auferlegte, sich nachträglich von den Präsentatoren legitimieren zu lassen[23].

Zwei Jahrzehnte später, am 31. Mai 1558, benützte Christoph Zingel, inzwischen Rentmeister des Bischofs von Passau, die Fürsprache seines Herrn, um seinen Neffen Hartmann von der Universität auf ein Zingelstipendium setzen zu lassen[24]. Die Universität gab diesem Ansinnen nur provisorisch statt und legte Hartmann Zingel auf, sich bei den Städten Buchen und Schlierstadt eine ordentliche Präsentation zu besorgen. Als ihm das anscheinend nicht gelang, wurde er, wie die Universität am 2. August 1560 dem offenbar im Auftrag der beiden Städte interzedieren-

---

[22] UA D III 4, 327, Senatsberatung über das entsprechende herzogliche Schreiben. Christoph Zingel immatrikulierte sich am 18. 7. 1532. — Zwei Jahre später verlangte die Witwe Johann Zingels auch das zweite Stipendium für einen ihrer Söhne; der Herzog verlangte von der Universität Information (ebd. 340).
[23] UA D III 7, 96', Urteil des Senats vom 10. 3. 1536. Christoph Zingel promovierte am 15. 1. 1537 zum Magister (UA O IV 2).
[24] Schreiben Bischof Wolfgangs von Passau an die Universität in UA J III 64: auf Bitten Christoph Zingels wird Hartmann empfohlen. Hartmann Zingel immatrikulierte sich am 17. 6. 1558.

den Mainzer Erzbischof mitteilte, bald darauf wieder abgesetzt[25]. Nachdem auch das zweite Zingelstipendium soeben durch seinen Inhaber Franz Specht aus Buchen soeben resigniert worden war[26], präsentierten die Städte am 1. Oktober 1560 der Universität zwei neue Stipendiaten: Christoph Keller und Hans Walter. Die Väter der beiden hätten um die Präsentation ersucht. Da beide ‚von fromen vatter und mutter ehelichen geboren' seien und da eine ‚zunemende kindtliche dugent' festzustellen sei, habe man der Bitte der Väter entsprochen. Man sei der Zuversicht, daß die Präsentierten sich ‚wie fromenn jungen gezimen, vleissig halten und erzaigen' werden[27].

Diese Schriftstücke bestätigen noch ganz die Einhaltung der vom Stifter erlassenen Bestimmungen: Hartmann Zingel wird zwar als ein Träder des Zingelschen Namens von Passau aus empfohlen, doch die Universität besteht auf der Vorlage der ordnungsgemäßen Präsentationsurkunde. Die Präsentatoren wiederum umgehen die Bestätigung Hartmann Zingels durch die Präsentation eigener Kandidaten. Nun aber setzte sich die Universität in einem Schreiben an die Städte vom 29. Juni 1561 für Hartmann Zingel ein[28]. Derselbe habe ‚vilmalen bey unns umb possession seines vettern gestifften stipendiums angehalten'; daraufhin sei ihm bedeutet worden, man sei gerne bereit, ihm das Stipendium zu übertragen, wenn er nur die nötige Präsentation beibringe. Besagter Hartmann Zingel sei ein Blutsverwandter des Stifters und habe somit laut Stiftungsverordnungen das Recht, bevorzugt behandelt zu werden. Die Präsentatoren werden gebeten, innerhalb einer dreimonatigen Frist dem Hartmann Zingel die Präsentation zu erteilen. Sollte das nicht geschehen, so ‚wellen wir ime die possesion mithailen'. Auf dieses ultimative Verlangen reagierten die Präsentatoren am 14. Juli 1561 mit einem Einspruch. Erstens betrachte man den Hartmann Zingel nicht als zur Zingelschen Familie gehörig und zweitens verbäte man sich, jemanden ‚gewaltiger weis die possession (zu) gestetten oder fur euch selbs ein(zu)raumen'. In einem weiteren Brief vom 30. August 1561 protestierten die Präsentatoren wiederum heftig gegen die Besetzung des Zingel-Stipendiums mit dem ihrer Meinung nach familienfremden Hartmann Zingel. Man sei ‚in keinem weg gestenndig', dem besagten Zingel das Stipendium ‚gewaltiger weiss' zuzusprechen, und habe gegen diese Usurpation die Hilfe des Erzbischofs angerufen. Inzwischen muß eines der Stipendien

---

[25] So berichtet die Universität in einem Schreiben an den Erzbischof von Mainz vom 2. 8. 1560 (UA J III 64). Man habe Hartmann seinerzeit auferlegt, sich in Buchen und Schlierstadt die erforderliche Präsentation zu besorgen. Als er das nicht vermochte, sei er nach einigen Wochen wieder abgesetzt worden, seitdem sei das Stipendium frei. Das zweite Stipendium halte ordnungsgemäß ein (nicht genannter) Buchener Präsentat besetzt.
[26] Schreiben der Zingel-Präsentatoren an den Erzbischof vom 3. 9. 1560 (UA J III 64). Franz Specht hatte sich am 9. 5. 1558 immatrikuliert.
[27] UA J III 64. Keller und Walter immatrikulierten sich am 2. 11. 1560.
[28] UA J III 64.

wieder freigeworden sein, denn anstelle Zingels wird mit Theodor Groschl ein neuer Stipendiat präsentiert[29]. Für ihn setzte sich in einem Schreiben an die Universität vom 19. September 1561 auch Erzbischof Daniel ein; für die Abweisung der Ansprüche Hartmann Zingels konnte er sich leicht der Argumente bedienen, die ihm die Universität ein Jahr zuvor in ihrer noch gegen Zingel gerichteten Darstellung des Falles geliefert hatte[30].

Der Ausgang der Angelegenheit ist nicht erkennbar[31]. Im Jahre 1580 kam es zu einer Aufstockung des Kapitals der Zingel-Stiftung. Oswald Schwab, selbst ehemaliger Zingel-Stipendiat[32], inzwischen Lizentiat der Rechte, Freisinger Domherr und Dekan des Stiftes Haug bei Würzburg, stiftete ein Zusatz-Kapital von 400 Gulden, mit dessen Ertrag die beiden Stipendien je um 10 Gulden auf 35 Gulden aufgebessert werden konnten. Am 11. Juli 1580 fertigte die Universität darüber eine Urkunde aus[33].

Zwei weitere Präsentationsakte der Stadt Buchen sind aus den Jahren 1585 und 1588 überliefert. 1585 wurde Voit Bucher ernannt, dem man zur Prüfung eine lateinisch-deutsche Übersetzungsaufgabe gestellt habe[34]. Drei Jahre später beschwerten sich die Buchener gegenüber der Universität, daß man ihren Kandidaten Jakob Reinhart nicht angenommen habe. In höflichen, aber bestimmten Worten — ‚uff gut Odowäldisch teutsch' — bitten die Präsentatoren um Aufklärung dieser Angelegenheit. Auf das zweite Stipendium, das durch die Resignation eines Burkhard Nikh freigeworden sei, wird der aus des Stifters Freundschaft stammende Stefan Günter präsentiert, der zwar ‚in literis nicht zum höchsten versirt', aber sonst ‚bonis moribus probirt, auch in ander weg omni exceptione maior' sei. Allerdings sei zu wünschen, daß stets ‚fast qualificirt personen ... praesentirt werden möchten', aber man habe keinen besseren Kandidaten finden können. Ob die Universität sich mit dieser Erklärung zufrieden gab und die Präsentation anerkannte, läßt sich nicht feststellen[35].

---

[29] Nicht in der Matrikel nachweisbar.
[30] UA J III 64. Hartmann Zingel habe seinerzeit in das Stipendium „eintringen" wollen, doch habe ihn die Universität zu Recht abgewiesen. Die Präsentatoren hätten für Groschl um eine „furderungsschrifft" nachgesucht; er sei Sohn des Rentmeisters Quirin Groschl aus Bischofsheim und für das Stipendium qualifiziert, die Universität möge ihn also aufnehmen.
[31] Hartmann Zingel ersuchte die Universität in einem undatierten Gesuch, ihm die Summe von 11 fl., die er dem Kolleg „pro habitatione" und „pro victu" schuldete, aus den Erträgen des vazierenden Stipendiums zu erstatten (ebd.).
[32] In der Matrikel nicht nachweisbar.
[33] Abschriftlich in GA II 97.
[34] UA J III 64. Voit, Sohn des Buchener Bürgers Jörg Bischoff, sei „von frommen erlichen elttern ehlich" geboren, man habe ihm zur Prüfung ein „deutsch concept" „zu vertiren" gegeben, das Ergebnis liege bei. — Voit Bucher ist in der Matrikel nicht nachweisbar.
[35] UA J III 64. Alle drei Namen fehlen in der Matrikel.

Die Widmann-Stiftung (1513)

Wenn wir von den kärglichen Angaben im Stiftungsbrief von 19. 11. 1513[36] absehen, so ist über die Person Hans Widmanns keinerlei Nachricht überliefert. In dieser Urkunde wird er lediglich als ‚Hans Widmann im bartt, kursner und burger zw Inngolstatt' bezeichnet. Immerhin ist es bemerkenswert, daß auch ein Mann, den keine akademischen Grade mit der Universität verbanden, der lediglich ein dem Kürschnerhandwerk nachgehender Ingolstädter Bürger war, eine Stipendienstiftung vornahm. Zusammen mit Anna Sterkel (1574), einer Ingolstädter Schneidermeisterin, ist Widmann der einzige Nichtakademiker unter den Stipendienstiftern des 16. Jahrhunderts.

Auch seine Stiftung wurde durch Exekutoren, die noch von ihm selbst bestellt waren, verwirklicht. Es waren dies der Reichlinger Pfarrer Johann Winhartt und Thomas Ramelspach, beide Kollegiaten der Universität, Magistri artium und Baccalaurei der heiligen Schrift, ferner die beiden Ingoldstädter Ratsmitglieder Hanns Synninger und Martin Clostermair. Der Stiftungsbrief nimmt Bezug auf die in der herzoglichen Gründungsurkunde ausgesprochene Empfehlung, weitere Stiftungen vorzunehmen, und schafft einen Platz für einen ‚collegiaten, der briester sey' und alle Freiheiten und Exemptionen der landesfürstlichen Stipendiaten genießen solle. Es handelt sich auch hier um eine Familienstiftung, denn der Präsentand soll ein ‚negstgesipt frundt' der Familie des Stifters sein. Wahl und Präsentation stehen jedoch nicht der Widmannschen Familie, sondern dem Konzil der Artistenfakultät zu. Die Exekutoren sind also befugt, den ersten Kandidaten für das Stipendium selbst zu präsentieren. Die Widmann-Stipendiaten müssen Bakkalare der heiligen Schrift oder Magister sein bzw. so lange ‚in den freien kunsten continuiren, bis sy das magisterium erobern'; anschließend übernehmen sie die Verpflichtung, Theologie oder die ‚bäbstlichen rechte' mit besonderem Fleiße zu hören. Auch dieses Stipendium ist auf fünf Jahre begrenzt. Allwöchentlich hat der Stipendiat drei Messen für Widmann und seine Vorfahren zu lesen, und zwar ‚in bequemen... tagen der Wochen und zuvor den feyrtagen'. Im übrigen hat er alles zu tun, was ‚in craft der ersten fundation und erection des neuen Collegiumbs zu thun (sich) gebürt'. Ist der Kandidat geeignet und gewillt, den theologischen Doktorgrad zu erwerben, so sollen die beiden Dekane der theologischen und der Artistenfakultät eine maximal zweijährige Verlängerung gewähren. An charakterlichen Eigenschaften wird lediglich verlangt, daß der Bewerber ‚guts erbers wesenns' sei.

Was die Ausstattung der Stiftung betrifft, so sind die Dinge hier ähnlich kompliziert gelagert wie bei der Zingel-Stiftung: aus neun ver-

---

[36] GA I 11; HStA Staatsverw. 2941.

schiedenen Quellen fließen die Einnahmen, schwankend in einer Höhe von einem bis zu fünf Gulden. Insgesamt sind es 12 Gulden, 2 Schaff und 34 Metzen Korn. Es kann daher nicht verwundern, wenn diesen geringen Einzelbeiträgen ein ähnliches Schicksal widerfuhr wie der Zingel-Stiftung. Eine spätere Stipendienliste bezeichnet die Einkünfte als ‚dispersim' und beklagt des weiteren, daß man gar nicht wüßte, was aus ihnen geworden sei: ‚...quae tamen omnia, quo devenerint, ignorantur'[37]. Immerhin bestand das Stipendium, wie die Stiftungsakten erweisen, noch erstaunlich lange fort[38]. Ein vergoldeter Kelch, reichlich 31 Lot schwer, stand dem Stipendiaten für seine wöchentlichen Meßfeiern zur Verfügung. Wie Zingel vermachte auch Widmann ‚ainen klainen hauszrat und pettgewanndt', im einzelnen ‚ein pett, ein pettstatt, ein polster, ein kisz, ein deckpettm, ein deckh, zway par leylach, ein truhen, ein bedeltruhen, ite(m) ein masz kanndtl (Kanne?), ein seydt kenndtl, ein querltkendtl, zwo schussel, ein clains schussel, ein zinplatt'. Er vertraut dieses Gerät dem Stipendiaten mit der Auflage an, es in gutem Zustande zu bewahren, gegebenenfalls aus seinem Stipendiengeld Ersatz zu leisten, falls durch eigene Schuld etwas beschädigt würde. Um dem natürlichen Verschleiß des Hausrats entgegenzuwirken, gibt der Stifter noch einen ewigen Jahresgulden hinzu.

So wie zwei der wenig später gestifteten Adorf-Stipendien zu theologischen Fakultätsstipendien, so wurde das ‚stipendium pellificis' zum Fakultätsstipendium der Artistenfakultät. Die passive Präsentationsberechtigung war zwar in beiden Fällen annähernd identisch; die stifterliche Regelung der aktiven Präsentationsbefugnis aber brachte es mit sich, daß die Adorf-Stipendien von der theologischen Fakultät, das Widmann-Stipendium von der Artistenfakultät, beide jedoch an Theologie studierende Artistenmagister vergeben wurden.

Noch vor Ausstellung der Urkunde hatten die vier Testamentsvollstrecker Widmanns der Fakultät am 8. Juni 1513 die Stiftung angeboten[39]. Die Fakultät nahm grundsätzlich an, wünschte aber nach Möglichkeit eine Aufbesserung des Stipendiums aus dem Nachlaß des Stifters. Gemeinsam mit den Exekutoren wandte sich die Fakultät anschließend an den Herzog, der am 23. September 1513 mit der Anordnung antwortete, ihm eine Aufstellung der Stiftungsgüter zuzustellen, aus der ersehen werden könne, ob das Kapital für den Stiftungszweck ausreiche[40]. Die Prüfung muß befriedigend ausgefallen sein, denn am 8. Februar 1514 erteilte Herzog Wilhelm seine Konfirmation[41].

---

[37] GA II 46 ‚Designatio...', 4.
[38] Siehe unten S. 140.
[39] UA Georg. III/22, 1'.
[40] UA J II 37.
[41] UA J II 37. Am 28.5.1514 übergaben die Exekutoren der Fakultät die Konformation. Diese stellte fest, daß in der Urkunde durch Versehen der

Stiftungsgemäß nahmen die Exekutoren die erste Präsentation vor; am 26. Mai 1514 verliehen sie das Stipendium an den Magister Johann Hubschenauer, einen Theologiestudenten, der aber nebenbei auch artistische Vorlesungen hielt[42]. Im September 1517 promovierte er zum theologischen Bakkalar, noch im gleichen Herbst resignierte er aus nicht erkennbarem Grund das Stipendium, obwohl er noch zwei Jahre lang seine theologischen Studien in Ingoldstadt fortsetzte; anschließend ging er als Pfarrer nach Neuburg[43]. Um seine Nachfolge bewarben sich vor der Fakultät am 3. Dezember 1517 die beiden Magister Johann Schröttinger und Konrad Schaider. Die Fakultät wählte den letzteren, aber zwei Wochen darauf interzedierte der Herzog dringlich für Schröttinger. Für die Fakultät stand mit der Verteidigung Schaiders diejenige ihres Wahlrechts auf der Tagesordnung. Mit entschlossenem Widerspruch erlangte sie bei Leonhard Eck, in dem man doch den Initiator dieser herzoglichen Einmischung vermuten muß, die Zusage, er wolle sich beim Herzog für Schaider einsetzen[44]. In der Tat muß der Herzog auf Schröttinger, den späteren Kollegregens, verzichtet haben, denn 3 Jahre später, im Oktober 1521, beweist die Resignation Schaiders, daß er das Stipendium bis dahin innehatte[45].

Sein Nachfolger wurde Oswald Arnsperger, gleichfalls ein späterer Kollegregens, der das Stipendium vier Jahre behielt und in dieser Zeit zum theologischen Bakkalar promovierte[46]; dann tauschte er es mit einem Adorf-Stipendium[47]. Der folgende Widmann-Stipendiat, Magister Alexius Zehntmayr, war zugleich besoldeter Lektor der Artistenfakultät[48]. Er hatte das Stipendium mit zweimaliger Verlängerung bis über 1533 hinaus in Besitz[49], immer gleichzeitig mit seiner Lektur, die ihn für den inneren

---

Kanzlei ein Fehler sei, denn sie verlange, daß der von der Fakultät Gewählte dem Rektor statt, wie sonst generell üblich, dem Regens präsentiert werden solle. Den Exekutoren wurde aufgetragen, das korrigieren zu lassen; sie erhielten von der Fakultät eine Reversurkunde ausgestellt (UA Georg. III/22, 4). Im Februar 1515 übergaben die Exekutoren der Fakultät die Zinsbriefe mit der Bitte, „quod stipa daretur in novo collegio ad quam emerant unam scaffam siliginis"; die Fakultät stimmte zu (ebd. 5' f.).
[42] UA Georg. III/22, 4 und 6'.
[43] UA Georg. I/11, 1, 54' und 57; Georg. III/22, 23.
[44] UA Georg. III/22, 23 - 24.
[45] UA Georg. III/22, 58, 3. 10. 1521. Konrad Schaider starb erst 1534 (Mederer I 152).
[46] Vier Monate lang war das Stipendium anscheinend vakant; am 3. 2. 1522 wurde es ausgeschrieben, am 8. 2. an Arnsperger gegeben (UA Georg. III/22, 62). Er promovierte im Juni 1524 zum Cursor (UA Georg. I/11, 1, 64). Vgl. über ihn Mederer I 137 und öfter.
[47] Arnsperger resignierte am 20. 1. 1526; am 17. 1. 1526 war er von der theologischen Fakultät zum Adorfstipendiaten gewählt worden (UA Georg. III/22, 83' und D III 6, 135).
[48] Gewählt am 20. 1. 1526, Lektor für Poesie am 18. 4. 1526 (UA Georg. III/22, 83' und 87).
[49] Am 28. 10. 1526 bat Zehntmayer die Fakultät um die Erlaubnis „abesse ab orando cursu" an den Feiertagen; sie wurde ihm unter Hinweis auf die Stif-

Kreis der Artistenfakultät, für ihr Konzil und auch für ihr Dekanat qualifizierte. Für kurze Zeit übernahm er 1531 auch die Regenz des Georgianums[50].

Von da an werden die Nachrichten lückenhaft. 1542 gelangte Georg Theander, der spätere Theologieprofessor und Vizekanzler, für kurze Zeit auf das Stipendium, wurde aber, da er als Kooperator der Marienkirche eine Pfründe besaß, alsbald wieder abgesetzt[51]. Sein Nachfolger Egidius Neumayer gab das Stipendium schon nach vier Monaten wieder ab[52], für ihn wurde im Oktober 1542 Anton Pogner gewählt, der im Unterschied zu Theander, vor die gleiche Wahl gestellt wie er, auf seine Kooperatur bei St. Moritz verzichtete[53]. Vier Jahre später, noch im Besitz des Stipendiums, vertrat er den abwesenden Erasmus Wolf als Vizeregens des Georgianums[54].

Pogner war Priester, eine Qualifikation, die für das Widmann-Stipendium erforderlich war, unter den Artistenmagistern aber um die Jahrhundertmitte selten geworden zu sein scheint. Daran mag es liegen, daß aus der Folgezeit nur noch ganz vereinzelt Namen von Fakultätsstipendiaten überliefert sind, diese aber noch aus der späten zweiten Hälfte des 16. Jahrhunderts[55]. In den achtziger Jahren avancierte der Widmann-Stipendiat zum Kaplan des Georgianums, übernahm also die gottesdienstlichen Verpflichtungen des durch anderweitigen Pfründenbesitz verhinderten Regens[56].

Die Adorf-Stiftung (1515)

Johann Adler aus Adorf im Vogtland, der auch Johann Permeter oder meist Johann Adorf genannt wird, ließ am 5. März 1515 die erste *nicht* an das Georgianische Kolleg gebundene Stipendienstiftung errichten[57].

---

tungsurkunde verweigert (UA Georg. III/22, 91). Am 1.5.1531 ersuchte er um „prolongatio" des Stipendiums; sie wurde ihm unter der Bedingung gewährt, daß er seine „negligentia" abstelle (ebd. 105). Am 10.3.1533 wurde erneut eine Verlängerung zugestanden, vorbehaltlich der Zustimmung Ecks (ebd. 111'). Er starb 1539 (Mederer I 167).

[50] Am 5.1.1531 nach dem Tod Johann Reckenschinks; am 28.1.1531 wurde dann auf herzoglichen Befehl Arnsperger gewählt (UA Georg. III/22, 103' f.).
[51] UA Georg. III/22, 133 und 135'.
[52] Wahl am 19.6.1542, Resignation am 17.10.1542 (UA Georg. III/22, 135' - 136').
[53] UA Georg. III/22, 136', 17.10.1542. Vier Jahre später wird Pogner jedenfalls als Stipendiat bezeichnet, er wird also die Bedingung der Fakultät wohl erfüllt haben.
[54] UA Georg. III/22, 144' ff.
[55] Am 30.4.1599 präsentierte die Artistenfakultät Johannes Freund; er wurde verpflichtet, stiftungsgemäß im kommenden Jahr Magister zu werden (UA O I 4, 53').
[56] Prantl II 333.
[57] GA I 12; gedruckt in Sammelblatt X (1885) 22 ff.

Im Jahre 1453 ließ er sich in die Leipziger Universitätsmatrikel einschreiben, 1455 wurde er Bakkalar, 1456 Magister der freien Künste. 1462 Cursor, 1465 Sententiar. Im Sommersemester 1468 wurde er zum Rektor der Universität Leipzig gewählt[58]. Adorf war der erstpromovierte Doktor der Theologie der Ingolstädter Hochschule; am 9. Februar des Jahres 1473 wurden ihm in der Ingolstädter Liebfrauenkirche die Doktorinsignien verliehen[59]. Adorf wurde erster Universitätspfarrer an der Ingolstädter Liebfrauenkirche und behielt diese Stelle bis zu seinem Lebensende. Dreiunddreißig Jahre lang war er Professor, zweiunddreißigmal bekleidete er das Amt des Dekans der theologischen Fakultät, zehnmal wurde er zum Rektor der Universität gewählt. Im Jahre 1505, am 6. Oktober, setzte die in Ingolstadt wütende Pest seinem Leben ein Ende. Adorf fand seine letzte Ruhestätte in seiner Pfarrkirche, wo ihm ein prächtiger Epitaph errichtet wurde[60].

Adorf verfaßte den Stiftungsbrief nicht selbst, sondern übertrug diese Aufgabe drei Testamentsvollstreckern: dem Ordinarius der geistlichen Rechte Hieronymus von Croaria, dem Magister und Baccalaureus der heiligen Schrift Achaz Haysswasser, der auch Prediger in Ellwangen war, und Lucas Plannck, einem Ingolstädter Bürger und Mitglied des Inneren Rates. Von einem Stiftungskapital von nur 1700 Gulden werden vier Stipendien mit einem jährlichen Anteil von 18 Gulden eingerichtet. Das ist weniger als der von Herzog Georg geforderte Mindestsatz von 20 Gulden, doch war Adorf selbstverständlich nicht an jene Verfügung gebunden, da er seine Stiftung nicht als Zustiftung in das Kolleg betrachtete.

Allen vier Stipendiaten schreibt der Stifter streng die Einhaltung der ‚via antiqua' vor[61]. Zwei der vier Stipendien sind bestimmt für solche, welche ‚via realistarum' den Magistergrad erworben hatten. Die beiden übrigen werden zwei jungen Studenten zugesprochen, welche ebenfalls ‚im alten weg' zu studieren und das Magisterium zu erwerben haben. Bei Androhung von Stipendienentzug ist die Einhaltung des alten Weges feierlich zu geloben. Nach Erlangung des Magistergrades sollen sie sich mit Fleiß theologischen Studien mit dem Ziel der Erwerbung des Doktorgrades widmen. Innerhalb einer auf fünf Jahre befristeten Studienzeit ist der Titel eines *baccalaureus biblicus* zu erwerben. Wohnung und Mahlzeiten haben sie in der Realistenburse zu nehmen, doch kann der Ingolstädter Rat von der Wohnpflicht in dieser Burse dispensieren.

Während die beiden Magister durch die theologische Fakultät bestimmt werden sollen, hat der Ingolstädter Magistrat das Präsentations-

---
[58] G. Erler (Hrsg.), Die Matrikel der Universität Leipzig, I (1895) 162, 167, 185, 268.
[59] Mederer I 6 f.
[60] Mederer I 68 f.
[61] Vgl. G. Ritter, Via antiqua und via moderna auf den deutschen Hochschulen des 15. Jahrhunderts, 1922.

recht für die beiden anderen Stipendiaten. Bei der Wahl der Magister haben nur die besoldeten Ordinarien der Theologie und jene Kollegiaten, ‚so vom allten weg sind', Stimmrecht. Dabei zählt die Stimme eines Doktors doppelt, die eines Kollegiaten einfach. Bei Stimmengleichheit liegt die Entscheidung beim Ingolstädter Stadtmagistrat. Sollte einmal der Fall eintreten, daß entgegen dem Stifterwillen die Wahl auf einen Vertreter des ‚neuen Weges' fällt, so geht die theologische Fakultät ihres Ernennungsrechtes verlustig, welches dann für immer an den Ingolstädter Rat mit der Auflage, ‚kain modernen (zu) nemen', übergeht.

Die beiden Studenten sind — wie gesagt — durch Bürgermeister und Rat von Ingolstadt zu benennen; die Nominierten sollen dem Rektor der Universität, den Doktoren der Theologie und den Kollegiaten des ‚alten Weges' präsentiert werden. Nach Möglichkeit sollen es Ingolstädter Bürgerskinder sein. Die eheliche Geburt ist erforderlich. Was Begabung und Charakter angeht, wird von ihnen lediglich verlangt, daß sie ‚geschickt für lernung' und eines frommen, ehrbaren Wesens seien, so daß ‚sy in der lernung und guten sitten mogen furforn und zu docterlichem stanndt komen'. Sollte einer der Adorf-Stipendiaten gegen die Ordnungen und Statuten von Universität und theologischer Fakultät verstoßen oder faul sein oder sich vom alten Weg auf den neuen begeben, so geht er seines Stipendiums verlustig. Sein Platz ist innerhalb einer Frist von drei Monaten ‚nach urlaubung des ubertretters' neu zu besetzen. Wenn die von Adorf bestimmten Kollatoren der Stiftung einen ‚ubertretter' nicht des Stipendiums verweisen, so verlieren sie ihre Ernennungsrechte. In einem solchen Fall obliegt es Rektor und Rat der Universität, die Stipendiaten zu ernennen. Trägt es sich zu, daß auch Rektor und Universitätsrat einen unwürdigen Studieninhaber nicht abweisen, so fällt das Präsentationsrecht zurück auf die ursprünglich vorgesehenen Verleiher, nämlich auf die Doktoren der Theologie, die Kollegiaten des alten Weges sowie Bürgermeister und Rat der Stadt Ingolstadt. Auch bei einer nicht durch Absetzung entstandenen Vakanz besteht die Pflicht der Neubesetzung innerhalb einer Zeit von drei Monaten; wird diese Frist nicht eingehalten, so fällt das Präsentationsrecht, allerdings nur für diesen einen Fall, auf Rektor und Universitätsrat.

Das Stiftungskapital von 1700 Gulden ist beim Ingolstädter Stadtmagistrat angelegt. Dieser hat die Aufgabe der jährlichen Erlegung der Stipendiengelder an die Stipendiaten, doch sollten diese das ihnen zustehende Studiengeld nicht auf einen Schlag ausbezahlt bekommen, sondern in vier Jahresraten, ‚damit sy nit zuvil auf ain mal verthun kunnen'. Die während einer zeitweiligen Vakanz der Stipendiaturen einkommenden Gelder soll der Rat der Stadt nach eigenem Gutdünken zum Wohle der Stiftung anlegen. Der Stiftungsbrief erwähnt nicht die Höhe der jährlichen Erträgnisse, doch dürften diese bei der üblichen fünfprozentigen Verzinsung etwa 85 Gulden betragen haben.

II. Zeitraum 1509 - 62

Es ergeht sowohl an die Universität als auch an Rat und Bürgermeister der Stadt die herzliche Bitte, den Willen des Stifters ‚getreulich (zu) hannthaben'; auch der Schutz des Landesherrn wird erbeten. Herzog Wilhelm möge die Stiftung ‚gnadiglich' schützen und schirmen, ‚damitt alle obgeschriben puncten und artickell steiff und stet gehallten werden', ein Wunsch, der die Bitte um landesherrliche Konfirmation auszusprechen scheint[62].

Von den beiden städtischen Adorf-Stipendien sind aus der zweiten Hälfte des 16. Jahrhunderts mehrere Stipendiatennamen aus Ingolstädter Überlieferung bekannt[63]. Bedeutungsvoller für die Universitätsgeschichte wurden, schon auf Grund ihrer Verleihungsbedingungen, die beiden von der theologischen Fakultät an Theologie studierenden Magister vergebenen Stipendien. Sie waren während des ganzen Jahrhunderts die einzigen theologischen Fakultätsstipendien, und unter ihren Inhabern, deren Namen das Dekanatsbuch angibt, begegnen vor allem in der Frühzeit vielfach Magister, die auch im Lehrbetrieb der Artistenfakultät eine Rolle spielten oder später in der Universität zu Rang und Würden gelangten[64].

---

[62] Sie ist nicht erhalten.

[63] F. X. Ostermair hat die Liste im Sammelblatt 28 (1904) 73 f. gedruckt. Es handelt sich um: Michael Kumpfmiller (pr. 1563), Johannes Mair (pr. 1563, i. 27.3.1563), „Spielmairs son" (wohl Johannes Spitelmayr Ingolstadiensis, pr. 1567, i. 26.4.1566), Johannes Schmid (pr. 1572, i. 5.10.1565?), Niclas Noiman (pr. 1574), „Munchmairs son" (pr. ?, i. 19.10.1565: Stephan Minichmair), „Hans Huendels son" (pr. 1575), Warmund Schneider (pr. 1579), Johann Schnabel (bis 1579), Lenhart Erelmüller (pr. 1580, vgl. oben S. 29), Simon Geigers Sohn (pr. 1584), Wilwold Ander (pr. 1585), Georg Regler (pr. 1592, i. 15.7.1592), Veit (?) Beringer (pr. ?, i. 16.9.1593).

[64] Die folgenden Angaben entstammen dem Dekanatsbuch UA Georg. I/11, 1 und den Fakultätsprotokollen UA D III 6, 134 ff.; die ersten Daten bezeichnen jeweils Verleihung und Entzug des Stipendiums.
Johannes Till (verlängert am 23.9.1516, i. 11.2.1511), Konrad Thumann (bis 29.1.1524, gestorben 1530 als Prediger in Regensburg, Med. I 139), Willibald Frankmann (bis 13.2.1524, später Generalvikar in Eichstätt), Johann Götz (17.2.1524 bis 1526, i. 9.2.1517), Michael Dittenauer (17.2.1524 — ?), Oswald Arnsperger (17.1.1526 — ?, 1540 Pfarrer zu ULF, 1548 Generalvikar in Freising), Georg Theander (22.1.1544 — ?, i. 21.5.1537, 1548 Pfarrer zu ULF, 1554 Prof. theol. und Vizekanzler, gest. 1570), Martin Schleuff (Mai 1561 - Dez. 1562, i. 6.2.1559), Melchior de Fabris (bis Juni 1561, i. 21.2.1559), Theodor Miller (Molitor) (Juni 1561 - Sept. 1563, i. 14.6.1561 als stud. art.), Daniel Badensis (Dez. 1562 — ?, Sebastian Haydlauf (Nov. 1563 - ?, Pfarrer zu ULF 1567), Johannes Reiss (Nov. 1563 - ?), Christoph Miller (Mai 1564 - Sept. 1565, i. 6.10.1560), Georg Phisle (Nov. 1563 - ?, bac. art.), Wolfgang Albertus (Sept. 1565 - Weihnachten 1565, i. 2.9.1561), Lucas de Guilielmis (Weihn. 1565 - ?, i. 19.1.1564), Johannes Heiss (SS. 1567 - Febr. 1570, i. 21.10.1564, 1570 Spitalpfarrer), Konrad Transer aus Kösching (Febr. 1570 - ?, i. 29.10.1566), Mathäus Clostermaier (Aug. 1572 - ?, i. 20.12.1567), Ulrich Gabriel (Aug. 1572 - ?, i. 9.10.1570), Andreas Westermaier (März 1573 - ?, i. 14.9.1569), Leonhart Schilt (Mai 1573 - ?, i. 3.6.1569, gest. 1573), Christoph Colonarius (Mai 1573 - ?, i. 22.4.1572), Caspar Keller (März 1583 - ?, i. 22.10.1583, später Pfarrer in Frontenhausen), Johann Steyberger (- Nov. 1591), Jakob Waizenegger (Nov. 1591 - ?, 1606 als Pfarrer von Wemding Dr. theol., Med. II 185), Johannes Richardus (- Sept. 1596), Johannes Huber (Sept. 1596 - Mai 1597, 1616 Pfarrer zu ULF, Med. II 216), Johannes

Die Pettendorfer-Stiftung (1520)

Der aus Regensburg stammende Johannes Pettendorfer wurde um das Jahr 1470 geboren. Im Alter von 20 Jahren ließ er sich am 16. Juli 1490 in die Ingolstädter Universitätsmatrikel eintragen[65]. Um die Jahrhundertwende wurde er zum Bakkalar der Theologie promoviert. Im Jahre 1507 übernahm er die Pfarrstelle von Unserer Lieben Frau, nachdem Johannes Plümel auf dieses Amt resigniert hatte. Im folgenden Jahr zählen ihn die Universitätsannalen unter den ‚novi professores' als Professor der Theologie auf[66]. In den Jahren 1509, 1510 und 1511 bekleidete er das Rektoramt der Universität Ingolstadt. Bis zur Berufung des Johann Eck repräsentierte er allein die theologische Fakultät. In Ferrara erhielt er im Sommer des Jahres 1509 die Würde des Doktors der Theologie[67]. Er bekleidete ferner das Amt des Universitätsvizekanzlers. Zu Anfang des Jahres 1512 resignierte Pettendorfer auf die Universitätspfarrei, um einem Ruf des Würzburger Bischofs Lorenz von Bibra als Weihbischof zu folgen. In das Jahr 1524 fällt jenes Ereignis, welches an der Ingolstädter Hochschule großes Aufsehen erregte: Pettendorfers Übertritt zur Lehre Martin Luthers. In seinem ehemaligen Hörsaal ließ man ein Spottgedicht anbringen, welches Rotmar überliefert[68]. Der Annalist kommentiert seinen Abfall mit den scharfen Worten: ‚Putamen fuit is Pettendorfer, et quasi excrementum nostrae Academiae, veluti et Huebmarius[69].' Mit letzterem ist der Nachfolger Pettendorfers in der Pfarrstelle Zu Unserer Lieben Frau gemeint, welcher sich von der katholischen Lehre abwandte, um sich den Wiedertäufern anzuschließen.

Die Urkunde, die Pettendorfer selbst ausstellte, trägt das Datum des 8. Januar 1520[70], war also noch vor dem Übertritt Pettendorfers zur neuen Lehre abgefaßt worden. Pettendorfer führt aus, der barmherzige Gott habe ihn mit geistlichen Würden und zeitlichen Ehren und Gütern ge-

---

Seemiller (Sept. 1597 - ?, i. 16. 9. 1592). — Die meisten dieser Stipendiaten besaßen bei der Promotion schon das artistische Magisterium, wenige erst das Bakkalariat.
[65] Vgl. dazu den auf den Abfall Pettendorfers vom Katholizismus anspielenden Zusatz in der Matrikel (Pölnitz I/1 330).
[66] Mederer I 76.
[67] Mederer I 80 f.
[68] Vgl. dazu das bei Mederer I 87 gedruckte Schmähgedicht.
[69] Mederer I 87. Über Pettendorfer weiterhin zu vergleichen Bauerreis, Kirchengeschichte VI 52 und 109; Th. Kolde, Ein evangelisch gewordener Weihbischof von Würzburg: Beiträge zur bayerischen Kirchengeschichte 3 (1897) 49 ff.; Kerler, Nachträgliches über den Würzburger Weihbischof J. Pettendorfer: ebd. 6 (1900) 89 ff.; K. Schornbaum, Zur Lebensgeschichte des Würzburger Weihbischofs J. Pettendorfer: ebd. 31 (1925), 61 f.; J. Kist, Zur Lebensgeschichte des Würzburger Weihbischofs J. Pettendorfer: Würzburger Diözesangeschichtsblätter 13 (1951) 195. — Alle diese Arbeiten erwähnten Pettendorfers Stipendienstiftung nicht.
[70] StA Ingolstadt B 116, Abschrift.

segnet; die ‚hailwertigkeit' aller Menschenseelen beruhe auf dem christlichen Glauben, dieser werde am meisten durch die Kunst der Schriftgelehrten gepflanzt und verbreitet; die Unterstützung der Kirche und die Fürsorge für die Armen versprechen aber auch dem Stifter Vorteile für sein Seelenheil, usw.: wie man sieht, lehnt sich Pettendorfer in seiner Arenga eng an die herzogliche Kollegstiftungsurkunde an. Sein Stipendium ist bestimmt für einen ‚wolgeschickhten, gelerten, frumen, zichtigen magister' im Priesterstand, bzw. der verpflichtet ist, in Jahresfrist Priester zu werden. Er hat die Aufgabe, ‚mit allem vleiß' Theologie zu hören, und soll sich darüber hinaus im Predigen üben. In der auf fünf Jahre befristeten Zeit hat er die Doktorwürde der theologischen Fakultät zu erwerben. Eine Verlängerung dieser Frist ist nicht vorgesehen. Der Fleiß des Stipendiaten unterliegt einer strengen Kontrolle: ‚alle jar' hat er ein schriftliches, von den Doktoren der Theologie ausgestelltes Fleißzeugnis dem Ingolstädter Bürgermeister und Rat vorzuweisen.

Pettendorfer erklärt, durch besonderes Vertrauen zum Ingolstädter Bürgermeister und Rat veranlaßt, habe er diese gebeten, sich seiner Stiftung anzunehmen. Dieser seiner Bitte hätten sie bereits entsprochen und sie durch Revers bestätigt. Den Reversbrief habe er der theologischen Fakultät zustellen lassen. Seinen Testamentsvollstreckern — ihre Namen werden nicht genannt — habe er befohlen, nach seinem Tod seine Würzburger Behausung, ‚zum clain schilt' genannt, mit allem Zubehör zu verkaufen und den Erlös dem Ingolstädter Bürgermeister und Rat zu übergeben. Diese haben die Aufgabe, das aus dem Erlös seines Hauses gewonnene Stiftungskapital entweder in der Stadtkammer zu Ingolstadt oder an anderen sicheren Orten mit einer jährlichen Verzinsung von 5 Prozent anzulegen. Für ewige Zeiten stehe den Ingolstädtern bei jeder Vakanz des Stipendiums das Präsentationsrecht zu. Bei der Wahl sei kein Unterschied zu machen, ob der vorgeschlagene Bewerber ein Ingolstädter Bürgerssohn sei oder nicht. Ein jährliches Einkommen von 30 Gulden sei dem Stipendiaten zu reichen, und zwar in quatemberlichen Raten. Sollte das Würzburger Anwesen um mehr als 600 Gulden verkauft werden können, so solle ein solcher Überschuß für die Aussteuer oder für Hausarme verwendet werden. Neben dem Recht der Besetzung erhält der Ingolstädter Rat auch das Recht der Entlassung des Stipendiaten. Sollte ein Stipendiat sich nicht gebührlich benehmen, ‚wie ainem seines stanndts geburt', oder das jährlich geforderte schriftliche Zeugnis der theologischen Fakultät nicht beibringen, so liegt bei den Ingolstädtern das Recht der Absetzung bzw. der Neubesetzung der Stipendiatur. Sollte ferner die Stiftung in Notlage geraten, so ist dem Ingolstädter Rat und Bürgermeister das Recht gegeben, nach eigenem Ermessen das beste zu tun und diesbezügliche Entscheidungen zu treffen. Die Universität oder die theologische Fakultät erhalten kein Mitspracherecht.

Die Urkunde schließt mit jenem Vorbehalt bezüglich der Stiftungsgelder, den alle Stifter in der Regel machen, sofern sie ihre Stiftung bereits zu ihren Lebzeiten aufrichten bzw. die Statuten derselben erlassen: so lange er lebe, wolle der Stifter sich die Mehrung und die Minderung der Stiftung, aber auch Änderungen der Bestimmungen vorbehalten[71]. Der Stifter fügt hinzu, er habe beim Herzog um Konfirmation der Stiftung nachgesucht, damit dieser dieselbe ‚genedigklich hanndthaben, schützen und schirmen (möge), damit unnser obgeschribne stifftung steiff und vest gehalten werden'. Der Herzog habe zugesagt, seiner Bitte zu entsprechen; dies gehe aus beiliegendem — nicht mehr auffindbarem — Schreiben hervor[72].

Aus der weiteren Geschichte der Pettendorfer-Stiftung ist so gut wie nichts bekannt. Sie muß aber errichtet worden sein, denn aus städtischer Überlieferung sind eine Reihe von Namen bekannt, die meistenteils bedeutungsleer erscheinen[73].

Die Schwebermair-Stiftung (1531)

Georg Schwebermair aus Altheim, Baccalaureus formatus, Kollegiat des Alten Kollegs und langjähriger Regens des Georgianums (1496 - 1507), wurde bereits als Exekutor der Zingel-Stiftung erwähnt. Am St. Georgstag des Jahres 1496 war er durch den Rektor Johannes Plümel feierlich als erster Regens präsentiert worden[74]. Bereits zwölf Jahre zuvor, unterm 4. Mai 1484, ist sein Name in der Universitätsmatrikel zu finden[75]. Bis zum Jahr 1507 hat er die Geschäfte des Kollegs geführt und sie dann in die Hände des von der Artistenfakultät gewählten Magisters Johann Zaler (1508 - 1516) gelegt. Von 1498 bis 1527 bekleidete er achtmal das Rektorat und noch öfter das Dekanat der artistischen Fakultät, bevor er am 6. Juni 1530 verstarb. In der Ingolstädter Pfarrkirche zu Unserer Lieben Frau fand er seine letzte Ruhestätte. Ein ihm zu Ehren errichteter Grabstein gedenkt auch der von ihm gegründeten Stipendienstiftungen[76].

---

[71] Trotz seines Konfessionswechsels ließ aber Pettendorfer die Stiftung unverändert.
[72] Eine Konfirmation ist nicht nachweisbar.
[73] Ostermair (Sammelblatt 28, 1904, 73) nennt folgende Namen: Georg Ziegeldrumb (Verlängerung am 15. 5. 1563, i. 15. 5. 1563), Johannes Loisacher (pr. 1564, i. 1. 4. 1559), Georg Subenpurger (pr. 1566), Sebastian Plümel (pr. 1571), Johann Schnabel (bis 1579, i. Aug. 1567, später Kooperator bei ULF, dann Vikar in Pfaffenhofen), Niclas Nierer (pr. 1579), Hans Georg Wagner (pr. 1580, i. 6. 1. 1576), Lenhard Erelmüller (pr. 1584, vgl. S. 29, 43), Johann Baumschaben (bis 1593), Simon Rauscher (pr. 1593, i. 15. 7. 1592).
[74] Mederer I 47.
[75] Pölnitz I/1 129.
[76] Mederer I 139. Der Stiftungsbrief liegt in GA I 15, eine Abschrift in HStA Staatsverwaltung 2928, 217 ff.

Zu Exekutoren seiner Stiftung hatte Georg Schwebermair den Lizentiaten der Theologie und Kollegiaten des Alten Kollegs[77] Johann Schröttinger[78] sowie den Pfarrer der Ingolstädter Spitalkirche zum Heiligen Geist Jakob Schaider[79] bestellt. In seinem Namen und Auftrag stifteten die beiden am 4. April 1531 zwei Stipendienplätze und ein Benefizium, nämlich ‚erstlich (für) zwen ewig collegiaten oder gepfründt studenten in das Neu Collegium', und zweitens für einen armen und ehrwürdigen Priester ‚wie dergleichen durch Hansen Widman auch gestift ist'.

Die beiden zuerst genannten Stipendiaten sollen ‚allmal von gemelten herrn Georgen Schwebermairs ... gesipten oder geschwegerten freuntschaft' stammen, wohingegen bei der Wahl des Priesters, der im Georgianischen Kolleg zu wohnen hat, ‚weder freuntschaft sonst oder dergleichen betracht, sondern allain die er Gottes und hail der seelen' berücksichtigt werden sollen. Den Benefiziaten zu ernennen, obliegt gemeinsam den ‚herrn der heiligen schrift', dem Dekan der Artisten und dem Regens des Georgianums. Die Ernennung der beiden anderen Kollegiaten soll dem Willen des Stifters gemäß durch ein Gremium von fünf Personen erfolgen: den Pfarrer und die beiden Kirchpröpste von Altheim, der Heimatstadt Schwebermairs, den jeweiligen Besitzer und den Pächter des Schwebermairschen Hofes in Altheim, ‚Zehent Hoff' genannt. War indes kein geeigneter Scholar in der Verwandtschaft des Stifters aufzufinden, so sollte an seiner Stelle ein Altheimer Pfarrkind zu erwählen und dem Regens zu präsentieren sein. Die Studienbedingungen zeigen auch in diesem Falle eine deutliche Rücksichtnahme auf die von Herzog Georg erlassenen Statuten: wie die herzoglichen Stipendiaten unterliegen auch die Schwebermairschen der Pflicht, ‚allain' die freien Künste zu studieren, das Magisterium zu erwerben und in dem noch verbleibenden Rest des wiederum auf fünf Jahre befristeten Kollegaufenthalts sich dem Studium der heiligen Schrift zu widmen. Eine Verlängerung war nicht vorgesehen. Auch ihnen wurden die aus dem herzoglichen Stiftungsbrief bekannten Gebetspflichten zur Auflage gemacht: täglich war der ‚cursus oder die syben tagzeit unser lieben frawen' zu beten; sie waren verpflichtet, gemeinsam mit den herzoglichen Stipendiaten geistliche Gesänge zu pflegen, und für die Eltern des Stifters sowie für die ‚hailwertigkeit' der Seelen aller seiner Freunde (= Verwandten) zu beten.

Die Ausstattung der Stiftung betrug jährlich insgesamt 75 Gulden. Davon waren 50 beim Kloster Geisenfeld angelegt, die restlichen 25 bei der Stadt Ingolstadt. Die Konzentration der Einnahmequellen gegenüber der sonst zu beobachtenden Zersplitterung hat ohne Zweifel die Verwaltung der Stipendien erleichtert und damit die Aussicht auf ein gesichertes

---

[77] Vgl. oben S. 25. Schwebermair war selbst seit 1506 Kollegiat gewesen.
[78] Regens von 1519 - 22 (Schmid 90 ff.).
[79] Zuvor „Ingolstädter Kollegiat" im Georgianum (vgl. S. 29).

Fortbestehen erheblich vergrößert. Alle Bücher, ‚die der Stifter seliger in artibus gehabt', wurden ebenfalls den beiden Stipendiaten überantwortet; eine Inventarisierung der Buchtitel wurde indes von den Exekutoren nicht vorgenommen, wie denn auch sonst alle Nachrichten über Umfang und Inhalt der Schwebermairschen Bibliothek fehlen.

Der Inhaber des Benefiziums war verpflichtet, wöchentlich zwei Messen zum Gedenken des Stifters zu feiern. Auch bei allen anderen Messen, die er las, sollte er des Stifters gedenken. Er war ferner verpflichtet, ‚alles mit (zu) singen, (zu) lesen, (zu) studieren und dergleichen', was den herzoglichen Stipendiaten auferlegt war. Gleich dem vom Kürschner Widmann errichteten Benefizium wurde dem studierenen Schwebermairschen Priester ein vergoldeter Silberkelch zur Meßfeier zur Verfügung gestellt. Schwebermair gab auch eine Patene mit ‚anderm, das darzue gehört' hinzu. Diese Meßgeräte sollten in der Kapelle des Kollegs verschlossen aufbewahrt werden. Das jährliche Einkommen des Priesters war auf 25 Gulden festgesetzt. Der Regens wurde verpflichtet, über die gesamten Gülten der Stiftung, eben jene erwähnten 75 Gulden, jährlich eine Abrechnung vorzulegen. Indes ist weder von dieser, noch von irgendeiner anderen Stiftung des 16. Jahrhunderts eine Jahresabrechnung auf uns gekommen. Die Urkunde schließt mit dem üblichen formelhaften Hinweis auf die Bestimmungen der herzoglichen Stiftung: sollte ein in den Schwebermairschen Stiftungsbestimmungen nicht vorhergesehener Fall eintreten, dessen Regelung nicht ausdrücklich ‚mit lautern worten' festgelegt ist, so sei ‚in soliochem zweifel die erst fundation Hertzog Georgen fürhanden' zu nehmen und die Entscheidung des strittigen Falles danach vorzunehmen.

Infolge der unterschiedlichen Präsentationsverhältnisse gingen die beiden „Stipendien" und das „Benefizium" in der Folgezeit verschiedene Wege. Über die beiden ersteren ist aus den ersten vier Jahrzehnten mit Ausnahme einzelner Stipendiatennamen nichts bekannt[80], das entspricht der allgemeinen Überlieferungssituation. 1572 entstand dann zwischen den Präsentatoren und der Universität ein Streit, der einige interessante Einblicke in die Praxis der Stipendienverleihung gewinnen läßt.

In einem Brief teilen die Altheimer Präsentatoren 1572 der Universität folgendes mit[81]: Während mehr als 40 Jahren sei die Besetzung der Stipendien stets ohne irgendwelche Schwierigkeiten vorgenommen worden. Nun aber, da eines der beiden Stipendien frei sei und der ‚wirdig herr

---

[80] Schwebermair-Stipendiaten waren wohl die beiden aus Altheim stammenden, als Stipendiaten bezeichneten Studenten Johann Grill (i. 31. 8. 1540; vgl. über die Verwandtschaft der Grills und der Schwebermairs unten S. 64) und Wolfgang Zehenter (i. 9. 10. 1541). 1548 wird Christoph Mayer als Inhaber eines der beiden Stipendien bezeichnet (UA D III 7, 173), in den siebziger Jahren Sebastian Mair aus Freising (Zweitimmatrikulation am 6. 10. 1580).
[81] UA J III 52, undatiert.

Anthonius Pfanzelter, pfarrer zu Unnser Frauen Glaim' für seinen gleichnamigen Sohn[82] um dieses angehalten habe, weise die Universität denselben zurück, weil er ‚ains briesters sun, und nit eelich geborn' sei. Doch sei er ‚ainhellig durch unns und ain ganntze gemain zum stipendiaten ... aufgenomen' worden. Das Schreiben fährt fort: ‚Dieweil aber zuvor auch etliche briesters süne solche stipendia unverwört inngehabt und genossen, so achten wier disen Anthonium villmer darzu teüglich und annemblich, dann er (sowie alle seine Geschwister) vermüg ainer ordenlichen legitimation ... authentice legitimirt' worden sei: somit befände er sich wieder in Ehre und Würde ‚der recht eelich gebornen leüt', so daß ihm seine uneheliche Geburt ‚weder inner noch ausser gerichts oder annderen orthen und ennden zu khainer schmach, schand oder schaden' gereichen könne. Vielmehr sei er nun in allen Ämtern, Handlungen, Bürgerrechten, Versammlungen und Handwerken den ehelich Geborenen gleichgestellt. Aus diesen Gründen sei eine Zurückweisung des rechtmäßig präsentierten Pfanzelter unstatthaft und müsse rückgängig gemacht werden.

Die Universität aber gab dem Ansinnen der Altheimer Kollatoren nicht statt. In einem Brief an diese vom 14. Juni 1572[83] heißt es dazu: Obwohl man die Angelegenheit ‚guettherzig und treulich, wie wir schuldig' erwogen habe, könne man den präsentierten Pfanzelter nicht annehmen. Man möge einen ‚tauglicheren' schicken.

Dieser abweisende Bescheid hat jedoch allem Anschein nach den Stipendienanwärter keineswegs mutlos gemacht. In einer Supplikation wandte er sich persönlich an Herzog Albrecht V.[84]. Mit Gottes Hilfe habe er vor, Priester zu werden, ‚bin aber arm, und haben mich meine freundt zum studirn auch nit zuverlegen und wolt doch gern procedirn und etwas lernen, darzue ich bey dem verlichen stipendio gar guette gelegenhait hette, welches zuvor auch etliche briesters süne, unverwört inngehabt und genossen, auch dabey gelert magistri und geistlich worden.' Der Herzog möge ‚aus fürstlicher angeborner milte und güette mir armen verlassnen jungling so genedig erscheinen' und ihn durch einen entsprechenden Befehl an Rektor, Kämmerer und Rat der Universität zum ‚stipendiaten' befördern. Die Supplikation schließt mit der Beteuerung, er wolle von Gott für den Herzog Gesundheit, ein langes Leben, eine glückliche Regierung und ‚alle wolfart' erbitten. Feierlich und beschwörend verspricht Pfanzelter, für die Dauer seines Lebens diese Gebetsgedenken im Herzen zu tragen.

Am 16. August 1572 übersandte der Herzog die Supplikation Pfanzelters der Universität und fügte hinzu, es sei sein ‚bevelch, das ir in ange-

---
[82] Immatrikuliert am 1. 5. 1572.
[83] UA J III 52 und UA D III 7, 263'.
[84] UA J III 52.

brachten sachen die pillichait handlet[85]. Mit anderen Worten legte Herzog Albrecht die Entscheidungsgewalt in die Befugnis der Universität.

Auch über das dritte, das Priesterstipendium (‚sacerdotium'), dessen Vergabe doch der Universität oblag, fließen die Nachrichten zunächst wider Erwarten spärlich. Lange Zeit wird es weder in den artistischen noch in den theologischen Fakultätsprotokollen erwähnt, was die Vermutung nahelegt, daß der Regens über diese Pfründe eigenmächtig verfügte oder sie sogar für sich behielt. 1568 machte aber der Regens Kripper die theologische Fakultät auf ihre Rechte aufmerksam[86], die daraufhin, und wieder vier Jahre später[87], Stipendiaten ernannte, denen sogar für die fehlenden Weihen Dispens erteilt wurde. Im Mai 1575 ging das ‚sacerdotium' an den georgianischen Vizeregenten Sebastian Pollinger[88], und wohl von da an galt es, wie der Bericht Turners aus der Mitte der achtziger Jahre bezeugt, neben anderen Stipendien als zusätzliche Versorgung des Regens[89].

Die Zeys-Stiftung (1543)

Über die Person des Johann Zeys ist nur bekannt, daß er Scholaster und Kanoniker des Stiftes Haug in Würzburg gewesen ist. Zwischen ihm und der Universität zu Ingolstadt konnten keinerlei konkrete Beziehungen aufgedeckt werden. In der Universitätsmatrikel findet sich kein Hinweis, aus dem geschlossen werden könnte, daß der Würzburger Domherr hier seinen Studien nachgegangen wäre. Auch die landesherrliche Konfirmation seiner Siftung, die unterm 20. August 1543 ausgestellt wurde[90], erklärt lediglich, Zeys habe ‚aus lieb und sonder naigung, die er zu unser universitet zu Ingolstadt gehebt', die Stiftung errichten lassen, eine Formulierung, die durch den oftmaligen Gebrauch in den herzoglichen Konfirmationen fast schon den Charakter eines Topos gewinnt.

Seine Stiftung wurde am 30. August 1543 von dem Hauger Stiftsdekan Michael Hüttner, dem Kantor Johann Armprusster und dem Kustos Oswald Schwab ausgeführt. Sie steht ganz in der Tradition der vor ihr im Sinne der herzoglichen Statuten vorgenommenen Stiftungen und weist daher wie die meisten übrigen Stipendiengründungen kaum individuelle

---

[85] UA J III 52.
[86] UA Georg. I/11, 1, 116. Die Fakultät ernannte daraufhin im November 1568 den artistischen Bakkalar Eustachius Steinemer Pferingensis, der zwar nicht Priester sei, aber viel verspreche.
[87] Im August 1572 wurde das Schwebermair-Stipendium an einen ungenannten Studenten verliehen, mit der Verpflichtung, wöchentlich zwei „sacra" zu halten (UA Georg. I/11, 1, 123).
[88] UA Georg. I/11, 1, 133. Pollinger war am 14. 12. 1573 immatrikuliert worden, 1581 wurde er Pfarrer an der Marienkirche, später Suffragan in Würzburg.
[89] Prantl II 333.
[90] GA I 22. Die Stiftungsurkunde liegt in GA I 21.

Züge auf. Auch bei ihr handelt es sich um eine Familienstiftung. Der Rat der Stadt Ebern in Unterfranken, aus der Zeys zu stammen scheint, hat gemeinsam mit dem Pfarrer des Ortes bzw. seinem Vertreter das Präsentationsrecht. Findet sich ‚kain tugendtliche person, student oder schuler ...‚ darüber man vleyssig erfarung haben soll', so sollen die Vorschlagsberechtigten ‚ainen anndern tueglichen studenten oder schulern, der inn gedachter Pfarr Ebern, und allso ein pfarrkindt, geporen sey', erwählen. War auch kein zum Studium geeignetes Pfarrkind aufzutreiben, so sollte man einen ‚frommen Ebern knaben, studenten oder schuler', von woher auch immer er stamme, präsentieren. Seine Pflicht war es, sich dem Studium der freien Künste zu widmen, den Magistergrad zu erwerben und alsdann die heilige Schrift zu studieren. Wie der Studiengang, so entsprachen auch die religiösen Verpflichtungen des Stipendiaten den Auflagen für die Stammstipendiaten. Die Dauer des Stipendiums war — analog den für die herzoglichen Stipendiaten geltenden Bestimmungen — auf ‚fünff ganntze jar, nechst nach ainannder volgendt', begrenzt.

Die Dotation belief sich auf 22 Gulden Jahreszins und lag damit nur knapp über dem vom Herzog geforderten Mindestsatz. Wie schon für die Schwebermair-Stipendien gefordert, so sollte auch hier der Regens des Georgianums über die eingegangenen Gülten jährlich ‚gepürlich rechnung thon'. Auch hinsichtlich einer etwa aus dem Stiftungskapital abgelösten Summe — ‚klain oder gros' — sollte ähnlich wie bei der Zingel-Stiftung verfahren werden: abgelöstes Kapital soll ‚mit rath der verstenndigenn angelegt und dardurch sollche Stifftung ewigclich vor abfall mag verhuet werden'. Sobald unvorhergesehene Fälle eine Entscheidung verlangten, sollten auch hier die herzoglichen Gründungsstatuten zu Rate gezogen werden.

Als Bewerber um ein Schwebermair-Stipendium hatte sich Pfanzelter, als er bei der Universität kein Gehör fand, persönlich an den Herzog gewandt. Ein ähnlicher Fall ist uns in den Zeys Stiftungsakten überliefert[91]. Aus einem Brief, den die Ebener Präsentatoren am 10. November 1566 an Herzog Albrecht V. richteten[92], wird der Zusammenhang klar: Martin Hoffmann sei bei ihnen vorstellig geworden. Da seine verstorbenen Eltern sich ‚treulich und erbarlich verhalten' hätten, habe man ihm die Präsentation nicht versagen können. Nun aber habe der Regens Christian Kripper sich geweigert, den präsentierten Hoffmann anzunehmen. Er, der Herzog, möge dafür Sorge tragen, daß Hoffmann in den Besitz des Stipendiums gelange.

---

[91] Stipendiaten aus Ebern, teilweise ausdrücklich als Zeys-Stipendiaten bezeichnet, sind Friedrich Knor aus Scheslitz (i. 18. 4. 1544), Pankraz Petz aus Ebern (i. 23. 7. 1549), Martin Hoffmann (i. 13. 7. 1566, vgl. S. 52), Andreas Schwarz aus Ebern (i. 18. 1. 1572), Johannes Schonhart aus Ebern (i. 9. 2. 1575), Johannes Meixner aus Ebern (i. 18. 4. 1580).
[92] StA Obb GL 1477/3, 164 ff.

Nikolaus Everhard der Jüngere[93] wandte sich am 28. Dezember 1566 in der gleichen Angelegenheit an den herzoglichen Kanzler Simon Eck[94], wobei er in äußerst scharfer Form das Verhalten des Regenten Kripper kritisierte. Kripper beharre in ‚grober, ungehorsamer, hallsterriger weiss' auf seinem ‚unbillichem' Vorhaben, diesen ‚armen gesellen' nicht zum Stipendium zuzulassen. Dabei berufe er sich auf einen Artikel der jüngst erlassenen herzoglichen Reformation[95], in welchem es heiße, daß eine präsentationsberechtigte Stadt bei eingetretener Vakanz in einer auf zwei Monate festgelegten Frist eine Neubesetzung vorzunehmen habe. Komme sie diesem Gebot nicht nach, so gehe sie für dieses Mal ihres Präsentationsrechtes verlustig. Diese Bestimmung solle der Regens nun ‚gantz iudaice dem buchstaben nach verstehen' und nicht einsehen, daß jene Verfügung ausschließlich jene elf Städte betreffe, welche die Wahl der herzoglichen Stipendiaten vorzunehmen hatten. Im Senat sei so erkannt worden, doch habe der Regens ‚sein unvernünfftig kopf ettwas höher dann aller rhadtsverwandten verstand achten dürffen'.

Unter dem gleichen Datum des 28. Dezember 1566 wandten sich auch Rektor, Kämmerer und Rat der Universität in dieser Angelegenheit an den Herzog[96]. Martin Hoffmann sei ordnungsgemäß auf das Zeys-Stipendium präsentiert worden, doch habe man noch prüfen müssen, ‚ob ermelter Hoffmann unnser catholischen religion zugethan (sei) oder nit'. Nachdem man sich von seiner Katholizität überzeugt hatte, habe man dem Regens ‚ernnstlich eingebunden', ihm sein Stipendium zu reichen. Dieser aber habe sich bisher ‚zum höchsten gewaigert'. Der Herzog möge in die Angelegenheit eingreifen, damit durch die ‚hallsterrigkeit und aygensinnige weys' des Regens dem Martin Hoffmann nicht länger das ihm zustehende Stipendium vorenthalten werde.

Auch Krippers Stellungnahme ist erhalten[97]. Der Regens beruft sich auf die Kollegreform, derzufolge Präsentatoren, die nicht in der Lage seien, binnen zwei Monaten einen tauglichen Stipendiaten zu benennen, ihres Rechtes verlustig gehen sollten. Da die Stadt Ebern vor zwei Jahren keinen Kandidaten präsentiert habe, sei das Zeys-Stipendium mit Zustimmung des Superintendenten Staphylus an den herzoglichen Alumnen und ehemaligen Kantoristen Leonhard Rumpold[98] vergeben worden. Alles wäre gut gegangen, wenn sich die Universität nicht in diesem wie in anderen Fällen hinter die Präsentatoren gesteckt und sie zu neuen Präsentationen aufgehetzt hätte.

---

[93] Immatrikuliert am 13. 7. 1566.
[94] StA Obb GL 1477/3, 166 ff.
[95] Vgl. unten S. 131 f.
[96] StA Obb GL 1477/3, 169 ff.
[97] StA Obb GL 1477/3, 178, undatiert.
[98] Immatrikuliert am 24. 5. 1563, „a principe commendatus".

Der herzogliche Entscheid trägt das Datum des 31. Dezember 1566[99]. Allem Anschein nach hatte sich Martin Hoffman in einer persönlichen Supplikation an den Herzog gewandt, denn Herzog Albrecht bestätigt den Eingang einer solchen. Ausdrücklich stellt der Herzog fest, er sei in keiner Weise gewillt, in die Statuten und Bestimmungen der Stiftungen ‚annderer gottseliger fromen leuth' einzugreifen. Unverzüglich sei Hoffman auf das Zeys-Stipendium zu setzen, und zwar sollen ihm die Stipendiengelder von dem Augenblick an nachträglich gereicht werden, an dem die Präsentation ausgesprochen wurde. — Es spricht für die echte landesväterliche Fürsorge Herzog Albrechts, wenn er darüber hinaus verfügt, Rumpold sei zwar von dem Stipendium zu nehmen, doch solle man ihm, falls er sich ‚mit studiren und sonnsten woll hellt' vertrösten und ihm zusagen, ‚daß wir ine zu nechst furfallender gelegenhaitt in annder weg genedigclich bedenckhen und versehen wellen'. Der Universität legt er auf, nach einer Möglichkeit zu sinnen, ‚wie ime enntzwischen etwan geholffen werden möcht'[100].

Erst aus dem Jahre 1589 erfahren wir wieder eine Nachricht aus der Geschichte des Zeys-Stipendiums. Die Eberner Präsentatoren erbaten von der Universität Auskunft über Besetzung bzw. Vakanz des Stipendiums. Im Jahre 1581 sei Herzog Albrecht an den Würzburger Fürstbischof und an die Präsentatoren des Zeys-Stipendiums herangetreten, um dem Sohn seines Straubinger Mautners, Hans Edneliger[101], das freigewordene Stipendium zukommen zu lassen. Dem habe man seinerzeit zugestimmt. Nun laufe das Stipendium laut Fundationsbrief über eine Dauer von fünf Jahren, Edneliger aber habe bisher noch nicht von sich hören lassen, ob er nach Ablauf dieser Frist das Stipendium verlassen habe oder nicht. Aus diesem Grunde habe man im letzten September (1588) einen eigenen Boten nach Ingolstadt geschickt, um beim Regens zu erfragen, wie es um das Stipendium stehe, ohne jedoch Auskunft erlangen zu können. So wende man sich jetzt an Rektor, Doktoren und Magister der Universität, um endlich zu erfahren, was in den drei Jahren, seitdem Edneliger wahrscheinlich nicht mehr auf der Stipendiatur sei, mit den Geldern geschehen sei.

Eine Antwort auf die Eberner Anfrage ist nicht erhalten. Doch sei an dieser Stelle darauf hingewiesen, daß zu wiederholten Malen von Kolleg-

---

[99] StA Obb GL 1477/3, 172 ff. (Konzept), UA J III 63 (Original).
[100] Der Herzog zog sich also etwas billig aus der Affäre. Ratlos überlegten die Senatoren, wie nun zu verfahren sei. Kripper weigere sich, Rumpold als herzoglichen Kandidaten einfach abzusetzen, das Kolleg konnte aber keinen zusätzlichen Stipendiaten ernähren. Der Kämmerer Agricola meinte, der Herzog und seine Räte kennten sich offenbar selber nicht mehr aus, man müsse also irgendeine Lösung finden; vielleicht könnten beide Kandidaten den Tisch im Georgianum bekommen (UA J III 63).
[101] In der Matrikel nicht auffindbar.

regenten die Ansicht vertreten worden ist, es sei notwendig, Stipendienplätze vakant zu halten, um den Bestand des Kollegs zu sichern[102].

Die Erasmus-Wolf-Stiftung (1553)

Erasmus Wolf stammte aus Landsberg am Lech. Unterm 11. April 1535 weist die Ingolstädter Universitätsmatrikel seinen Namen auf. Wolf, der in Augsburg an der Kollegiatkirche St. Moritz ein Kanonikat besessen hat, ohne schon Geistlicher gewesen zu sein, bekleidete insgesamt dreimal — 1543, 1548 und 1550 — das Ingolstädter Rektoramt. Am 1. Mai 1544 wurde er Regens des Georgianischen Kollegs und verwaltete dieses Amt offenbar in sehr lobenswerter Weise bis zum Jahre 1551. Erst am 28. Dezember 1550 hat er die Priesterweihe empfangen, die nach dem Stiftungsbrief Voraussetzung für die Berufung eines jeden Kollegregenten hatte sein sollen. Als im März 1551 Balthasar Fannemann als Weihbischof nach Mainz berufen wurde, trat Wolf seine Nachfolge als Pfarrherr zu St. Moritz in Ingolstadt an. Schon bald darauf, nämlich im Jahre 1552 folgte er Petrus Canisius im Amt des Vizekanzlers der Universität. Es war ihm nicht mehr lange vergönnt, die der Universität inkorporierte St. Moritzpfarrei zu versehen. Er starb am 18. Januar 1553 und fand in seiner Pfarrkirche seine letzte Ruhestätte. Sein Grabstein ist nicht mehr erhalten, immerhin ist die Inschrift überliefert[103].

Als Testamentarier dieses Mannes fungierten die beiden Ordinarien Nikolaus Everhard Senior, Doktor beider Rechte, und Johannes Peurle, Agricola, Doktor der Medizin. Im Namen des Verstorbenen stifteten sie am 20. November 1553[104] ‚zu ehren Gottes, der Gottesmutter, des heiligen Mauritius und der himmlischen chöre' eine ewige Studentenpfründe, deren Inhaber, wie in allen anderen Fällen auch, den von Herzog Georg erlassenen Bestimmungen unterliegen sollte. Das Präsentationsrecht gebührte dem Dekan und der ‚gannzz facultet der artisten'. Diese sollten jemanden wählen — und das ist etwas Neues in der Geschichte des Ingolstädter Stipendienwesens —, der ‚zu den freyen kunsten und philosophen, es sey zur heyligen geschrifft, oder zw den rechten, oder arzeney zu studieren' vorhätte. Es wird also hier zum ersten Male die Wahl des Studienfachs innerhalb der drei höheren Fakultäten freigestellt, und dies von einem Manne, der dem herzoglichen Kolleg mehr als sechs Jahre hindurch vorgestanden hat.

Die landesherrliche Konfirmation erfolgte am 20. April 1554: ‚So haben wir demnach alls lanndsfürst zu befurderung dises cristlichen gueten werks mit rechtem wissen unnsern willen ... gegeben, die (Stiftung)

---
[102] Vgl. dazu Turners Bericht Prantl II 333 f.
[103] UA Georg. III/11, 1.
[104] GA I 25, HStA Staatsverwaltung 2929.

zuegelassen, confirmiert und bestätt, und thuen das hiemit in crafft dies brieffs[105].' Wenn man bedenkt, daß dieser ersten freien Stipendienstiftung noch weitere in den Jahren 1561, 1574, 1575, 1578, 1579, 1580 und 1585, mit einer Ausnahme an das Georgianum gebunden, folgten, ja sogar Nichtkatholiken, diese allerdings zum Zwecke einer behutsam durch die Jesuiten vorzunehmenden Rekatholisierung, aufgenommen wurden, so erscheint es doch sehr bedenklich, im Collegium Georgianum in erster Linie so etwas wie ein *Priester*seminar sehen zu wollen[106]. Im georgianischen Stiftungsbrief von 1494 ist ohnehin mit keinem Wort die Absicht ausgedrückt, eine Ausbildungsstätte für Priester einrichten zu wollen, und wenn im Jahre 1563 Albrecht V., derselbe Herzog, der die Wolfsche Stiftung bestätigte, eine Erneuerung der Kollegstatuten vornahm, dergestalt, daß jetzt eine priesterliche Ausbildung der Stipendiaten, die in dem nun auf acht Jahre verlängerten Zeitraum zu geschehen habe, angestrebt wurde, so kann daraus wohl gefolgert werden, daß vor 1563 von einem ‚Klerikerseminar' im strengen Sinne des Wortes kaum gesprochen werden kann. Auch für die Folgezeit hat das Studium der Stipendienakten eines eindeutig ergeben: jene herzogliche Verfügung zum Zwecke der Priesterausbildung galt *ausdrücklich* nur für die elf herzoglichen Stipendiaten, auch wenn man seitens der Universität die Bestimmungen von 1563 auf alle, also auch auf die privaten Stipendien, angewandt wissen wollte[107]. Der Herzog hat wiederholt seinen Respekt vor dem privaten Stifterwillen bekundet und eingeräumt, daß er kein Recht zur Einmischung in Anspruch nehme.

Nach Möglichkeit sollte der Wolf-Stipendiat bluts- oder sippenverwandt sein oder aus des Stifters Vaterstadt Landsberg stammen. War aus der Familie des Stifters oder aus Landsberg ein geeigneter Student nicht namhaft zu machen, so durften die Artisten jemanden, aus welchem Geschlecht und aus welcher Stadt er auch stammte, präsentieren. Doch sollte er ‚ainer gueten hoffnung, auch zu den erlichen kunsten, so einem christenmenschen wirdig, bequem sein'. Er war verpflichtet, das Magisterium anzustreben. Hatte er diesen Grad erreicht, so durfte er die heilige Schrift oder die Rechte oder auch die Arzneikunde studieren, ‚zu wellchen er sich von natur empfindet am geschicktesten zu sein'. Ferner unterlag er den gleichen Gebetsverpflichtungen wie die übrigen Kollegiaten, und auch er hatte dabei der Seele des Stifters zu gedenken. Sein Stipendium war auf fünf Jahre begrenzt, eine Verlängerung nicht vorgesehen. Die jährliche Dotation betrug 25 Gulden, die bei der Universität gekauft und ‚genugsamlich verprieffft' seien. Dem Regens oblag es, darüber eine Abrechnung vorzulegen. Abgelöstes Kapital war nach dem

---

[105] UA J II 14.
[106] Vgl. Schmid 72 f.
[107] Vgl. unten S. 135.

‚rhat der verstenndigen' neu anzulegen. Im übrigen galt in allen Zweifelsfällen auch hier die ‚erst fundation', d. h. der herzogliche Stiftungsbrief.

Den Stiftungsbestimmungen zufolge hätten die Wolf-Stipendien ebenso wie das von Widmann gestiftete zu artistischen Fakultätsstipendien werden müssen. Die freilich zu dieser Zeit nicht mehr zuverlässigen Fakultätsprotokolle erwähnen aber diese Stiftung nie, und außer den von Mederer aus unbekannter Quelle mitgeteilten Namen der beiden ersten Stipendiaten[108] fehlen Nachrichten vollkommen. Man möchte daher vermuten, daß das dürftige Stiftungskapital frühzeitig von privater Seite aufgebessert worden und das Präsentationsrecht an den Zustifter übergegangen ist. 1562 erkundigte sich Herzog Albrecht nach dem Zustand der Wolfschen Stiftung[109], im August 1583 empfahl er einem Christoph Vele, der als Präsentator des Erasmus-Wolf-Stipendiums bezeichnet wird, einen Kandidaten[110]. Dieser Name stellt die Verbindung her zu dem sonst unbekannten, in der herzoglichen Instruktion vom Oktober 1587 erwähnten „Velischen" Stipendium, dessen Kapital, wie es heißt, durch ein dem Magister Hieronymus Ziegler gewährtes Darlehen gefährdet worden war[111].

Die Kurz-Stiftung (1555)

Über Heinrich Kurz sind nur wenige Tatsachen bekannt. Er stammte aus Regensburg, war unter dem Titel eines Bischofs von Chrysopl Suffragan und Domherr zu Passau, immatrikulierte sich am 15. Januar 1501 in Ingolstadt und stiftete am 25. November 1555 zwei Stipendienplätze[112].

Kurz ist der erste in der Reihe der Ingolstädter Stipendienstifter, der auf die Hinzuziehung von Exekutoren bei der Erichtung des Stipendiums verzichtete. Im Anschluß an eine von religiösen Gefühlen zeugende Arenga führt Kurz zunächst fünf jährlich fällige Gülten an, die er seiner Stiftung übereignet. Die Beträge übersteigen diejenigen Zingels und Widmanns beträchtlich. Insgesamt sind es 1000 Gulden ‚Hauptsumme', welche jährlich etwa 50 Gulden abwerfen. Eine fünfprozentige Verzinsung kann für die damalige Zeit als Regel angenommen werden. Das genannte Vermögen vermachte der Stifter ‚zu khonfftigen ewigen zeiten' dem herzoglichen Georgianum zum Zwecke eines jeweils fünf Jahre

---

[108] Michael Christel aus Friedburg (i. 7. 9. 1555) und Joachim Christemer aus Landsberg (i. 20. 9. 1554), Mederer I 235.
[109] UA J III 61, 8. 12. 1562.
[110] HStA Staatsverw. 3025, 75', 9. 8. 1563. Der Empfohlene war Georg Calceolus (i. 17. 1. 1585).
[111] StA Obb GL 1477/4, 60 ff.; vgl. unten S. 137.
[112] GA I 27, HStA Staatsverw. 2929, 33 ff.; die herzogliche Konfirmation vom 4. 1. 1556 GA I 28.

währenden Studienaufenthaltes zweier Studenten. Das ius praesentandi gebührte dem jeweiligen Suffragan der Diözese Passau sowie dem Bürgermeister und Rat dieser Stadt. Sie haben den Kandidaten, ‚mit glaubwirdiger urkhond' versehen, nach Ingolstadt zu schicken. Auch in dieser Stiftung fehlte nicht die Verpflichtung des Stipendieninhabers auf die herzoglichen Statuten und die Gleichstellung der Zugestifteten mit den Stammstipendiaten. ‚Fürnemlich und anfangs' seien die freien Künste zu erlernen, danach sollten die Studenten in der verbleibenden Zeit ‚in der heiligen schrift, unsern christlichen, catholischen, uralten glauben belangend, gelert und underwiesen werden', damit sie ‚nit allain das almechtig wort Gottes zu seinem ewigen preiss, seiner kirchen oder den christlichen schefflein ungefelscht und von aller khurtzung rain furtragen oder predigen' können. Man darf wohl annehmen, daß hier gewisse gegenreformatorische Bemühungen sichtbar werden.

Stipendienberechtigte sind ‚furnemlich' solche, die der Stifter auch in seinem Testament bedacht habe: seine Vettern, ‚doch allain des namens der Khurtzen'. Sollten jedoch weder Vettern noch Neffen benannt werden können, so waren nach seinem Willen zwei ‚Passauerische burgerssun, die ains erbarn zünftigen wandls, vahiger gedechtnus, teuglich zu studiren und der waren, uralten christlichen religion anhengig, auch lust zum wort Gottes haben, dasselb in priesterlichem stand, irem negsten zur seelen selikhait, und Gottes ewigen preis furtzutragen', zu präsentieren. Mit eindringlichen Worten ermahnt Kurz seine Stipendiaten zu steten Dankesgebeten ‚fur den stiffter diser stipendien und aller christlicher und weltlicher regiment und oberkhait, ja aller menschen wolfard, daß sie Christum ewig schauen'. Nach dem Abschluß ihrer fünfjährigen Stipendienzeit hatten sich die beiden Kurz-Stipendiaten wenigstens für die Dauer von fünf weiteren Jahren zu ‚kirchen oder andern diensten, zum predigen, sacrament raichen oder dergleichen' in der Stadt Passau zur Verfügung zu stellen.

Traten bei der Wahl der Stipendiaten Meinungsverschiedenheiten auf, so sollte die ‚fürstlich oberkhait zu Passau' angerufen werden; ihrem Entscheid sei Folge zu leisten. Eine Präsentation sei nur dann als rechtlich bindend anzusehen, wenn der Präsentationsurkunde sowohl das Siegel des Suffragans als auch das des Passauer Rates anhingen. In Abwesenheit des Suffragans war der Propst das Passauer Stiftes Ad Salvatorem befugt, dessen Rechte zu übernehmen. Bei ganzer oder teilweiser Ablösung des Stiftungskapitals war eine Neuanlage zur Pflicht gemacht, eine bereits vertraute Bestimmung, die jedoch hier dahingehend ergänzt wird, daß bei einer — aus welchen Gründen auch immer — unmöglich gewordenen Neuanlage des Stiftungsvermögens die beiden Studenten auf jeden Fall ihre Studien beenden können sollen. Stellte es sich heraus, daß die Stiftungseinnahmen ‚nit zu wesenlichem gebrauch' verwendet, also veruntreut werden, oder wies die Universität eine ordnungsgemäß vorgenommene Präsentation zurück, so hatten die Präsentationsberechtigten Macht und Gewalt, ‚guetlich oder rechtlich' die vermachte Hauptsumme von 1000 Gulden an sich zu nehmen. Diese sollte dann nicht einem akademischen Zweck zugeführt, sondern ganz im Sinne einer ‚pia causa' verwendet werden: je hundert Gulden standen dann dem Ingolstädter Spital, dem ‚lasareth oder siechaus' in Regensburg, dem Bruderhaus in Passau und dem St. Johannes Spital, ebenfalls in Passau, zu. Das übrige Kapital, die recht ansehnliche Summe von 600 Gulden, sollten die Vorschlagsberechtigten nach eigenem Wohlgefallen und Gewissen unter die ‚züchtigen junckhfrawen und bürgerstöchter zu Passau' verteilen. Im Stiftungsbrief nicht vorgesehene Fälle waren auch hier analog der georgianischen Stiftung zu schlichten und zu entscheiden.

Außer wenigen Stipendiatennamen[113] liegen aus der Geschichte der Kurz-Stiftung keine Nachrichten vor.

Die Furtmair-Stiftung (1561)

Wolfgang Furtmair, in Furt bei Pfaffenhofen an der Ilm geboren, war der erste nachweislich verheiratete Ingolstädter Stipendienstifter. Furtmair, der wie Kurz die Errichtung des Stipendiums selbst vornahm, bezeichnete sich in der Intitulatio als Doktor der Rechte, Römisch Kaiserlicher Rat und Hauptmann zu Straßburg in Kärnten. Wenigstens einen Teil seiner Studien hat er in Ingolstadt absolviert, hier ist er am 1. März 1541 immatrikuliert. Über seinen weiteren Studiengang und seine sonstigen Lebensschicksale liegen keine Anhaltspunkte vor.

Furtmair bekennt sich ‚sambt meiner geliebten gemahel Ursula Furtmairin' als der Aussteller der vom 22. Juni 1561 datierten Urkunde[114]. Gemeinsam hätten sie ‚betracht, zu herzen genommen und erwegen', daß in dieser Zeit ‚nichts löblicheres' sei, ‚dan alles unnser shain und werck' in den Dienst eines höheren Zweckes zu stellen, nämlich ‚zu lob und ehr des allmechtigen ewigen Gottes, zu hail unnserer selen, pflannzung christlicher religion, zu nuz des nechsten'. Daraus erwachse ‚genad bey Gotte, denen menschen guette gedechtnis und loblichs exempl, sollichs werck zumeren und zufurderen'. Aus diesen Erwägungen heraus haben sie sich entschlossen, ein ewiges Stipendium in das Neue Kolleg zu stiften, ‚doch in allweg nach (von Herzog Georg) aufgerichter ordnung'. Nach Möglichkeit soll der Inhaber ihres Stipendiums ‚von unnser beder ge-

---

[113] Sebastian Kirchperger aus Passau (i. 29. 7. 1569), Georgius Paludanus Sillianensis (i. 29. 7. 1569), Johannes Ritter aus Ehingen (i. 12. 11. 1572), Johannes Weckerle aus Weißenhorn (i. 28. 8. 1574). — Aus Passau stammen weiter folgende Georgianumsstipendiaten: Wolfgang Stockler (i. 18. 11. 1580), Urban Gundesreisser (i. 23. 9. 1580), Stefan Schäzl (i. 5. 9. 1595).

[114] GA I 31, HStA Staatsverw. 2929, 43 ff.; die herzogliche Konfirmation vom 26. 4. 1565: StA Obb GL 1477/1, 147 f.; StA Obb GL 1477/3, 175'.

sipten oder geschwegerten freundtschafft' stammen; zu erwählen sei er durch den Pfaffenhofener Rat und dem ‚prelaten des stiffts oder closters Scheyern'. Nachdem sie gründliche Nachforschungen nach einem geeigneten Kandidaten, der abwechselnd der Furtmairschen und der Hildebrandischen Familie entstammen sollte, angestellt hätten, sei der für geeignet Erachtete ‚der leblichen universitet zu Inngolstat oder des neuen Collegii regennten' zu präsentieren. War innerhalb der Verwandtschaft des Stifterpaares kein zum Studium Geeigneter aufzufinden, so sollten die Elektoren ein Pfaffenhofener oder Further Pfarrkind benennen. Suchte man auch hier vergebens, so nehme man jemand ‚annderswoher', doch haben Familienangehörige jederzeit den Vorrang vor Familienfremden; d. h. ein Furtmair oder ein Hildebrand konnte einen rechtmäßig präsentierten Inhaber des Stipendiums von seinem Platz vertreiben, wenn dieser nicht einem der beiden Familienzweige angehörte. Ein etwa aus Grottkau stammender Stipendienbewerber hatte sich bei den Paffenhofenern glaubwürdig schriftlich auszuweisen.

Wie Erasmus Wolf, so gewährt auch Furtmair seinen Stipendiaten freie Wahl des Studienzieles. Der Stipendieninhaber soll vom Regens ‚es sey zu den freyen khunsten, theologia, oder anndern faculteten embsig getriben und gehalten werden', dabei dem Leiter des Kollegs schuldigen Gehorsam leisten und für das Seelenheil des Stifters, dessen Eltern und Verwandten ‚treulich zu bitten nicht vergessen'.

Die vorgesehene Dauer des Stipendiums betrug auch hier fünf Jahre, doch soll eine vom Regens oder Superintendenten empfohlene Verlängerung dieser Frist ‚unabgeschlagen' sein. Das Stiftungskapital belief sich auf 590 Gulden mit einer jährlichen Rendite von 29 Gulden, die dem Stipendiaten ‚geraicht' werden sollen, d. h. das Geld gelangte in die Hände des Stipendiaten selbst. Seiner Verantwortung war die Einteilung und Verwendung dieses Betrages anheimgestellt. In der Praxis dürfte dieses so ausgesehen haben, daß der Regens die jährlichen Gülten einnahm und dem Stipendiaten nach Abzug des Kostgeldes seine Jahresrate überreichte. Bei der von Herzog Georg gewährten Studiengeldbefreiung aller Kollegiaten hatte der Stipendiat, und das galt nicht nur für den Furtmair-Stipendiaten, sondern für alle Kollegiaten, nur noch für persönliche Dinge wie Kleider, Bücher und dergleichen aufzukommen.

Bemerkenswert für die Haltung der Stifter ist, wenn sie an diese, nicht an ein Studium der Theologie gebundene Stiftung die Hoffnung auf ein zu erlangendes Seelenheil knüpfen. Alle diese Verfügungen haben sie, wie es am Schluß heißt, erlassen ‚zu ehr, lob und wirrde der ewigen trifelltigkhait Gottes Vatters, Gottes Sons und Gottes heyligen Geyst, durch welliche gnedige und barmherzige beschuzung dise stifftung well bey krafft erhallten, dadurch unns stiffte(r)n die ewig seligkait verlihen werde. Amen.'

Furtmair hatte bestimmt, daß die Stiftung erst nach seinem Tode in Kraft treten sollte; er ist wohl im Jahre 1562 gestorben[115]. Der erste Stipendiat, Michael Hiltprand aus Grottgau, immatrikulierte sich jedoch erst am 16. Juli 1564[116]. Inzwischen war die Kapitalrente auf 50 Gulden aufgelaufen. Der Regens Christian Kripper beschwerte sich 1566 gegenüber dem Herzog, daß die Universität zum Nachteil des Kollegs diesen ganzen Betrag dem Hiltprand zugesprochen habe[117].

Die Stadt Pfaffenhofen, die Heimatstadt des Stifters, hat sich durch eine Aufstockung des Stiftungskapitals um 200 Gulden verdient gemacht, so daß das Stipendium von da an 39 Gulden betrug. Der Zeitpunkt dieser Zustiftung ist nicht bekannt, doch vor 1580 anzusetzen[118].

1594 wurde das Furtmair-Stipendium durch Resignation seitens des aus der Familie der Stiftergattin stammenden Matheus Colsdorfer[119] frei, der es sechs Jahre lang besessen hatte. Da sich in der Furtmairschen Familie kein geeigneter Kandidat fand, präsentierten Abt Benedikt von Scheyern und die Stadt Pfaffenhofen am 23. Januar 1594[120] den durch den herzoglichen Rat Johann Lichtenauer empfohlenen Caspar Karner[121], der schon ‚zimblich studiert' habe und ‚ain eigezogener mensch' sei. Er solle das Stipendium solange behalten, bis ‚ain andere taugliche person, die nach inhalt der fundation merere sprüch und gerechtigkhait hierzue' habe, gefunden werde.

1599 begegnet Christoph Präxl, Sohn des Bürgermeisters von Vohburg[122], im Besitz des Furtmair-Stipendiums. Gegen ihn setzte sich die Universität in einem vom 28. Februar 1599 datierten Schreiben[123] an die Präsentatoren für einen Georg Hildebrandt aus Grottgau[124] ein, der auf Grund seiner Zugehörigkeit zur Furtmair-Familie vorgezogen werden müsse. Er habe bereits den philosophischen Kurs absolviert und sei im juristischen Studium soweit fortgeschritten, daß er es wohl in weniger als fünf Jahren abschließen werde. Präxl, der noch das Pädagogium besuchte, könne dem Hildebrand dann immer noch im Stipendienbesitz nachfolgen. Man möge also Hildebrand präsentieren, sonst werde die Universität ihn ‚selbsten confirmirn und niessen lassen'. In ihrer Antwort erkannten die Präsentatoren das Vorrecht Hildebrands zwar an, erhoben aber gegen die ultimative Drohung der Universität heftigen

---

[115] Vgl. auch Mederer I 280 und 294.
[116] StA Obb GL 1477/3, 178.
[117] StA Obb GL 1477/3, 34 ff., Gültverzeichnis des Georgianums.
[118] Vgl. Gültverzeichnis des Georgianums.
[119] Immatrikuliert am 18. 11. 1587.
[120] UA J II 14.
[121] Immatrikuliert am 15. 11. 1594.
[122] In der Matrikel nicht nachweisbar.
[123] UA J III 61.
[124] Immatrikuliert am 9. 10. 1598 als „iuris studiosus".

Einspruch. Ein solches Vorgehen bedeute einen ‚beschwerlichen eingriff' in die Stiftungsbedingungen. Übrigens gehöre auch Präxl zur entfernteren Verwandtschaft des Stifters, und da seine Eltern im Gegensatz zu denjenigen Hildebrands bedürftig seien, ersuche man, ihn in den Genuß des Stipendiums kommen zu lassen.

Die Universität erwiderte am 30. März 1599, man habe den Pfaffenhofenern das Präsentationsrecht nicht streitig machen, sondern ihre Präsentation nur im Sinne der Fundation ‚dirigirn' wollen. Man habe bisher den Hildebrand-Zweig der Stifterfamilie, wie die Annahme Caspar Karners zeige, nicht einseitig bevorzugt. Karner sei anstelle eines fehlenden Furtmair präsentiert worden, wobei sich übrigens nachträglich herausgestellt habe, daß er mit den Furtmair entfernt verwandt gewesen sei. Die stiftungsurkundliche Alternativregel verlange daher nun, daß wieder ein Hildebrand präsentiert werde, und die Universität werde das notfalls auch gegen den Willen der Präsentatoren durchsetzen.

Mit dieser Stellungnahme, die die Universität in der Rolle eines Sachwalters der Stiftungsbestimmungen zeigt, brechen die Akten ab; der Ausgang des Streits ist nicht bekannt.

Die Grill-Stiftung (1562)

Lorenz Grill[125] war der erste und einzige Doktor der Medizin unter den Ingolstädtern Stipendienstiftern des 16. Jahrhunderts. Grill, der 1523 in Altheim bei Landshut geboren ist, immatrikulierte sich im Alter von 19 Jahren in Ingolstadt am 17. April 1542. Johann Jakob Fugger erwies sich ihm gegenüber als ein überaus wohlwollender und freigiebiger Mäzen. Sieben Jahre lang (1548 - 1555) durchwanderte Grill auf seine Kosten ganz Mitteleuropa, hörte die berühmtesten Mediziner an den Universitäten Venedig, Padua, Ferrara, Bologna, Florenz, Rom, Neapel, Montpellier, Paris; besichtigte Bäder, Krankenhäuser und botanische Gärten; sammelte Pflanzen in den Alpen, auf dem Appenin, in der Provence, in den Pyrenäen und an den Küsten Frankreichs, der Niederlande und Englands. Seine mineralogischen Kenntnisse vertiefte er in den sächsischen und tiroler Bergwerken. In den Hafenstädten erwarb er sich den nötigen Einblick in den Handel mit überseeischen Arzneimitteln. Seine Erfahrungen, die er während dieser langen Stipendienreise sammelte, legte er schriftlich nieder. Dieses Werk wurde im Jahre 1566

---

[125] Zum folgenden siehe Höfler, M., Eine Stipendienreise des bayerischen Arztes Lorenz Grill 1548 - 1555: Das Bayernland VII (1896) 47 555 - 557, 49 586 - 588, 50 591 - 592, 51 610 - 612. Ferner Obermeier, R., Antrittsrede des Professors der Medizin Lorenz Gryll an der Universität am 10. Januar 1556, zugleich ein Beitrag zur Entstehungsgeschichte der Oberen Apotheke zu Ingolstadt 1959. Hartig, O., Die Gründung der Münchener Hofbibliothek durch Albrecht V. und Johann Jakob Fugger: Abh. München (1917) 204.

in Prag gedruckt[126]. Seine Antrittsvorlesung als Professor der Medizin in Ingolstadt, wohin Herzog Albrecht V. ihn 1556 berufen hatte, bietet schon vorher einen Überblick seiner Anschauungen. Grill, der über seinen Reisebericht hinaus Verfasser von weiteren Schriften ist, erfährt in den Annalen der Universität hohes Lob, wenn von ihm gesagt wird ‚in arte medica nulli suo tempore secundus'[127]. Für Kaiser Karl V. bereitete er eine Arznei gegen sein Podagraleiden, wofür ihn dieser mit einem schweren vergoldeten Silberpokal belohnte[128]. Tragischerweise war es Grill nicht vergönnt, seine Ingolstädter Lehrtätigkeit auszuüben. Bei einem Unfall brach er sich beide Oberschenkel; vom Krankenstuhl aus hatte er seine Antrittsvorlesung noch halten können, doch starb er bald darauf im Alter von 36 Jahren am 4. März 1560[129]. In seinem hinterlassenen Testament ordnete er die Errichtung einer Stipendienstiftung an. Der überaus schlichte, von seinem Bruder entworfene Text der Epitapheninschrift ist uns überliefert[130].

Zu seinen Testamentariern hatte Grill Rektor, Kämmerer und Rat der Universität ernannt; sie errichteten am 20. Januar 1562 die Stipendienstiftung[131]. Das Stiftungskapital von 1700 Gulden ist mit einer jährlichen Rendite von 70 Gulden bei der Universitätskammer angelegt. Diese Einnahmen sind ausdrücklich bestimmt — und dies ist neu und einmalig in der Ingolstädter Stipendiengeschichte — für einen Studierenden der Medizin, jener Disziplin also, der Grill selbst anhing. Der Inhaber dieses Stipendiums soll nach Möglichkeit ‚Grillens geschlechts und stamens sein'. Findet sich kein solcher, so ist ‚sonst einer aus seiner freundtschafft' zu ernennen. Sollte sich innerhalb der Grillschen Verwandtschaft kein zum Studium der Medizin neigender Kandidat finden, so möge man ‚sonst ain frommen, ehrlichen, zichtigen und tauglichen studenten oder schueller darzue khommen lassen'. Einen Dispens von der Pflicht, dem Studium der Medizin nachzugehen, sehen die Stiftungsbestimmungen auch dann nicht vor, wenn ein aus der Verwandtschaft stammender Student des Rechts sich um die Stipendiatur bemühen sollte. In einem solchen Falle ist ein familienfremder Medizinstudent unbedingt vorzuziehen.

Der Grillschen Verwandtschaft kommt das ‚ius nominandi stipendiatum' zu, der Universität ist die Annahme des Stipendiaten vorbehalten

---

[126] Laurentius Gryll, Oratio de peregrinatione studii medicinalis ergo suscepta, deque summa utilitate eius medicinae partis, quae medicamentorum simplicium facultates explicat, Prag 1566. Im Auszug bei Höfler wiedergegeben, vgl. oben S. 61.
[127] Mederer I 262.
[128] Mederer I 263.
[129] Pölnitz I 1 580. Mederers Angaben (I 262) bezüglich des Todesdatums und des erlangten Alters sind unrichtig.
[130] UA J III 19, 19 - 19'.
[131] UA J III 19.

(sie besitzt also das ‚ius confirmandi stipendiatum'). Solange ein geeigneter Kandidat aus der Grillschen ‚freundtschafft' ausfindig gemacht werden kann, soll kein Familienfremder präsentiert werden dürfen. Grill setzt zwar nicht das Mindestalter seines Stipendiaten fest, doch ordnet er an, daß einem noch nicht 18 Jahre alten Inhaber des Stipendiums nicht der gesamte Stipendienbetrag auszuhändigen sei, sondern daß der Camerarius Universitatis einige Gulden zurückbehalten soll, damit der Stipendiat, ‚wan er seine studia compliern und absolviern wolt', dieses eingesparte Geld zur Verfügung hätte, um so, falls er ‚etwan Italiam oder andere nation ersuechen und besechen mecht', die nötigen Mittel für eine solche Studienreise zur Hand zu haben. Den Stipendiaten wird keine zeitliche Frist vorgeschrieben; das Stipendium wird dem jeweiligen Inhaber garantiert, ‚bis er promoviert und doctor wirt'. Auch dann, wenn er den Doktorgrad erworben hat, darf er noch ein weiteres halbes Jahr die Stipendiengelder beziehen, ‚auf das er sich in solcher zeit umb ain condition... bewerben und umbsechen' könne.

Grill hinterließ seinen Stipendiaten seine gesamte Bibliothek. Aus einem in Beisein des derzeitigen Kämmerers der Universität Johann Peurle und des Bruders des Verstorbenen, Johann Grill, sowie des Magisters Johann Zettel vom Stifter selbst angelegten ‚Inventarium der verlassenschafft'[132] gehen die Titel der vermachten Bibliothek hervor. Die Büchersammlung umfaßt die beträchtliche Anzahl von 219 Titeln, meist Werke aus der medizinischen Fachliteratur, die Grill auf seinen Reisen gesammelt haben dürfte, doch sind auch Autoren wie Caesar, Plinius, Apian, Aristoteles und Erasmus von Rotterdam vertreten. Die Grill-Stipendiaten durften Bücher nur im Beisein des Universitätsnotars entleihen. Entliehene Bücher waren selbstverständlich bei Beendigung des Stipendiengenusses zurückzugeben, so daß die Bibliothek für den nachfolgenden Stipendiaten wieder vollständig zur Verfügung stand. Der Grillschen Verwandtschaft kommt die Aufgabe zu, anhand einer ihr zugeschickten Abschrift des Bibliotheksinventars die Vollzähligkeit der Bibliothek bei jedem Stipendienauslauf zu überprüfen.

Obwohl die Stiftungsurkunde nichts davon erwähnte, daß der Grill-Stipendiat im Georgianum Wohnung nehmen sollte, ging die Konfirmationsurkunde von Herzog Albrecht am 24. Oktober 1561[133] davon aus, daß der Stipendiat in jeder Beziehung mit den Kollegiaten gleichzustellen sei. Es scheint, daß auch die Universität, die die Konfirmation erbeten hatte, die Stiftung in dieser Weise verstand.

---

[132] UA J III 19, 46' ff., 36seitig.
[133] UA J II 14. — Die Grill-Urkunde ist in der vor 1568 abgeschlossenen Kopiensammlung StA Obb GL 1477/1, 139 ff. enthalten, fehlt aber im 20 Jahre später angefertigten Archivinventar, ebd. GL 1477/3, 27 f.

Das Präsentationsrecht lag zunächst bei Johann Grill, einem Bruder des Stifters. Seine Wahl fiel auf Johann Agricola[134], den gleichnamigen Sohn des Medizinprofessors und Universitätskämmerers, der am 7. Dezember 1560 schriftlich über seine Einsetzung reversierte[135]. Wie aus diesem Schreiben hervorgeht, sollte er, da er nicht zur Grillschen Verwandtschaft gehörte, nur für zwei Jahre 50 Gulden bekommen. Die übrigen 20 Gulden waren inzwischen für die Finanzierung der Auslandsreise des künftigen Stipendiaten aufzusparen. Das Stiftungskapital in Höhe von 1400 Gulden war bei den Gebrüdern Fröschl in Augsburg angelegt, von ihnen ging in den folgenden Jahren der Universität regelmäßig der Jahreszins von 70 Gulden zu[136].

Um die erwähnte herzogliche Konfirmationsurkunde mußte Johann Grill sich lange bemühen. Seit dem März 1561 bedrängte er die Universität, sie ihm endlich beim Herzog zu besorgen[137]. Die Grill waren mit den Schwebermair verwandt, und so verlangte Johann Grill Bestätigungsurkunden nach dem Muster der Schwebermair-Stiftung. Am 28. März 1561[138] schrieb er ungeduldig an die Universität: ‚Ich hab gedacht, die universitet die wiß den brauch seer wol, dann sonnst auch vill stipendia darzue a privatis hominibus gestifft, und der selben confirmation und securationen under des fürsten und der universitet insigln den freundten mitgethailt worden.' Unter Berufung auf die von seinem ‚vetter' Schwebermair errichtete Stipendiatur, worüber sowohl eine herzogliche Konfirmation als auch eine von der Universität aufgestellte ‚securation' vorhanden sei, verlangt Grill, daß ihm ein gleiches geschehe. Sollte die Universität die Konfirmation nicht anfertigen lassen, ‚so muessen wir selbst darumb bei unserm gnedigen fursten und herrn anhalten', denn, so fährt Grill fort, ‚was heten sonst unnsere nachkhommen uber ain zeit umb unser privilegium und gerechtigkhait zu disem stipendio furzuzaigen?' Hier tritt die rechtliche Funktion einer herzoglichen Konfirmation zu Tage: ihr Zweck war es, eine schriftliche, landesherrliche Bestätigung zur Hand zu haben, um sich bei aufkommenden Streitigkeiten, eventuellen Veruntreuungen und Zweckentfremdungen auf ein echtes Rechtsmittel stützen zu können. Die herzoglichen Konfirmationen sollten so gesehen dem dauerhaften Schutz der Stipendienstiftungen dienen und ihn garantieren.

---

[134] Schreiben Grills an Agricola, der als Medizinstudent bezeichnet wird, aus Landshut vom 20. 12. 1560 in UA J III 19, nach 35.
[135] UA J III 19, 55 f.
[136] Ein Formular, durch das die Universität den Fröschl jährlich im November den Empfang der Zinsen bestätigte, in UA J III 19, 65 f. Aus ihm geht hervor, daß die Zinsen in den Jahren 1561 - 68 und wieder 1573 - 75 regelmäßig einliefen. Sie wurden von der Universitätskammer an die Stipendiaten weitergereicht.
[137] Schreiben Grills an die Universität vom 6. 3. 1561 in UA J III 19, 68.
[138] UA J III 19, 68 f.

Im September 1561 wandte sich Grill tatsächlich an den herzoglichen Kanzler Simon Eck, wurde aber von ihm anscheinend an die Universität zurückverwiesen[139]. Anfang 1562 endlich erlangte er von der Universität Revers und landesherrliche Konfirmation. Die letztere entsprach freilich nicht den Erwartungen des Landshuter Advokaten[140]. Über sein Verlangen nach einer vidimierten Kopie auf Pergament entspann sich zwischen ihm und dem Universitätskämmerer Agricola ein scharfer Briefwechsel[141]. Im Februar 1563 gab die Universität schließlich ein gesiegeltes Original heraus, an dem freilich Grill noch immer Formfehler auszusetzen hatte[142]. Zwei Wochen später endlich, am 21. Februar 1563, bestätigte die Grillsche Freundschaft ohne weitere Anstände den Empfang der Urkunde[143]. Johann Agricola iunior gab das Stipendium pünktlich nach Ablauf der Zweijahresfrist frei[144]. Anfang 1563 präsentierte Johann Grill einen Hans Fraislich[145], gegen dessen Einsetzung der Herzog am 30. April 1563 Einspruch erhob[146]. Fraislich sei kein Katholik und damit nicht stipendienberechtigt; die Universität möge ihn absetzen und das Stipendium dem Magister Michael Lauther[147], dem Bruder des derzeitigen Rektors und späteren Geistlichen Ratspräsidenten Georg Lauther, einräumen.

Fraislich gehörte nicht zur Grill-Familie; er hatte, schon Medizinstudent, den kranken Lorenz Grill gepflegt und war dafür von dessen Bruder mit dem Stipendium belohnt worden. Johann Grill erkannte die herzoglichen Einwände an und präsentierte an Fraislichs Stelle wenig später Johannes Hintermaier[148] auf das Stipendium. Ihm machte der herzog-

---

[139] Schreiben Grills an den Rektor und an den Kämmerer (18. 9. 1561) mit diesem Bescheid in UA J III 19, 70 ff. Am 16. 10. 1561 sandte Grill an die Universität Kopien von Revers und Konfirmation der Schwebermair-Stiftung (ebd. 18 f.).
[140] Schreiben Grills vom 4. 2. 1562 in UA J III 19, 74 f. Bei der Konfirmation handle es sich nur um eine Kopie, auf der sogar das Notariatszeichen fehle; außerdem sei sie nicht auf Pergament geschrieben.
[141] Schreiben Grills vom 16. 8. 1562 in UA J III 19, 78 f. Agricola habe ihm einen Brief mit „stomata, sarcasmi und morsus" geschrieben, man habe sich also gegenseitig nichts vorzuwerfen. Eine Kopie ohne Notariatszeichen sei nun einmal nicht rechtskräftig.
[142] Am 28. 12. 1562 mahnte Grill noch einmal an, am 6. 2. 1563 bestätigte er den Empfang der Urkunde, doch sei die Schnur, an der das Siegel hänge, schadhaft. Die Universität möge das in Ordnung bringen, denn eine solche Konfirmation sei „ain ewigs ding, ... daran unns vill gelegen, ut propagetur ad posteros nostros, damit unnsere nachkhomen auch darumben wissen und ain monumentum et memoriale in perpetuum haben sollen" (UA J III 19, 77 und 92 f.).
[143] UA J III 19, 95'.
[144] Doch beklagte sich die Grill-Freundschaft am 28. 11. 1562, weder der Vater noch der Sohn hätten die Resignation den Präsentatoren mit Dank mitgeteilt (UA J III 19, 75 f.).
[145] Vielleicht immatrikuliert am 11. 9. 1556, aber als „studiosus iuris".
[146] UA J III 19.
[147] Immatrikuliert am 3. 8. 1560.
[148] Immatrikuliert am 13. 7. 1559; später als Dr. med. bezeichnet (Mederer II 2).

liche Kandidat tatsächlich Platz; von Hintermaier sind aus dem Jahre 1563 zwei Entleihzettel für die Grill-Bibliothek überliefert[149], die beweisen, daß er das Stipendium innehatte. Als er im März 1570 vor der Doktorpromotion stand, ließ er sich einen zurückgehaltenen Stipendienbetrag auszahlen[150]. Gegen die folgende Promotion eines Michael Grill erhob die Universität unter Verweis auf die Stiftungsurkunde Einspruch, doch scheint er das Stipendium später erhalten zu haben[151].

III. Die Stiftungsfreudigkeit auf ihrem Höhepunkt
Die Ära Christian Krippers und Rudolf Klenks (1562 - 1578)

Die Pemler-Stiftung (1562)

Der Ingolstädter Sebastian Pemler, Doktor beider Rechte, stiftete am 27. Juli 1562[1] zu den von seinem verstorbenen Schwager Dr. Johann Winkler geschaffenen zwei Stipendienplätzen einen dritten hinzu. Die beiden erwähnten Winklerschen Stipendienplätze waren zum Zeitpunkt der Pemler-Stiftung noch gar nicht errichtet, da die von Daniel Pemler im Namen des Johann Winkler ausgestellte Stiftungsurkunde erst das Datum des 29. März 1569 trägt[2]. Am 3. Dezember 1547 hatte jedoch Johann Winkler durch Testament zwei Stipendienplätze mit einer jährlichen Dotation von 30 fl. vorgesehen. Dies geht aus der Urkunde Daniel Pemlers eindeutig hervor.

Sebastian Pemlers Stiftung wurde durch den Stifter selbst errichtet. ‚Ain knab oder armer student' soll in den Genuß des Stipendiums kommen; die Forderung der Armut wird hier zum ersten Mal seit Gründung des Georgianums, wenn von dem Schwebermair-Benefiziaten abgesehen wird, erhoben. Pemler erwähnt zwar mit keinem Wort irgendeinen Bezug seiner Stipendiatur zum Georgianum, doch darf angenommen werden, daß es die Absicht des Stifters war, eine Zustiftung im Sinne der bisher besprochenen zu unternehmen. Dafür spricht die Tatsache, daß der Stifter eine Ausfertigung der Stiftungsurkunde für die Artistenfakultät anordnete, die mit der Aufsicht des Kollegs betraut war. — Der Stipendiat sollte von ‚erlichen eltern geborn und eines erbern eingezognen wesens' sein und ‚lust und willen' zu einem fleißigen Studium haben. Die vorgeschriebene Dauer des Stipendiums beträgt fünf Jahre. Die

---

[149] UA J III 19, 91 ff.
[150] UA D III 7, 240'.
[151] UA D III 7, 260, 7. 12. 1571: Grill ist immatrikuliert am 22. 4. 1572 als „famulus".
[1] GA I 32; Abschrift in HStA Staatsverwaltung 2929, 53 ff. und 2936, 286 f.
[2] Vgl. unten S. 76.

jährliche Dotation ist mit 27 fl. angegeben. Zum Präsentator ernennt der Stifter sich selbst bzw. seine Erben. Sollte aber nach einer dreimonatigen Frist seit Abgang des Stipendiaten von den Erben niemand ernannt worden sein, oder sollte die Pemler-Familie einschließlich der absteigenden Linie ausgestorben sein, so geht das Recht der Stipendiatenernennung auf den Rat der Stadt Ingolstadt über. Verhält sich der Stipendiat ‚ungebührlich', so soll man diesen ‚alspaldt' des Stipendiums verweisen und einen tauglichen an seine Stelle setzen.

Von den insgesamt 100 fl. jährlicher Gült, die der Stifter hinterläßt, geht nur ein knappes Drittel zugunsten des Stipendiaten. Der Großteil des Betrages fließt nach dem Willen des Stifters frommen Zwecken zu: ins Barfüßerkloster vierteljährlich 2 fl., 25 fl. an den Hohenwarter Rat, an das Ingolstädter Spital wöchentlich 4 Kreuzer; 5 fl. gehen an die Konventfrauen des Spitals, ein halber Gulden ins Ingolstädter ‚reglhaus', 15 fl. ins ‚platerhaus' und 2 Gulden sollen vierteljährlich für Armenbrot zur Verfügung stehen. Der Rest gehört dem Ingolstädter Rat, der nach des Stifters und seiner Frau Tod die Verwaltung der Stiftung übernehmen soll. Bei Ablösung des Kapitals soll Neuanlage geschehen.

Pemler versichert, vier gleichlautende besiegelte Abschriften der Urkunde angefertigt zu haben, nämlich für den Ingolstädter Rat, die Artistenfakultät, die Äbtissin zu Hohenwart und für sich selbst bzw. seine Erben.

Der Vollzug der Pemler-Stiftung scheint sich etwas verzögert zu haben, denn Anfang 1564 forderte Herzog Albrecht den Superintendenten Staphylus auf, dafür zu sorgen, ‚damit das ainmal entlicht auffgericht' werde[3]. Die aus der späteren Geschichte dieser Stiftung überlieferten Nachrichten geben Einblick in die Möglichkeit, die der Universität und dem Landesherrn gegeben waren, auch auf die Besetzung der privatgestifteten Stipendien Einfluß zu nehmen. Das wurde in diesem Fall dadurch erleichtert, daß Pemler seiner Familie zwar das Präsentationsrecht, nicht aber die Präsentationsberechtigung reserviert hatte. Im Herbst 1576 trat die Universität über ihren Rektor an Daniel Pemler mit der Bitte heran, Wolfgang Theander[4] auf das soeben freigewordene Stipendium zu präsentieren. Pemler stimmte zu, obwohl, wie er am 19. November 1576 an die Universität schrieb[5], er ‚von andern um verleichung gedachtes stipendii auch ersuecht und gebetten worden' sei. Theander kann jedoch nicht lange im Besitz des Stipendiums geblieben sein, denn am 2. 3. 1577 trat Herzog Albrecht an den gleichen Daniel Pemler mit dem Ansinnen heran, ‚uns zu ehrn' den Magister Andreas

---
[3] Prantl II 248.
[4] Immatrikuliert am 24. 4. 1566.
[5] UA J III 5.

Röckler zu präsentieren, damit er, der seine Studien ‚wol angefangen' habe, sie auch zu einem guten Ende bringen könne[6].

Die Harrer-Eck-Stiftung (1562)

Auch Michael ‚Egkius (Harer) de Egk' (Egg an der Günz, bei Memmingen, Schwaben) war Student der Ingolstädter Hochschule. Er immatrikulierte sich am 11. April 1522 und brauchte als ‚amicus' des berühmten Johannes Eck, keine Gebühr zu entrichten[7]. Später wurde er Propst des St. Johannes-Stiftes zu Vilshofen; als solcher stellte er vom 29. September 1562 die von allen bisher besprochenen in ihren Bestimmungen ausführlichste Stiftungsurkunde aus, welche von einer tief empfundenen Religiosität des Stifters zeugt. Harrer-Eck nimmt zunächst Bezug auf Herzog Georgs Aufforderung zur Zustiftung in das landesherrliche Kolleg. Ihr folgend habe er ‚in dem namen des allmechtigen Gottes, meinen freundten und gesibten zur wolfart und guetem auch damit sie desstomer ursach und naigung zw erlernung ... gueter kunst und tugennten, und die underhaltung dartzw gehaben, auch mein ewigclich in gueten trewen danckbarlich darbei gedenckhen mögen, meinem vaterlanndt zw guetem, einen ewigen collegiaten ... verordenndt und gesetzt'.

Die Stiftung war als Familienstiftung gedacht. Ein ‚zum studiern teiglicher' aus der Harrer-Eckschen ‚gesiebten oder geschwägerten freundtschafft' soll erwählt und ‚zum studiern mit ganntzem vleis erzogen und gehalten werden'. Der Stipendiat soll abwechselnd aus der väterlichen und aus der mütterlichen Verwandtschaft genommen werden. Die Auswahl überläßt der Stifter jeweils einem Präsentationsgremium von fünf Stimmberechtigten. Ist die väterliche Linie an der Reihe, so sind der Pfarrer von ‚Dapetzhoven', der Zehntpropst bzw. Kirchenpfleger des gleichen Ortes, ferner der Besitzer des Harrergutes zu ‚Flissen', sowie ‚der negst aus der freundtschafft' die Elektoren. Bei eingetretener Stimmengleichheit hat der Abt des Klosters Roggenburg ‚fueg, recht und macht', die Wahl zu entscheiden. — Parallel dazu bestimmt der Stifter die Elektoren eines aus der mütterlichen Linie entstammenden Kandidaten: den Pfarrer zu Egg an der Günz, den Zehntpropst dieses Ortes, den Besitzer des Maierhofes zu Eck und jemand ‚aus den negsten freundten'. Tritt hier Stimmengleichheit auf, so entscheidet wiederum ein Abt, jener des Klosters Ottobeuren. Harrer-Eck beschwört die Elektoren, ihrer Aufgabe ‚dem almechtigen zw lob und dem vatterlant zw guetem ... freundlich und guetwillig' nachzukommen; am Jüngsten Tage hätten sie darüber Rechenschaft abzulegen.

---

[6] StA Obb GL 1477/3, 279; Röckler hatte sich am 5. 3. 1572 immatrikuliert.
[7] GA I 33 und HStA Staatsverwaltung 2929, 48 ff.; die herzogliche Konfirmationsurkunde in GA I 34.

III. Zeitraum 1562 - 78

Den ersten Inhaber des Stipendiums erwählt der Stifter selbst. Da ihm aus seines Vaters Familie kein tauglicher bekannt sei, fällt die Wahl auf seinen Cousin Hans Khnab von Egg[8], der am fürstlich-bayerischen Hof zu München ‚ainspeninger khnecht' sei. Vom St. Michaelstag des Jahres 1563 an soll er das Stipendium für die Dauer von sieben Jahren innehaben, Wohnung im Neuen Kolleg nehmen und den Grad eines Magister artium erwerben. ‚Alsdann solle er sich mit allem müglichem vleis auf die heilig schrifft begeben und theologiam studiern, auf das sie die ehr Gottes erhalten und gefürdert, auch leüt in des herrn weingarten gephlanntzt werden mögen.' Den zweiten Platz spricht der Stifter dem Balthasar Mertzen zu[9], Sohn des Schmieds und Schlossers Hanns Mertzen aus ‚Dapetzhoven'. Auch ihm steht der Stipendienplatz für die Dauer von sieben Jahren zu.

Diese lange Stipendiendauer begegnet hier zum ersten Mal; wie erinnerlich betrug die in allen Stiftungen verfügte Frist fünf Jahre, konnte jedoch in einigen Fällen bei Tauglichkeit des Stipendiaten und Befürwortung durch die akademischen Lehrer verlängert werden. Sie wurde nun als nicht mehr ausreichend betrachtet, wie ja auch durch die herzogliche Statutenerneuerung von 1563 eine generelle Verlängerung um drei Jahre für alle herzoglichen Stipendiaten angeordnet wurde. Auch ist in den Stipendienstiftungen der Folgezeit eine allgemeine Verlängerung der Studienzeit zu beobachten: Georg Flach (1568) gewährt sieben, Eck (1575) fünf und mögliche Verlängerung, Benz (1579), Fator (1585) und andere ebenso. Allerdings ist eine Dauer von zehn Jahren, wie sie Georg Zingel (1509) gestattet hatte, in der Ingolstädter Stipendiengeschichte nicht mehr anzutreffen.

Harrer-Eck verpflichtet seine Stiftlinge, dem Regens gehorsam und untertan zu sein und für den Stifter und seine Familie täglich ‚trewlich zebitten'.

Zum ersten Mal in der Ingolstädter Stipendiengeschichte gibt ein Stifter einen Katalog der Gründe an, die zur Entlassung des Stipendiaten führen können. Bisher gingen diesbezügliche Angaben in der Regel nicht über allgemeine Verbote hinaus. Es heißt hier: verhält sich ein Stipendiat ‚nit erbarlich, wol und aufrecht', sei er ‚nit gehorsam dem regenten oder andern herren der löblichen universität' gegenüber, verfolge er seine Studien ‚nit mit vleis', sondern sei er stattdessen ‚ain polderer, weinsauffer und unnutzlicher verzerer und verschwender der seeligen zeit und des gelts', so habe der Regens die Pflicht, solches den Elektoren schriftlich mitzuteilen. Diese haben dann die Aufgabe der Abberufung des

---

[8] In der Matrikel nicht auffindbar.
[9] In der Matrikel nicht auffindbar.

‚ungehorsamen, unfleissigen und unnutzen stipendiatn'. Doch auch bei nicht verschuldeter Unfähigkeit zum Studium hat der Student seinen Platz zu räumen. Wenn er ‚nit wolt, konndt oder seiner schwachen und groben memorie oder ingeniums halben nit studiern möchte', so soll man ihn, damit Zeit und Geld nicht vergeblich angelegt seien, raten, ‚sich umb ain andere hanndtierung' umzusehen, ‚darmit er sich die zeit seines lebens ernören und hinbringen wölle'.

Das Stiftungskapital betrug 1 000 fl. und warf jährlich 50 fl. ab. Das gesamte Stiftungsvermögen hatte Harrer-Eck beim Kloster Osterhofen angelegt. Der Regens hatte an jedem St. Michaelstag die jährliche Rate einzunehmen, das Geld zu ‚nutz und notturfft' der Studenten auszugeben und zu ‚gebürlicher zeit' Abrechnung zu leisten. Benötigte ein Stipendiat für seine Belange Geld, so lag es im Ermessen des Regens, es ihm zu gewähren oder auch nicht. Von der ersten Jahresrate befiehlt der Stifter, zunächst einmal eine ‚ordentliche legestat und pethgewhanndt', welches ‚auf ewig bey dem stipendio bleiben' soll, anzuschaffen. Sollte das beim Kloster Osterhofen angelegte Stiftungskapital abgelöst werden, so sei es unter der gleichen Verzinsung ‚mit rath, vorwissen und guethaissen' von Rektor, Universitätskämmerer, Rat der Universität und Regens neu anzulegen. Den Elektoren ist dieses gegebenenfalls schriftlich mitzuteilen.

In der Harrer-Eckschen Stiftungsurkunde begegnet zum ersten Mal die Befürchtung der Aufhebung der Ingolstädter Universität und des Neuen Kollegs. Später werden wir noch manches Mal auf diese im Zeitalter der Reformation nicht unbegründete Sorge stoßen[10]. Sollte es sich also zutragen, daß Universität und Neues Kolleg ‚aufgehebt' würden — welches ‚der allmechtig ewig güetig Got gnedigclich verhüetn und abwennden wölle' — oder sollte der Fall eintreten, daß der Stifter selbst durch Krieg, Glaubensverfolgung, Feuer- oder Wassernot in Armut geraten würde, dann fällt die Hauptsumma bzw. deren Erträgnisse an den Stifter zurück; doch nur für die Dauer seines Lebens behält sich Harrer-Eck die Nutznießung des Stiftungskapitals vor.

Auch hier fehlt nicht die bei fast allen privaten Stipendienstiftungen des Georgianums ausgesprochene Verfügung, bei strittigen Vorfällen aufgrund des georgianischen Stiftungsbriefes eine Entscheidung herbeizuführen.

Aus der weiteren Geschichte dieser Stiftung liegen keine Nachrichten vor.

---

[10] Vgl. die Stiftungsurkunden Hofers, Krippers, Ecks, Klenks, Benz', Eisengreins und Landaus.

Die Flach-Stiftung (1568)

Georg Flach aus Großheppach, Kreis Waiblingen/Württemberg[11], wurde am 27. Januar 1536 in Ingolstadt immatrikuliert. Zu diesem Zeitpunkt war er bereits Benediktinermönch, seine Profess hatte er in Lorsch abgelegt. Als er 1536 nach Ingolstadt ging, hatte er die Absicht, dort dem Theologiestudium nachzugehen[12]. Im Oktober des Jahres 1543 wurde er gemeinsam mit dem ehemaligen Marienpfarrer Oswald Fischer aus Arnsberg zum Doktor der Theologie promoviert. Fischers Promotion nahm der Theologieprofessor Leonard Marstaller vor, Flach wurde von dem gerade in Ingolstadt weilenden päpstlichen Nuntius Vaukop promoviert[13]. Nach seiner Promotion erscheint er als Prior des Benediktinerklosters Plankstetten (bei Beilngrieß, Oberpfalz), dessen Disziplin im 16. Jahrhundert durch die Reformation stark abnahm[14]. Ferner ist von ihm bekannt, daß er vom 1. September 1551 bis zum 9. März 1552 dem Tridentinischen Konzil beiwohnte[15]. In seinem durch Exekutoren am 8. März 1568 errichteten Stiftungsbrief begegnet er als Würzburger Weihbischof mit dem Titel eines Bischofs von Salon.

Georg Flachs Testamentsvollstrecker waren der Dekan des St. Johann-Stiftes zu Haug bei Würzburg, Michael Suppan, ferner die beiden Magister und Chorherren des Stiftes Neumünster (bei Zusmarshausen, Schwaben) Georg Fischer und Johann Schaupp; weiter der Würzburger Domvikar Johann Textor sowie zwei Würzburger Ratsmitglieder, Heinrich Göbell und Moritz Neumann (Reumann?). Diese geben in ihrer Stiftungsurkunde vom 8. März 1568[16] an, Flach habe ‚ungehindert seiner profession und ordens' die päpstliche Erlaubnis erhalten, über seine ‚haaben und guetern', die er entweder geerbt oder die ‚umb seiner mühe und arbeit willen' auf ihn gekommen seien, frei zu verfügen; auch Bischof Melchior von Würzburg habe zugestimmt. So habe Flach in seinem Testament ‚in hailsamer betrachtung göttlicher ehr, der allgemeinen christlichen kirchen erweitterung und wolfarth, aus schuldiger danckbarkeit umb seine von Gott empfangene wohltaten, auch in brönstiger begierde und eifer, so er zu plantzung und erhalltung unsers hailigen, waren apostolischen, uralltten, christlichen glaubens und religion getragen', ein ewiges Stipendium in das herzogliche Kolleg zu errichten befohlen. Der das Stipendium betreffende, sehr allgemein gehaltene Pas-

---

[11] Schmid (S. 39) schreibt irrig Heckenbach.
[12] Er immatrikulierte sich als „scholaris theologiae".
[13] Mederer I 188 („quod prorsus singulare est").
[14] Vgl. hierzu Wollenweber, P. v., Die Abtei Plankstetten im Wandel der Zeit 1925 und Rösermüller, R., Die Abtei Plankstetten 1929.
[15] Eubel, C., Hierarchia Catholica Medii et Recentoris Aevi III 1923 290. Hier ist auch sein Sterbedatum zu entnehmen: 15. Dezember 1564.
[16] GA I 36 und HStA Staatsverwaltung 2929, 59 ff.; die herzogliche Konfirmationsurkunde vom 31. 5. 1568 in StA Obb GL 1477/1.

sus des Testaments wurde von den Exekutoren in die Stiftungsurkunde inseriert: ‚Item wir begern an unsere testamentarier, das sie zu Ingolstadt in unserm nahmen für unsere freündt, sie seyen im landt zu Wirtenberg oder zu Preszlaw (= Breslau) oder anderszwo, aufrichten, in massen, wie wir villeicht specificirn werden. Darzü legirn und verschaffen wir fünfhündert gülden.' Aus der Formulierung, ‚wie wir *villeicht* specificirn werden' ist zu entnehmen, daß der Stifter sich mit der Absicht trug, selbst einen Stiftungsbrief zu erlassen; doch aus irgendwelchen Gründen kam er nicht dazu, so daß wir es wiederum mit einer Exekutorenstiftung zu tun haben. Die genannten Vollstrecker bekennen, das Vertrauen des Verstorbenen ehre sie, und sie fühlten sich schuldig und verpflichtet, seinen Willen ‚ins werck zu richten'. Zunächst erhöhen sie ‚in betrachtung der ietzt werennden und von jarn zu jarn uffsteygennden theurn schwinden zeitten' das Stiftungskapital um 100 fl. auf 600 fl., so daß die jährliche Rate 30 fl. beträgt. Die Exekutoren geben an, dem derzeitigen Regens des Georgianischen Kollegs, Christian Kripper, das gesamte Stiftungskapital ‚in gueter muntz', also in bar, überreicht zu haben. Der Inhaber des Flachschen Stipendiums solle allzeit den Georg-Stipendiaten gleichgestellt sein. Ein mit ‚glaubwirdiger' Urkunde nach Ingolstadt gesandter ‚knab oder stipendiat' soll zunächst drei Jahre lang die freien Künste studieren, dann die folgenden vier Jahre ‚dem studio theologiae ... mit allem fleis obligen und nachsetzen'. Es versteht sich von selbst, daß der Flach-Stipendiat den Gebetspflichten der Stammstipendiaten nachzukommen hat; ebenso, daß ihm zur Auflage gemacht wird, das Seelenheil des Stifters, seiner Eltern und Verwandten sowie aller Wohltäter in seine Gebete mit einzuschließen. Die Stipendiendauer ist auf sieben Jahre begrenzt, eine Verlängerungsmöglichkeit nicht vorgesehen. Es ist der Wille des Stifters, daß sich die Absolventen ‚zu rechten..., ungefelschten kirchendiensten, predigen, sacramentraichen und dergleichen... gebrauchen lassen'. Neuanlage des Stiftungskapitals bei Ablösung ist geboten; sollte eine Neuanlage aus irgendwelchen Gründen jedoch nicht möglich sein, so soll der Stipendieninhaber deshalb nicht sein Studium abbrechen müssen, eine Verfügung, die bereits Kurz erlassen hatte, sondern ‚vermög der furstlichen fundation unterhalten werden'[17].

Um dem Stipendium einen guten Start zu verschaffen, präsentieren die Testamentarier ‚einmuetiglich' den ersten Inhaber, einen Vetter Georg Flachs, Johann Eichholz[18]. Ausnahmsweise soll dieser vier Jahre ‚in humanioribus oder philosophischen kunsten' und danach vier Jahre in der Theologie studieren. Alle folgenden Inhaber des Flach-Stipendiums sollen entweder durch die Wahl des Bürgermeisters und des Rates der Stadt Breslau oder durch die Wahl der Gemeinde und des Gerichts des

---

[17] Vgl. oben S. 57.
[18] Immatrikuliert am 18. 4. 1569.

‚flecken' Heckenbach bestimmt werden. In Breslau müssen Familienangehörige Flachs ansässig gewesen sein, denn die Breslauer werden verpflichtet, jemand ‚aus obermeltens hern stiffters und der Flachen bluotgesipten oder geschwägerten freündschafft und geschlecht' zu erwählen. Dieser solle zum Studieren geeignet und eines ehrbaren Wesens sein. Ferner muß er der ‚waren, urallten, christlichen, catholischen religio' angehören und Lust und Liebe zum geistlichen Stand aufweisen. Unter Vorweisung einer Präsentationsurkunde mit den angehängten Siegel des Breslauer Rates hat der zukünftige Stipendiat in Ingolstadt zu erscheinen. Sind in Breslau oder Heckenbach keine der Flach-Familie angehörigen Stipendienkandidaten aufzutreiben, so fällt das Recht der Präsentation an den Würzburger Bischof, der einen geeigneten Studiosus aus seiner Residenzstadt oder aus seinen Landen benennen möge. Sollten die Stiftungsbestimmungen seitens der Universität nicht getreu eingehalten werden, so haben die Testamentarier das Recht, die Summe der 600 fl. einschließlich der etwa entstandenen Unkosten ‚guettlich oder rechtlich' einzufordern. Sind diese verstorben, so tritt der Würzburger Bischof an ihre Stelle. Hundert Gulden stehen in einem solchen Falle dem herzoglichen Kolleg zu; je 100 fl. der Verwandtschaft des Stifters in Heckenbach bzw. Breslau. Ist dort niemand mehr am Leben, so soll das Geld für arme Knaben, die zur Schule gehen wollen, aufgewendet werden. Die noch verbleibenden 300 fl. fallen an den Würzburger Bischof, ‚damit soliches geld armen studiosis zum besten angewendet' werde. — Eine Jahrestagsstiftung ist nicht angeschlossen. — Insgesamt seien vier Kopien der Urkunde angefertigt worden: für den Bischof von Würzburg, für die Heckenbacher und die Breslauer sowie für die ausstellenden Testamentarier selbst. Das Original wurde dem herzoglichen Kolleg zugestellt. Bei allen nicht vorhergesehenen Fällen soll man auf die georgianische Gründungsurkunde zurückgreifen und daraufhin entscheiden.

Das einzig erhaltene Dokument zur Geschichte der Flach-Stiftung ist ein Schreiben des Bischofs Julius von Würzburg an den Regens des Georgianums vom 12. Januar 1585[19]. Kraft Stiftungsurkunde besaß der Bischof das Ersatzpräsentationsrecht, von dem er jetzt auf die Nachricht hin, daß das Stipendium frei sei[20], Gebrauch zu machen gedachte. Die Breslauer und Heckenbacher Präsentatoren müssen also über einen tauglichen Kandidaten verfügt haben. Bischof Julius ersucht also um genauere Auskünfte und bekundet seinen Entschluß, gegebenenfalls einen Kandidaten zu benennen; was ihm erwidert wurde, ist nicht bekannt.

---

[19] UA J III 13.
[20] Tatsächlich war das Flach-Stipendium nach Auskunft der Stipendiatenbefragung von ca. 1586 an die 10 Jahre vakant gewesen: StA Obb GL 1477/3, 106'.

Die Hofer-Stiftung (1569)

In der Stipendienstiftung des Konrad Hofer, Propst zu Habach, vom 5. Februar 1569 begegnet uns wiederum eine selbstausgestellte Urkunde[21]. Er hatte, wie ein Matrikeleintrag vom 3. Juli 1526 beweist, an der Ingolstädter Hochschule studiert. Weitere Angaben zur Person des Stifters fehlen.

Hofer beruft sich auf den herzoglichen Wunsch nach Zustiftungen in das Novum Collegium und gibt einen in seiner Ausführlichkeit einmaligen Katalog jener, zu deren Ehre und Lob er seine Stiftung errichtet wissen will: ‚... in dem namen des allmechtigen Gottes, der lobwürdigen himmel Khünigin und seiner lieben heiligen, zu eer und lob, auch umb merung willen des göttlichen diennsts, zu wolfart des allgemainen heiligen und christlichen, uralten, catholischen glaubens, meinen freundten und gesipten zur wolfart und guetem, damit sy auch desto mer ursach und neygung zu erlernung obgemelter gueter künst und tugenten die underhalltung darzue haben, mein auch ewigclich in gueten treuen danckberlich dabey gedencken mögen, meinem vatterlandt zuvorderst und guetem.' In dieser Arenga dürften so ziemlich alle möglichen Stiftungsmotive zusammengefaßt sein: Gottes Lob, das Wohl des katholischen Glaubens allgemein, das Wohl der Familie des Stifters, das Seelenheil des Stifters und das Wohl des ‚vatterlandtes', worunter stets der Heimatort des Stiftenden zu verstehen ist.

Der Hofer-Stipendiat soll ‚nit allein catholisch und der heyligen römischen kirchen durchaus anhenngig, sonder auch künfftiger zeit zu priesterlicher würden taugenlich und verpflicht sein'. Den herzoglichen Stammstipendiaten ist er in allem gleichgestellt, die Stipendiendauer beträgt fünf Jahre bei einer jährlichen Rate von 28 fl. Das Stiftungskapital beläuft sich auf 560 fl. und wird in bar dem Regens übergeben. An einem jedem Lichtmeßtage möge er die Gült in Empfang nehmen und ‚zu gebürlicher zeit guete, richtige rechnung davon thun'. Die Ausübung der Präsentation überläßt der Stifter einem Gremium von fünf Personen. Diesem gehören in der Reihenfolge ihrer Nennung an: der Vizekanzler der Universität, der Dekan der theologischen Fakultät, der Regens des Georgianums, der Dekan der Artistenfakultät sowie der Senior der Artisten. Ist der Dekan selbst der Senior der Artistenfakultät, so soll der zweitälteste seine Stimme haben. Die Erwähnung soll ‚aufs treulichst' nach den entsprechenden Bestimmungen des georgianischen Stiftungsbriefes vorgenommen werden: eine eigens angefertigte Abschrift des

---

[21] GA I 37 und HStA Staatsverw. 2929, 71 ff. Habach liegt bei Weilheim in Oberbayern.

georgianischen Gründungsbriefes soll den Elektoren ausgehändigt werden.

Die Anforderungen an den zukünftigen Stipendiaten sind auch hier äußerst allgemein und unpräzis gehalten. Er soll ‚geschickt oder taugennlich' sein. Da das Stipendium als Familienstipendium gedacht ist, hat er ferner aus der väterlichen bzw. mütterlichen Verwandtschaft zu stammen. Ist kein geeignetes Familienmitglied vorhanden, so mögen die Elektoren jemanden aus München, Kornburg ‚oder annderer orten', von ehelicher Geburt, zur Präsentation bringen. Sein Studiengang ist streng vorgeschrieben. Drei Jahre soll er ‚in artibus', die übrigen zwei ‚in theologia' studieren. Der Stipendiat soll dabei ‚sein sach dahin richten, das er ... gradum subdiaconatus annemb'. Eine eventuelle Verlängerung der Stipendiendauer ist nicht vorgesehen.

Ähnlich wie Harrer-Eck im Jahre 1562 verpflichtet Hofer seine Stiftlinge zu täglichen Gebeten für den Gründer des Stipendiums, dessen Eltern und Verwandte, und für des ‚löblich hausz Bayrn herrschaffts hayl, wolfart und seeligkeit'. Auch die Ausschlußbestimmungen sind jenen der Harrer-Eck-Stiftung sehr ähnlich. Verhält sich der Hofer-Stipendiat ‚nit erberlich, wol und aufrecht', ist er dem Regens und anderen Herren der Universität gegenüber nicht gehorsam, erweist er sich ferner als ein ‚polderer, vagierer, weinsauffer, unnutzlicher verzörer und verschwennder zeit und gelts', so seien die Elektoren zu benachrichtigen; sollte der Stipendiat sich auf deren Ermahnen hin nicht bessern, so sei er durch einen ‚tauglichen und katholischen' zu ersetzen.

Hofer ernennt den ersten Inhaber seines Stipendiums selbst: Georgius Sindlhauser aus Laimgrub am Chiemsee[22]. Ein ‚zimlich petgewanndt' und Hausgerät, welches inventarisiert wurde, sollen zum Stipendium gehören und wohlerhalten bleiben. Zur Instandhaltung möge der Regens dem Stipendiaten einen jährlichen Gulden reichen; reicht dieser Betrag nicht aus, so ist der Stipendiat verpflichtet, auf eigene Kosten den Hausrat zu ersetzen.

Auch in dieser Stipendienstiftung äußert sich wieder die Sorge um das Fortbestehen der Universität, eine weitere Parallele zur Harrer-Eck-Stiftung. Sollte es sich nämlich zutragen, ‚was Gott der herr lanng gnedigclich verhüeten welle', daß die Ingolstädter Hohe Schule ‚bey disen gefehrlichen zeiten von dem allgemeinnen, allten, warhafften glauben und der heiligen römischen kirchen abfellig werden sollte', so möge die Stiftung ‚zue stundan' aufgelöst und das Stiftungskapital anderen Zwecken zugewendet werden: 100 fl. sind der nächsten Verwandtschaft des Stifters zugedacht; 150 fl. gehen ebenfalls nach Kornburg in eine bereits von Hofer errichtete Almosenstiftung; 250 fl. entfallen auf

---

[22] Immatrikuliert am 16. 12. 1568.

das Ingolstädter Blatternhaus, und lediglich die relativ kleine Summe von 60 fl. soll dem Kolleg belassen sein. Hofer behält sich vor, ‚dise stiftung in meinem leben zu merern, bessern, auch einen oder mer collegiaten künfftiger zeit selbst zubenennen'; daraus erhellt, daß die Elektoren erst nach dem Tod des Stifters ihr Recht der Präsentation ausüben dürfen. Sollte Hofer jemanden ernennen, der erst nach des Stifters Tod das Stipendium einnehmen kann, so ist eine solche Nomination rechtskräftig und muß von der Elektorenschaft akzeptiert werden.

Die Bestimmung der Einsichtnahme der georgianischen Gründungsurkunde fehlt auch hier nicht, doch findet sie eine wichtige Erweiterung: bei unvorhergesehenen Fällen sei nicht nur die Stiftungsurkunde Herzog Georgs zur Hand zu nehmen, sondern auch die ‚reformation von unnserem ... herrn herzog Albrechten'. Zum ersten Mal findet die herzogliche Statutenerneuerung von 1563 in einem Stipendienstiftungsbrief Erwähnung[23]. Die weitere Geschichte der Hofer-Stiftung ist unbekannt.

Die Winkler-Stiftung (1569)

Die Winkler-Stiftung ist am 29. März 1569 in Augsburg von Daniel Pemler ausgestellt, dem Sohn des Doktors beider Rechte Sebastian Pemler[24]. Pemler führt aus, sein ‚lieber herr vetter selig' Johann Winkler[25] habe am 3. Dezember 1547 testamentarisch verordnet, daß 60 Gulden Jahreszins, die er seiner Zeit vom Eichstätter Stift erworben habe, zwei Stipendiaten zu gleichen Teilen zugesprochen werden sollten; Winklers Erben hätten diese Stipendiaten zu ernennen gehabt, ‚unfleissige' seien jeder Zeit von ihnen zu entlassen gewesen. Winkler habe Sebastian Pemler zum Exekutor seiner Stiftung verordnet. Nun hat es den Anschein, als ob ein Gründungsbrief des Winklerschen Stipendiums vorhanden war, aber verloren gegangen ist. Denn für den Fall, daß die verloren gegangene Urkunde nicht mehr auftauchen sollte, errichtete Daniel Pemler die Stiftung ein zweites Mal. Der Zusammenhang war also folgender: Winkler stiftete zwei Stipendien, Sebastian Pemler, der eine Felicitas Winkler zur Frau hatte, war von Johann Winkler zum Exekutor bestimmt worden. Dieser hatte die Stiftung errichtet, doch war die Urkunde abhanden gekommen. Um die Stiftung zu retten, errichtete Daniel Pemler, dessen Vater wohl bereits verstorben war, als Erbe des Johann Winkler die Stipendien aufs neue. Ob diese Stipendienstiftung im Zeitraum zwischen der testamentarischen Verfügung von 1547 und der Neueinrichtung im Jahre 1569 Bestand hatte, ist nicht zu erweisen.

---

[23] Siehe unten S. 131 f.
[24] GA I 40 und HStA Staatsverwaltung 2936. Vgl. oben S. 66.
[25] Immatrikuliert am 11. 5. 1537: „Dominus Johannes Winckler de Hohenwart decretorum doctor ac canonicus sanctorum Mauricii et Petri Augustensis." Eine Professur hatte er nicht, vielleicht strebte er sie an.

Die Urkunde läßt jene liebevoll entworfenen und sehr umsichtigen Formulierungen der Stiftungsbedingungen, wie sie sonst anzutreffen waren, vermissen und gibt stattdessen nur sehr sporadisch und in allgemeiner Weise die Stiftungsauflagen an. Zwei Stipendiaten, die den herzoglichen in jeder Beziehung gleichgestellt sind, sollen im herzoglichen Kolleg Wohnung nehmen. Die vorgesehene Stipendiendauer beträgt fünf Jahre, eine Verlängerung ist nicht vorgesehen. Das Präsentationsrecht liegt bei Daniel Pemler bzw. seinen Nachkommen. Ein ‚mittelmessig bett mit seiner zugehörung', welches die Stipendiaten gemeinsam benutzen sollen, gibt Pemler selbst hinzu. Zur Instandhaltung der Schlafstelle steht jährlich ein Gulden zur Verfügung. Die Stipendiaten sind verpflichtet, für die Seelen des Stifters und seiner Verwandtschaft zu beten.

Auch über die Geschichte dieser Stiftung ist nichts bekannt.

Die Martin-Wolf-Stiftung (1569)

Wann der Magister Martin Wolf sich in Ingolstadt immatrikulierte, läßt sich nicht entscheiden, denn die Matrikel führt einen Priester dieses Namens aus ‚Purga' (8. 10. 1525) und zehn Jahre später einen weiteren Martin Wolf aus Roth auf (3. 3. 1535). Die Exekutoren der durch Urkunde vom 24. Juni 1569[26] vollzogenen Stiftung bezeichnen ihren Auftraggeber lediglich als Magister artium. Exekutoren waren der kaiserlich-erzherzogliche Rat Hans Christoph Vöhlin von Frickenhausen zu Illertissen und Neuburg, der Pfarrer zu Ettenbeuren Vital Stimpfflin und der Pfarrer zu Neuburg an der Kammlach Eustachius Camerer.

Wolf hatte, wie aus späteren Korrespondenzen hervorgeht, schon durch Testament vom 14. Mai 1555 eine Kapitalsumme von 400 Gulden für seine Stipendienstiftung ausgesetzt. Sie war von den Exekutoren im Jahre 1560 dem Regens und der Artistenfakultät zur Anlage ausgehändigt worden, unter der Bedingung, daß der Zinsertrag zunächst zur Erhöhung des Kapitals bis auf 500 Gulden verwendet werden sollte. Damit wurde der künftige Stipendiat mit einem Unterhaltungssatz von 25 Gulden den herzoglichen Kollegiaten gleichgestellt. Im Oktober 1568 war der angestrebte Kapitalbetrag erreicht[27], darauf schritten die Exekutoren im folgender Sommer zur formellen Errichtung der Stiftung. Ihrer Urkunde zufolge sollte der Stipendiat nach Möglichkeit aus dem ‚geschlecht der Wolffen' stammen; ansonsten sollten die Testamentarier jemanden ‚von eerlicher leuth khindern', die den Wolf ‚zum nechsten verwanndt' sind, zur Präsentation bringen. Nach dem Tode der eingangs genannten Testamentarier bzw. Exekutoren sollte das Präsentationsrecht auf die Vöhlin-

---
[26] GA I 42, HStA Staatsverwaltung 2929, 81 ff.
[27] So berichtet der Präsentator Ferdinand Vöhlin am 6. 9. 1589 an den Herzog, UA J III 62.

schen Erben oder auf zwei den Vöhlins gefällige Neuburger Pfarrer fallen.

Die Studienvorschriften richten sich ganz nach dem herzoglichen Gründungsbrief; Herzog Albrechts V. Statutenerneuerung findet in der Wolf-Stiftung keinen Widerhall. Sie ist errichtet getreu nach dem alt hergebrachten Schema, wie es etwa in der Zeys-Stiftung aus dem Jahre 1543 begegnet ist: Der Wolf-Stipendiat soll das Magisterium erwerben, und zwar ‚mit allem und höchstem fleiss'. Den Rest der auf fünf Jahre befristeten Stipendiendauer hat er mit theologischen Studien zu verbringen. Die Verpflichtung auf die bekannten Mariengebete fehlt ebenso wenig wie die des frommen Gedenkens an den Stifter.

Zusammen mit dem Regens bestätigte die Universität am 23. März 1570 von ihrer Seite her die Wolf-Stiftung; am 20. November des gleichen Jahres wurde sie auch von Herzog Albrecht konfirmiert[28]. Aus ihrer weiteren Geschichte ist eine Auseinandersetzung zwischen den Präsentatoren und der Universität überliefert, die sich im Jahre 1584 daran entzündete, daß die Universität einen von Ferdinand Vöhlin präsentierten Kandidaten wegen Untauglichkeit zurückwies, das Stipendium für vakant erklärte und es einem vom Kanzler Christoph Elsenheimer empfohlenen Knaben gab. Vöhlin protestierte[29] gegen diese Eigenmächtigkeit, zumal man ihn von der Abweisung seines Kandidaten nicht benachrichtigt habe, und schritt seinerseits zu einer neuen Präsentation[30]. Sollte die Universität ihm sein Recht streitig machen wollen, werde er sich an den Herzog persönlich wenden.

Fünf Jahre später, am 6. September 1589[31], führte Vöhlin tatsächlich vor dem Herzog gegen einen Johann Probus Beschwerde, Sohn eines Weilheimer Metzgers, der ‚per sub- et obreptionem nobis inscientibus' in den Besitz des Stipendiums eingedrungen sei. Ob es sich noch immer um den umstrittenen Stipendiaten von 1584 handelte, bleibt unklar; dafür spricht, daß Vöhlin die Auffassung vertrat, das Stipendium habe nun vier Jahre vaziert, und der dadurch aufgelaufene Betrag solle der Hauptsumme zugeschlagen werden, damit sich ‚bey disen one das schweren jaren' ein Stipendiat besser erhalten könne. Zugleich wird mit Johann Diellin[32] ein neuer Stipendiat präsentiert. Herzog Wilhelm sandte Vöhlins Schreiben am 11. September 1589 zur Stellungnahme an die Universität, von der jedoch keine Antwort überliefert ist.

---

[28] Sie liegt nicht vor, wird aber ebenfalls von Vöhlin erwähnt.
[29] Schreiben Ferdinand Vöhlins von Frickenhausen an den Universitätskämmerer Veit Schober, datiert vom 31. 12. 1584 aus Illertissen, in Erwiderung eines nicht erhaltenen Briefes Schobers (UA J III 62).
[30] Jakob Scheitterberg, i. 25. 2. 1583.
[31] UA J III 62.
[32] Diellin ist in der Matrikel nicht nachweisbar; Johann Probus i. 10. 1. 1587.

Die Kripper-Stiftung (1568/69)

Christian Kripper bekleidete acht Jahre lang das Amt des Kollegregens (1562 - 1570) und ist somit nach Schwebermair (1531) und E. Wolf (1553) der dritte Regens in der Reihe der Ingolstädter Stipendienstifter. Am 3. Juni 1544 wurde ‚Christianus Kripper de Loner (= Loberg) Saltzburgensis dioecesis' in die Ingolstädter Universitätsmatrikel aufgenommen. Am 1. Mai 1562 folgte der inzwischen zum Magister artium promovierte Kripper dem Magister Paul Zettel in der Stelle des Kollegregens. Da Rotmar ihn als ‚sacellanus aulicus' bezeichnet und Kripper mit ‚E.F.D. undertheniger capellan' zeichnete[33], dürfen wir annehmen, daß er den geistlichen Stand angenommen und eine Zeitlang als Hofkaplan an der Münchner Residenz verbracht hat. Unter Krippers Regentschaft erfuhren die Gebäude des Georgianums im Jahre 1564 eine beträchtliche Erweiterung. Rotmar spricht von einer Verdoppelung der Kollegiatenwohnungen im ersten und zweiten Stock des Hauses. In ‚ima parte', also im Erdgeschoß, richtete er eine eigene Bäckerei ein[34]. Genaue Zahlenangaben über die Frequenz des Kollegs besitzen wir nicht, doch wenn man davon ausgeht, daß zu den ursprünglich 11 vorhandenen Plätzen durch Zustiftungen bis zum Zeitpunkt der Erweiterung des Kollegs mindestens 18 neue Stipendien errichtet worden waren, dann wird die Notwendigkeit neuer Unterbringungsmöglichkeiten offenbar. Übrigens hat Kripper aus eigener Tasche für den Bau Geldmittel vorgestreckt, um deren Rückerstattung er beim Herzog betteln mußte. — Ein Jahr nach der Erweiterung des Georgianums wurde er zum Rektor der Universität erwählt. Rotmar rühmt seine unerhörte Ausdauer ‚in rebus agendis' und seine vorbildliche Geduld bei der Arbeit und auch seine hervorragende Leitung des Kollegs. ‚Sub ipsius disciplina' seien, gleichsam wie aus einem trojanischen Pferde, eine Vielzahl von hervorragenden und gelehrten Jünglingen hervorgegangen. Der rühmenswerte Mann habe keine Mühe gescheut, bedürftige, würdige Studenten nach Kräften zu unterstützen[35].

Zwei erhaltene, ausführliche Briefe Krippers an Herzog Albrecht V. bekräftigen das von ihm in den ‚Annales Ingolstadiensis Academiae' entworfene Bild eines großen Förderers und verdienstvollen Vorstandes des Novum Collegium[36].

Im Jahre 1569 wurde er zum Baccalaureus formatus promoviert[37], ein Jahr später folgte er der Berufung zum Passauer Suffragan. Auch in Passau behielt er die Stätte seines langjährigen Wirkens im Gedächtnis, denn bei seinem um 1574 eingetretenen Tod hinterließ er der Universität

---

[33] Mederer I 272, Prantl II 244.
[34] Mederer I 291.
[35] Mederer I 280, 294 f.
[36] Vgl. unten S. 25.
[37] Mederer I 318.

und dem Georgianum eine Reihe von Gegenständen[38] und eine Stiftung für zwei Stipendien.

Eine Stiftungsurkunde ist nicht vorhanden. Noch während seiner Regentschaft hat aber Kripper den Inhalt seiner geplanten Stiftung, wenn auch ohne Angabe der Stiftungssumme, in einem Kopialbuch des Kollegs konzipiert[39]. Bald nach seinem Abgang nach Passau muß er die Stiftung, wohl noch im Jahre 1570, urkundlich errichtet haben. Am 3. Februar 1571 fertigte die Universität die Reversurkunde aus[40], und am 4. November des gleichen Jahres nennt die Matrikel den wohl ersten Kripper-Stipendiaten[41].

Die, wie gesagt, nur indirekt überlieferten Stiftungsbestimmungen Krippers[42] sind von erhöhtem Interesse, weil er als erfahrener Regens am besten wissen mußte, in welcher Weise ein Stipendium am günstigsten zu organisieren war. Kripper errichtete zwei Stipendien. Das erste war bestimmt für einen Studenten der Theologie aus dem Salzburger Bistum. Der Stifter wollte den Inhaber dieses Stipendiums ‚Salisburgius' genannt wissen, zum Unterschied vom zweiten Stipendiaten, der aus der Familie des Stifters stammen und den Namen ‚Kripperius' erhalten sollte. Was die Präsentation des ‚stipendiatus Salisburgius' betrifft, so bestimmte Kripper, daß drei verschiedene Gremien sich in der Ernennung des Kandidaten abwechseln sollen, nämlich erstens der Chiemseer Bischof[43] und der Offizial des Salzburger Erzstiftes, zweitens der Berchtesgadener Propst und der Propst von St. Zeno in Reichenhall, und drittens der Saalfeldener Pfarrer (Bistum Salzburg, südlich von Berchtesgaden gelegen) und der Verweser des Neuern Spitals ‚am Griesz' daselbst.

Der zu Erwählende muß ‚arm, tauglich, wolgezogen' und von ‚erlichen eltern im ehestand erworben', über 18 Jahre alt sein und die Entschlossen-

---

[38] Mederer I 295.
[39] GA III (Rechnungen) 1 a, 138 - 147. Neben der Stiftungssumme fehlt auch das Datum. Der Umstand, daß dem Text fünf freie Seiten folgen, läßt vermuten, daß es sich um ein von Kripper diktiertes Konzept handelt, das nachträglich ausgefüllt und evtl. vervollständigt werden sollte. Der Text ist zwischen der Flach- (1568) und der Hofer-Urkunde (1569) eingeordnet. Schmid (S. 40) und A. Strauss (S. 68) geben 1578 als Stiftungsjahr an; Kripper ist aber schon 1574 gestorben (Mederer I 295). In den späteren Urkundenverzeichnissen wird eine Kripper-Urkunde nicht aufgeführt, sie muß also schon früh verloren gegangen sein. Das Archivinventar in StA Obb GL 1477/3, 27 - 30 erwähnt nur einen Extrakt aus Krippers Testament, der aber ebenfalls nicht mehr vorhanden ist. Eine Wiedergabe der Stiftungsbestimmungen auch in HStA Staatsverwaltung 2930, 156 ff.
[40] „Literae reversales per dominum regentem oblatae ratione stipendii a se fundati fuerent admissae et confirmatae" (UA D III 7, 248, 3. 2. 1571). Regens war zwar zur Zeit Klenk, doch kann hier nur Kripper gemeint sein.
[41] „Sigismund Scriba Almangauus studiosus theologiae alumnus Kripperi", i. 4. 11. 1571.
[42] Es muß selbstverständlich eingeräumt werden, daß die Stiftung in ihren Bestimmungen später noch geändert worden ist.
[43] Zugleich Salzburger Weihbischof und Generalvikar.

heit zum priesterlichen Stand mitbringen. Auch die zum Eintritt ins Kolleg erforderlichen Fähigkeiten schreibt Kripper vor: er soll ‚zum wenigsten sein notturfft latein gramatice reden und schreiben khün und des Gregorianischen kirchengesanngs nicht unerfarn' sein. — Diese konkrete Forderung lateinischer Kenntnisse wird innerhalb der Ingolstädter Stipendiengeschichte hier zum ersten Male erhoben. Bisher wurde stets allgemeine ‚tauglichkeit' u. ä. als Vorbedingung des Stipendiengenusses erklärt. — Der Kandidat soll, jedesmal wenn die Wahl auf die Saalfeldener kommt, versehen mit einer schriftlichen ‚commendation' dem Chiemseer Bischof und Salzburger Offizial zugeschickt werden, um von diesen durch ‚ainen schuelmaister im tumb' geprüft zu werden. Anscheinend traute Kripper den Saalfeldenern die Wahl eines zum Studieren Geeigneten nicht ohne weiteres zu.

Die Präsentation hat schriftlich zu erfolgen. Die Aufnahme des Kandidaten geschieht erst nach einer Prüfung durch den Regens und den Dekan der Artistenfakultät. Erst dann kann er ‚angenomen und eingeschrieben' werden. Ein jeder ‚Salisburgius' hat das Gelöbnis abzulegen, ‚so bald er etwas mörkhlichs in theologia proficirt hab oder briester worden sey', sich innerhalb des Salzburger Bistums ‚gegen gebürlicher besoldung ... one waigerung' zu Kirchenämtern, Predigen und Sakramentreichen gebrauchen zu lassen.

Regens und Artistendekan bestimmen auch die Lektionen, die der ‚Salisburgius' zu besuchen habe. ‚Höhere lectiones' dürfen erst gehört werden, wenn die Professoren ihn dazu fähig halten. Er soll den Professoren vorgestellt werden, damit diese um so besser acht auf ihn geben können. Er ist so lange den gottesdienstlichen Pflichten der anderen Stipendiaten unterworfen, bis er Subdiakon oder Magister wird. Ohne das Einverständnis des Regens und des theologischen Dekans darf er keinen akademischen Grad annehmen.

Der Inhaber des Stipendiums Kripperianum soll aus der nächsten Verwandtschaft des Stifters stammen. Auch er muß ehelicher Geburt sein. Ein Mindestalter ist nicht vorgeschrieben, er mag so jung sein, wie er will. Pfarrer und Schulmeister zu ‚Bairisch Waidhofen an der Ibs' (?) mögen einen Kandidaten prüfen, ob er ‚gueter art' und ‚vhägiger gedechtnus' sei, und diesen darauf dem Passauer Weihbischof und Offizial zuschicken; diese sollen ihn bei Eignung dem Regens des Georgianums präsentieren. Der ‚Salisburgius', der bedeutend älter sein konnte, sollten den jungen ‚Kripperius', was das Studium belangt, unter seine Fittiche nehmen: ihn in die Schule schicken; die Lektionen, die er privatim oder publice gehört habe, abfragen; ihn ganz ‚für sein discipul halten'. Doch ist der ‚Kripperius' in keiner Weise gehalten, seinem älteren Kollegen als Famulus zu dienen. Wenn der ‚Kripperius' die den anderen Stipendiaten eingeräumten Vorteile ‚in brott und presenntz' nicht wahrnehmen will, so bleibt ihm das unbenommen. Nimmt er sie jedoch in Anspruch, so darf er sich nicht widersetzen, das zu tun, was alle Stipendiaten dem Brauch gemäß zu tun schuldig sind.

Findet sich unter den männlichen Nachkommen von Krippers fünf Geschwistern niemand, der für das Stipendium geeignet wäre, so sollen Glieder aus der ferneren Verwandtschaft stipendienberechtigt sein. Solche mögen dem Regens durch die Pröpste von Berchtesgaden und St. Zeno präsentiert werden. Sollte auch dort niemand gefunden werden, dann fällt das ‚ius eligendi et praesentandi Kripperium' auf den Suffragan und Offizial zu Passau. Bei strittiger Wahl solle man die Bischöfe von Passau entscheiden lassen. Einen familienfremden Stipendiaten stellt der Stifter unter völliger Gleichberechtigung neben den ‚Salisburgius'. Ein solcher habe sich nach Beendigung seines Studiums in das Passauer Bistum zu begeben, um dort in dem Flecken, wo sich in der betreffenden Zeit der größere Teil der Kripperschen Verwandtschaft aufhält, als Geistlicher zu wirken.

Die Stipendiendauer beträgt fünf Jahre, doch sollen einem aus der Kripper-Familie stammenden Theologiestudenten noch ‚etliche' Jahre Verlängerung gewährt werden können. Sollte es sich zutragen, daß ein Stipendiat durch irgendwelche Umstände in den Genuß eines Benefiziums käme, welches ihm mehr als 70 Gulden einbrächte, so soll er von seinem Stipendium zurücktreten, es sei denn, er bewohne eine eigene Wohnstatt und besuche weiterhin die öffentlichen theologischen Vorlesungen. Der Regens erhält Strafbefugnis, wenn das Zimmer der Stipendiaten nicht sauber gehalten wird; wenn sie faul sind; wenn sie sich in ‚böse gesellschafft' begeben. Hilft die verhängte Strafe nicht, so kann er die Stipendiaten ‚one alles mitl' heimschicken. Kripper bestimmt ferner, daß die beiden in der Stube gegenüber der Wohnung des Regens, zu deren Errichtung er an die 70 fl. aus eigenen Mitteln zur Verfügung gestellt habe, leben sollen. Kein Regens oder irgend jemand sonst darf ihnen gegen ihren Willen einen ‚Stubengsell' einquartieren. Mit ihrem Einverständnis darf ein frommer und fleißiger Theologiestudent dort Wohnung nehmen, doch hat er genügende ‚caution' zu leisten.

Nicht nur ein eigens für sie hergerichtetes Zimmer besorgt Kripper seinen Stipendiaten; auch seine sämtlichen Bücher (mit Ausnahme der Gesangbücher) vermacht er ihnen zum täglichen Gebrauch. Nach seinem Tod soll seine Bibliothek inventarisiert werden und in Zukunft von dem älteren der Stipendiaten in einem in die Stubenmauer eingelassenen Kasten verwahrt werden. ‚Bey der kirchen straff mit wasser und brott' darf keines der Bücher aus dem Zimmer verliehen, geschweige denn vertauscht, versetzt oder verkauft werden. Der Regens soll dem verantwortlichen Stipendiaten jährlich etliche Gulden vorenthalten, ‚so lanng, bis er personlich gesehen' hat, daß die Büchersammlung ungeschmälert vorhanden ist. Bei aufgetretenem Schaden soll der Stipendiat ‚durch arestation oder gefennckhnus' zur Rechenschaft und zur Erstattung gezwungen werden. Tritt durch die nachlässige Kontrolle eines Regens Schaden ein, so hat dieser Ersatz zu leisten. Über den Inhalt und den Umfang der Kripperschen Bibliothek können keine Angaben gemacht werden. Kripper überläßt seinen Stiftlingen darüber hinaus einige Einrichtungsgegenstände: zwei Unterbetten, zwei Oberbetten, zwei Kopfpolster, drei Kopfkissen, vier Paar ‚leylachen', eine hohe Bettstatt mit einem Bett darunter, sowie dazugehörige Strohsäcke. Für Schäden des natürlichen Verschleißes haben die Stipendiaten selbst aufzukommen. Nach des Stifters Tod sollen ihnen weitere Gegenstände seines Hausrates und seiner ‚farenden hab' übergeben werden.

Auch Kripper verleiht den Statuten der georgianischen Gründungsurkunde suplementäre Geltung für seine eigene Stiftung. Der Stifter behält sich vor, die ‚obermelte hauptsumma', falls er in Armut geraten solle, zu seinem eigenen Wohl zu verwenden, und überhaupt zu seinen Lebzeiten Änderungen der Stiftungsbedingungen vorzunehmen sowie die ersten Stipendiaten selbst zu ernennen.

Auch in der Kripperschen Urkunde äußert sich die Sorge um den Fortbestand der Hohen Schule: sollte es sich zutragen, daß die Universität Ingolstadt sich ‚in die schwebenden secten' einließe, oder das Georgianum aufgelöst bzw. ‚in ain andern brauch verwendet würd', dann haben die Elektoren und die Verwandtschaft des Stifters das Recht, das Stiftungskapital gütlich oder rechtlich einzuziehen und ‚wie in dem stifftbrief weitleuffiger vermelt wird' auszuteilen.

Mit Ausnahme des oben erwähnten ersten Stipendiaten ist aus der Geschichte der Kripper-Stiftung nichts bekannt, jedoch bestand sie bis zum 18. Jahrhundert[44].

Die Sterkel-Stiftung (1574)

Die Gewandtschneiderin Anna Sterkel, Witwe des Ingolstädter Bürgers Hans Sterkel, stiftete durch Testament vom 21. Januar 1574 zunächst einen Stipendienplatz in das Georgianum[45]. Das Stiftungskapital betrug 500 fl. Stipendienberechtigt sollen Familienangehörige sein. Die Sterkelsche Verwandtschaft hat auch das Präsentationsrecht inne. Der

---

[44] Schmid 46.
[45] Abschriftlich im schon oben erwähnten Kopialbuchfragment GA III 1 a, 160 - 172 und in HStA Staatsverwaltung 2936, 28 ff. Eine besondere Stiftungsurkunde ist wahrscheinlich nicht ausgestellt worden.

Kandidat, der ehelicher Geburt sein muß, soll innerhalb weniger Jahre Priester werden. Ist kein geeigneter Familienangehöriger aufzufinden, so ist ein ehelich geborener Ingolstädter Bürgerssohn zuzulassen. Die Stipendiaten sind verpflichtet, für das Seelenheil der Stifterin, ihres ‚hauswirths', aller verstorbenen Verwandten und Christgläubigen zu beten. Täglich ist der 50. Psalm ‚Miserere mei Deus' und der 128. ‚De profundis' zu sprechen.

Rektor, Kämmerer, Rat der Universität und Regens sollen darüber befinden, ob ein Präsentierter tauglich ist und ihm im zutreffenden Falle das Stipendium verleihen. Wird ein Kandidat wegen Untauglichkeit zurückgewiesen, so ist von der Sterkelschen Familie als dem Inhaber des ‚ius praesentandi' innerhalb zweier Monate ein neuer Vorschlag zu unterbreiten, andernfalls verliert sie ihr Präsentationsrecht an Rektor, Kämmerer und Universitätsrat. Vorzugsweise sollen Ingolstädter Bürgerssöhne in den Genuß des Stipendiums kommen. Die Stifterin vermacht den zukünftigen Stipendiaten auch ein ‚gerichtet beth und böttstatt mit aller notturfft'.

Im weiteren Verlauf des Testamentes bedenkt Anna Sterkel ihre beiden Söhne Jakob und Abraham mit Erbgütern und bestimmt, daß eventuelle Überschüsse gegen Verzinsung angelegt werden sollen. Die Zinsen sollen dabei so lange admassiert werden, bis daraus ein zweites Stipendium, dem ersten gleich, errichtet werden kann. Jedoch ist sein Inhaber nicht an ein Theologiestudium gebunden, sondern soll studieren, ‚in was facultet er lust hat'. — Sollte einer oder beide Söhne der Stifterin vor dieser ohne Erben sterben, so soll das ihnen zugedachte Erbe diesem zweiten Stipendium zukommen; doch stets so, daß erst nach dem Tode beider Söhne deren Erbteil auf das Studium fällt. Gerät einer oder beide in große Armut, so stehen ihnen die Zinsen des erstgenannten Stipendiums mit 500 fl. Hauptsumme bis zu ihrem Tode zu. Sollte der dritte Sohn, David mit Namen, der bereits Priester war, in Armut geraten, so sollte ihm nach dem Tode seiner beiden Brüder zu einer ‚zimlichen unnderhaltung' verholfen werden.

Die Stifterin bestimmte Rektor, Kämmerer und Rat der Universität zu ihren Testamentsvollstreckern. Je ein Mitglied einer jeden Fakultät sollte gemeinsam mit dem Regens die Ausführung der Stiftung unternehmen. Die Stifterin behielt sich vor, ihren letzten Willen teilweise oder gänzlich zu ändern. Zeugen des Testaments waren die Universitätsprofessoren Albrecht Hunger, Rudolf Klenk, Nikolaus Everhard und Georg Everhard sowie der Ingolstädter Bürgermeister Wolf Maimauer und zwei weitere Bürger. Sie alle bekräftigten das Testament mit Unterschrift und Siegel.

Das Testament Anna Sterkels räumte also ihren beiden Söhnen ein Vorzugsrecht ein, von dem denn auch einer von ihnen, Jakob Sterkel, seinen Beteuerungen zufolge ein ‚armer, krannckher und gantz muesäliger mann', zu Lasten der Stipendien ausgiebigen Gebrauch machte. Er hatte 1590, wie aus den Senatsprotokollen hervorgeht, bereits die Einkünfte des einen Stipendiums (50 Gulden) inne und begehrte nun von der Universität auch das zweite (zu 25 Gulden), weil ihm die 50 Gulden nicht zum Lebensunterhalt genügten. Nach Konsultation der Testamentsbestimmungen gab der Senat seinem Gesuch statt und befahl dem Regens, den derzeitigen Stipendiaten zu entlassen[46]. Zwei Jahre später, im Februar 1593, schloß Sterkel mit dem Magister Georg Schaller, Stadtschreiber zu Landshut, einen Vertrag, durch den er gegen Wohnrecht und Versorgung in Schallers Haus die Zinsen der mütterlichen Stiftung dem Sohn Schallers, Caspar, einräumte[47].

Wieder zwei Jahre später überwarfen sich aber die Vertragspartner und klagten gegeneinander vor der Universität, die im September 1595 den Vertrag kassierte, die beiden Stipendien dem Caspar Schaller absprach und Jakob Sterkel wieder in ihren Genuß setzte. Für erlittene Unkosten sollten jedoch Schaller zwei Jahre lang 25 Gulden aus der Sterkel-Stiftung gezahlt werden[48]. Dies unterblieb offenbar, denn 1597 beklagte sich Schaller beim Herzog und verlangte die Nachzahlung dieser Beträge[49].

Wann die Erträge der Sterkel-Stiftung durch den Tod Jakob Sterkels endlich für Stipendienzwecke freiwurden, läßt sich nicht feststellen.

Die Landau-Stiftung (1574)

Eine weitere nicht an die Statuten des Georgianums gebundene Stipendienstiftung wurde von einem der letzten Äbte des Benediktinerstiftes zu Hersfeld, Ludwig IV. von Landau (1571 - 1588), am 29. September 1574 errichtet[50]. Ein Studienaufenthalt Ludwig von Landaus in Ingolstadt ist nicht nachweisbar, überhaupt scheint der Stifter nie in irgendeiner direkten Beziehung zur Ingolstädter Hohen Schule gestanden zu haben; wohl aber Adam Landau (Professor der Medizin, 1561) und Friedrich Landau (humaniorum literarum professor, 1564). Sie müssen beide mit Ludwig Landau verwandt gewesen sein; der vom Stifter erstpräsentierte Stipen-

---

[46] UA D III 8, 270 f., 274, 23. 11. 1590 und 25. 1. 1591.
[47] Das geht hervor aus dem Schreiben Schallers an Herzog Maximilian, vgl. Anm. 49. Schallers Frau war eine Cousine Sterkels. Caspar Schaller ist am 5. 3. 1592 immatrikuliert.
[48] UA J III 54.
[49] Schreiben vom 18. 5. 1597, UA J III 54.
[50] UA J II 23. Die Reversurkunde der Universität vom 4. 10. 1574 in einer Abschrift des 17. Jahrhunderts in UA J III 30/1).

diat Laurentius von Landau, ein Sohn des ältesten Stifterbruders, wird in der Universitätsmatrikel als ‚cognatus duorum Landavium'[51] bezeichnet, womit die beiden oben genannten Professoren gemeint sein dürften.

Die Arenga der Urkunde nimmt Bezug auf die fördernde Tätigkeit der bayerischen Herzöge zum Wohle der Hohen Schule zu Ingolstadt. An ihrer ‚loblichenn und berumbtenn' Universität hätten sie nicht allein für sich selbst ‚furstliche collegia und darbey viell stipendia oder studentenn pfrunde' errichtet, sondern auch ‚beidt hohenn und nidernn stanndes' die Gründung eigener Stiftungen gestattet. So sei er, Landau, ‚aus schuldiger dannkbarkeitt..., auch aus sonnderlicher begirde, lust und liebe, so wir zu uhraltenn, catholischer religion, zu gutenn freyenn kunsten und tugentenn von jugennt auf und noch getragenn', veranlaßt und bewegt worden, ‚unnserm liebenn vatterlanndt, auch gannzem geschlecht und freundtschaft zu guetem und wolfarth' ein Stipendium zu errichten.

Ohne das Georgianum oder eines der anderen Ingolstädter Kollegien zu nennen, verordnet Landau, daß sein Stipendiat ‚alle freyhait, exemption, niessung und ordnung' haben soll, wie ‚anndere daselbst gestiffte stipendia und derselbigenn inhabern bißannhero gebraucht und herpracht habenn'. Offenbar dachte Landau weniger an die Rechte und Gewohnheiten der Stipendiaten des Georgianischen Kollegs als an jene der im Albertinum wohnenden Studenten; denn im weiteren Verlauf der Urkunde bestimmt er, der Stipendiat habe in dem genannten Kolleg oder aber ‚bey gelerntenn, erbarn auffrichtigenn leuthen' Wohnung zu nehmen. Der akademische Senat möge darüber entscheiden.

Das Stiftungskapital gibt Landau mit 1 200 Gulden an; diese Summe sei dem Universitätskämmerer übergeben worden. Auf diesen fällt die Aufgabe, das Stiftungsvermögen anzulegen und die jährlichen Zinsen von 60 Gulden einzufordern. In vierteljährlichen Raten ist dieser Betrag dem Stipendiaten ‚zu seiner leiblichenn unnderhaltung, wonung, kleydung, bucher und annderer notturft' auszuzahlen. An die Herren der Universität ergeht die Bitte, den Stipendiaten ‚vleissig auff(zu)sehen', damit die Stipendiengelder nicht durch ‚bose, verfuhrische gesellschafft verlaytet' werde. Sollte sich nach der zur Zeit herrschenden ‚lanngwirigen theurung ... durch wunderliche gottesschickung und almacht' eine allgemeine Geldaufwertung einstellen, so daß aus den jährlichen Erträgnissen *zwei* Stipendiaturen, eventuell durch einen ‚geringenn zuschub' der Eltern des Stipendiaten aufgebessert, eingerichtet werden könnten, so mag das unter Zustimmung von Rektor, Kämmerer und Senat geschehen.

Für die Zeit seines Lebens behält sich der Stifter das Ernennungsrecht vor. Das Präsentationsrecht geht nach dem Tode Ludwig von Landaus

---

[51] Pölnitz I/1 995; Mederer II 100, 105, 112 und Prantl I 321.

III. Zeitraum 1562 - 78

auf die beiden Senioren des Landauschen Geschlechtes über. Hat ein Glied des Landauschen Geschlechtes den Magister- oder Doktorgrad, so obliegt einem solchem ‚literato' gemeinsam mit dem Senior der Familie die Auswahl. Entsteht Uneinigkeit bei der Ernennung, so entscheidet ‚des gelertens sinn und meynung'; wenn kein Gelehrter in der Familie vorhanden ist, so ist aus Gründen der Billigkeit die Stimme des älteren der beiden Senioren anzuhören. Sollte es sich zutragen, daß die ‚paterna agnatio' ausstürbe, dann soll das ‚ius praesentandi' auf die beiden Senioren der ‚materna cognatio' mit Namen Laun übergehen. Ist auch die Linie der Laun ausgestorben, dann erhalten Dekan und Kapitel des Hünfelder Kollegiatstifts das Ernennungsrecht[52]. Diese sollen nach Möglichkeit jemanden aus den beiden Linien der mütterlichen Verwandtschaft erwählen, doch kann auch ein Knabe, der ‚in patria et communi nostrae gentis Landavicae civitate Heunfeldt geborrn und erzeuget' ist, zugelassen werden. Doch ist das Stipendium zunächst und vor allem für Familienmitglieder bestimmt. Neben der Familienzugehörigkeit ist eheliche Geburt und Tauglichkeit zum Studium Voraussetzung zur Präsentation; ferner soll der Stipendiat eine katholische Erziehung aufweisen und die ‚fundamenta humaniorum literarum' beherrschen. Ein aus der Familie des Stifters stammender, der ‚annders als catholisch' ist, kann in den Genuß des Stipendiums gelangen, doch soll ein solcher während des ersten Vierteljahres seiner Stipendienzeit ‚uff catholisch weiß' unterrichtet werden[53]. Mit Stipendienentzug muß ferner jeder rechnen, der sich in Zweijahresfrist ‚wegen seiner grobenn memory' als untüchtig erwiesen hat. Nicht nur mangelnde Begabung, sondern auch Übertretungen der Gehorsamspflicht gegenüber dem Rektor und anderen Universitätsangehörigen sollen mit Absetzung vom Stipendium geahndet werden; ist ein Stipendiat ein ‚bolderer, schwermer, weinsauffer, huerer und unnutzer verzehrer und verschwennder' von Zeit und Geld, so muß er, wenn nach erfolgter Mahnung keine Besserung eintritt, mit einem Verweis rechnen. Die Elektoren sind vor einem bevorstehenden Verweis zu verständigen; ihre Zustimmung ist notwendig; denn nur durch sie kann eine Neubesetzung erfolgen. Die Dauer des Stipendium legt Landau auf fünf Jahre fest. Auf Senatsbeschluß kann ‚pro ratione temporis, aetatis, ingenii, valetudinis' eine Verlängerung von ein bis zwei Jahren gewährt werden.

Der Stifter räumt dem Stipendiaten die freie Wahl ein, geistlich zu werden oder weltlich zu bleiben; er empfiehlt ihm jedoch, den Rat der Präzeptoren oder anderer verständiger Leute einzuholen.

Sollten entgegen dem Willen des Stifters die Erträge des Stiftungskapitals nicht zweckentsprechend verwendet werden, so haben die Kolla-

---

[52] Vgl. E. Keyser (Hrsg.), Hessisches Städtebuch, 1957, 162 ff.
[53] Vgl. die Benz- und Eisengrein-Stiftung.

toren nach Absprache mit dem Hünfelder Stiftungskapitel das Recht, die vermachte Hauptsumme gütlich oder rechtlich einschließlich der entstandenen Unkosten zurückzufordern. Dem Hünfelder Kapitel obliegt in einem solchen Fall die Neuanlage des Vermögens. Die Erträgnisse sollen dann ‚ann anndernn catholischenn schulen zu erhaltung und aufferziehung unnser freundtschafft' Verwendung finden. Doch auch für den Fall, daß die Ingolstädter Universität aufgelöst oder in Häresie fallen würde — ‚welches der almechtig ewig Gott verhuetenn und abwennden woldt' —, behält sich Landau die Rückerstattung des Stiftungskapitals an die Familie vor, sofern diese wenigstens in einer Linie noch vorhanden ist; sonst fällt das Stiftungsvermögen an Abt und Kapitel des Hersfelder Stiftes. Sollte nun auch das Hersfelder Stifft zugrunde gehen — ‚denn die weldthenndell (sind) itziger zeitt fast geschwindt und geverlich' —, so fällt die Hälfte des Geldes, also 600 fl., an die Ingolstädter Pfarrkirche Zu Unserer Lieben Frau; sollte auch dieses Gotteshaus ‚erlöscht' sein, so möge man die Zinsen der genannten Summe den Hausarmen und anderen notleidenden Leuten zukommen lassen. Die andere Hälfte des Stiftungsvermögens soll der Heimatstadt des Stifters, Hünfeld, zugute kommen und dort ‚zu trost und heill unnser seelen' den Armen gereicht werden.

Aus diesen für Eventualfälle vorgesehenen Vorkehrungen mag man Abt Ludwigs Sorge um die Zukunft der katholischen Religion ersehen. Wie wir schon zeigen konnten, steht er mit dieser Befürchtung keineswegs allein in der Reihe der Ingolstädter Stipendienstifter, so daß von einer für jene Zeit symptomatischen Angst um den Fortbestand der katholischen Religion und Schulen gesprochen werden kann. — Sollte sich in den erlassenen Stiftungsbestimmungen über kurz oder lang ein Mangel oder ein Irrtum herausstellen, so möge man jenen Verfügungen, wie sie in ‚den furstlichenn bayrischen und dergleichen fundationen' erlassen sind, nachgehen und auch sonst ohne ‚argelist und geverde' entscheiden. All jenen, welche die unternommene Stiftung bei Kräften halten, sei reichlicher Gotteslohn gewiß. An Herzog Albrecht, den ‚besonndernn liebenn herrnn und freundt', ergeht die Bitte um Konfirmation der Stiftung; ob eine solche je ausgestellt wurde, kann nicht gesagt werden.

Abt Ludwig hatte als ersten Stipendiaten Lorenz, den Sohn des im Vorjahr verstorbenen Medizinprofessors Adam Landau, präsentiert, der mit dem artistischen Studium begann, sich aber dann auf den Spuren seines Vaters der Medizin zuwandte und 1586 sogar eine medizinische Professur erlangte[54]. Der Erinnerung an ihn und seinen Vater ist es wohl zuzuschreiben, daß das Landau- ebenso wie das Grill-Stipendium, mit

---

[54] Immatrikuliert am 7. 5. 1574. Vgl. Prantl I 320 f., Mederer II 100 und 112. Er starb schon 1588.

dem es zusammen auf der Universitätskammer lag, am Ende des Jahrhunderts als Stipendium für Medizinstudenten galt[55].

Die Eck-Stiftung (1575)

Simon Thaddäus Eck, Doktor der Rechte, herzoglicher Rat und Hofkanzler sowie Pfleger in Memmingen, hatte sich am 22. April 1525 in die Ingolstädter Universitätsmatrikel eintragen lassen; als ‚frater doctoris Johannis Eckii' erlegte er keine Gebühr, obwohl er nur der Halbbruder des berühmten Kontroverstheologen gewesen ist. Von Johannes Eck nach Ingolstadt gerufen, wurde er 1530 zum Magister promoviert und erwarb im Jahre 1536 die Würde eines Dr. iur. utr. 1542 verehelichte er sich mit Maria Hereszeller aus Schrobenhausen; diese Ehe blieb kinderlos. Eck starb am 1. Februar 1574 in München, nachdem er 1546 nach Burghausen und 1559 nach München zum Kanzler berufen worden war. ‚Geschickt, unbeugsam, nicht so geschmeidig wie Leonhard von Eck, wurde er (in seiner Stellung als herzoglicher Kanzler) zum einflußreichen Gegner der Protestanten[56].

Exekutoren der Eckschen Stiftung waren die beiden fürstlichen Räte Hanns Neuchinger, oberster bayerischer Zeugmeister, und Hieronymus Nadler, Doktor beider Rechte. Martin Eisengrein, Vizekanzler der Universität Ingolstadt, wurde von Eck als ‚zuegeordnter direktor und beystanndt' der zu errichtenden Stiftung ernannt[57]. Die Urkunde ist am 27. November 1579[58] ausgestellt. In ihr führen die genannten drei prominenten Exekutoren aus, Simon Thaddäus Eck sei zu seinen Lebzeiten ‚genutzlich bedacht und aigentlich entschlossen gewest, zu befürdrung der ehrn Gottes desz almechtigen, auch aufnemmen und erpawung gueter khünst, sitten und tugennden, zway stipendia in das New Theologisch Collegium zu Ingolstadt für zween studiosen aus sein herrn canzlers und seiner lieben hausfrawen Maria Hereszellerin seeligen freundschafften geborn, zustifften und aufzurichten'. Eck habe, falls er durch seinen Tod gehindert würde, das geplante Stipendium zu errichten, den Wunsch geäußert, seine Exekutoren mögen das an seiner Stelle unter Martin Eisengreins Beistand tun; Eck sei nun tot, und ‚sovil imer müglich und an unns gelegen', wolle man dem Willen des Stifters nachkommen.

Ecks Stiftung ist eine Familienstiftung, bestimmt für solche, die aus seiner und seiner Frau Verwandtschaft ‚zum studiern qualificiert und tauglich' sind. Die ‚negsgesibten' des Stifters seien zur Zeit die beiden

---
[55] Herzoglicher Rezess vom 6. 11. 1598 (UA B IV 1): das Grill- und das Landau-Stipendium sollen stiftungsgemäß nur an Studenten der medizinischen Fakultät vergeben werden.
[56] Vgl. L. Lenk in NDB IV 275.
[57] Vgl. über ihn unten S. 101 f.
[58] GA I 47; HStA Staatsverwaltung 2943, 206 ff.

Schwestern Ecks, Anna und Maria, welche in Egg an der Günz mit den Gebrüdern Georg und Paul Wangner verheiratet seien. Das Recht der Nomination steht den beiden ältesten Mitgliedern der beiden stipendienberechtigten Familien zu. Entstehen Meinungsverschiedenheiten bei der Präsentation, weil mehrere Bewerber zur Hand sind und man sich nicht auf den geeignetsten einigen kann, so soll man den Vizekanzler sowie den Regens zur Schlichtung anrufen. Die Stipendiendauer ist auf fünf Jahre begrenzt. Der erwählte Stipendiat soll dem Vizekanzler und Regens ‚nammhafft gemacht und zuegeschickht' werden, welche ihn einer Prüfung unterwerfen, um festzustellen, ob er zum Studieren ‚qualificiert und tauglich sey'. Wie erinnerlich, hatte der Kripper-Stipendiat einigermaßen korrektes Latein sprechen und schreiben können müssen. Von den Eck-Stipendiaten wird gefordert, sie haben ‚aufs wenigist' die ‚praecepta grammatices' zu beherrschen, um angenommen zu werden; das sei die Voraussetzung der ‚humaniora studia'. Innerhalb der fünfjährigen Stipendiendauer besteht strenge Pflicht, ‚allein liberales artes und philosophiam und sonnsten kain anndere facultet zu studieren'. Bakkalaureat und Magisterium sind nach Möglichkeit zu erwerben; doch sind die Stipendiaten zur Erwerbung dieser Grade nicht gezwungen, wenn dies bedenklich scheint. Die Eckschen bzw. Hereszellerschen Nominatoren können eine Verlängerung, die ‚nit zulanng' sein soll, bewilligen, ‚damit er (= der Stipendiat) noch verner, es sey in was facultet er welle, studiern könnde'. Auch wenn es jemandem gelingen sollte, vor Ablauf der fünfjährigen Stipendienfrist Magister zu werden, so solle man ihn nicht daran hindern; der Stipendiengenuß steht ihm auch dann für die volle Dauer zu. Eine Studienrichtung wird für diesen Fall nicht vorgeschrieben. Findet sich in beiden genannten Familien keiner, der geeignet wäre, das Stipendium zu übernehmen, so mag man jemanden aus der weiteren Verwandtschaft ‚oder gar frembden' zulassen. Jedoch ist ein Familienfremder immer nur provisorischer Inhaber des Stipendiums, denn er ist verpflichtet, seinen Platz sofort beim Auftreten eines Familienangehörigen zu räumen.

Den ‚statutis, legibus, reformationibus' des Kollegs haben die Stipendiaten Folge zu leisten; sie sind dem Regens gegenüber zu Gehorsam verpflichtet und gehalten, täglich im Gebet des Seelenheiles des Stifters, seiner Frau, beider Eltern und der ganzen Familie zu gedenken. Die Eckschen Ausschlußbestimmungen ähneln jenen der Harrer-Eck-Stiftung: ist jemand nicht ehrenhaft, fromm und fleißig; erweist er sich als ungehorsam dem Regens oder anderen Universitätslehrern gegenüber, und macht er sich schuldig ‚mit unzimblichen und überflüssigem auslauffen, weinsauffen, spilen, verschwendung der seligen zeit und desz gellts, auch anderer unordnung und ungebür', so ist es, wenn nach erfolgter Bestrafung sich keine Besserung einstellt, die Pflicht des Regens, davon den zuständigen Elektoren Mitteilung zu machen. Diese, und nicht die Universität, haben dann das Recht, den betreffenden Stipendiaten zu entlassen. Bei mangelnder Begabung des Stiftlings, d. h., wenn er wegen seiner ‚schwachen und groben memorii und ingenii ... nit kündt, wollt oder möchte studirn‘, dann sollen Regens und Vizekanzler diesem nahelegen, ‚sich umb ein anndere hanndtierung und gelegenhait ... zu bewerben, ... darbey er sich die zeit seines lebens zuernören und hinzubringen getrösste‘. Eine unmittelbare Neubesetzung des vakant gewordenen Platzes ist geboten[59].

Die Exekutoren geben an, daß das Stiftungskapital von 2 000 fl. ‚mit genedigen vorwissen, guethaissen und bewilligen‘ des Landesherrn beim Osterhofener Prämonstratenserstift (bei Vilshofen, Niederbayern) mit einer jährlichen Rendite von 100 fl. angelegt worden sei. Der Fälligkeitstag ist St. Michaelis. Der Betrag, der vom Regens einzunehmen ist, soll zu gleichen Teilen ausgegeben werden. Würde im Falle einer zeitweilig eintretenden Vakanz ein überschüssiger Betrag anfallen, so ist dieser für Schlafgewänder, Kleider und Bücher aufzuwenden. Einmal im Jahr hat der Regens im Beisein beider Stipendiaten eine Abrechnung vorzunehmen. Den beiden ersten Inhabern der Stipendien soll man 8 - 10 fl. ihres Einkommens vorenthalten, um damit für jeden ‚ein zimblich pöthgewandt mit aller notdurfft‘, welche Dinge für immer bei den Stipendien gelassen werden sollen, anzuschaffen. Bei Ablösung des Stiftungskapitals ist gesicherte Neuanlage geboten. Sollte es geschehen, daß die Ingolstädter Hochschule sich einer sektiererischen Lehre anschließt oder daß durch Kriegseinfluß das Kolleg aufgehoben würde, dann sind die beiden Stipendien nach München bzw. an ‚anndere catholisch orth im landt zu Bayrn‘, wo sich eine Universität oder eine ‚guette particular schule‘ befände, zu transferieren. Doch die fürstlichen Exekutoren gehen in ihren Befürchtungen noch weiter: wenn sich im gesamten bayerischen Herzogtum keine katholische Universität oder Schule mehr befände — ‚darvor Gott ewigclich sein welle‘ —, so sind die Stipendien an einen katholischen Ort in ‚Welschlanndt oder anndere dergleichen nationes‘ zu übertragen; alles was ‚mentschlich müglich‘ ist, soll zu Erhaltung der Eck-Stipendien unternommen werden. Im Falle der völligen Unmöglichkeit eines Weiterbestehens der Stipendien endlich, wird ein sogenannter ‚frommer‘ Zweck der Gelder vorgesehen: 50 fl. gehen an das Ingolstädter Spital, die anderen 50 fl. an das Münchner Spital.

In aufkommenden Zweifelsfällen ist nach dem im georgianischen Stiftungsbrief erlassenen Bestimmungen zu entscheiden; die Reform von 1563 findet hier keine Erwähnung. — Nicht uninteressant ist der Hinweis auf die Tatsache der erstmaligen Bezeichnung des fürstlichen Kollegs als

---

[59] Vgl. die Harrer-Eck-Urkunde.

‚Georgianum'. Dieser heute noch gebräuchliche Name des Kollegs dürfte schon vor Errichtung der Eckschen Stiftung im Jahre 1575 verwendet worden sein, doch in der urkundlichen Überlieferung begegnet er hier zum ersten Mal.

Einem Studenten, dessen Name unbekannt ist, wurden um das Jahr 1586 ‚uff widerruff' ein Teil der Erträgnisse eines der beiden von Simon Eck gestifteten Stipendien in Höhe von 20 fl. zuteil, während die größere Hälfte der Gefälle einem gewissen Johann Christoff Omissel (Ornissel?) zugefallen waren. In einem Brief vom 29. Januar 1586[60] nämlich wurde dem Vater des namentlich nicht bekannten Studenten mitgeteilt, sein Sohn habe jetzt gänzlich von dem Eck-Stipendium abzustehen. Vom Sonntag Invocavit an soll das gesamte Stipendium dem Omissel gehören. Höchstwahrscheinlich war er durch verwandtschaftliche Bande zur Stifterfamilie im Vorteil, während der Ungenannte möglicherweise nur angenommen worden war, weil entweder zum Zeitpunkt der Vakanz von den zuständigen Präsentatoren kein geeigneter Kandidat präsentiert werden konnte oder aber Omissel wegen seiner derzeitigen Jugend noch nicht voll auf die Stipendiatur gesetzt wurde.

Aus der Zeit um 1586 ist uns der Name eines weiteren Eck-Stipendiaten bekannt: Johannes Wagner Eckius. Er wird als der derzeitige ‚senior collegii' bezeichnet, welcher schon sechs Jahre im Besitz des Stipendiums sei[61].

Die Klenk-Stiftung (1578)

Der fünfzigjährige Rudolf Klenk stand knapp zwei Monate vor seinem Tode, als er am 19. Juni 1578 auf dem Schloß Kalenberg, der Residenz des Braunschweigischen Herzogs, in Form eines an die Universität gerichteten Briefes[62] eine Stiftung zweier Stipendienplätze an der Ingolstädter Hochschule verfügte.

Luzian Pfleger hat Klenks wahrlich reich erfülltes und abenteuerliches Leben nachgezeichnet[63], Andreas Schmidt hat Klenk ganz zu Recht als den im wahrsten Sinne des Wortes ‚merkwürdigten' unter den Regenten des herzoglichen Kollegs bezeichnet[64]. Als Sohn einer angesehenen protestantischen Patrizierfamilie wurde er 1528 in der Hansestadt Bremen geboren. Die Stationen seines Scholarenlebens führten ihn zunächst nach Wittenberg und von dort nach Königsberg. Darauf wandte sich der Reise-

---

[60] UA J III 10.
[61] StA Obb GL 1477/3, 109.
[62] StA Ingolstadt A V 9; Abschriften ebd. B 116, OA Eichstätt z 2 und HStA Staatsverwaltung 2936, 36 ff.
[63] Vgl. auch Mederer II 45 - 50.
[64] Schmid 95.

lustige, dem die Erlernung fremder Sprachen ungewöhnlich leicht fiel, nach Krakau. Dort verkehrte er viel in katholischen Kreisen, vermutlich entschloß er sich dort zur Konversion. Als Reisebegleiter eines polnischen Edlen lernte er Polen, Litauen, die baltischen Provinzen und Rußland kennen (1551). Die Rückkehr nach Deutschland führte ihn über Livland, Schweden und Dänemark. Am 3. Juni ließ er sich an der Rostocker Universität immatrikulieren und wurde noch im gleichen Jahre am 20. September zum Magister promoviert. Als Reisebegleiter des jungen Grafen Gebhard Truchseß von Waldburg gelangte Klenk nach Paris und Toul, wo er sich über den Studienbetrieb der dortigen Universitäten unterrichtete. Diese Reise führte ihn bis in den Süden Europas, nach Siena, Bologna und Rom. Doch des ständigen Wanderns müde ließ sich Klenk schließlich am 3. September 1557 an der Universität Ingolstadt immatrikulieren. Der einstige Protestant trug sich als Student der Theologie ein. Er war Stipendiat Herzog Albrechts V.; auf des Herzogs Kosten setzte Klenk sein Studium in Löwen fort, wo er den Titel eines Lizentiaten beider Rechte erwarb. Im Sommer 1559 ist er wieder in Ingolstadt anzutreffen. Es war der Wunsch des Herzogs, Klenk theologische Vorlesungen zu gestatten. Die Universität stimmte zu. Am 4. Juni 1562 wurde er zum Bakkalar der Theologie befördert, am 14. November des folgenden Jahres gegen den Willen der Jesuiten zum Dr. theol. promoviert. Im Jahre 1564 erbat ihn Bischof Martin von Eichstätt von Herzog Albrecht V. für die Leitung seines Willibaldinums. Sechs Jahre leitete Klenk das Eichstätter Seminar, wurde dann vom Herzog nach Ingolstadt zurückberufen, um an der dortigen Hochschule als Ordinarius der Theologie zu wirken und gleichzeitig die Leitung des Georgianums zu übernehmen. Im folgenden Jahre finden wir ihn als Vizekanzler und 1572 als Rektor der Universität. Fast hätte eine neue Reise den nie seßhaft gewordenen Klenk ins russische Reich geführt. Der auf dem Regensburger Reichstag weilende päpstliche Legat Morone forderte ihn auf, im Auftrag des Papstes wichtiger Geschäfte halber an den Hof Iwans des Schrecklichen zu gehen. Der Kardinal hegte die Hoffnung, durch Klenks Redegewandtheit Iwan zum römischen Glauben zu bringen. Doch zerschlug sich die geplante Reise durch eine Intervention Kaiser Maximilians. Eine andere Möglichkeit bot sich dem Zeit seines Lebens unruhigen Geist. Herzog Erich II. von Braunschweig suchte zur Bekehrung seines Landes tatkräftige Theologen und wandte sich deshalb an den Bayernherzog. Klenks Mission war jedoch von vornherein großen Schwierigkeiten ausgesetzt und blieb letztlich ohne Erfolg. Klenk starb bald am 6. August 1578 auf dem herzoglichen Schloß Kalenberg. Seine letzte Ruhe fand er im nahegelegenen Nonnenkloster Eldagessen.

Obwohl Klenk nicht die längste Zeit seines Lebens in Ingolstadt verbrachte, war ihm doch die dortige Universität ans Herz gewachsen.

Herzog Albrechts großmütige Förderung mag nicht zuletzt dazu beigetragen haben, daß er sich Ingolstadt und seiner Hohen Schule in besonderem Maße zu Dank verpflichtet fühlte. Er, der Norddeutsche, ist der einzige unter allen Stipendienstiftern des 16. Jahrhunderts, welcher ausdrücklich auf seine in Ingolstadt verbrachten Jahre in der Stiftungsurkunde voll Dank zurückblickt. ‚Dieweil ich dann zu Ingolstatt vil jar gewesen, mir daselbst liebs und guets widerfaren', wolle er vorzugsweise Ingolstädter Bürgerkinder auf den beiden von ihm geschaffenen Stipendienplätzen wissen.

Einen zweiten, nicht minder hoch zu bewertenden Beweis seiner Zuneigung zur Ingolstädter Hohen Schule lieferte Klenk durch die Überlassung seiner gesamten Bibliothek an die Universität; Klenk selbst schätzte ihren Wert auf 5000 Gulden[65]. Bartholomäus Fischer, der Nachfolger Klenks in der Stelle des Kollegregens, und der Notar Johannes Kager fertigten noch im Todesjahr Klenks einen Katalog der Schenkung an. Kanonistische, zivilistische, patristische Werke, zahlreiche Bibeltexte und Kommentare in verschiedenen Sprachen, Werke der Klassiker und mittelalterlicher Theologen, Chroniken, Reisebeschreibungen, polemische Schriften, Wörterbücher usw. sind darin aufzufinden. Von Zeitgenossen wurde die Klenksche Büchersammlung als eine der reichhaltigsten in ganz Deutschland betrachtet[66].

Der Konvertit Klenk versteht seine Stiftung ganz bewußt zum Zwecke der ‚pflanntzung, merung, unnderhaltung' der ‚hergebrachten apostolischen, catholischen, romischen religion'. Damit dieselbe ‚von handt zu handt' überliefert werde, wie es auch von den Vorfahren praktiziert worden sei, müßten junge Menschen auf den Hohen Schulen in katholischer Weise aufgezogen werden. Deshalb habe er zum Lobe Gottes, der Gottesmutter, aller Engel und Heiligen, und zum Nutzen der Kirche, auch zum Heile der eigenen Seele, ‚zwey geystlich stipendia, lehen, pfrüennden oder gottes gaben, wie man es nenn will' mit 2000 fl. ‚hauptguett' gestiftet. Die jährlichen Gefälle von 100 fl. sind für die beiden Stipendiaten zu gleichen Teilen gedacht. Diese sind den Statuten des Kollegs unterworfen und verpflichtet, bis zum Ende ihres Studiums dort zu wohnen. Nach erworbenem Magisterium steht es ihnen frei, den Doktor- oder Lizentiatengrad der Rechte zu erwerben; allerdings müssen sie in einem solchen Falle, wenn sie nicht geistlich (wenigstens Subdiakon) werden, genügende Bürgschaft leisten, ‚daß sie wöllen erstatten, was sie von den stipendiis genossen'. Denn, so führt der Stifter aus, ‚ich bin nit bedacht,

---

[65] Pfleger, Clenck 93.
[66] Durch Klenks Schenkung wurde die Universitätsbibliothek so groß, daß sie nach Rotmars Worten mit jeder anderen, auch fürstlichen Bibliothek in Deutschland wetteifern konnte, ausgenommen nur Herzog Albrechts Münchener Hofbibliothek (Rotmar, Annales 128').

dise stipendia zu stifften auf annndere, als die da geistlich zu werden guetten lust haben, zu merhung, bösserung und underhaltung der alten apostolischen und catholischen religion und glauben'. Mit der theologischen Fakultät habe er eine Regelung getroffen, nach der seine Stipendiaten, ‚wann sy düchtig sein mügen', gratis zu promovieren sind; doch die Notar- und Pedellgebühren hätten sie selbst zu tragen, ebenfalls was ‚die malzeit belanngt'.

Klenk gestattet seinen Stipendiaten auch außerhalb der theologischen Fakultät zu hören, wenn sie nur fleißig der Theologie nachgehen, den Präzeptoren Gehorsam erweisen, im Kolleg wohnen und die theologischen Grade nacheinander erwerben. Sollten sie zu einer Pfründe oder sonst einem Einkommen gelangen, so ist ihnen bis zur Erlangung von Lizenz oder Doktorat der Stipendiengenuß gesichert. ‚Religiosi' sind stipendienfähig. Ein bereits in der Theologie graduierter Stipendiat, der in dieser Fakultät einen höheren Grad zu erreichen gedächte, ist nicht an die Wohnpflicht im Georgianum gebunden. Die Präsentation soll abwechselnd durch den Ingolstädter Rat und Oberrichter und durch den Eichstätter Bischof geschehen. Die Kandidaten sind in Gegenwart der versammelten theologischen Fakultät sowie der Dekane der drei anderen Fakultäten zu präsentieren und von den Anwesenden zu prüfen und gegebenenfalls zum Stipendium zuzulassen. Wenn jemand aus dem Klenkschen Geschlecht den Eichstätter Bischof bzw. den Ingolstädter Rat mit der Bitte um Präsentation angehe, so solle man ihn bevorzugt behandeln; einem ‚Klenk', der redlich beweisen könnte, daß er ein Verwandter des Stifters sei, wird die Wahl der einzuschlagenden Fakultät freigestellt, doch untersteht auch er den Kollegstatuten. So lange er lebt, möchte der Stifter über die Präsentationsvorschläge der Ingolstädter und des Eichstätter Bischofs unterrichtet werden.

Den ersten Stipendiaten ernannte der Stifter selbst: Johann Dietmeier, einen Mönch und Magister aus dem Kloster Fürstenfeld[67]. Johann Dietmeier war bei Stipendienantritt bereits im priesterlichen Stande. Klenk bittet den Ingolstädter Rat, ihm den anderen Stipendiaten bald namhaft zu machen. Nach Klenks Tod soll die Präsentation der Stipendiaten wie folgt vorgenommen werden: jeder Präsentierte hat sich nach der Annahme durch die vier Dekane, den Regens und die theologische Fakultät sofort einschreiben zu lassen. Sollte eines der Stipendien frei werden, durch freiwillige Resignation, Weggang oder anderswie, so ist der Regens verpflichtet, 14 Tage nach eingetretener Vakanz den zuständigen Präsentatoren, also dem Ingolstädter Rat oder dem Eichstätter Bischof, darüber Mitteilung zu machen. Wird nun während der folgenden drei Monate keine Neubesetzung in die Wege geleitet, so geht das ‚ius praesentandi'

---

[67] Immatrikuliert am 13. 5. 1574; vgl. unten S. 96.

auf den anderen Präsentator über, also von Eichstätt nach Ingolstadt und umgekehrt. Wird auch von dort innerhalb weiterer drei Monate keine Neubesetzung vorgenommen, so erhält die theologische Fakultät für dieses Mal das Ernennungsrecht. Allen Kandidaten sollen vor ihrer Examinierung die Klenkschen Stiftungsbestimmungen verlesen werden. Bei auftretenden Streitfällen sollte die Universität so entscheiden, daß die ‚stipendia in guetem wesen erhalten werden'. Klenk ging also von der starren Formel der bisherigen Stiftungsbriefe ab, in denen ausnahmslos die Zurhandnahme des georgianischen Stiftungsbriefes gefordert wurde, und ersetzt sie durch eine bei weitem elastischere Ermessensvorschrift.

Sollten es die Zeitumstände mit sich bringen, daß das Georgianum nicht mehr in seinem gegenwärtigen Zustand verbleiben kann und daß seine Einkünfte anderen Zwecken zugewendet würden, dann sollen die Präsentatoren die Befugnis haben, im jeweiligen Heiliggeist-Spital zu Ingolstadt bzw. Eichstätt eine ewige Pfründe mit 50 fl. Einkommen zu errichten. Die beiden Pfründen sollen nach dem Namen ihres Stifters benannt werden. Trüge es sich ferner zu, daß Eichstätt oder Ingolstadt einer ‚verdampten secten wurde anhanngen und von dem gehorsam des stuels zu Rhom abfallen', so soll das ‚ius praesentandi' dem catholisch gebliebenen Teil gehören. Für den Fall, daß Ingolstadt *und* Eichstätt sich vom katholischen Glauben abwendeten, sieht der Stifter keine Maßnahmen vor. — Klenk schließt mit der Bitte, man möge ihm nützliche Änderungsvorschläge mitteilen; er sei bereit, auf solche einzugehen. ‚Sonst bin ich bedacht, uf disen weg ... das werk zuerichten[68].'

Die erfreulicherweise relativ umfangreich erhaltenen Akten gestatten einen zuverlässigen Blick in die Praxis der Stipendienverleihung. Trat eine Stipendienvakanz ein, so verständigte der Kollegregens ‚von ambts wegen' schriftlich die zuständigen Präsentatoren und forderte diese auf, einen geeigneten Inhaber zu präsentieren. Diese hatten dann die Aufgabe, einen Nachfolger zu benennen, wobei es ihnen selbstverständlich freistand, inzwischen eingegangene Empfehlungsschreiben zu berücksichtigen oder auch nicht.

Johann Dietmeier aus dem Kloster Fürstenfeld, der vom Stifter selbst als erster Inhaber präsentierte Student, hat offenbar wenig Wert auf den ihm zugesprochenen Stipendienplatz gelegt, denn eines Tages reiste er ‚von hinnen', ohne je wiederzukehren[69]. Für das zweite Stipendium, das zu dieser Zeit (1581) noch unbesetzt war, empfahlen herzogliche Räte dem Ingolstädter Rat einen Kandidaten. Der Bürgermeister Heinrich Langenmantel setzte davon am 25. September 1581 Bischof Martin von Eichstätt

---
[68] Vielleicht hatte Klenk die Absicht, noch eine Stiftungsurkunde zu errichten, wurde aber durch seinen plötzlichen Tod an der Ausführung gehindert.
[69] StA Ingolstadt A VI 7, Brief des Bürgermeisters Heinrich Langenmantel an Bischof Martin vom 25. 9. 1581. Vgl. auch das folgende nach dieser Quelle.

in Kenntnis, mit dem Anerbieten, eine von ihm aus erfolgende Präsentation zu unterstützen. Da es den Anschein habe, als gedenke man die Stipendien über die Köpfe der Präsentatoren zu vergeben, sollten diese sich gegenseitig die Hand reichen.

Hiermit bricht dieser Vorgang ab. Im Sommer 1583 teilten die Ingolstädter dem Bischof die Resignation des Religiosen Magister Caspar Strauss aus Scheyern[70] mit. Eichstätt präsentierte darauf den Magister Albert Muscal[71]. Zugleich hatten die Ingolstädter vorgeschlagen, die von Klenk erlassenen Stiftungsbestimmungen in einem Punkt zu ändern. Bisher hatten der Bischof und die Stadt für je ein Stipendium die Präsentation ausgeübt; stattdessen sollte nun das Besetzungsrecht für beide Stipendien jeweils zwischen Eichstätt und Ingolstadt wechseln. Bischof Martin sagte zu, diesen Vorschlag zu prüfen. Erst am 13. Juni 1584 erklärt er sich dann in einem Schreiben an die Universität[72] mit der Neuregelung einverstanden, da man so ‚khunfftiger zeyt allerley irrung und mißverstandt' bei der Besetzung der Stipendien vermeiden könne. Der Klenkschen ‚disposition' würde ‚nichts benomen', vielmehr sei eine solche Neuregelung ‚am rathsamsten'. Außerdem habe er in Erfahrung gebracht, daß eines der beiden Stipendien nur 40 statt der von Klenk gestifteten 50 Gulden einbrächte. Ingolstädter Abgesandte seien an ihn herangetreten, um diesem Mißstand Abhilfe zu verschaffen.

Gänzlich unverständlich ist nun ein Brief des Bischofs vom 24. September 1584 an den Ingolstädter Rat, in welchem er entschieden gegen die geplante neue Präsentationsregelung auftritt[73]. Es scheine ihm ‚gantz bedencklich', entgegen den ausdrücklichen Dispositionen des seligen Doktor Klenk etwas zu bewilligen. Zudem glaube er, daß ‚solches mit der zeyt nur zu mehrer unrichtigkhyet ursach geben möcht'. Deshalb wolle er des Doktor Klenk ‚letste und vernunftige disposition' bei Kräften und Würden erhalten. Und damit auch alles in altgewohnter Ordnung seinen Weg nehme, habe er auch nichts dagegen, daß nach dem Abgang des Magisters Brand — dieser war augenscheinlich ein vom Bischof präsentierter Stipendiat — Bürgermeister und Rat von Ingolstadt einen neuen Stipendiaten präsentierten.

Eine Erklärung für diese Meinungsänderung des Eichstätter Bischofs kann nicht gegeben werden. Immerhin scheint die vom Ingolstädter Rat vorgeschlagene Änderung nichtsdestoweniger praktiziert worden zu sein[74]. Regens Veit Michael (1595 - 1598) teilte jedenfalls am 16. Juni 1596

---

[70] Immatrikuliert am 12. 12. 1579; vgl. auch Mederer II 53.
[71] StA Ingolstadt A VI 7, Schreiben Bischof Martins an die Ingolstädter vom 29. 6. 1583. Muscal ist in der Matrikel nicht nachweisbar.
[72] StA Ingolstadt A VI 7.
[73] StA Ing. A VI 7.
[74] Bis etwa 1585 hatte ein Klenk-Stipendium Varimund Faber inne (i. 22. 4. 1572 als Sohn des Schaffners des Georgianums); 1586 war dieses Stipendium vakant (StA Obb GL 1477/3, 105).

in einem Brief an den Bürgermeister und Rat zu Ingolstadt mit, keines der Klenkschen Stipendien vaziere zur Zeit, da *beide* durch den Eichstätter Bischof besetzt worden seien. Da nach des Stifters Willen die Stipendiaten ihre Plätze so lange innehaben könnten, ‚biß sie gradum doctoratus oder licentiae ahnemen‘, könne er zur Stunde von Bürgermeister und Rat keine Präsentation annehmen[75]. Im März 1599 wurde durch den Eichstätter Bischof ein Georg Reel präsentiert[76], der, wie der Regens Johannes Deschler in einem Rückschreiben[77] bemängelte, nur das artistische Bakkalariat, nicht das Magisterium besaß. Da er jedoch sonst tüchtig war und nebenbei schon eine theologische Vorlesung hörte, wurde er angenommen. Er hatte das Stipendium, wie seine Verzichtserklärung von 1605 zeigt[78], sechs Jahre lang inne.

IV. Das Abklingen der Stiftungsfreudigkeit bis zum Ausgang des Jahrhunderts

Die Benz-Stiftung (1579)

Über die Person des Michael Benz ist nur sehr wenig bekannt. In der Universitätsmatrikel findet sich unter dem 14. November 1516 ein ‚Michael Penntz de Weiler‘. Die große zeitliche Diskrepanz zwischen Immatrikulationsdatum und Todestag (17. Mai 1578) könnte Zweifel an der Identität aufkommen lassen, zumal Benz erst im Jahre 1565 zum Doktor der Theologie promoviert wurde. Dennoch ist es wegen der Seltenheit dieses Namens möglich, daß es sich um den hier zu behandelnden Stipendienstifter handelt. Benz stammte aus ‚Prüssal‘ (= Bruchsal). Im Stiftungsbrief heißt es, daß dort das ‚vatterlanndt‘ der Benz sei; ‚freundt und schwager‘ des Stifters seien dort ansässig. Benz, der Propst in Vilshofen war, hat, so Rotmar, ein ‚egregium opus‘ gegen Schmidel[1] geschrieben. Seine Testamentare, der Passauer Domherr Johann Lättenbeck und der Vilshofener Chorherr Stephan Kistler, bezeichnen ihn als Passauer Domkapitular.

Die beiden Testamentare berufen sich zu Beginn des am 16. Juni 1579 ausgestellten Stiftungsbriefes[2] auf ein hinterlassenes Testament des Stifters. Der Arengentext verrät in seinem Wortlaut eine starke Abhängigkeit vom Text der Eckschen Urkunde, doch kann an der Eigenständigkeit und Individualität der Benz-Stiftung kein Zweifel sein. Sie sieht die Er-

---

[75] StA Ing. A VI 7.
[76] StA Ing. A VI 7, bischöfliches Schreiben an die theologische Fakultät vom 28. 3. 1599. Reel ist immatrikuliert am 9. 11. 1596.
[77] StA Ing. A VI 7, 17. 4. 1599.
[78] OA Eichstätt z 2.
[1] Mederer II 45.
[2] GA I 50 und HStA Staatsverwaltung 2929, 98 ff. Die herzogliche Konfirmationsurkunde vom 15. 6. 1575 in GA III 1 a, 215' ff.

richtung eines Stipendienplatzes für Bewerber aus des Doktor Benz ‚geschlecht und freündschafft' vor. Von ihnen wird gefordert, daß sie ‚geschickht und taugenlich' sind. Die Nominierung des Stipendiaten hat durch die beiden Senioren der Benzschen Familie zu geschehen. Findet sich innerhalb der Verwandtschaft kein zum Stipendium Geeigneter, so sollen nach des Stifters Willen seine ‚freündt und schwager' jemanden aus der Heimat des Stifters, Bruchsal im Speyerer Bistum, oder aber von irgendwo anders her erwählen. Sollten sich zwei, drei oder mehr im gleichen Grade verwandte und im gleichen Maße taugliche Bewerber finden und Streitigkeiten unter den Nominatoren verursachen, so liegt die Schlichtungs- bzw. Entscheidungsgewalt beim Bruchsaler Domprediger, Pfarrer und Stadtschreiber. Bei Freiwerden des Stipendienplatzes hat der Regens des Georgianums die Nominatoren zu verständigen. Innerhalb einer dreimonatigen Frist haben diese einen ‚ad studia tauglichen' Nachfolger namhaft zu machen. Der Nominierte wird von Rektor, Kämmerer und Rat der Universität einer Prüfung unterzogen. Vorbedingung ist, daß er ‚aufs wenigste' die ‚praecepta grammatices' beherrscht, so daß er ‚ad humaniora studia möge ... gezogen werden'; eine Forderung, die uns sinngemäß in der Kripper-Stiftung zum ersten Mal begegnete, deren Formulierung aber aus der Eckschen Stiftungsurkunde entnommen zu sein scheint.

Während des auf fünf Jahre begrenzten Stipendiengenusses hat der Inhaber — auch das ist wiederum eine getreue Übereinstimmung mit der Eckschen Formulierung — einzig und allein ‚liberales artes und philosophiam und sonnsten khain anndere facultet' zu studieren und in dieser Fakultät das Baccalaureat und das Magisterium zu erwerben, wenn die Erlangung dieser Grade unbedenklich erscheint. Den Nominatoren wird vom Stifter das Recht eingeräumt, eine Verlängerung des Stipendiums um ‚ettliche jar' für den Fall zu gewähren, wenn die ‚herren der universitet' den Stipendiaten ‚ad ulteriora studia' fähig halten und des Glaubens sind, daß bei ihm Zeit und Geld gut angelegt seien. Während der Verlängerungszeit, die ‚nit zu lang gewilliget' sein soll, steht dem Stipendieninhaber die Wahl der Fakultät frei — eine weitere Parallele zur Eck-Stiftung. Die Benzschen Testamentsvollstrecker begründen die Ablehnung einer übermäßigen Verlängerung mit dem durchaus einleuchtenden und dem Charakter einer *Familien*stiftung gerechtwerdenden Gesichtspunkt, durch zu lange Inanspruchnahme des Stipendienplatzes würde dieser für andere Mitglieder der Benzschen Familie blockiert. Einem Stipendiaten bleibt es unbenommen, *vor* Ablauf der fünfjährigen Normaldauer das Magisterium zu erwerben. Die fünf Jahre während Zahlung der Stipendiengefälle wird ihm in jedem Falle garantiert.

Bei Nichtvorhandensein eines geeigneten Familienmitgliedes ist ein ehelich geborener Bruchsaler Bürgersohn stipendienfähig, doch hat ein solcher das Stipendium in dem Augenblick wieder zu verlassen, wo ein ‚qualificierter knab' aus der Verwandtschaft einen Anspruch erhebt. Eine völlig neuartige, höchst interessante Anordnung in der Stipendiengeschichte des herzoglichen Kollegs begegnet uns in der für möglich erklärten, ja sogar eigens gewünschten Besetzung des Stipendiums durch einen Nicht-Katholiken zum Zwecke der Konversion zum Katholizismus. Bereits im Jahre 1574 hatte der Hersfelder Abt Ludwig von Landau in der von ihm errichteten Stipendienstiftung eine ähnliche Verfügung erlassen, doch scheinen irgendwelche Abhängigkeiten zwischen diesem nicht an das Georgianum gebundenem und dem Benz-Stipendium wenig wahrscheinlich[3]. Die Testamentarier führen aus: ‚Neben andern beweglichen ursachen' habe Benz seiner Verwandtschaft das Nominationsrecht verliehen, um eine Möglichkeit zu schaffen, Familienangehörige, die ‚in haeresi' gefallen sind, ‚ad gremium matris ecclesiae' zu führen. Die Präsentatoren sollen ‚sine discrimine und underschaidt der religion' die Nomination vornehmen; allein maßgebend sei, ob jemand, wie oben ausgeführt, qualifiziert sei. Während des ersten Jahres solle man einen Nicht-Katholiken behandeln, als ob er ‚schon catholisch were'. Doch sollen während dieses Jahres die Theologen oder wer sonst immer dazu berufen wäre sich bemühen, den Stipendiaten ‚ad catholicam religionem' zu bekehren. Eine solche Bekehrung sei der ‚gesuechte finis' der Präsentation eines in Häresie Gefallenen. Um diesen Zweck auch zu erreichen, mögen die ‚herren theologi ... guete beschaidenhait' gebrauchen, ‚ne initio statim rigore quis offendatur et absterreatur, qui humanitate et lento processu forte icclesiae lucri fiere posset'. Sollte trotz angewandtem ‚vleisz, müeh und arbait' der Präsentierte während des ersten Stipendienjahres nicht zur Bekehrung zum Katholizismus zu bewegen sein, so hat der Regens ihn ‚mit radt eines vicecanntzlers und der theologischen facultet' vom Stipendium zu verweisen. Sollte der Fall eintreten, daß ein Katholik und einer der ‚sectisch' ist, bei der Präsentation zur Wahl stehen, so gebührt dem katholischen Bewerber der Vorrang.

Die einzige das Studienziel betreffende Bedingung besteht in der Pflicht, das Magisterium zu erwerben; denn ein Benz-Stipendiat soll ‚zu einer gewisen facultet oder zum gaistlichen stand durchaus nit verbunden noch gedrungen' sein. ‚Bey tag und nacht' hat er sein Verhalten nach den Ordnungen des Kollegs zu richten, dem Regens hat er Gehorsam zu erweisen. Für den Stifter, dessen Eltern und Verwandte möge der Stipendiat bei Gott Fürbitte einlegen.

Absetzung vom Stipendium droht dem Benz-Stipendiaten bei den gleichen Vergehen wie den Harrer-Eckschen und den Eckschen Stiftlingen: ‚erbar, eingezogen, fromb' hat ein Stipendiat zu sein; darüber hinaus

---

[3] Vgl. ebenso dann die Eisengrein-Stiftung.

gehören Fleiß und Gehorsam gegenüber dem Regens zur strengen Pflicht. Dagegen werden ‚auszlauffen, schlemmen, weinsauffen, spilen, verschwendung der seeligen zeit und des gellts' vom Regens geahndet und in hartnäckigen Fällen von Regens und Vizerektor mit Ausschluß vom Stipendium bestraft. Allerdings darf eine solche Absetzung nur ‚mit vorwissen und bewilligung' der Nominatoren geschehen. Bei mangelnder Begabung — auch eine Verfügung dieser Art ist aus den Eckschen Stiftungsbestimmungen schon bekannt — mögen Vizekanzler und Regens dem Stipendiaten raten, sich nach ‚einer annderen handtierung und gelegenhait, darbey er sich die zeit seines lebens zuzubringen getröste' umzuschauen.

Dem Stipendium ist ein Jahreszins von 50 fl. zugedacht, die zugehörigen 1 000 fl. seien beim Ingolstädter Kastenamt hinterlegt, von wo der Regens die Gefälle einfordern soll. Zum Zwecke der Instandhaltung des Bettgewandes, der Kleider und auch zum Ankauf von Büchern sowie zur Abhaltung eines Jahrtages ist von den 50 fl. ein Betrag, dessen Höhe ungenannt ist, abzuziehen. Von der ersten Stipendienrate sind acht bis neun Gulden zum Zwecke der Anschaffung eines Bettes nebst Zubehör einzubehalten, das künftig bei der Kollegiatur verbleiben soll. Im Beisein des Stipendiaten hat der Regens über die jährlichen Ausgaben für den Stipendiaten Rechenschaft abzulegen. Auch soll er den Benz-Stipendiaten in allem den anderen Stipendiaten gleichberechtigt behandeln. Bei Ablösung des Stiftungskapitals ist mit ‚rath, vorwissen und guethaissen' des Rektors, Kämmerers und Rates der Universität Neuanlage geboten, ‚damit solche stifftung ewigclich vor mangl und abgang verhüet werden möge'. Bei Abwendung der Universität vom katholischen Glauben oder bei Zerstörung des Kollegs durch Kriegseinflüsse soll das Stiftungskapital an andere katholische Orte Bayerns, in denen sich eine Hohe Schule oder eine gute Partikularschule befindet, transferiert werden. Wenn dies nicht möglich ist, ist an eine Verwendung des Geldes für einen ‚frommen' Zweck gedacht: die Erträgnisse fließen dann in das Ingolstädter Spital. Die Armen und Gebrechlichen mögen ihre Dankbarkeit in Gebeten für das Seelenheil des Stifters ausdrücken. Für auftretende Unklarheiten ist auf die Verfügungen der georgianischen Gründungsurkunde verwiesen.

Benz-Stipendiat war 1586 seit zwei Jahren der spätere juristische Ordinarius Joachim Dennich[4]; weitere Nachrichten fehlen.

Die Eisengrein-Stiftung (1580)

Martin Eisengrein[5] wurde am 28. Dezember des Jahres 1535 als erster Sohn des derzeitigen Stuttgarter Bürgermeisters geboren. Von Haus aus

---

[4] StA Obb GL 1477/3, 105 ff.; vgl. Prantl I 418 f.

gehörte er der lutherischen Religion an. Im Jahre 1553 immatrikulierte er sich an der Universität Wien und wurde im gleichen Jahre zum Magister promoviert. Im Jahre 1555 wurde er Professor der Beredsamkeit und 1557 Professor der Naturphilosophie. Unter dem Einfluß des kaiserlichen Vizekanzlers und Hebraisten Jakobus Jonas, seines Onkels, und der Wiener Jesuiten konvertierte er in den Jahren 1558/59 zum katholischen Glauben. ‚Aus dem ehemaligen Lutheraner wurde ein heftiger Gegner des Protestantismus, dessen Befehdung von nun an das Lebensprogramm des jungen Professors wurde[6].' Etwa zwei Jahre nach seiner Konversion wurde er zum Priester geweiht und zum Domprediger bei St. Stephan bestellt, blieb aber nicht lange, denn im Jahre 1562 wurde er von Herzog Albrecht V. nach Ingolstadt gerufen, um dort eine theologische Professur und die Pfarrstelle von St. Moritz zu übernehmen. Im folgenden Jahre erwarb er sich den Titel eines Lizentiaten der Theologie, 1563 und 1564 bekleidete er das Rektorat. Nachdem er wiederum eine Zeitlang sich in Wien aufgehalten hatte, diesmal als kaiserlicher Hofprediger (1568/69), ging er 1570 zurück nach Ingolstadt und wurde Superintendant der Universität. Im Juli des Jahres 1571 promovierte er zum Doktor der Theologie. Im folgenden Jahre resignierte er die Pfarrstelle von St. Moritz, die er nun 10 Jahre lang innegehabt hatte, um sich seinen literarischen Arbeiten widmen zu können.

Große Verdienste um die Ingolstädter Hochschule erwarb sich Eisengrein nicht nur durch die Errichtung zweier wohl dotierter Stipendien, sondern mehr noch durch sein tatkräftiges Bemühen um die Universitätsbibliothek. Seiner Vermittlung ist es zu verdanken, daß die umfangreichen Bibliotheken des Augsburger Bischofs Johann Egolf von Knöringen (1573)[7], des Simon Thaddäus Eck (nach 1574) und des Rudolf Klenk (1577) der Universitätsbibliothek einverleibt wurden, und schließlich gab er selbst seine eigene Büchersammlung hinzu, so daß Valentin Rotmar ihn mit Recht als den eigentlichen Begründer der Universitätsbibliothek bezeichnen kann[8]. Eisengreins hauptsächliches Streben galt nicht akademischem Ruhm, sondern — wie ein Blick in seine Werke beweist — pastoralen Zielen. Den größten Teil seiner literarischen Hinterlassenschaften bilden seine Predigten. Er war apostolischer Protonator, Passauer Dompropst, Vizekanzler der Universität und herzoglicher Rat und starb im Alter von 42 Jahren am 3. Mai 1578 in Ingolstadt.

Martin Eisengreins Stipendienstiftung, welche Abhängigkeiten von der Benz-Stiftung aufweist, wurde in des Stifters Auftrag von seinem Bruder

---

[5] NDB IV 412 f.; LThK III ²1959, 777; Dictionnaire d'Histoire et de Géographie ecclésiastique 84 (o. J.) 102 - 105 mit Literaturangaben; Pfleger, Eisengrein.
[6] Pfleger, Der Begründer der Münchener Universitätsbibliothek 180.
[7] Vgl. Bucher in HJb 74 (1954).
[8] Rotmar, Annalen 127'.

IV. Zeitraum 1579 - 85

Johann Eisengrein, Doktor der Rechte und Passauer Domherr, am 11. August 1580 errichtet[9]. Johann Eisengrein bekennt sich als seines Bruders ‚instituierter und eingesetzter universalerbe' und gibt an, Martin Eisengrein habe in seinem Testament unter anderem befohlen, nach seinem Tod ‚umb befürderung willen der ehr Gottes des allmechtigen und der hayligen catholisch religion, auch zu auffnemmen und erpawung guetter khünst, sitten und tugendten' zwei Stipendien in das Ingolstädter Neue Kolleg ‚Georgianum genannt', vorzugsweise für Angehörige der Familie Eisengrein zu errichten. Dabei haben die nächstverwandten Glieder der Eisengrein-Familie den Vorrang vor den verschwägerten, welche aus Württemberg, Österreich und ‚von anndern ortten' stammen. Die Forderung nach der Familienangehörigkeit eines Stipendiaten tritt für den Fall außer Kraft, daß kein geeigneter Scholar aus der Verwandtschaft vorhanden ist. Das ‚ius praesentandi' habe der Verstorbene ihm, Johann Eisengrein, eingeräumt; nach seinem Tod seien seine Brüder und Vettern präsentationsberechtigt. Sollte aus irgendwelchen Gründen eine Präsentation unmöglich sein, so soll das Stiftkapitel St. Philipp und Jakob zu Altötting, dessen Probst Eisengrein war, die Nominierung übernehmen. Ist auch hier kein geeigneter Kandidat aufzufinden, so ist die theologische Fakultät der Ingolstädter Universität berechtigt, die Präsentation zu übernehmen. Stehen zwei oder mehr Bewerber, die in gleichem Grade mit der Stifterfamilie verwandt sind, zur Wahl, so soll stets der älteste und tauglichste angenommen und der nicht akzeptierte bei der nächsten Stipendienbesetzung bevorzugt werden. Bei eintretender Vakanz haben die Präsentatoren innerhalb der (relativ langen) Frist eines halben Jahres einen ‚ad studia' tauglichen Nachfolger zu benennen.

Wie Michael Benz' war es auch Eisengreins Absicht, durch Errichtung einer Stipendienstiftung ein Familienmitglied, das in ‚sectischen ortten' geboren oder ‚sonnst in haeresi' sei, ‚ad gremium matris ecclesiae' zurückzuführen. So geht die Bitte an die Theologen der Ingolstädter Universität, ‚in sonnderheit aber (an) die Patres Societatis Jesu', man möge ‚allen müglichen vleiz fürwenden und gebrauchen', um einen sektischen Scholaren ‚ad catholicam religionem' zu bringen; dabei solle man ‚guete beschaidenheit und leise mittel' anwenden[10]. Sollte sich trotz aller angewandten Mühe innerhalb eines halben Jahres keine Bekehrung des Stipendiaten einstellen, und wenn darüber hinaus keine Hoffnung bestünde, daß dies in einem weiteren Vierteljahr geschähe, so mögen Regens und Artistenfakultät einen solchen ‚deploratus' des Stipendiums entheben und ihn fortschicken; das Stipendium sei in einem solchen Fall entweder

---

[9] GA I 52 und HStA Staatsverwaltung 2929, 108 ff. und 2943, 212 ff. Die herzogliche Konfirmationsurkunde vom 10. 8. 1579 in GA III 1 a, 229' ff.
[10] Es folgt eine wörtlich der Benz-Stiftung entliehene Formulierung, vgl. das Zitat oben S. 100.

mit einem Katholiken oder mit einem Studenten, bei dem eine Bekehrung zu erwarten sei, neu zu besetzen. ‚Dann dise stifftung und stipendia (sind) dahin nit gemaint, das serpentes in sinum darbey alirt und erhallten sollten werden.'

Auch Eisengrein gewährt seinen Stipendiaten die freie Wahl der Fakultät: die Präsentierten sollen ‚zum gaistlichen stanndt durchaus nit gedrungen, sonnder in studiis liberalium artium et philosophiae so lannge bey solchen stipendiis unangeruerth ainiger facultet gelassen und erhallten (werden), bisz sye gradum magisterii zuerlanngen geschickht und taugennlich werden, darzue einem yeden fünff jar zuegelassen sein sollen'. Familienfremde Stipendieninhaber müssen jedoch, wenn sie nach Erwerbung des Magistergrades weiterhin bis zum Ablauf der fünfjährigen Stipendienfrist im Stipendiengenuß verbleiben wollen, Theologie studieren und die priesterlichen Weihen annehmen; dazu haben sie sich ‚scripto et juramento' zu verpflichten. Familienangehörige werden bevorzugt. Eine dreijährige Verlängerung wird ihnen ohne besondere Auflagen in Aussicht gestellt. Die Wahl der Fakultät steht ihnen völlig frei, denn sie sollen ihr Studium ohne ‚zumuettung des gaistlichen stanndts' fortführen und lediglich den Statuten des Kollegs unterworfen bleiben. Sie sind auch ‚niemandts zudienen kains wegs verbunden'.

Der Stifter empfiehlt seinen Stipendiaten, sich nach Ablauf ihres Studiums in den Dienst der katholischen Kirche oder des bayerischen Herzoghauses zu begeben bzw. ‚aufs wenigste' ihre Dienste anzubieten. Auch die Bestimmungen bezüglich der Entlassung der Stipendiaten wegen ungebührlichem Benehmen bzw. mangelnder Begabung decken sich wortwörtlich mit den Benzschen Verfügungen.

Das Stiftungskapital ist bei der herzoglichen Hofkammer angelegt und wirft jährlich 90 Gulden ab. Jedem Stipendiaten stehen 40 Gulden zu, die restlichen zehn sind vom Regens für Bettzeug zu verwenden. Der Regens wird verpflichtet, in Gegenwart beider Stipendiaten abzurechnen. Ein Minimum von Einrichtungsgegenständen wird den Kollegiaten mitgegeben: ein Bett, eine Bettstatt, vier Paar starke Bettlaken, ein Polster und zwei Kissen. Alljährlich sollen diese Dinge aufgebessert werden. Bei Ablösung des Stiftungskapitals ist Neuanlage geboten, und zwar unter Zustimmung von Rektor, Kämmerer und Rat der Universität. Sollte die Universität in Glaubensabfall geraten oder das Kolleg aufgehoben werden, so sollen die beiden Stipendien wie bei der Benz-Stiftung an einen anderen katholischen Ort in Bayern, wo sich eine Universität oder eine Partikularschule befindet, transferiert werden; ist weder eine katholische Universität noch Schule vorhanden, so stehen die Einkünfte zu gleichen Teilen dem Ingolstädter Spital und Blatternhaus zu. Die Almosenempfänger mögen durch ihre Gebete dem Stifter danken.

Die Bestimmungen des georgianischen Stiftungsbriefes werden auch in der Eisengrein-Stiftung als maßgebend bei auftretenden Streitigkeiten anerkannt.

Herzog Albrecht hatte Eisengreins Ingolstädter Haus von den Erben für 1 970 Gulden gekauft; nur der über das Stiftungskapital (1 800 fl.) hinausgehende Betrag war ausbezahlt worden, infolgedessen gingen die Stipendien, wie schon Johann Eisengreins Urkunde voraussetzt, von der Hofkammer[11].

Der erste Stipendiat war Caspar Elsner, im Oktober 1579 als Famulus Johann Eisengreins immatrikuliert und 1586 noch im Besitz des Stipendiums erwähnt[12]. Bis zum gleichen Jahr wurde der Universitätsbuchdrucker David Sartorius mit dem zweiten Stipendium unterstützt[13]. 1586 kam auch, wie ein Mahnschreiben des Vizeregenten Sixtus Pacher an Herzog Wilhelm zeigt, die Stipendienzahlung von der Hofkammer zum erstenmal ins Stocken[14]. Auch im Jahre 1599 blieb die Hofkammer wieder mit der Zinszahlung in Rückstand. Der Regens Johann Deschler bat Herzog Maximilian inständig um Abhilfe, man brauche das Geld dringend, weil das Kolleg mit Schulden beladen sei[15].

Die Fator-Stiftung (1585)

Johannes Fator aus dem Dorfe Ortissei im Bistum Trient war Verwalter des fürstlichen Ballhauses zu München. Die Frage, ob er in irgendeiner Weise in Beziehung zur Universität Ingolstadt gestanden hat, kann nicht beantwortet werden. In der Universitätsmatrikel taucht Fator jedenfalls nicht auf.

Fator, der die Errichtung seiner Stiftung selbst vornahm, beruft sich eingangs der Stiftungsurkunde, welche das Datum des 7. November 1585 trägt[16], auf die herzogliche Erlaubnis, Stipendienstiftungen im Georgianum zu errichten und führt anschließend aus: ‚So hab ich demnach in dem namen des allmechtigen Gottes, meinen freundten und gesibten zu wolfart und guetem, auch damit sy desto mer ursach und naigung zu erlernung solcher obgeschribner khunst und tugenden, und die unnder-

---

[11] Dies geht aus einem Bericht des Geistlichen Rats an den Herzog vom 9. 12. 1586 hervor: HStA Staatsverwaltung 3026, 260.
[12] StA Obb GL 1477/3, 105 ff.: „Sagt sey ein Eysengreinischer stipendiat, sey 6 jar darbey." — Immatrikuliert am 18. 10. 1579, unter dem Rektorat Johann Eisengreins als „famulus rectoris".
[13] StA Obb GL 1477/3, 105 ff.
[14] GA II 59 1 und UA Sen. 81, Schreiben Pachers vom 11. 12. 1586. Bis jetzt seien regelmäßig jedes Jahr 90 1/2 fl. gezahlt worden.
[15] StA Obb GL 1494/11.
[16] GA I 54, HStA Staatsverwaltung 2933, 86 ff. und Staatsverwaltung 2929, 207 ff. Die herzogliche Konfirmationsurkunde vom 7. 11. 1585 in GA I 55.

halltung darzue gehaben, auch mein ewigclich in gueten treuen dankhbarlichen darbei gedenkhen mogen, meinem vatterlandt zu guetem, einen ewigen collegiaten ... gestifft, verordnet und gesetzt.' Der Stipendiat, der ehelich geboren und nicht ‚unnder zwelff oder vierzehen jarn' sein soll, hat zunächst in München die Schule der Jesuiten ‚mit allem embsigen vleis' zu besuchen. Er soll bei frommen und ehrlichen Leuten, an welche die jährliche Stipendienrate von 50 fl. durch den herzoglichen Großzöllner und den Gegenschreiber auszuzahlen ist, Wohnung zu nehmen und an der erwähnten Schule soweit vorbereitet werden, daß er in Ingolstadt seine ‚lectiones cum utilitate und nuzbarheit horen khan'. Den Besuch einer Ingolstädter Schule lehnt Fator ab, da man in München ‚mit geringeren uncossten' eine solche besuchen könne. Großzöllner und Gegenschreiber haben als eingesetzte Curatores die Pflicht, auf die getreue Einhaltung des Stifterwillens acht zu haben. Fator beauftragt sie ferner, überschüssiges Geld zu sparen, um somit einen Fonds einzurichten, der besonders die Finanzierung der akademischen Grade seines Stipendiaten sichern und auch sonst zum allgemeinen Zwecke des Ingolstädter Studienaufenthaltes bestimmt ist. Die Kuratoren sollen den universitätsreifen Stipendiaten dem Regens des Kollegs präsentieren, von dem er in der gleichen Weise, wie im fürstlichen Gründungsbrief verordnet sei, angenommen werden soll. Die Erwerbung des Magisteriums wird dem Stipendiaten zur Pflicht zu gemacht. Für die Dauer von zwei bis drei Jahren soll er im Anschluß daran seine Studien in der theologischen Fakultät fortführen. Die Ergreifung des geistlichen Standes ist Pflicht; doch gilt letztere Bestimmung nicht für Stipendiaten, die aus der Familie des Stifters stammen.

Fator führt aus, wie er zu solcher Bestimmung gelangt sei: seine Verwandten hätten ihn gebeten, nicht so streng zu sein. Außerdem sähe er ein, daß es ‚noch anndere guete tugenten und khunsten' gäbe, mit denen man ‚Gott dem allmechtigen gefallen und dem negsten hilflich sein khan'; deshalb erlaube er einem jeden aus seiner Familie stammendem Stipendiaten, nach Erlangung des Magisteriums ‚auch anndere facultates, das ist iuris prudentiam vel mediciniam zu studirn', besonders wenn jemand ‚ad theologiam wenig lust oder naigung' verspüre; denn dann käme nur ‚eror und unfleisz' heraus. Vorzugsweise ist das Stipendium mit Familienangehörigen zu besetzen, sonst möge man jemand anders aus Ortissei erwählen. Findet sich dort niemand, so ist ein geeigneter Knabe aus der Pfarrei Ossana (Bistum Trient) stipendienberechtigt, vorausgesetzt er ist fähig, in Kürze den ‚cursum philosophicum oder auf das wenigist dialecticam et rhetoricam' zu hören, d. h. ein solcher braucht nicht die Münchner Jesuitenschule zu besuchen, sondern beginnt seine Studien sofort in Ingolstadt. Sollte sich niemand in den genannten Orten finden, so fällt das Recht der Präsentation auf die bayerischen Herzöge. Die Präsentierten sind unter Schwur verpflichtet, den priesterlichen Stand anzunehmen, in den erwähnten Orten ihr priesterliches Amt auszuüben bzw. bereit zu sein, eine vom bayerischen Herzog bestimmte ‚disposition' zu ergreifen. Vom Herzog ernannte Stipendiaten sollen für die Dauer von fünf Jahren im Kolleg Wohnung nehmen; wenn sie vor Ablauf dieser Frist den Magistergrad erwerben, ist der Rest der gewährten Frist dem Studium der Theologie zu widmen. Bei Befürwortung durch den Regens kann einem solchen Stipendiaten eine einjährige Verlängerung der Stipendiendauer gewährt werden. Derjenige familienangehörige Stipendiat, dessen Tauglichkeit am ehesten festgestellt wird, hat das primäre Anrecht auf einen vakant werdenden Stipendienplatz.

Während der einjährigen Vorausbildungszeit an der Münchner Jesuitenschule hat der Regens des Georgianums von den anfallenden 50 Gulden nur so viel an den Großzöllner und den Gegenschreiber zu schicken, wie diese benötigen; der Rest ist für die spätere Studienzeit des Stiftlings zurückzulegen.

Es ist der Wille des Stifters, daß familienfremde Stipendiaten, die es im Verlauf ihres späteren Lebens zu Vermögen gebracht haben, sich um in Not und Armut geratene Glieder der Fatorschen Familien kümmern sollen; das seien sie aus Dankbarkeit schuldig. Mitgliedern der Familie des Stifters, die in den Genuß des Stipendiums gekommen sind, sollen ihre Dankbarkeit dem Stifter gegenüber ausdrücken, indem sie einen Geldbetrag in der Höhe, wie ihnen Gott und ihr Gewissen auftragen, zur Aufbesserung des Stipendiums hinzufügen.

Fator gibt seinen Stiftlingen auch religiöse Verpflichtungen auf. Täglich sollen sie im ‚habitus clericalis' die sieben Bußpsalmen und die Allerheiligenlitanei oder ein ‚officium Beatae Mariae Virginis' für den Stifter als ‚maecenaten', für dessen Frau und Familie zu beten schuldig sein. Dem Regens obliegt die Pflicht, ungehorsames bzw. ungebührliches Benehmen den Elektoren schriftlich anzuzeigen; diese haben dann das Recht, Neubesetzungen vorzunehmen.

Zu Elektoren bestellt Fator die nächsten und ältesten Familienmitglieder. Nähere Angaben über den geforderten Grad der Verwandtschaft sind nicht gemacht. Sollte die Verwandtschaft des Stifters sich nicht auf einen Stipendieninhaber einigen können, so sollen Pfarrer, Richter und Kirchenpropst von Ossana die Präsentation übernehmen. Auf sie fällt auch im Falle des Aussterbens der Fatorschen Familie das Ernennungsrecht. Das Stiftungskapital in Höhe von 1 000 fl. ist beim herzoglichen Kastenamt verbrieft. Sollte Herzog Wilhelm bzw. seine Nachfolger eine Ablösung vornehmen, so ist unter Gutheißen von Rektor, Kämmerer und Rat der Universität eine gesicherte Neuanlage geboten. Bei auftretendem Mangel bezüglich der Stiftungsbedingungen ist der georgianische Gründungsbrief maßgebend.

Die Stiftungsurkunde sowie Konfirmation und Schuldverschreibung übersandten die Stiftererben an die Universität mit der Bitte um einen Reversbrief. Solche Reverse sind sonst nicht überliefert, für die Fator-Stiftung liegt aber ein vom 16. März 1586 datierter, von Regens und Artistenfakultät ausgehender Entwurf vor[17]. Er rekapituliert Zweck und Bedingungen der Stiftung und sieht die noch fehlende Insertion der Stiftungs- und der beiden herzoglichen Urkunden vor. Die Ausfertigung dieses Reverses ist den Stiftererben schon im April 1586 zugegangen.

Der erste Fator-Stipendiat, Jakob Fator[18], ein Neffe des Stifters, wurde noch zu dessen Lebzeiten präsentiert; er ging tatsächlich in München bei den Jesuiten zur Schule, wo er den Vätern einige Schwierigkeiten machte, und wechselte dann um 1596 nach Ingolstadt ins Georgianum über[19].

---

[17] UA J III 50. Vgl. dazu oben die M. Wolf- und die Kripper-Stiftung.
[18] Immatrikuliert am 6. 5. 1594.
[19] UA J III 50.

Zweiter Teil

Vergleichende Gesamtbetrachtung

I. Der Stifterwille

1. Die Zulassungsbedingungen

Es kann kein für das gesamte Ingolstädter Stipendienwesen des 16. Jahrhunderts geltender Katalog jener Voraussetzungen aufgestellt werden, die jeder Stipendiat zu erfüllen gehabt hätte, um ein Stipendium zu erwerben. Denn keiner der 24 Stipendienstifter begnügte sich, die gestifteten Kollegiaturen nur allgemeinen Aufnahmebedingungen, etwa des Georgianischen Kollegs, zu unterwerfen; sie alle erließen persönliche Zusatzbestimmungen — was legitim und ausdrücklich vom Landesherrn gestattet worden war — nicht nur hinsichtlich der Voraussetzungen zur Erlangung eines Stipendiums, sondern auch was die Rechte und Pflichten der Stipendiaten betraf.

Die für die Ingolstädter Universität im 16. Jahrhundert unternommenen privaten Stipendienstiftungen waren mit wenigen Ausnahmen Familienstiftungen; d. h. die Stipendieninhaber hatten aus der Familie des Stifters zu stammen. Unverkennbar ist daher den Stipendien gemeinhin ein Stiftungszweck gegeben: Familienangehörigen eine erleichterte Möglichkeit zu schaffen, akademischen Studien nachzugehen[1]. Eine Sonderstellung nimmt das von Schwebermair gestiftete Benefizium ein. Seine Inhaberschaft war nicht an irgendwelche verwandtschaftliche Beziehungen zur Familie des Stifters gebunden. Schwebermair ordnet ausdrücklich an, man solle sich bei der Wahl des Benefiziaten (im Unterschied zu den ebenfalls von ihm gestifteten beiden Stipendienplätzen) nicht von familiären Gesichtspunkten leiten lassen, sondern allein und ausschließlich die Ehre Gottes und das Heil der Seelen berücksichtigen. Es wäre jedoch falsch, wollte man die genannte Benefizienstiftung, sowie auch die Widmannschen aus dem Jahre 1513, von der vorliegenden Untersuchung des Stipendienwesens in Ingolstadt mit der Begründung ausklammern, eine Benefizienstiftung sei keine Stipendienstiftung. Vielmehr ist festzustellen, daß den beiden genannten Gründungen ein dop-

---

[1] Ausnahmen stellen die Siftungen Adorfs, Pettendorfers, Pemlers, Winklers, Krippers und Klenks dar.

pelter Charakter zuzumessen ist. Sie sind nicht *nur* Benefizienstiftungen, sondern nehmen eine Mittelstellung zwischen Benefizium und Stipendien ein, indem sie mit Studienauflagen verbunden waren.

Nicht uninteressant sind die von den Stiftern für den Fall getroffenen Bestimmungen, daß kein durch Familienzugehörigkeit berechtigter Bewerber vorhanden ist. Hier haben die Stipendiengründer in fast übereinstimmender Weise ihre Verfügung getroffen: ist kein durch den Status der Verwandtschaft stipendienberechtigter Bewerber vorhanden, so fällt das Anrecht auf das betreffende Stipendium gewöhnlich auf ein Bürgerkind der Heimatstadt bzw. des Heimatortes des Stifters[2]. Primär sind also im allgemeinen Familienangehörige stipendienberechtigt, sekundär Personen aus der Heimat des Stifters. Übrigens konnte in nicht wenigen Fällen anhand der erwähnten Regelung der Herkunftsort des Stifters bestimmt oder bestätigt werden.

Die vom Stifter für Familienangehörige erlassenen Bestimmungen galten nicht ipso facto für Familienfremde; diese werden gewissen Sonderbestimmungen unterworfen, doch ist in keinem Fall eine schwerwiegende Benachteiligung eines Familienfremden vorgesehen[3]. Allerdings hatte der Familienfremde sein Stipendium sofort zu räumen, wenn ein durch Verwandtschaft zur Stifterfamilie sich auszeichnender Prätendent Anspruch auf den Stipendienplatz erhob.

Der akademischen Tauglichkeit und der charakterlichen Eignung als Voraussetzung zur Stipendienzulassung räumen die Stiftungsbestimmungen einen nur schwer zu bewertenden Platz ein. Voraussetzungen dieser Art erschöpfen sich häufig in sehr allgemein gehaltenen Formulierungen.

Hinsichtlich der charakterlichen und religiösen Voraussetzungen wird gefordert, daß der Präsentand ‚guts erbers wesenns' (Widmann), ‚from, sitsam' (Adorf), ‚tugendtlich' (Zeys), ‚ainer gueten hoffnung und zu den erlichen kunsten, so ainem christen menschen wirdig, bequem sein' (E. Wolf), ‚ains erbarn zünftigen wandls' (Kurz), ‚fromm, erbar und teiglich' (Furtmair), ‚fromm, ehrlich, zichtig und tauglich' (Grill) usw. sein soll. Bemerkenswerterweise verlagern die Stiftungsbedingungen etwa ab der Mitte des 16. Jahrhunderts den Akzent mehr und mehr von der Forderung der Tugend und Ehrbarkeit auf die Studientauglichkeit.

Welches sind diese geforderten Voraussetzungen akademischer Tauglichkeit? Die Stiftungsurkunden äußern sich darüber sehr vage, aber auch die herzogliche Kollegurkunde formuliert keine scharfen Kriterien, und die Universität selbst verlangte ja noch im 16. Jahrhundert von ihren

---

[2] Nicht so bei Grill, Flach, Eck und Eisengrein.
[3] Benz und ähnlich Hofer und M. Wolf forderten eheliche Geburt nur bei nicht aus der Familie stammenden Stipendiaten, doch mag sich diese Forderung im Falle der Familienangehörigen von selbst verstanden haben.

Inskribenten keinen klar definierten Vorbildungsstand. Die große Mehrheit der privaten Stipendiaten sollte mit dem Studium in der Artistenfakultät beginnen und es ungefähr in der statutarisch vorgeschriebenen Mindeststudienzeit absolvieren. Die Stifter setzten also als Präsentationsbedingung wohl stillschweigend die Eignung zum Antritt dieses Studiums, d. h. vor allem ausreichende Lateinkenntnisse, voraus. ‚Zum studiern teiglich' sein, wie es die Harrer-Eck-Urkunde formuliert, hieß eben, solche Mindestkenntnisse zuvor in einer Partikularschule erworben haben, wobei freilich die Universität in der 1. Hälfte des 16. Jahrhunderts gezwungen war, durch eigene elementarunterrichtliche Veranstaltungen eine offenbar häufige Unterschreitung dieses Minimums auszugleichen. Genügende Beherrschung des Lateinischen verlangten von ihren Stipendiaten ausdrücklich nur Kripper, Eck, Benz und Landau; für die anderen galt diese Bedingung augenscheinlich als selbstverständlich, bis 1585 Fator seinen Stipendiaten vor dem Besuch der Universität noch auf das Münchener Jesuitengymnasium schickte. Seit 1571 verfügte auch die Universität über ein eigenes jesuitisches Pädagogium, zu dessen Besuch die Stipendiaten, falls ihr Bildungsstand das erforderte, ausdrücklich verpflichtet waren.

Über die Befähigung zum Antritt des artistischen Studiums gehen auch diejenigen Stifter nur ausnahmsweise hinaus, die ihre Stipendiaten anschließend zu einem höheren, zumeist theologischen Studium verpflichten. In einigen unter diesen Fällen durfte, nur in zweien mußte[4] der Stipendiat bei der Verleihung des Stipendiums bereits das Magisterium besitzen. Sehr häufig bestehen die Stipendienstifter ausdrücklich auf der ehelichen Geburt ihrer Stipendiaten[5]. Es erscheint aufgrund eines Vorgangs aus der Geschichte des Schwebermair-Stipendiums möglich, daß ein unehelich Geborener auch in solchen Fällen ipso facto von einem Stipendiengenuß ausgeschlossen war, wo vom Stipendiengründer die Ehelichkeitsforderung nicht erhoben wurde.

Nicht allgemeingültig ist die Forderung nach Bedürftigkeit der Stipendienanwärter. Überraschenderweise unterliegt die große Mehrheit der im Laufe des Jahrhunderts gestifteten Privatstipendien nicht einem Armutsparagraphen. Die beiden von Widmann und Schwebermair ins Werk gesetzten Benefizien waren naturgemäß an den Status der Armut gebunden; die Studien eines wohlhabenden Priesters bedurften schließlich nicht der finanziellen Unterstützung. Die Errichtung der beiden ge-

---

[4] Bei der Adorf- und der Pettendorfer-Stiftung.
[5] Vgl. dazu oben S. 49. In keinem Fall wurde ein so formeller Legitimitätsnachweis verlangt wie beispielsweise von Konrad Braun, der 1564 an der Universität Freiburg 3 Stipendien stiftete. Diese Stiftung hatte Herzog Albrecht versucht, für die Universität Ingolstadt zu gewinnen. Vgl. Prantl II 248 und: Die Urkunden über die der Universität Freiburg i. Br. zugehörigen Stiftungen (1875) 89.

nannten Benefizien für arme Priester ist im Sinne einer ‚pia causa' zu verstehen, deren primäres Errichtungsmotiv es war, ein Werk der Barmherzigkeit zu verrichten, nämlich einen Armen zu unterstützen.

Von den eigentlichen Stipendienstiftungen erhoben lediglich zwei die Armutsforderung[6]. Die Kripper-Stiftung ist nicht im Sinne einer Almosenstiftung zu verstehen. Der Charakter einer auf die akademische Unterweisung hingerichtete Stipendienstiftung ist durchaus gegeben, die Forderung nach der Armut des Stipendienaspiranten ist dabei beinahe als Bestimmung sekundärer Wichtigkeit zu sehen. Wesentlich anders zu beurteilen ist die ebenfalls an das Gebot der Armut gebundene Stiftung des Sebastian Pemler (1562). In ihren Stiftungsbestimmungen wird zum ersten Mal in der Ingolstädter Stipendiengeschichte — abgesehen von der Georgianischen Stiftung selbst — die Armutsforderung erhoben, was ein bezeichnendes Licht auf das Stipendienwesen der Zeit wirft. Bedürftigkeit des Bewerbers war eine weniger verlangte Voraussetzung zum Stipendienerwerb, während die Herkunft, akademische und charakterliche Eignung u. a. einen wichtigeren Rang einnahmen. Die Pemler-Stiftung fällt auch insofern aus dem üblichen Rahmen, als sie im besonderen Maße den Charakter einer „frommen Stiftung" trägt; von ihrem Jahresertrag geht nur ein knappes Drittel zugunsten des Stipendiums, der Großteil der Stiftungsgelder dagegen ist bestimmt für rein karitative Zwecke. Daraus erhellt die auf Almosenzwecke hinzielende Absicht des Stifters, hinter der der Charakter einer Stipendienstiftung im üblichen Sinne zurücktritt.

Eine allgemeine Altersvorschrift bei Stipendienantritt ist nicht zu eruieren, da derartige Angaben von den Stiftern fast nie in präziser Weise erlassen und nur vage erschlossen werden können[7]. Eine letzte, von den Stiftern nicht gerade geforderte, aber doch gewünschte Sonderbestimmung begegnet in der interessanten Verfügung, ‚in haeresi' gefallenen Familienmitgliedern den Stipendiengenuß nicht zu verwehren[8].

2. Pflichten und Rechte der Stipendiaten

Grundsätzlich sind die Pflichten der Stipendiaten in zweierlei Hinsicht zu unterscheiden: erstens alle das Studium betreffenden Auflagen, wie die Vorschriften, einem bestimmten Studium nachzugehen, bestimmte akademische Grade zu erwerben, sowie allgemeine Fleißvorschriften, zweitens die religiösen Verpflichtungen.

Eine Untersuchung der Studienauflagen ergab folgendes: Mit ganz wenigen Ausnahmen knüpfen die Stifter grundsätzlich die Bedingung der

---

[6] Kripper für den „Salisburgius" und Pemler.
[7] Vgl. jedoch Kripper und Fator.
[8] Vgl. Landau, Benz und Eisengrein.

Erwerbung des Magistergrades an den Stipendiengenuß. Lediglich bei den Stiftungen Pemlers, Winklers, Sterkels und Landaus kann nicht eindeutig eine solche Verpflichtung angenommen werden, da sie in den Stiftungsurkunden nicht niedergelegt ist. Doch läßt die Dauer des gewährten Stipendiengenusses darauf schließen, daß der Erwerb des Magistergrades sicher nicht dem Willen der Stifter entgegen gewesen ist, war doch die Erlangung des erwähnten Grades in drei Jahren möglich, während Pemler, Winkler und Landau einen Stipendiengenuß von fünf Jahren gewährten, wobei Landau noch eine etwaige Verlängerung von ein bis zwei Jahren in Aussicht stellte. Nur Anna Sterkel gab in ihrem hinterlassenen Testament, das auch in manch anderer Hinsicht Lücken in den Stipendienbedingungen aufweist, weder einen konkreten Hinweis bezüglich des Stipendienabschlusses noch der Stipendiendauer.

Sieht man von den oben genannten vier Ausnahmen ab, so können grundsätzlich innerhalb aller den Magistergrad fordernden Stipendien zwei Gruppen unterschieden werden:

1. Stipendien, welche nach erworbenem Magisterium für den Rest der noch verbleibenden Zeit ein Studium der Theologie fordern. (Eine andere vorgeschriebene Studienrichtung als die der Theologie begegnet nur ein einziges Mal in der Grill-Stiftung.)
2. Stipendien, die nach erworbenem Magisterium die Wahl der Fakultät freilassen.

Die an das Stipendium der Theologie gebundenen Stipendien fallen in die ersten beiden Drittel des 16. Jahrhunderts, während die „freien" Stipendien vornehmlich in der zweiten Jahrhunderthälfte zu finden sind. Von den „theologischen" Stipendiaten wird die Annahme der Weihen nur selten ausdrücklich gefordert, sie war aber in der häufigen Verpflichtung zu späterem Kirchendienst impliziert. Auch der Erwerb des theologischen Doktorgrades wurde nur selten verlangt. Die gewöhnlich gewährte fünfjährige Stipendiendauer reichte ja für eine solche Promotion nicht aus. Die beiden Adorf-Stipendien, deren Inhaber ausdrücklich zu diesem Abschluß verpflichtet waren, hatten deshalb auch die unverhältnismäßig lange Laufzeit von sieben Jahren, noch dazu von der artistischen Magisterpromotion an gerechnet[9]. Zingel, der fünf Jahre gewährt und eine ebenso lange Verlängerung des Stipendiums in Aussicht stellt, dürfte an die Erwerbung des theologischen Doktorgrades durch seine Stipendiaten gedacht haben, auch wenn die Exekutoren im Stiftungsbrief keine derartige Möglichkeit formulieren. Harrer-Eck und Flach, welche beide als

---

[9] Auch Pettendorfer wünschte, daß sein Stipendiat zum Doktor promovierte; da er dazu nur 5 Jahre Zeit hatte, mußte er bei der Präsentation, wie aber nicht gefordert wurde, möglichst neben dem Magisterium schon einen theologischen Bakkalarsgrad besitzen. Das gleiche gilt für die Klenk-Stiftung.

einzige unter den georgianischen Zustiftern des 16. Jahrhunderts einen Stipendiengenuß von sieben Jahren gewähren, verpflichten ihre Stipendiaten zwar nach genossenem Stipendium zu kirchlichen Diensten, doch fehlt in beiden Fällen trotz der langen Stipendiendauer eine konkrete Bestimmung hinsichtlich einer zu empfangenden Weihe bzw. eines zu erwerbenden akademischen Grades der theologischen Fakultät. Wenn man bedenkt, daß Flach eine Zweiteilung der gewährten Stipendienzeit vorschreibt, nämlich drei Jahre Artesstudium mit Erwerbung des Magistergrades und vier sich anschließende Jahre Theologiestudium, so erhellt, daß in dem zuletzt genannten Zeitraum des Theologiestudiums eine intensive Kenntnis dieser Wissenschaft erworben werden soll, um für die spätere seelsorgerische Tätigkeit überdurchschnittliches Rüstzeug zur Verfügung zu haben. Überhaupt erwächst der Eindruck, daß alle jene Stifter, welche ihre Stipendiaten nach einem Theologiestudium in kirchlichen Diensten wissen wollen, auf einen akademischen Abschluß innerhalb der theologischen Fakultät weniger Wert legten als auf die generelle Verwendbarkeit der studierten Stipendiaten zu kirchlichen Diensten.

Die zweite Stipendiengruppe, welche zwar in der gleichen Weise wie die oben besprochene die Erwerbung des Magistergrades vorschreibt, sich aber durch Bestimmungen bezüglich des weiteren Studienverlaufs von der ersteren unterscheidet, ist schon rein zahlenmäßig von Bedeutung. Ihre Gründer gehen davon ab, eng gefaßte Studienbedingungen zu erlassen, sondern stellen stattdessen dem Stipendiaten die freie Wahl der Fakultät anheim[10]. Auch das Landau-Stipendium sieht freie Wahl des Studienziels vor, doch nimmt es insofern eine Sonderstellung ein, als vom Stifter die Erwerbung des Magisteriums nicht vorgeschrieben wird.

Die von den Stiftern verordneten Fleißvorschriften erschöpfen sich in der Regel in völlig allgemeinen Anweisungen, wie nicht ‚unfleißig' zu sein (Zingel, Winkler); der Erwerbung des Magistergrades ‚mit vleys... nach(zu)khomen' (E. Wolf); ‚sich mit allem möglichen vleis auf die heilig schrifft (zu) begeben' (Harrer-Eck) usf. Harrer-Eck, Hofer, Eck, Benz, Eisengrein und auch Landau[11] geben jeweils zum Schluß der Urkunden einen Katalog jener studentischen Untugenden, welche, falls eine wiederholte Mahnung ohne Erfolg bleibt, Grund für den Entzug der Stipendien darstellen. Nicht nur wegen schuldhafter Unfähigkeit und mutwilliger Vergeudung der Stipendienzeit, auch bei mangelnder Qualifikation zum Studium kann Stipendienentzug erfolgen[12]. In der Regel ist die Rede von der ‚schwachen und groben memorie oder ingenium', oder, um es mit

---

[10] So die Stipendien von E. Wolf, Furtmair, Sterkel, Eck, Klenk, Benz, Eisengrein und Fator.
[11] Der Umstand, daß die Urkunde Landaus in Hersfeld ausgestellt worden ist, spricht gegen die Diktatabhängigkeit von den vorgenannten Texten.
[12] So bei Harrer-Eck, Eck, Benz, Eisengrein, Landau, also bei allen Urkunden, die die von Harrer-Eck erstmals eingeführte Poenformel aufweisen.

Kripper positiv auszudrücken: der Stipendiat muß ‚vhäiger gedechtnus' sein. Ein Ausschluß, sei es wegen ungebührlichen Benehmens oder mangelnder Begabung hat übrigens nicht immer eine Restitutionspflicht der bis zum Zeitpunkt der Relegation für den Stipendiaten aufgewendeten Gelder zur Folge. Während die georgianischen Stammstipendiaten durch die Statutenerneuerung Herzog Albrechts V. im Jahre 1563 bei Nichtbefolgung des vorgeschriebenen theologischen Studiums zur Erstattung der Kosten verpflichtet worden waren[13], findet sich in den privaten Stipendienstiftungen lediglich bei Klenk eine derartige Verfügung.

Wie bereits gesagt, waren die allerwenigsten der Ingolstädter privaten Stipendienstiftungen des 16. Jahrhunderts an den Status der Bedürftigkeit oder der Armut gebunden; so überrascht es nicht, daß in den Stiftungsbedingungen gemeinhin keine Klausel anzutreffen ist, welche das Verlassen des Stipendiums bei Wegfall der Bedürftigkeit gebieten würde. Kripper und Klenk, die beiden langjährigen Vorsteher des herzoglichen Kollegs, und auch Fator, kommen als einzige auf die Möglichkeit des Vermögenserwerbs zu sprechen, doch machen auch sie eine Rückzahlung der Stipendiengelder nicht zur Pflicht. Die Stipendienstifter sahen wohl bewußt von einer Restitutionspflicht bei Studienaufgabe u. a. ab, da eine solche Vorschrift ohne Erfolg gewesen wäre. Nicht selten wird überdies von ihnen betont, daß kein Studien*zwang* ausgeübt werden solle; nicht nur betonen Eisengrein, Benz und Landau, jene drei Stifter, welche einen ‚in haeresi' Gefallenen durchaus aufzunehmen bereit waren, daß man bei den zu erstrebenden Konversionen keinerlei Gewalt anwenden solle; auch E. Wolf zum Beispiel bestimmt, daß sein Stipendiat das studieren soll, zu dem er ‚von natur aus' Neigung hat. Es ist wohl nicht zuviel gesagt, wenn man annimmt, daß all jene Stipendien, welche ihren Inhabern die Wahl der Fakultät frei ließen, ein Zeugnis für die Toleranz ihrer Stifter sind. Und wenn fast alle Stipendienstifter, nicht nur jene der freien Stipendiaturen, keine Restitutionspflicht aufstellen, so ist dies in gleicher Weise zu interpretieren.

Bei den religiösen Auflagen der Stipendiaten handelt es sich in der Hauptsache um Gebetsverpflichtungen für des jeweiligen Stifters Seelenheil und um die Verpflichtung der Stipendiaten auf die Ergreifung des geistlichen Standes, was den Eintritt in Kirchendienste bedeutet. Fast in jeder der Stipendienstiftungen des 16. Jahrhunderts werden Gebetsverrichtungen verlangt. Vorfahren, Eltern und, falls vorhanden, die Ehefrau des Wohltäters sollen nicht selten mit eingeschlossen werden. Vereinzelt wird das Gebet für den Landesherrn und das bayerische Fürstenhaus zur Auflage gemacht. Für die Stipendiaten bestand im allgemeinen Präsenz-

---

[13] Prantl II 241; von der Erstattung befreit war aber, wer dem Herzog „in alio genere" diente, eine gegenüber 1555 neue Bestimmung.

pflicht bei den durch den Regens im Auftrage des Stifters abzuhaltenden Jahresgedächtnissen.

So stellt die Ingolstädter Stipendiengeschichte des 16. Jahrhunderts in gewissem Sinne ein Stück Religions- bzw. Kirchengeschichte dar. Nicht zuletzt wurde diese Stiftungstätigkeit hervorgerufen durch das Umsichgreifen der protestantischen Religion und durch die Erkenntnis der Gefahr, die dem ‚uralten' katholischen Glauben plötzlich dadurch erwuchs. Wie sonst wäre es zu erklären, daß Kurz, Flach, Hofer, Kripper, Klenk, Eisengrein und Fator ihre Stipendiaten streng verpflichten, in den Kirchendienst zu treten? Oder daß Benz, Eisengrein und Landau grundsätzlich die Möglichkeit einräumten, auch einen in Häresie gefallenen Stipendiaten zum Zwecke der Rückführung zum katholischen Glauben aufzunehmen? Auch all jene „Eventualbestimmungen", welche für den Fall gelten, daß die Universität Ingolstadt ketzerisch werden sollte, geben Zeugnis der Furcht vor einem möglichen Abfall von der katholischen Religion, einer Gefahr, der man nicht zuletzt durch die Gründung von Stipendien begegnen wollte. So gesehen erscheinen die Ingolstädter Stipendienstiftungen — abgesehen von ihrer Bedeutung für die Universitätsgeschichte — zwar einerseits durch persönliche Sorge um das Seelenheil motivierte Akte, aber auch als religionspolitische Unternehmen, deren Aufgaben und Zwecke über den persönlichen Sorgenbereich des Stiftenden herausragt.

Grundsätzlich genossen alle in das Georgianum hinzugestifteten Stipendiaten die gleichen Rechte und Freiheiten wie die herzoglichen Stammstipendiaten. Jedoch ist es den Stiftern unbenommen, ihre Stipendiaten zusätzlich solchen Bestimmungen zu unterwerfen, wie sie ihren eigenen Vorstellungen entsprechen. Solche Sonderrechte manifestieren sich in Bestimmungen, welche die Dauer des gewährten Stipendiengenusses festlegen und in jenen, welche die freie Wahl der einzuschlagenden Fakultät betreffen.

Alle Stipendienstifter mit Ausnahme von Sterkel und Klenk setzen ihren Stipendien eine konkrete zeitliche Begrenzung. Auch Grill ist hier als Ausnahmefall hinzuzuzählen; er garantiert seinem Stipendiaten so lange den Stipendiengenuß, bis dieser den Doktorgrad der medizinischen Fakultät erworben hat. Alle übrigen gewähren eine Stipendiendauer von fünf bis sieben Jahren, wobei Verlängerungen bei Eignung des Studenten in Aussicht gestellt werden, deren Dauer von einem bis zu fünf Jahren schwankt, so daß das längste Stipendium mit zehn Jahren Stipendienfrist zu verzeichnen ist (Zingel). Die Mindestfrist beläuft sich immer auf fünf Jahre; diese Stipendiendauer ist die bei weitem geläufigste bzw. übliche. Von den 24 privaten Stipendienstiftungen geben 18 den genannten Zeitraum als die Grunddauer an, zu der neun Stifter unter bestimmten Umständen eine Verlängerung gestatten. In 12 der behandelten Stiftungsbriefe ist keine Verlängerungsmöglichkeit vorgesehen[14]. Als die von den Stiftern im allgemeinen vorgesehene Verlängerungsdauer kann ein Zeitraum von durchschnittlich zwei Jahren angesehen werden. Drei Stipendienstiftungen fallen durch ihre langdauernde Grundfrist besonders auf: Adorf, Harrer-Eck und Flach gewähren von vornherein einen siebenjährigen Stipendiengenuß. Eine mögliche Verlängerung dieser Frist ist in allen drei Fällen nicht angeordnet, was ja, gemessen an der sonst üblicherweise gewährten Stipendiendauer, nicht nötig gewesen zu sein scheint.

Grundsätzlich kann also festgestellt werden, daß eine Dauer von fünf Jahren die Regel war, wobei bei der Hälfte der auf fünf Jahren befristeten Stipendien ebenso grundsätzlich eine Verlängerung möglich war. So kann von einer durchschnittlichen Stipendiendauer von etwa sieben Jahren gesprochen werden. Da die Stipendiengründer in der Mehrzahl akademische Lehrer waren, mindestens aber ein akademisches Studium hinter sich hatten, darf angenommen werden, daß sie der Überzeugung waren, mit der gewährten Stipendienzeit die für ein Studium notwendige Dauer verordnet zu haben. Bemerkenswerterweise ist der Großteil der Stipendienstiftungen, die keine mögliche Verlängerung in Aussicht stellten, im Zeitraum von 1543 - 1569 anzutreffen. In die Zeit vor 1569 fallen lediglich zwei Stipendienstiftungen, welche eine Verlängerung für möglich erklären: Zingel (1509) und Widmann (1513). Von der Kripper-Stiftung (1569) an wird eine Verlängerungsmöglichkeit zu einer Regel ohne Ausnahme.

Es kann aus diesen Sachverhalten geschlossen werden, daß man im Lauf der Zeit und insbesondere nach 1569 erkannt haben muß, daß eine streng befristete Stipendienzeit den Anforderungen des Studiums nicht gerecht wurde, so daß es für notwendig erachtet wurde, Verlängerungen bei Eignung der Stipendiaten zu ermöglichen. Die Reform des Georgianums war vorbildhaft vorangegangen und hatte den herzoglichen Stammstipendiaten ab 1563 generell eine von fünf auf acht Jahre verlängerte Studienzeit eingeräumt.

Neben der meist im Vergleich zu den Stammstipendiaten großzügig eingeräumten Stipendiendauer ist die nicht selten gewährte freie Wahl der Fakultät eine wesentliche den privaten Stipendiaten eigene Freiheit. Den insgesamt sieben Stipendienstiftungen, welche ihre Stipendiaten nach abgeschlossenem Stipendium auf Kirchendienste verpflichten, stehen immerhin neun Stipendienstiftungen gegenüber, welche unter gewissen Umständen die Wahl der Fakultät den Stipendiaten überlassen.

---

[14] Bei Sterkel, Klenk und Grill fehlen alle Beschränkungen der Stipendienlaufzeit; der Grill-Stipendiat darf das Stipendium sogar noch nach seiner Promotion behalten.

II. Die Stiftungsaufsicht

Bei der Suche nach dem Inhaber der Stiftungsaufsicht über die Stipendienstiftungen ist festzustellen, daß diese weitgehend im Besitze der Präsentatoren zu finden ist; denn bei den Präsentatoren der einzelnen Stiftungen lag die Verantwortung der ordnungsgemäßen Besetzung der Stipendien, während der Regens bzw. die Artistenfakultät im Grunde nur als ausführende Organe handelten, indem sie zu entscheiden hatten, welcher ‚praesentatus' angenommen wurde. Im Falle eines abweisenden Bescheides war dann auch folgerichtig eine neuerliche Präsentation gemeinhin nicht durch die Artistenfakultät vorzunehmen, sondern das Präsentationsrecht verblieb auch dann bei den vom Stifter ursprünglich eingesetzten Präsentatoren.

Die starke Rechtsstellung der Präsentatoren äußert sich ebenfalls in dem ausschließlich ihnen eingeräumten Recht der Entlassung eines Stipendiaten, wie es in den Poenformeln der Stiftungsurkunden zutage tritt. Stipendienentzug wegen ungebührlichen Benehmens konnte in keinem einzigen Fall von seiten der Universität ausgesprochen werden; die Zustimmung der zuständigen Elektoren bzw. Präsentatoren war stets unerläßlich. Die Rechtsverhältnisse der nicht an das Kolleg gebundenen Stipendien waren ähnlich geregelt; auch hier kam den Elektoren neben dem ‚ius praesentandi' das Recht der Entlassung eines Stipendiaten zu. Nur eine Ermahnung und Bestrafung der Stipendiaten im Rahmen der Universitäts- bzw. Kollegstatuten war generell ohne das Einverständnis der Präsentationsberechtigten möglich.

Anders liegen die Dinge bei mangelnder Begabung des Stipendieninhabers; hier war es vornehmlich Aufgabe des Regens und auch des Vizekanzlers, den Stipendiaten zum Verlassen des Stipendiums zu bewegen. Den präsentationsberechtigten Gremien wurde hier weniger Einflußnahme gestattet. Doch muß daran festgehalten werden, daß bei ‚grober memorie' des Stipendiaten die Universität kein Entlassungsrecht hatte; sie hatte lediglich die Pflicht, zur Stipendienaufgabe zu ‚raten'.

Es können zwei Gruppen von Präsentationsberechtigten unterschieden werden, nämlich erstens jene, welche im Herkunftsort des Stifters zu suchen sind, sei es in Form eines aus Familienangehörigen bestehenden Präsentationsgremiums oder eines aus familienfremden, doch am Heimatort des Stifters ansässigen Personen bestehenden Kollegiums, oder schließlich in Form eines gemischten Präsentationsausschusses. Entsprechend dem relativ weiten Herkunftsgebiet der Ingolstädter Stipendienstifter waren diese Gremien weit verstreut, auch über die Grenzen des bayerischen Herzogtums hinaus, zu suchen. Da die große Mehrzahl der Stipendienstiftungen als Familienstiftungen gedacht waren, ist es nicht verwunderlich, daß in diesen Fällen das Recht der Besetzung solchen Personen verliehen wurde, von welchen am ehesten zu vermuten war, daß sie Einblick in die familieninternen Verhältnisse hatten und somit durch die Wahl eines geeigneten Familiensprosses eine ordnungsgemäße Präsentation vornehmen konnten. Dies war am ehesten von ortsansässigen Personen zu erwarten.

Eine zweite, zahlenmäßig nicht so ins Gewicht fallende Gruppe von Stipendienstiftern legte das Recht der Präsentation entweder in die Hände einer bestimmten Fakultät oder aber ordnete an, daß der Ingolstädter Rat das Besetzungsrecht ausüben solle. So ist hier zu unterscheiden zwischen Fakultäts- bzw. Universitätsstipendien einerseits und städtischen Stipendien andererseits.

Die theologische Fakultät besaß ein völliges Präsentationsrecht lediglich auf zwei Stipendien der Adorf-Stiftung. Ein partielles Präsentationsrecht war ihr ferner bei der Besetzung des Schwebermair-Benefiziums sowie des Eisengrein-Stipendiums eingeräumt. In der Artistenfakultät lagen die Verhältnisse ähnlich, doch wurde ihr immerhin in zwei Fällen das Besetzungsrecht eingeräumt. So gehören die Widmann- und die E. Wolf-Stiftung, was die Präsentation ihrer Inhaber betrifft, ganz in den Kompetenzbereich der Artistenfakultät. Beim Hofer-Stipendium gilt, daß neben dem Regens des Georgianums, dem Dekan, der Artistenfakultät sowie dem Fakultätsältesten auch der Vizekanzler der Universität und der Dekan der theologischen Fakultät bei der Wahl des Stipendiaten hinzugezogen werden mußten, so daß die Entscheidungsgewalt nicht völlig in die Hände der Artistenfakultät gelegt war; doch waren innerhalb dieses Fünfergremiums die Artisten mit drei Stimmen beteiligt, so daß mit gewissem Recht von einem artistischen Fakultätsstipendium gesprochen werden kann. Die juristische Fakultät besaß auf keines der errichteten Stipendien das Besetzungsrecht, ebensowenig die medizinische Fakultät.

Der Ingolstädter Rat besaß für folgende Stipendien das Besetzungsrecht: die beiden Adorf-Stipendien für Artistenstudenten (1515), das von Pettendorfer errichtete Stipendium für einen zukünftigen Doktor der Theologie (1520), das von Pemler vornehmlich für einen armen Studenten geschaffene Stipendium (1562) sowie mit Einschränkungen das Klenk-Stipendium (1578).

Es bleibt eine den vier zuletzt genannten Stipendienstiftungen gemeinsame Eigenschaft aufzuweisen: sie alle wurden nicht als Familienstiftungen aufgefaßt. Der Zusammenhang ist klar: da nach dem Willen ihrer Gründer keine Familienangehörige bei der Auswahl der Stipendiaten bevorzugt zu behandeln waren, wurde von dem sonst üblichen Präsentationsmodus durch Familienangehörige zugunsten einer bestimmten Fakultät bzw. des Ingolstädter Rates abgesehen.

Hatten die Präsentatoren das Recht des Stipendienentzuges, so tritt uns der Regens als Inhaber der Disziplinargewalt entgegen. Ausdrücklich erinnern mit wenigen Ausnahmen die Statuten sämtlicher georgianischer Zustiftungen an die Gültigkeit der Gründungsstatuten und erkennen diese grundsätzlich an[15], denn in allen aufkommenden Zweifelsfällen ist nach dem Willen ihrer Stifter die Lösung aufgrund der georgianischen Stiftungsurkunde zu suchen. Nicht zuletzt müssen die privaten Stipendienstiftungen deshalb als unselbständige Stiftungen angesehen werden, da ihre Statuten ‚unselbständig' sind. Ein zweites kommt hinzu: in den Bestimmungen fast aller georgianischen Zustiftungen wird expressis verbis angeordnet, daß der jeweilige Inhaber der neugestifteten Stipendiatur in seinen Rechten und Pflichten den herzoglichen Stammstipendiaten völlig gleichgestellt sein soll. Dies beinhaltet u. a. die Anerkennung der Disziplinargewalt des Kollegregens, wie sie im georgianischen Stiftungsbrief festgelegt wurde. Die Statuten des Georgianums stellen die Grundlage für die Bestimmungen jeder Zustiftung dar.

Neben der Einhaltung der Disziplin gehörte die jährliche Gülteintreibung der Stipendienstiftungen zu den Aufgaben des Regens. Über die Erträgnisse der einzelnen Stiftungen hatte er — wie es zumeist heißt — ‚zu gebührlicher zeit rechnung zu tun'[16]. Zu den Obliegenheiten des Regens gehörte überdies die Sorge um die ordnungsgemäße Abhaltung aller neun in Verbindung mit Stipendienstiftungen unternommenen sogenannten ewigen Jahrtagsstiftungen[17] sowie die (stiftungsgemäße) Austeilung der dazugehörigen Präsenzgelder. In einigen Fällen legen die Stifter dem Kollegregens mit besonderem Nachdruck die Abhaltung der geforderten Jahrgedächtnisse als eine Gewissenspflicht ans Herz, über die er am Jüngsten Tage Rechenschaft abzulegen habe[18]. Hinsichtlich des Stipendienwesens stellte im Grunde genommen die Person des Regens das mit der praktischen Ausführung und der Realisierung des Stifterwillens beauftragte Organ dar, dem es zufiel, im Auftrag der Universität bzw. der Artistenfakultät die Direktiven der Stifter zu befolgen und zu bewahren.

Da in den meisten Fällen das Stiftungskapital in Form von Gültbriefen (und nur in Ausnahmefällen in ‚barer münz') übergeben wurde, war von seiten der Universität für eine sichere Anlage des Geldes keine Sorge zu tragen. Doch ergaben sich zwei neue Aufgabenbereiche. Die Eintreibung der Gülten, welche besonders bei Stiftungen mit einer Vielzahl von kleinen Einzelerträgnissen eine zeitraubende, langwierige und auch kompli-

---

[15] Ausnahmen die Urkunden Zingels, Widmanns, Pemlers, Winklers und Klenks; auch im Sterkel-Testament fehlt diese Bestimmung.
[16] So Zingel, Widmann, Schwebermair, Zeys, E. Wolf, Furtmair, Harrer-Eck, Hofer, M. Wolf, Eck, Benz, Eisengrein und Fator.
[17] Siehe unten S. 125 f.
[18] So Schwebermair, Harrer-Eck und Hofer.

zierte Angelegenheit war, mußte erledigt werden. Sie fiel — wie gesagt — in den Amtsbereich des Kollegregens. Darüber hinaus konnte es leicht geschehen, daß eine durch Stiftung an das Kolleg gefallene zinsbringende Summe ‚ablosig' wurde. Um ein kontinuierliches Fortbestehen einer Stiftung mit abgelöstem Stiftungskapital zu bewerkstelligen, mußte also eine sichere Neuanlage erfolgen. Niemals wurde auch von den Stiftern das Einbehalten der abgelösten Hauptsumme, etwa in der Kasse des Kollegs, verfügt, sondern stets ordneten sie an, daß sowohl bei teilweiser als auch bei vollständiger Ablösung des Stiftungskapitals unbedingt eine Neuanlage ‚an sichern orten' und zu gleich hohen Erträgnissen vorzunehmen sei. Die Rolle des Kollegregens bei einer vorzunehmenden Neuanlage des Stiftungskapitals äußert sich in einem nur sehr beschränkten Mitspracherecht. Hatten beispielsweise Zeys und E. Wolf sich mit einer recht allgemein gehaltenen Formulierung begnügt, so ist besonders für die spätere Zeit eine Präzisierung diesbezüglicher Bestimmungen zu beobachten, aus welchen das Mitbestimmungsrecht des Regens als ein nur sehr bedingtes abzulesen ist. Vielmehr war die Neuanlage von Stiftungskapital ein Rechtsgeschäft, welches die Universität als ganze, allerdings unter Benachrichtigung der Elektoren der betreffenden Stiftung, zu tätigen hatte, denn in der Regel hatte eine Neuanlage nach dem Willen der Stifter nur unter Rat, Vorwissen und Gutheißen von Rektor, Kämmerer und Rat der Universität zu geschehen[19]. Nur vereinzelt sprechen die Stiftungsbestimmungen ausdrücklich auch von einem Mitspracherecht des Regens, so z. B. bei der Harrer-Eck- und der M. Wolf-Stiftung[20].

Den Präsentatoren der Stiftungen oblag nicht das Recht, Verlängerungen auszusprechen, sondern hier genoß vielmehr die Universität ein weitgehendes Mitbestimmungsrecht. Wenn von seiten der Universität, sei es vom Regens, sei es von einer bestimmten Fakultät oder aber vom Senat, keine Befürwortung der Verlängerung vorlag, dann war den Präsentatoren gewöhnlich keine rechtliche Handhabe einer Prolongation gegeben.

Welche Bedeutung hinsichtlich der Stiftungsaufsicht kommt nun schließlich den landesherrlichen Konfirmationen zu? Zunächst ist festzuhalten, daß von den insgesamt 20 georgianischen Zustiftungen des untersuchten Zeitraumes in 14 Fällen der Nachweis einer fürstlichen Konfirmation erbracht werden konnte[21]. Bei den sechs übrigen Stiftungen ist anzunehmen, daß für sie in der Tat keine Konfirmationen ausgestellt worden sind[22]. Als unbestreitbar muß die Tatsache gelten, daß alle

---

[19] Besonders deutlich in den Urkunden Harrer-Ecks, Ecks, Benz', Eisengreins und **Fators**.
[20] In beiden Fällen wird er an letzter Stelle genannt.
[21] Bei M. Wolf und Eck ist die Existenz herzoglicher Konfirmationen bezeugt, sie ließen sich aber nicht mehr auffinden.

diese sechs nicht konfirmierten Stipendienstiftungen durchaus Bestand hatten und daß sie ihre Existenz nicht gegen den Willen des Herzogs geführt haben. Das gilt auch für die nicht konfirmierten Stiftungen Adorfs und Landaus, die keine Zustiftungen des herzoglichen Kollegs darstellten.

Somit hieße es die Bedeutung der landesherrlichen Konfirmationen überschätzen und überbewerten, wollte man annehmen, die Ausstellung einer solchen sei unbedingt vonnöten gewesen, um die Rechtmäßigkeit und Existenzfähigkeit einer Stipendienstiftung zu gewährleisten. Vielmehr scheint es so gewesen zu sein, daß die Exekutoren der Stiftungen bzw. die Stifter selbst ein übriges tun wollten, indem sie den Landesherrn um Bestätigung ihrer Stiftungen ersuchten, unangesehen der Tatsache, daß der Landesherr in seinem Herrschaftsbereich das Recht der Oberaufsicht über alle Stiftungen beanspruchte[23]. In den Augen der Stiftenden mußte schließlich der oberste Landesherr als der sicherste Garant eines kontinuierlichen Fortbestehens der Stipendienstiftungen erscheinen. Daß der Herzog einer Bitte um Konfirmation gerne entsprach, darf angenommen werden.

Im Stiftungsbrief des Georgianums wurde die Einrichtung von Zustiftungen nicht ausdrücklich von einer herzoglichen Konfirmation abhängig gemacht, dafür aber ausdrücklich von gesicherten und genügenden Einkünften der Stipendien. So überrascht bei der Lektüre der Konfirmationen auch keineswegs die regelmäßige Erwähnung des Ortes, an dem das Stiftungskapital angelegt war, sowie die Angabe der Höhe des jährlichen Einkommens. Der Feststellung der finanziellen Sicherheit schließt sich die eigentliche Konfirmation an. Der Herzog bekräftigt die jeweilige Stiftung und stellt sie unter seinen und seiner Erben Schutz, damit, wie es in der Furtmair-Konfirmation heißt, ‚solch löblich gueth werckh ewigclich bei crefften bleibe, auch dahin, wie es durch in, den stiffter gemaint worden'[24]. Der Stipendiat soll in der gleichen Weise wie die Herzog-Georg-Stipendiaten und wie die übrigen gestifteten Stipendiaten ‚in unserm und unser erben regierenden fürsten sonderem schutz sein und beleiben', wobei ihm alle Rechte und Freiheiten der anderen Stipendiaten gewährt werden.

III. Stifter und Stiftungsmotive

Wer die Frage nach den persönlichen Beweggründen, welche die Stifterpersonen zur Errichtung von Stipendien veranlaßt haben, beantworten will, sieht sich letztlich jener Unergründbarkeit allen menschlichen Tuns und Strebens gegenüber, welches in Zahlen oder Begriffe zu fas-

---

[22] Zumal sie auch im Archivinventar (vgl. oben S. 24) und im Kopialbuch GA III 1 a nicht erwähnt werden.
[23] Vgl. dazu Siebenkees 142 f.
[24] StA Obb GL 1477/1, 147 f.

sen im Grunde nicht möglich ist. Es soll dennoch der Versuch unternommen werden, wenigstens einige Gesichtspunkte zusammenzustellen, welche zur Errichtung von Stipendiengründungen beigetragen haben dürften.

Mit wenigen Ausnahmen konnte für die Ingolstädter Stipendienstifter anhand der Universitätsmatrikel der Nachweis einer in Ingolstadt verbrachten Studienzeit erbracht werden. Darüber hinaus konnte gezeigt werden, daß ein Großteil von ihnen akademische Würden dieser Universität erlangte. Allein acht Rektoren waren unter ihnen und vier Kollegregenten[25]. Bedenkt man diese Wechselbeziehung von Universität und Stifterpersonen, so drängt sich die Vermutung auf, die Stifter hätten nicht zuletzt ihrer Verbundenheit zur Hohen Schule in Ingolstadt, an der sie lernten und lehrten, durch Stipendiengründungen Ausdruck verleihen leihen wollen. Erhärtet wird diese Vermutung noch durch die Tatsache, daß selbst Stifter, welche nicht aus der näheren Umgebung Ingolstadts stammten, an der dortigen Universität Stipendienstiftungen vornahmen; und dies, obwohl, geographisch gesehen, andere Universitäten den Heimatorten der Stifter in einigen Fällen näher gelegen waren, was für die praktische Handhabung von Familienstiftungen — um solche handelte es sich ja meistenteils — nur von Nutzen gewesen wäre[26].

Um weitere Stiftungsmotive zu ergründen, interessieren in gleicher Weise die Arengen- und Apprekationstexte und die Stiftungsbestimmungen selbst. Zugegebenermaßen ist den Arengen und Apprekationen eine gewisse Formelhaftigkeit eigen, doch hebt sie ihren historischen Aussagewert nicht einfach auf. Bei Wendungen wie ‚zur pflanzung guter kunst und sitten', ‚zu befurderung göttlicher ehr' usw., die in den Urkunden so häufig begegnen, handelt es sich nicht unbedingt um nichtssagende Topoi, so wenig wie an der Aufrichtigkeit des sich so eindringlich manifestierenden Glaubens an die Verdienstlichkeit der Stiftung zu zweifeln ist.

Das Kriterium für die Glaubwürdigkeit solcher Motiv- und Zweckvorgaben bietet der konkrete Bezug, in dem sie sich zu den eigentlichen Stif-

---

[25] Regenten waren Schwebermair, E. Wolf, Kripper und Klenk; Rektoren Adorf, Zingel, Pettendorfer, Schwebermair, E. Wolf, Kripper, Klenk und Eisengrein.
[26] Aus Ingolstadt stammen die Stifter Widmann, Pemler und Sterkel; aus dem heutigen Oberbayern Schwebermair (Altheim bei Landsberg), Erasmus Wolf (Landsberg), Furtmair (Pfaffenhofen), Grill (Altheim bei Landsberg), Winkler (Hohenwart Landkreis Schrobenhausen); aus Oberpfalz Pettendorfer (Regensburg), Kurz (Regensburg); aus Schwaben: Harrer-Eck (Egg/Günz), Martin Wolf (Ichenhausen Landkreis Günzburg?), Eck (Egg/Günz); aus Franken: Zeys (Ebern), Hofer (Kornburg bei Schwabach); aus dem übrigen Deutschland: Zingel (Schlierstadt/Odenwald), Adorf (Adorf/Vogtland), Flach (Großheppach Kreis Waiblingen), Kripper (Loberg, Bistum Salzburg), Landau (Hünfeld/Hessen), Klenk (Bremen), Benz (Bruchsal/Baden), Eisengrein (Stuttgart), Fator (Ortissei, Bistum Trient).

tungsbestimmungen befinden. Das sei am Beispiel der Hoferschen Stiftung erläutert. In der Arenga — einer der ausführlichsten der Ingolstädter Stipendienstiftungsbriefe — gibt Hofer vor, er habe die Stiftung

,zu eer und lob, auch umb merung willen des göttlichen diennsts,
zu wolfahrt des allgemainen heiligen und christlichen, uralten, catholischen glaubens,
meinen freundten und gesipten zur wolfahrt, damit sy auch desto mer ursach und neygung zu erlernung ... gueter khünst und tugenten, die underhalltung darzue haben,
mein auch ewigclich in gueten treuen danckberlich dabey gedencken mögen, meinem vatterlandt zuvorderst und zu guetem'

errichtet. Alle diese in der Arenga nur angedeuteten Stiftungszwecke finden in den eigentlichen Stiftungsstatuten ihre Entsprechung: der Hofersche Stipendiat ist zum Priestertum und zu Kirchendiensten verpflichtet; seine Verwandtschaft zur Stifterfamilie ist erwünscht; er soll das Magisterium erwerben, Gebete für des Stifters Seligkeit verrichten und, wenn kein Verwandter vorhanden ist, aus des Stifters Heimat stammen. Hier wird der unmittelbare Zusammenhang zwischen Arenga und Haupttext der Urkunde offenbar.

Die in der Hoferschen Arenga angeführten Stiftungszwecke sind als typisch für das Ingolstädter Stipendienwesen anzusehen; denn der Förderung des Klerikernachwuchses — das Motiv der Verantwortung für die Erhaltung des alten Glaubens tritt uns hier entgegen — und dem Streben nach dem persönlichen Seelenheil stehen fast ausnahmslos die Sorge um den akademischen Nachwuchs und um das Wohl der Stifterfamilie als Motive zur Seite. Dankbarkeit für empfangene Gaben oder Erinnerung an die Armut eigener Studienzeit spielen motivisch keine nachweisbare Rolle[27]. Ebensowenig kann gesagt werden, daß von den Stiftern reine „Werke der Barmherzigkeit" beabsichtigt wurden, denn Armut wurde als Zulassungsbedingung nie gefordert. Um so interessanter will es scheinen, daß manche Stifter durch die Stiftung von Stipendien, die nicht an das Studium der Theologie gebunden waren, sondern die Wahl der Fakultät dem Stipendieninhaber überließen, dem eigenen Seelenheil zu dienen glaubten.

So gesehen kann das Stipendienwesen zweifach verstanden werden: einerseits ist der Glaube an die sündentilgende Kraft einer Stiftung unverkennbar. Sie steht somit im Dienst des Seelenheils ihres Stifters. Andererseits ist ein starkes Familienbewußtsein zu beobachten, welches dahin zielt, Familienangehörigen ein akademisches Studium zu ermöglichen. Einem Familienmitglied eine akademische Erziehung zu ermög-

---

[27] Dagegen stellt Weisbrod (S. 32 ff.) für Freiburg fest: „Fast wird die Erwähnung der Armut der eigenen Studienzeit zum ständigen Topos der Testamente."

lichen, wird jedoch von den Stiftern als eine Tat angesehen, welche in den Dienst des persönlichen Heilsstrebens gestellt ist. So war es ohne Zweifel die Absicht der Stifter, akademische Erziehung und theologische Ausbildung an der Universität Ingolstadt zu fördern, doch ebenso sehr waren es im religiösen Bereich verankerte Motive und Beweggründe, die zur Errichtung von Stipendienstiftungen geführt haben.

Exkurs: Seelgerät- und Jahrtagsstiftungen

Beim Referat der Stiftungen wurde darauf verzichtet, auf die mit den Stipendienstiftungen verbundenen Jahrtagstiftungen sowie auf die einzelnen Gebetsverrichtungen, denen die Stipendiaten stiftungsgemäß unterlagen, näher einzugehen, um in einem zusammenfassenden Exkurs diesen für die Geschichte und Entwicklung der Seelgeräte und Seelgerätestiftungen aufschlußreichen Komplex geschlossen zu behandeln. Wie das Wort ‚Seelgerät' (= Fürsorge, Ausrüstung für die Seele) schon sagt, soll der Seele des Verstorbenen geraten = geholfen werden. Man spricht auch von einer ‚donatio pro anima' bzw. einem ‚legatum pro remedio animae ad pias causas'. Begrifflich ist zu unterscheiden zwischen Seelgerät und Seelgerätstiftung. Bedeutet das erstere eine einmalige Gabe, die der Kirche oder den Armen zugewandt wird, so ist unter letzterem eine dauernde, ewige Zuwendung, mithin eine Stiftung zu verstehen. ‚Man gab ... ein Kapital, dessen Erträgnisse so groß waren, daß damit das Gedächtnis des Gebers dauernd gepflegt werden konnte. Das einfache Seelgerät wurde zum anniversarium, zur Jahrtagstiftung. Durch sie wurde sichergestellt, daß an Gedenktagen, vor allem am Todestag, in ständiger Wiederkehr für den Toten Messen gelesen wurden[28]'. Es entwickelten sich zwei Jahrtagstypen:

1. Dem Andenken des Verstorbenen soll nur durch gottesdienstliche Verrichtungen gedient werden.
2. Arme und Kranke, also ein weiterer Kreis von Menschen, sollen durch Spenden, Mahlzeiten etc. bedacht werden, um deswegen des Stifters dankbar im Gebet zu gedenken.

Die Erträgnisse von solchen Stiftungen wurden für einen doppelten Zweck, einem gottesdienstlichen und einem karitativen, bestimmt. ‚Damit zeigen sich die zwei Arten der Stiftung, die bis zur Gegenwart immer

---

[28] Vgl. dazu Liermann I 110. — Zur Etymologie: girāti (althochdeutsch) = Beratung, Fürsorge; geraete (mittelhochdeutsch), gerēde = Aus-, Zurüstung; Vor-, Hausrat. Kluge, F., Etymologisches Wörterbuch der deutschen Sprache ^{18}1960 249. Paul, H. und Betz, W., Deutsches Wörterbuch ^{5}1966 588: der Seele soll geraten = geholfen werden. — Siehe auch Grimm, J. und Grimm, W., Deutsches Wörterbuch X 1 1905 44 - 46; sowie Haberkern, E. und Wallach, J. F., Hilfswörterbuch für Historiker ^{2}1964 564 - 565.

wiederkehren, die Kultusstiftung und die Wohltätigkeitsstiftung, in einer Mischform, wie sie auch heute noch anzutreffen ist'[29].

Insgesamt zehn der Ingolstädter Stipendienstifter schließen ihren Stipendiengründungen eine ewige Jahrtagstiftung, meist unter Angabe einer konkreten Summe zu deren Abhaltung, an. Dieser Umstand ist für die Beurteilung der Stiftungsmotivation von Interesse, weil er das Gewicht wieder mehr auf das stifterliche Heilsverlangen verschiebt und die Uneigennützigkeit der gewährten Studienhilfe in Frage stellt. Immerhin verlangte keiner der Jahrtagstifter eine jährliche Gedenkpredigt zu seinem Lobe. Im ganzen dürfte es unmöglich sein, in dieser Kumulation und Überlagerung der Beweggründe dem einen Stiftungsmotiv vor allen anderen die Rolle des allein ausschlaggebenden oder auch nur wichtigsten zuzuerkennen.

Im einzelnen wurden folgende Jahrtage gestiftet: Georg *Zingel* bestimmte einen jährlichen Gulden für die Abhaltung des ,in den achttagen der hailigen Osterfeirn ... mit ainer gannzen langen vigily und ainer selmess durch die collegiaten' zu begehenden Jahrgedächtnisses zu. Jeder Zingel-Stipendiat ,briesterlichs ordens und geistlichs wesen' hat an diesem Tage eine Messe in der Meinung des Stifters zu lesen. Der Regens, der bei der Austeilung des gestifteten Guldens ein Anrecht hat, soll für die Abhaltung des Jahrgedächtnisses Sorge tragen, ,damit solicher jartag onabgengig belieb'.

Es ist anzunehmen, daß die 13 überschüssigen Gulden, die nach Auszahlung der vier *Adorf*schen Stipendiaten noch blieben, zum Teil für die Abhaltung des Jahrtages bestimmt waren. Während des Gottesdienstes sollen die Choräle ,O adoranda Trinitas' und das ,Salve Maria' erklingen. Sieben Gulden sind unter die Armen zu verteilen, zwei Gulden gehen in das Ingolstädter Spital, ein Gulden gehört den ,sundersiechen', zwei Gulden sind als Pestalmosen gedacht und ein etwaiger Rest ist den Hausarmen zu überlassen.

Das *Widmann*sche Jahrgedächtnis — abzuhalten am St. Dionysiustag — soll mit einer ,langen vigili und seelambt' verrichtet werden. Im übrigen ist es ,wie dann in doctor Zingels selige stift geordent ist' zu begehen.

---

[29] Liermann I 110. — Zu Seelgerät, Jahrtagstiftungen etc. vgl. folgende weiterführende Literatur: Bartsch, R., Seelgerätstiftungen im XIV. Jahrhundert: Festschr. K. von Amira 1908. Mitteis, H. und Lieberich, H., Deutsches Privatrecht ³1959. Schultze, A., Über Schenkungen an die Kirche 1916. Ders., Der Einfluß der Kirche auf die Entwicklung des germanischen Erbrechts: ZRG GA 35 (1914) 75 - 110. Ders., Augustin und der Seelteil des germanischen Erbrechts 1928. Lentze, H., Begräbnis und Jahrtag im mittelalterlichen Wien: ZRG KA 36 (1950) 328 - 364. Ders., Das Sterben des Seelgeräts: Österreichisches Archiv für Kirchenrecht VII (1956) 30 - 58. Siehe ferner die Artikel ,Schenkung', ,Messstiftung', ,Messtipendium', ,Requiem', ,Nekrologien', ,Memoria', ,Totengedächtnis', ,Anniversarium' in LThK sowie die Artikel ,Seelenmessen', ,Messtipendium', ,Requiem', ,Anniversarien' in RGG.

Schwebermairs ‚ewiger jahrtag' soll am Sterbetag des Stifters in der Kollegkapelle ebenfalls mit einer langen Vigil und ‚ainem seelambt für die abgestorbenen' verrichtet werden, und zwar in gleicher Weise, wie Zingel es verordnet hätte. Darüber hinaus wird dem Regens die Abhaltung des Jahrgedächtnisses in besonderer Weise ans Herz gelegt, nämlich ‚bey beschwerung seiner gewissen, wie er am jungsten tag dieselben zuveranntworten wirt schuldig sein'.

In den *Harrer-Eck*schen Jahrtagsverordnungen begegnen zum ersten Mal genauer und ausführlicher beschriebene Gebetsvorschriften: ‚Nach dem gesungen Evangelio soll sich der briester am althar umbkhern und mit andacht bitten', und zwar zunächst für Herzog Georg des Reichen Seele und für aller ‚fürsten und fürstin seelen, so gotseligclich von dem haus zw Bairn etc. in dem herrn entschlaffen und aus disem jamerthal verschieden sein'. Ein zweites Gedenken gilt Johann Eck, ein weiteres dem Stifter selbst, seinen Eltern und allen Anverwandten, und schließlich ist für alle Gläubigen überhaupt zu bitten. Alle Priesterkollegiaten mögen während dieses Seelenamtes, das am Abend des Michaelitages (Harrer-Ecks Namensfest) in der Kollegkapelle zu absolvieren ist, Messe lesen und die gleichen Fürbitten halten. Der mit der ordnungsgemäßen Abhaltung des Jahrtages betraute Regens erhält für seine ‚mhüe und arbeit' 1 fl., der Zelebrant 15 Pfennige, die Priesterkollegiaten je drei Kreuzer. Der Rest soll ‚durchaus gleich' unter alle Kollegiaten, ‚so helffen singen und lesen', verteilt werden. Der Regens ist unter Beschwerung seines Gewissens, über das er am Jüngsten Tage Rechenschaft abzulegen habe, für die ordnungsgemäße Durchführung des Jahrtages verantwortlich.

Der *Hofer*sche Jahrtag, der am Lichtmeßtage in der Kollegkapelle zu verrichten ist, unterscheidet sich nur wenig von dem Harrer-Eckschen. Die Ausführung der Fürbitten soll in der gleichen Weise geschehen, nur ist ein Gebetsgedenken für alle ‚meine guetäter' angeschlossen. Die Summe der zwei Gulden möge der Regens unter die Kollegiaten austeilen. Der Regens selbst und der Hofer-Stipendiat erhalten doppelt soviel wie die gewöhnlichen Stipendiaten. Der zelebrierende Priester erhält ebenfalls etwas mehr. Die Zugabe für letzteren unterliegt dem Gutdünken des Regens. Auch Hofer macht den Kollegleiter ‚bey beschwärung seiner gewissen' für die Einhaltung des angeordneten Jahrtages verantwortlich.

Der *Kripper*sche Jahrtag ist um den Todestag des Stifters in der Kollegkapelle mit Vigil und sich am nächsten Morgen anschließendem Requiem zu halten. Von den drei Gulden erhält einen der Regens; ein weiterer ist als Präsenzgeld zu gleichen Teilen unter die Stipendiaten, die die Vigil singen, zu verteilen. Acht Kreuzer gehören dem zelebrierenden Priester, zehn Kreuzer dem Chorleiter, zwölf Kreuzer dem Baßbläser, falls ein solcher vorhanden. Der übrige halbe Gulden soll unter jene Sangeskundigen verteilt werden, ‚so ihre stimmen ain jeder für sich allein vertretten khönnen'. Läßt der Gesang der Stipendiaten zu wünschen übrig, so soll ihnen nicht mehr als ein halber Gulden gereicht werden. Der dritte Gulden ist am Sonntag nach dem Jahrgedächtnis durch den Regens ‚in beywesenn zwayer seniorn' unter die Hausarmen und Bettler der beiden Ingolstädter Pfarreien zu verteilen. Während des Seelenamtes soll sich der Zelebrant am Altar umwenden und ‚für des stiffters auch anderer (so im original benennt werden) seelen bitten'.

Anna *Sterkel* macht keinerlei Angaben bzgl. ihres gestifteten Jahrtages. Sie überweist dem Kolleg lediglich 25 fl., welche bei der damals üblichen fünfprozentigen Verzinsung 1¹/₂ fl. abgeworfen haben dürften.

Die Exekutoren der *Benz*-Stiftung sparen sich jegliche Angabe hinsichtlich des abzuhaltenden Jahrtages mit dem Hinweis, dieser sei zu verrichten ‚auf masz und weisz, wie etwo ander dergleichen jartäg' verrichtet würden.

Der *Eisengrein*sche Jahrtag ist um ‚Mitfasten' in der Ingolstädter Franziskanerkirche mit gesungener Vigil und Requiem zu halten. Während des Gottesdienstes haben die beiden Eisengrein-Stipendiaten Chorkleider zu tragen. Die Aufsicht über eine ordnungsgemäße Abhaltung wird dem Kollegregens übertragen.

Pemler schließlich verfügt, alle Quatember im Ingolstädter Barfüsserkloster gegen ein Entgelt für den Stifter, ‚sein hausfrawe', seine Eltern und alle verstorbenen Familienangehörigen ein Seelenamt zu lesen[30].

Den Charakter von Seelgeräten erhielten die Stipendienstiftungen jedoch nicht nur durch die Verbindung mit Jahrtagstiftungen; als fromme Handlungen erfüllten sie schon an sich selbst den Zweck, das Seelenheil des Stifters zu befördern, wie etwa die gebetsähnlichen Schlußformeln der Stiftungsurkunden bezeugen[31]. Überdies schrieben eine Reihe von Stiftern ihren Stipendiaten Gebete für ihr eigenes und für das Seelenheil ihrer Familienangehörigen vor. Eine Ausnahme machen nur die Stiftungen Grills und Landaus, die weder durch Jahrtagsstiftungen noch durch Gebetsauflagen oder in anderer Form auf das Seelenheil des Stifters Bezug nehmen.

---

[30] Es handelt sich in diesem Falle nicht um ein Anniversarium.
[31] So von den Stiftungen ohne Jahrtag die Urkunden Zeys', E. Wolfs, Kurz', Furtmairs, Flachs, M. Wolfs, Ecks und Fators; von den übrigen die Urkunden Harrer-Ecks, Hofers, Benz' und Eisengreins.

IV. Die Verwaltung der Stipendien

Anhand der Stiftungsstatuten der einzelnen Stipendien konnte aufgezeigt werden, welche *theoretische* Rolle dem Landesherrn, der Universität und den Präsentatoren von den Stiftern zugewiesen worden ist. Wie aber stand es um die *praktische* Handhabung der Stipendienstiftungen? In welchem Maße bewahrten und befolgten die mit der Unterhaltung der Stiftung beauftragten Personen die ihnen zugewiesenen Rechte und Pflichten? Wie war es um die landesherrliche Stiftungsaufsicht und ihre Funktion bestellt? Kann von einer landesherrlichen Einflußnahme auf den Stifterwillen gesprochen werden? Um diese Fragen zu beantworten, müssen die oben bereits anhand des erhaltenen Aktenmaterials festgestellten Einzelschicksale der Stipendien in gleichem Maße Beachtung finden wie das Gesamtschicksal des herzoglichen Kollegs als Träger der Stipendien.

Etwa aus der Mitte des 16. Jahrhunderts ist ein anonymes Memorial erhalten[32], welches skizzenhaft die Bestimmungen des georgianischen Stiftungsbriefes aufzählt. Diesen schließen sich, ebenfalls in Kurzform, die Stiftungsstatuten jener vier privaten Stiftungen an, welche bis zum Zeitpunkt der Abfassung des Schriftstückes errichtet wurden. Dieses Dokument ist insofern aufschlußreich, als es mit kommentierten Marginalien versehen ist, welche Einblicke in die Gegebenheiten und Verhältnisse des Kollegs gestatten.

Der Marginaltext umreißt in drei Punkten den Zweck der georgianischen Stiftung; diese sei bestimmt

1. ‚in finem studendi theologiam erga haereticos,
2. solummodo pro pauperibus,
3. ad commodum ducatus'.

Diese Auffassung von Stiftungswerk entspricht den Bestimmungen des herzoglichen Stiftungsbriefes. Das gilt insbesondere für die Forderung der Bedürftigkeit der Stipendiaten wie auch für den bezweckten Nutzen des Herzogtums. Das Studium der Theologie war für den Fall vorgeschrieben, daß es einem Stipendiaten gelang, vor Ablauf seiner auf fünf Jahre befristeten Stipendiendauer das Magisterium zu erwerben. Dieser verlangte Studienverlauf scheint nun aber nicht immer eingehalten worden zu sein, denn der Marginalist fügt hinzu: ‚auf disem were guet, das wolgehalten wurde'[33].

---

[32] StA Obb GL 1477/1, 95 ff.

[33] Der Marginalist kommentiert die Forschung nach dem Priesterstand des Regens mit den Worten: „Modernus regens non est sacerdos nec ut apparet fiet." Damit dürfte der Regens Johann Spreter gemeint sein (1551 - 54), der im August 1554 zum Dr. iur. promovierte (Schmid 94, Mederer I 224, 239; UA D III 6, 179). Der gleiche Einwand gegen Spreter findet sich in den „Praecipua puncta de quibus mandandum est universitati" (StA Obb GL 1477/1, 99 f.).

Von den übrigen Marginalien sei noch diejenige herausgegriffen, welche der Aufzählung der elf präsentationsberechtigten Städte beigegeben ist. Zwei dieser Städte gehörten nicht mehr dem Herrschaftsbereich des bayerischen Herzogtums an und hatten sich inzwischen von der katholischen Religion abgewandt. Vermutlich dachte der Marginalist an die Städte Lauingen und Hilpoltstein, als er feststellte: ‚Et sic vix potest ab eis auferri ius praesentandi etsi amplius ducatui non subsint'. Zu welchen Kompromissen der bayerische Herzog im Falle Hilpoltsteins bereit war[34], zeigt sich daran, daß er den Hilpoltsteiner Stipendiaten von der Pflicht zum Theologiestudium und zum Kirchen- und Schuldienst befreite[35]. Das Stipendium garantierte er ihm in voller Höhe, doch — und hier war weder der Herzog noch der damalige Regens Christian Kripper zu Zugeständnissen bereit — mußte der präsentierte Kandidat katholischen Glaubens sein.

An dieser Bedingung hielt im August 1570[36] auch die Universität fest, als sie einen Hilpoltsteiner Kandidaten, der die Ablegung des tridentinischen Glaubensbekenntnisses verweigerte, abwies und diese Entscheidung in einem Schreiben an die Stadt Nürnberg verteidigte. Herzog Georg habe seinen Stipendiaten Gebete an die Jungfrau und die Heiligen auferlegt, wie könne man dergleichen von einem Protestanten verlangen? Überhaupt sei das Kolleg zum Zweck der Erhaltung der unverfälschten katholischen Lehre gegründet worden, und diesen stifterlichen Wunsch habe man zu respektieren. Es sei hier daran erinnert, mit welcher Selbstverständlichkeit im Jahre 1563 ein Anwärter auf das Grill-Stipendium mit der Begründung abgewiesen wurde, er sei ‚sectisch'; der Herzog, der Präsentator und die Universität stimmten in dieser Auffassung völlig überein[37]. Daß in der Folgezeit Stipendien gestiftet wurden, auf die auch Protestanten präsentiert werden durften[38], widerspricht dieser Beobachtung nur auf den ersten Blick; solche Stipendiaten sollten nicht toleriert, sondern konvertiert werden, und der Mißerfolg dieses Versuchs zog den Stipendienverlust gewöhnlich in kurzer Frist nach sich.

Es gibt gewisse Anzeichen dafür, daß kurz nach der Jahrhundertwende nicht alle Stipendiaten für unverdächtig katholisch gelten konnten. Wiederholt wurde gefordert, darauf achtzugeben und einen Präsentaten, der ‚in der religion nit gerecht' sei, ohne Rücksicht auf das Präsentationsrecht abzuweisen[39].

---

[34] Das Amt Hilpoltstein war von 1542 bis 1578 im Pfandbesitz von Nürnberg, kam 1582 an Pfalz-Neuburg zurück und wurde 1627 rekatholisiert (K. Bosl, Handbuch der historischen Stätten Deutschlands 7, ²1965, 196 f.).
[35] Prantl II 241 ff.
[36] GA II 102, 1, 31. 8. 1570.
[37] Vgl. oben S. 65.
[38] Vgl. die Stiftungen Landaus, Benz' und Eisengreins.
[39] So die „Praecipua puncta" (vgl. oben S. 129). Vgl. auch Prantl II 250 f.

IV. Die Verwaltung der Stipendien

Der Konflikt mit den Hilpoltsteinern dürfte in unmittelbarem Zusammenhang stehen mit der von Herzog Albrecht V. in den Jahren 1562/63 vorgenommenen Reform des Georgianums. Sie erfolgte im Rahmen einer allgemeinen Universitätsreform; die Bestimmungen jener ‚Capita reformationis' von 1563[40] gehen direkt auf die 1555 verabschiedete und 1562 erneuerte herzogliche ‚Reformation' zurück[41]. Sie bedeutet eine entscheidende Zäsur in der Geschichte des Kollegs, indem sie die Stiftungsbestimmungen über Studienzeit und -gang der Stipendiaten bedeutsam veränderte.

Gemäß den neuen Statuten mußte jeder Stipendienbewerber mindestens 16 Jahre alt sein, einigermaßen die lateinische Grammatik beherrschen und zum Eintritt in den ‚ordo ecclesiasticus' bereit sein; eine Forderung, welche in dieser Eindeutigkeit im georgianischen Stiftungsbrief von 1494 nicht erhoben worden ist. Artistendekan und Kollegregens sollten den präsentierten Stipendiaten prüfen und, für den Fall seiner Annahme, an die Ergreifung des geistlichen Standes erinnern (‚... moneant ordinis ecclesiastici, in quo futuri sunt'[42]). Herzog Georg habe zwar eine fünfjährige Stipendiendauer verordnet, doch es sei Herzog Albrechts Wille, ‚ut his quinque annis alii tres subnectantur'. Diese Verlängerung begründend fährt der Text fort :‚Huius voluntatis ea ratio est, ut studiis theologiae se fingant et forment aptos ad ordinem ecclesiasticum. Primis ergo tribus aut quator annis consequantur magisterium, reliquos ponant in theologia'. Nach vollendetem Studium hatte der junge Geistliche in herzogliche Dienste zu treten bzw. sich zu Kirchendiensten gebrauchen zu lassen. Sollte der Fall eintreten, daß ein Stipendiat sein Studium nicht in der vorgeschriebenen Weise vollendete, so war dieser verpflichtet, das Stipendium ‚cum primum potest per fortunae facultates' in voller Höhe zurückzuzahlen, es sei denn, ein solcher Nicht-Theologe erwiese sich als fähig, dem Fürsten in anderer Weise zu dienen. Vor der Statutenerneuerung bestand für den Stipendiaten nur dann die Pflicht zum Theologiestudium, wenn nach erlangtem Magisterium noch Zeit dazu blieb. Er konnte andererseits mit der Erwerbung dieses Grades sein Studium beenden. Eine Rückerstattungspflicht der für ihn aufgewendeten Gelder bestand vor der Statutenerneuerung keinesfalls.

Im georgianischen Stiftungsbrief wird im Gegensatz zu den albertinischen Bestimmungen nicht die Forderung nach Eintritt in herzogliche Dienste erhoben. Vielmehr trat bis zur albertinischen Statutenerneuerung der klerikale Charakter des Kollegs im Sinne einer den geistlichen Nachwuchs fördernden Stiftung hinter dem primären Anliegen Herzog Georgs, Armen und Bedürftigen zu hohen Künsten zu verhelfen, zurück. Der

---

[40] Prantl II 240 f.
[41] Prantl II 209 ff. und Mederer IV 312 ff.
[42] Prantl II 240.

Unterschied zwischen der georgianischen und der albertinischen Auffassung von den Aufgaben, die das Kolleg zu erfüllen hat, ist offensichtlich: hatte Herzog Georg noch das Hauptgewicht auf die Erlangung des akademischen Magistergrades gelegt, so verlagerte und erweiterte Herzog Albrecht den ursprünglichen Zweck der Stiftung, in dem er durch seine Statutenerneuerung dem Kolleg den Charakter eines herzoglichen Priesterseminars aufprägte. Sein Ziel war es, den Priesternachwuchs im Herzogtum zu fördern. Somit gab Herzog Albrecht dem Georgianischen Kolleg einen neuen Sinn.

Es bleibt jedoch auf den Umstand hinzuweisen, daß Herzog Albrechts Reformbestimmungen ausschließlich die herzoglichen Stipendiaten betrafen, nicht die zahlreichen Inhaber privater Stipendien; heißt es doch bereits in der älteren Redaktion, nach vollendetem Studium seien die Stipendiaten schuldig, in fürstliche Dienste zu treten, doch jene ausgenommen, ‚so auf sonnder ortt und fleckhen ausser landts fundirt'. Und in der endgültigen Fassung von 1562 heißt es entsprechend: ‚Iis tamen, qui stipendiis externis alio modo ac in alium finem fundatis fruuntur, nihil derogatum volumus[43].' Das bedeutet eine klare Ausklammerung der privaten Stipendienstatuten von den Bestimmungen der Reformation.

Entschieden trat der Herzog im Jahre 1567 dem Kollegregens Christian Kripper entgegen, der die Auffassung vertreten hatte, die Bestimmungen von 1562 müßten auch auf die privaten Stipendien Anwendung finden[44]. Dies ist ein Beweis für die Tatsache, daß, obwohl der Landesherr zwar einerseits als oberste Instanz in Stiftungsangelegenheiten wiederholt angerufen wurde, er dennoch nicht auf die Stiftungsstatuten der privaten Stipendien regulierend Einfluß nahm, sondern sich vielmehr als Garant, Bewahrer und Schutzherr der erlassenen Stiftungsbedingungen privater Wohltäter erwies und deren Willen respektierte.

V. Die Verhältnisse im Georgianum

Zwei umfangreiche Briefe des Kollegregens Christian Kripper (1562 - 1570) an den Herzog[45] sind geeignet, einen Eindruck von den Geschicken des Kollegs in der Zeit zwischen der Reform von 1555/63 und der 1587 von Herzog Wilhelm V. vorgenommene Kollegvisitation zu vermitteln. Von der Gewichtigkeit, welche Kripper seinem Schreiben vom 27. Januar 1565 beimaß, zeugt die durchaus nicht übliche Briefaufschrift ‚zu aigenen handen' (des Herzogs). Auch des Regens einführende Worte unterstreichen die Bedeutung seines Anliegens. Obwohl der Herzog mit zahlreichen ‚reichshandlungen und mühesamer landsregierung' beladen sei, bittet Kripper ihn als den ‚obersten schutzherrn' des Kollegs um Gehör.

---
[43] Mederer IV 316.
[44] Vgl. oben S. 52.
[45] StA Obb GL 1477/3, 152 ff. und 174 ff.

Der Inhalt des Briefes betrifft zwei herzogliche Privilegien, welche es dem mit Namen nicht bekannten Inhaber der Ingolstädter Kollegiatur sowie einem gewissen Hebraeus gestatteten, außerhalb des Kollegs ihre Stipendien zu genießen. Kripper bestreitet auf das heftigste die Zweckmäßigkeit von derartigen Ausnahmeregelungen und weist warnend auf die zu befürchtenden Folgen für das gesamte Kolleg hin: niemals bisher in der Geschichte des Georgianums sei jemandem die Erlaubnis erteilt worden, außerhalb des Kollegs sein Stipendium zu genießen, es sei denn, der Betreffende sei Priester gewesen bzw. habe kurz vor der Priesterweihe gestanden. Allmorgendlich sei in der Kollegkapelle durch die Stipendiaten der Marienkurs zu verrichten, auch seien für die lebenden und verstorbenen Wohltäter und Erhalter des Kollegs, vornehmlich aber ‚für das hochlöblich hauß Bayrn' Fürbitten zu sprechen. An Feiertagen hätten die Stipendiaten durch ihren Gesang den Gottesdiensten das ihrige beizusteuern; ferner hätten sie die ‚biblisch schrift, ainer umb den andern, über tisch (zu) lesen'. Schließlich habe der Kollegregens zu jeder Zeit das Recht, die Stipendiaten zu Dienstleistungen heranzuziehen, sei es ‚ins collegii sachen etwas zu schreiben, oder das gülttraid abgewechsleter weiß auf den kasten zu ziehen, doch on versambnus irer studien, ... damit khainer zu ainicher stund an seinen publicis oder privatis lectionibus verhindert werd'. All diesen Verpflichtungen aber könne ein Stipendiat bei auswärtigem Wohnen nicht nachkommen; deshalb habe er, Kripper, sich nicht zuletzt dem Rektor gegenüber wiederholt geweigert, solches zu gestatten. Der Regens fährt fort: ‚Da nun herr rector[46] gemerkhrt, das in disem faal bey mir nichts zuerhalten, hat er nescio quo plausibili praetextu ... von E. F. Gn. ein geschäfft ausgebracht, das ich dem Ingelsteter stipendiaten, welchen er in seinem dienst ausserhalb des collegii braucht, sein stipendium hinaus volgen lassen sol.' Ein Verwandter des Rektors, Hebraeus mit Namen, habe ferner, als er bemerkte, wie des Rektors ‚haimbliche practik so glükhlich angangen' — ohne Zweifel durch des Rektors ‚anstifftung' — für seinen Sohn beim Herzog eine gleichartige Ausnahmeregelung erreicht.

Fünf Gesichtspunkte sind es, aus welchen Kripper seine Ablehnung der herzoglichen Entscheide ableitet. Erstens sei zu befürchten, daß jeder, der irgendwie in des Herzogs Gunst stünde, auf diese Weise erreichen könne, vom Kolleg einen Stipendiaten als Famulus abgestellt zu bekommen. Mit anderen Worten, hier sei ein gefährlicher Präzendenzfall geschaffen, auf welchen sich zu berufen von nun an eine Möglichkeit bestünde. Zweitens bestünde in Zukunft Gefahr, daß ‚gotselige männer', welche sich vorgenommen hätten, eine Stipendienstiftung zu errichten, ihr Vorhaben nicht ausführen würden; sobald sie erführen, daß selbst die Schützer und Bewahrer von Stiftungen dieselben ‚in privatos usus'

---

[46] Martin Eisengrein.

wenden, müßten sie annehmen, daß, da sogar der ‚höchsten oberkhait stifftung' nicht verschont wird, um so mehr die Stiftung eines ‚privati hominis' der Gefahr einer Zweckentfremdung ausgesetzt sei. Auch würde der Unwille der übrigen präsentationsberechtigten Städte erregt, da befürchtet werde, man wolle ihnen ihre Privilegien nehmen oder schmälern. Ihm sei bereits zu Ohren gekommen, wie die Bürger es für unbillig halten, daß sich ihr Pfarrer Harsaeus unterstehe, ihren Stipendiaten zu seinen privaten Diensten zu gebrauchen. Ferner seien auch jene im letzten Sommer zur Erweiterung des Kolleggebäudes vom Herzog aufgewendeten Gelder umsonst ausgegeben worden. Dieser Bau sei auf Rat des nunmehr verstorbenen Superintendenten Staphylus zum Zwecke der Priesterausbildung jener Kandidaten, welche die Bischöfe und Äbte Bayerns in Zukunft auf die Ingolstädter Hochschule schicken würden, vorgenommen worden. Bis auf den heutigen Tag beklagten sich die Bischöfe und Äbte, daß ihre ‚ordinandi' in der Stadt Wohnung nehmen müßten, weshalb sie ‚bey tag und nacht frey seind und ire iungen täg sambt dem gelt ubl anlegen'. Kripper stellt die rhetorische Frage: ‚Wer wolt aber nun die seinen ins collegium verordnen, wann er merkhet, daß man die, so darin gestifft seind, heraus nämb?' Letztlich, so befürchtet der Regens, gebe man allen Kolleginsassen einen Vorwand, auch außerhalb des Kollegs wohnen zu dürfen. Diese wollten sich vor den Verpflichtungen, die ihnen das Kolleg auferlegt, drücken. Einige unter ihnen, die Söhne armer Witwen, hätten Grund genug, bei ihren Müttern die Mahlzeiten, die sie mit ihren Stipendiengeldern bezahlen, einzunehmen. Großer Streit aber würde entstehen zwischen jenen, die weiterhin im Kolleg wohnen müßten und jenen, bei denen man eine Ausnahme gestatte. Hinzu käme, daß der Schaffner des Kollegs der Kostgelder verlustig ginge.

Das herzogliche Antwortschreiben ist äußerst kurz und geht auf die Darlegungen Krippers kaum ein[47]. Man habe gute Gründe gehabt, den beiden Stipendiaten ein auswärtiges Wohnen zu gestatten. Im übrigen trage der Herzog 'gnedigs gefallen, das ir euch mergedachts unsers collegii wolfart und aufnemung zum besten und getreulichsten laßt angelegen sein'.

Ein weiteres Schreiben Krippers an Herzog Albrecht stammt vom Dezember 1566[48]. Kripper legt dar, daß er gemäß den Bestimmungen der Kollegreform und mit Vorwissen des Superintendenten auf die Stipendien der Städte Ötting, Lauingen, Hilpoltstein und Ebern von sich aus Landeskinder gesetzt habe, die vorschriftsgemäß verpflichtet worden seien, dem Herzog später ihre Dienste anzubieten. Bei dem Stipendium der Stadt Ebern, das mit den anderen in eine Reihe gestellt wird, handelt

---
[47] StA Obb GL 1477/3, 156.
[48] StA Obb GL 1477/3, 174 ff.

es sich um die Stiftung des Johann Zeys aus dem Jahre 1543. Kripper verstand also die herzogliche Reform dahingehend, daß sich ihre Bestimmungen auch auf die privat gestifteten Stipendien erstreckten; oben ist gezeigt worden, daß der Herzog in seiner Erwiderung diese Interpretation nicht bestätigte. Kripper beklagt sich nun über die Universität, die ohne sein Wissen zunächst einen Öttinger und wenig später einen aus Ebern stammenden Studenten angestiftet habe, sich zu Hause Präsentationsurkunden zu besorgen, obwohl die beiden Stipendien inzwischen anderweitig besetzt worden seien. Er, Kripper, habe seinerzeit die betroffenen Städte ordnungsgemäß zur Präsentation aufgefordert, sie hätten aber die Termine verstreichen lassen. Den jetzigen Inhabern dieser Stipendien sei nichts vorzuwerfen, Vakaturen gebe es im Moment nicht, auch sei das Kolleg noch von dem Neubau her verschuldet. Die Universität bestehe darauf, daß die Kandidaten aus Ötting und Ebern aufgenommen würden, dann müsse der Herzog aber seine Reformbestimmungen ändern oder die betroffenen drei jetzigen Stipendiaten auf andere Weise, etwa ‚aus gemainer universitet cammer', versorgen lassen.

Das Verhältnis zwischen dem Regens und dem Senat muß um diese Zeit nicht erfreulich gewesen sein. Voller Bitterkeit wehrt sich Kripper gegen die ‚wilden sentenzen', durch die er fortwährend belästigt werde. Dabei habe er sich unter Hintansetzung seiner Studien und seiner Gesundheit um die bauliche Erweiterung des Kollegs gekümmert und selbst sein Geld, das er ‚ererbt, erdient und erspart' habe, nicht geschont. Zum Dank werde er verfolgt und habe Mühe, die dargestreckten Summen, die er zur Unterstützung seiner Familie und für eine Stiftung ‚ad pias causas' benötige, vom Herzog zurückzuerhalten.

In den Jahren 1586/87 ließ Herzog Wilhelm V. eine Visitation des Georgianums vornehmen, aus der sich einige Dokumente erhalten haben. Die ‚Responsio ad difficutates quae possunt emergere', die Prantl gedruckt und überzeugend als Werk des Regens Robert Turner (1584 - 87) nachgewiesen hat[49], stellt einen wohl vom Herzog angeforderten Situationsbericht dar, der durch wiederholte Hinweise auf die Regentschaften der drei Vorgänger Kripper, Klenk und Vischer verschiedentlich apologetischen Charakter erhält. Das Kolleg, führt Turner aus, sei seit seiner Gründung beträchtlich gewachsen; die Zahl der Stipendiaten habe stark zugenommen, zumal er sich im Gegensatz zu seinen Vorgängern darum bemühe, möglichst wenig Stipendien unbesetzt zu lassen. Einige Vakaturen seien allerdings notwendig, um die gestiegenen Ausgaben abzudecken; die Kollegiatur von Lauingen und das Schwebermair-Benefizium dienten seit Kripper zur Besoldung des Regens. Turner beziffert die

---

[49] Prantl I 342 und II 333 ff.

Belegschaft des Georgianums auf 70 - 80, darunter waren aber offenbar die Konviktoren einbegriffen[50]. Ein wohl von 1580 stammendes Einnahmenverzeichnis des Georgianums[51] berechnet die jährlichen Gesamteinkünfte auf 1552 Gulden; sie flossen aus insgesamt 138 Schuldverschreibungen. Nur ein geringer Teil dieser Gülten läßt sich den einzelnen Stipendienstiftungen zuordnen[52], die meisten werden ohne solche Angaben aufgeführt, sei es aus Unkenntnis oder aus Nachlässigkeit.

Allem Anschein nach befand sich das Kolleg zu dieser Zeit in einer schwierigen wirtschaftlichen Lage. Am 7. November 1585 nahmen herzogliche Kommissare eine Untersuchung vor, die damit endete, daß Regens Turner gemeinsam mit dem Universitätskämmerer Caspar Lagus am 10. März 1586 unter Arrest gestellt wurde[53]. Hinzu kamen disziplinarische Schwierigkeiten[54], die den Herzog schon früher zum Einschreiten veranlaßt hatten. Angesichts dieser Mißstände forderte Herzog Wilhelm Ende 1586 die philosophische Fakultät zu einer gutachtlichen Äußerung über das Kolleg auf. Diese erfolgte am 21. Januar 1587[55]. Die Fakultät schlug zunächst vor, daß man sich eine klare Übersicht über die Einnahmen des Kollegs verschaffen sollte; in Zukunft sei der Regens anzuhalten, wenigstens zweimal im Jahr Rechnung zu legen. Alle Urkunden und Gültbriefe seien zu sammeln und sorgfältig unter Verschluß aufzubewahren. Stipendiengelder dürften künftig nicht mehr zweckentfremdet, schwache Stipendien nicht zusammengelegt, sondern nach Möglichkeit aufgestockt werden; für Neustiftungen sei ein Mindestsatz von 40 Gulden festzulegen.

Das Gutachten beweist, daß außer Studenten der artistischen und theologischen auch solche der juristischen und medizinischen Fakultät im Kolleg wohnten; ihnen sei das neue Haus zu überlassen, die ‚domus antiqua' und den Kripperbau könne man für die Stipendiaten und artistischen Konviktoren reservieren.

---

[50] Hier irrt Prantl II 342.
[51] StA Obb GL 1477/3, 34 ff.
[52] 10 fl. für die Klenk-, 50 fl. für die Benz-, 90 fl. für die Eisengrein-, 10 fl. für die Furtmair-, 150 fl. für die Eck- und 10 fl. für die Zingel-Stiftung. Die Sterkel- und Klenkzinsen sind nicht als solche kenntlich gemacht. Das Grill- und das Landau-Stipendium flossen ohnehin von der Universitätskammer.
[53] Mederer II 105.
[54] Im Mai 1584 kam es zu einem blutigen Zusammenstoß zwischen dem Regens und dem Kolleginsassen Thomas Erkherus aus Innsbruck (i. 22. 10. 1582). Er und die Zeugen Johannes Leonhard May (i. 22. 3. 1578), Caspar Gebbauer (i. 4. 7. 1581), Jeremias Georg Schönawer (i. 9. 11. 1581) dürften Stipendiaten gewesen sein, ebenso wie Joachim Dennich und Caspar Keller (vgl. S. 43 und 101). Vgl. UA D III 8, 66 ff. — Vgl. zu den disziplinarischen Problemen auch Prantl I 342 und Mederer II 105. Im Zusammenhang mit Visitation von 1586 dürfte auch die Befragung der Kollegbewohner vorgenommen worden sein, deren Protokoll in StA Obb GL 1477/3, 105 ff. vorliegt.
[55] Prantl II 335 ff.

Ende Oktober 1587 sandte Herzog Wilhelm erneut Kommissare mit einer ausführlichen Instruktion[56] nach Ingolstadt. Sie erhielten Weisung, das Georgianum unverzüglich zu reformieren, die Stipendiaten zu überprüfen (ob von ihnen ‚ein gewisse frucht zuverhoffen sei'), insbesondere auch einige von den ‚nit ad certam facultatem per fundationem adstringiert(en)' Stipendien an Medizinstudenten zu wenden; dafür standen schon zwei Kandidaten bereit. Schließlich sollte geprüft werden, ob das Kolleg mit einem geschickten und tauglichen Regens versehen sei.

Das undatierte Gutachten der herzoglichen Kommissare[57] kommt zu dem Schluß, daß der Erfolg der ganzen Reform im wesentlichen davon abhänge, ob man einen geeigneten Regens finde. Er solle auch die Aufgaben eines Kastners übernehmen, weiter sei dann nur noch ein Einkäufer vonnöten und ein Koch, den man bei den Münchener Jesuiten bekommen könne. Die Stipendiaten müßten getrennt nach Fakultäten wohnen, wobei jeweils der Senior der drei höheren Fakultäten als ‚prefectus' wirken solle, um eine bessere Disziplin zu gewährleisten, aber auch um den Regens zu entlasten. Aufgabe des Präfekten solle es sein, mit seinen Studiengenossen zu repetieren. Man möge mit diesem Amt arme Stipendiaten betrauen, denen als Entgelt jährlich ‚etlich' Gulden zu reichen seien. Unter der Regentschaft des Erasmus Wolf (1544 - 1551) sei solches im Kolleg bereits praktiziert worden. Ferner solle den ‚holzhackheren und waschnern, auch anndern schlechten burgern' Ingolstadts verboten werden, Studenten in Kost zu nehmen; das Kolleg solle solche Studenten als Konviktoren aufnehmen.

Nach Auskunft des Regens waren augenblicklich 12 Stipendien vakant; davon seien etliche ‚ad certum finem', einige gewährten jedoch freie Studienwahl; auf letztere möge der Herzog ‚cum consensu presentatorum studiosos medicine' schicken[58].

Bei solch mannigfachen offenbaren Mißständen im Kolleg ist es keinesfalls verwunderlich, wenn zu jener Zeit die private Stiftertätigkeit völlig aussetzt, denn wer würde schon eine Stipendienstiftung unternehmen wollen, wenn er befürchten mußte, die Stipendienraten würden zu anderen Zwecken, etwa zur Aufbesserung des Regentengehaltes, verwendet? Oder sie würden gänzlich im allgemeinen Durcheinander des Kolleghaushaltes verschwinden? Ganz zu schweigen von den nachlässig oder gar nicht abgehaltenen Jahrtagen und Vigilien, von denen die Stipendiaten berichteten[59]. Auch die nicht ausreichende Verpflegung

---

[56] StA Obb GL 1477/4, 60 ff. Sie fordert u. a. auch Auskunft über das sonst unbekannte „Velische" Stipendium; vgl. auch Schmid 45 und Prantl I 344 sowie vorn S. 56.
[57] StA Obb GL 1477/4, 51 ff.
[58] Als Kandidaten für ein Medizinstipendium hatte der Herzog den Magister (Benedikt) Geiger genannt (i. 29. 11. 1584, nachträglich als Dr. med. bezeichnet).
[59] Bei der oben S. 136 erwähnten Befragung.

machte das Kolleg nicht sehr attraktiv. Ganz anders zu Zeiten Krippers und Klenks: nie war die Stiftungsfreudigkeit so groß in der Geschichte des Kollegs wie in der Zeit ihrer Regentschaften. Die Tatsache, daß zu ihrer Zeit so auffallend oft gestiftet wurde, deutet in gleichem Maße auf Prestige und Florieren des Kollegs, wie die Erlahmung der Stiftungsfreudigkeit in den achtziger Jahren des 16. Jahrhunderts auf einen Niedergang des Ansehens des Kollegs hinweist. Worin letztlich die Ursachen für einen solchen Auf- und Niedergang zu suchen sind, wird wohl kaum mehr völlig geklärt werden können. Sicherlich aber kann gesagt werden, daß das Wohl des Kollegs weitgehend von einer starken Persönlichkeit des ihm vorstehenden Regens, welche die wirtschaftlichen Interessen des Kollegs tatkräftig und umsichtig zu bewahren wußte, abhängig war.

Auch die allgemeine Geldentwertung dürfte jedoch den wirtschaftlichen Niedergang des Kollegs mitverschuldet haben. Die Stammstipendien waren bei der Gründung auf 20 Gulden angesetzt, 1555 um 1 bis 3 Gulden aufgebessert worden[60] und hatten 1565 25 Gulden betragen; jetzt 1587 forderte die Artistenfakultät für Neustiftungen einen Mindestsatz von 40 Gulden[61]. Ähnliches ist für das Regensgehalt festzustellen: ursprünglich auf 40 Gulden bestimmt, betrug es unter Turner bereits 109 fl., und 1587 forderte die Artistenfakultät sogar 200 fl.[62]. Damit stimmt der etwa seit 1560 zu verzeichnende Anstieg der privaten Stipendienraten überein. Von der Landau-Stiftung (1575) kann wohl mit Recht vermutet werden, daß der Stifter ursprünglich die Einrichtung von *zwei* Stipendienplätzen beabsichtigte, doch unter ausdrücklicher Rücksicht auf die herrschenden teuren Zeiten davon absah und nur einen Stipendienplatz schuf, da ihm die Summe von 60 jährlichen Gulden zur Unterstützung zweier Studenten nicht ausreichend erschien. Immerhin befahl er den Verwaltern seiner Stiftung, in künftigen, besseren Zeiten das Stipendium zu teilen, so daß zwei Studenten versorgt werden könnten. Als schließlich im Jahre 1593 der Artistenfakultät die Oberaufsicht auf das herzogliche Kolleg, welche sie seit dessen Stiftung nun 99 Jahre lang geführt hatte, durch ein fürstliches Dekret genommen und dem akademischen Senat übertragen wurde, sollte ein neuer Anfang zur Sanierung des Kollegs unternommen werden. Die vom Herzog zu diesem Zwecke bestellten Administratoren Albert Hunger, Caspar Lagus und Philip Menzel sahen sich gewiß nicht vor eine leichte Aufgabe gestellt[63].

---

[60] Prantl II 241.
[61] Prantl II 337.
[62] Prantl II 333 und 335.
[63] Prantl I 445 und Mederer II 133 f.

VI. Besetzungen und Vakaturen

Es ist ganz unmöglich, auch nur ein einigermaßen zufriedenstellendes Bild der Stipendienvakanzen bzw. der Frequenz des Georgianischen Kollegs zu liefern. In den Quellen finden sich nur hier und da Anhaltspunkte. Lediglich für die Ingolstädter Kollegiatur sind für das gesamte 16. Jahrhundert die Namen der Stipendiaten bekannt[64]. Ebenfalls mit Namen überliefert sind für den Zeitraum von 1563-1600 sämtliche durch den Ingolstädter Magistrat präsentierten Inhaber sowohl des Adorf- wie des Pettendorfer-Stipendiums[65]. Von den übrigen Stipendien konnten nur wenige Namen von Inhabern festgestellt werden. Die Universitätsmatrikel bezeichnet Stipendiaten in der Regel nicht als solche[66].

Aufgefunden werden konnte dagegen ein Verzeichnis[67], welches alle zum Zeitpunkt seiner Abfassung vorhandenen Stipendiaten enthält und über die Besetzungsverhältnisse der Stipendien Auskunft gibt. Dieses Verzeichnis ist auf das Jahr 1607 zu datieren und gehört nicht in den zeitlichen Rahmen der Untersuchung. Dennoch verdient dieses Dokument Aufmerksamkeit.

Unter großer Sorgfalt hat der Verfasser zu einem jeden Stipendium — die herzoglichen mit inbegriffen — Angaben über den derzeitigen Zustand gemacht. Insbesondere werden in kurzen Worten die Stiftungsbestimmungen wie Dotation, Stipendiendauer, Studienrichtung etc. dargestellt, wobei unter besonderem Nachdruck die jeweiligen Präsentationsbedingungen angegeben wurden. Der Text der jeweiligen Stiftungsurkunde scheint dem Verfasser als Vorlage gedient zu haben. Neben diesen regestartigen Einträgen werden darüber hinaus die Namen der derzeitigen Inhaber der Stipendien, ihr Alter, ihr Studienfach sowie eine Kurzcharakteristik ihres akademischen Eifers und ihres religiösen Wan-

---

[64] Vgl. oben S. 29.
[65] Vgl. oben S. 43 und 46.
[66] Vgl. oben S. 20. Keinem bestimmten Stipendium ließen sich die folgenden, in der Matrikel als Stipendiaten gekennzeichneten Studenten zuordnen:
Rochus Freyman aus Neuburg (i. 31.1.1538), Johann Conradi aus Buchheim (i. 26.3.1538), Johann Kerner aus Buchheim (i. 8.6.1543), Wolfgang Wieneraus Watenpach (i. 1.1.1545), Georg Riede de Viane (i. 13.8.1546), Leonhard Häring aus „Neunhausen" (i. 4.5.1547), Johannes Deminger aus Laubing (i. 4.6.1547), Sebastian Hermann (i. 6.3.1548), Wolfgang Walteringer (i. 7.3.1556), Thomas Petnkover aus Ärtlkoven (i. 16.6.1558), Ulrich Burger (i. 14.7.1558), Georg Tobler (i. 4.8.1558), Klemens Hoffmair aus München (i. 25.8.1558), Michael Fischer aus München (i. 8.11.1567), Georg Brunner (i. 27.11.1567), Mathias Lechner aus Penzing (i. 13.2.1572), Sebastian Strobel (i. 14.6.1572), Wolfgang Talhamer (i. 14.6.1572), Michael Deuringer aus Bobenhausen (i. 16.1.1595), Balthasar Losschüler aus Lue (i. 5.9.1595). Diese Liste enthält nicht die oben S. 29 f. den städtischen Kollegiaturen zugeordneten Namen und die Stipendiaten von Bischöfen und Privatpersonen (z. B. den Fuggern), soweit sie als solche erkennbar sind. Gleichfalls nicht verzeichnet wurden die herzoglichen freien Alumnen.
[67] Vgl. oben Anm. 2.

dels gegeben. So können für das Jahr 1607 gesicherte Angaben über die Besetzung der Stipendien gemacht werden.

Von den elf herzoglichen Stipendien waren acht besetzt. Die Burghausener Stipendiatur sei zwar augenblicklich vakant, heißt es, doch sei täglich mit ihrer Besetzung zu rechnen. Die Städte Lauingen und Hilpoltstein hätten ‚lange zeit wegen verkherter religion' niemanden präsentiert; der Regens sei in den Genuß der einkommenden Gelder gelangt. Zur Zeit genösse eines der Quintus des Kollegs, das andere der Pförtner. Im übrigen wird auch hier die bekannte Auffassung vertreten, die Vakanz von Stipendien gereiche dem Kolleg zum Guten. Die acht herzoglichen Stipendiaten, von denen sechs in der Universitätsmatrikel anzutreffen sind, heißt es, seien ‚gottlob sambt und sonders fromme, vleissige gesellen, von denen alles guethe zu hoffen'. Ihr Alter ist mit 17 - 22 Jahren angegeben. Mit Ausnahme des Öttinger Stipendiaten, welcher aus Landshut stammt, kommen die übrigen herzoglichen Stipendiaten aus den präsentationsberechtigten Städten. Zu den privat gegründeten Stipendien überleitend, bemerkt der Verfasser unter Hinweis auf die von Herzog Georg ausgesprochene Stiftungseinladung, ‚bis dato' seien ‚durch etliche fürnemme leuth inn- und ausser landts 29 stipendia gestifft worden'. Diese Zahl muß auf 30 verbessert werden, da der Schreiber offenbar die als letzte eingetragene Fator-Stiftung (1585) seiner Zählung übersah. Von diesen 30 georgianischen Stipendienplätzen waren acht sozusagen ‚routinemäßig' vakant, d. h. ihre Besetzung stand in Aussicht, während bei vier Plätzen unklare Gültverhältnisse angegeben sind. Es kann also festgehalten werden, daß erfreulicherweise 26 der 30 georgianischen Stipendien im Jahre 1607 funktionsfähig waren. Von den 18 mit Namen bekannten Stipendiaten — ihr Alter ist zwischen 16 und 24 Jahren angegeben — sind 14 in der Universitätsmatrikel anzutreffen. Zwei Stipendiaten, nämlich der Inhaber des Widmann- und des Schwebermair-‚Stipendiums' (= Benefiziums) sind von außergewöhnlich hohem Alter (32 bzw. 40 Jahre), welche Tatsache den Pfründencharakter dieser beiden ‚Stipendien' bestätigt; dies um so mehr, als der Widmann-‚Stipendiat' Magister Johannes Freundt erneut als des ‚collegiums capellanus' bezeichnet wird und darüber hinaus für das Jahr 1634 immer noch im Besitz dieser Pfründe nachgewiesen werden kann[68].

Obwohl der Titel des Verzeichnisses vorgibt, eine Aufzählung der georgianischen Stipendien zu liefern, sind darüber hinaus die allgemeinen Universitätsstipendien enthalten: insgesamt sechs Stiftungen mit zehn Stipendienplätzen. Vier Stipendien sind besetzt, die anderen sechs werden als nicht funktionsfähige bzw. noch nicht in Gang gebrachte Stipendien bezeichnet. Das Pettendorfer-Stipendium ist nicht aufgeführt,

---

[68] GA II 46.

doch besteht an seiner Existenz sowie Funktionsfähigkeit kein Zweifel. Bei der Nennung der vier Stipendieninhaber verzichtet der Verfasser auf Altersangaben. Alle vier ließen sich in der Matrikel eintragen. Von den nicht mehr bzw. noch nicht in Gang gekommenen sechs Stipendien fallen zwei nach der hier gezogenen Zeitgrenze: das Hunger-[69] und das Baum-[70] Stipendium.

Resümierend kann gesagt werden: im Jahre 1607 bestanden an der Universität Ingolstadt insgesamt 52 Stipendienplätze:

11 georgianische Stipendien,

30 in das herzogliche Kolleg von privater Seite hinzugestiftete Stipendien,

11 Stipendienplätze, die nicht an das Georgianum gebunden waren.

Von diesen 52 Plätzen waren im Jahre 1607 dreißig besetzt und neun vakant bzw. ihre Besetzung in Aussicht gestellt. Zwölf Stipendienplätze ruhten bzw. waren (noch) nicht in Funktion. Alle Stipendien des Verzeichnisses von 1607, die georgianischen und die anderen, sind urkundlich bzw. aktenmäßig nachweisbar und wurden in dieser Arbeit dargestellt. So gibt dieses Verzeichnis der Stipendien und ihrer Inhaber eine zuverlässige Garantie für die Vollständigkeit der aus dem 16. Jahrhundert vorgefundenen Stipendien.

Für das gesamte 16. Jahrhundert liegen äußerst wenige Zahlenangaben bezüglich vakanter Stipendien vor. Dem Protokoll der Befragung von Kollegbewohnern sind noch die relativ vollständigsten Angaben zu entnehmen[71]: zehn oder elf Stipendien seien zur Zeit vakant, heißt es dort. Die Namen der Stipendien gibt der vernommene Kollegbewohner nicht an. — Eine andere Aussage gibt sechs vakante Stipendien an und nennt diese im einzelnen: Eisengrein, Klenk, Kurz, Kripper, Flach. Das Flachstipendium habe wohl an die zehn Jahre lang vaziert, auch das Klenksche sei vor einiger Zeit ein Jahr lang ledig gewesen. Eine weitere Auskunft lautet, zur Zeit gäbe es 36 Stipendiaten im Kolleg, doch seien etliche Stipendien vakant. Addiert man nun zu diesen 36 Stipendieninhabern die oben genannten sechs vakanten Stipendienplätze, so ergibt sich eine mögliche Höchstzahl von 42 Stipendiaten. Diese mögliche Höchstfrequenz scheint der Wirklichkeit sehr nahe zu kommen, wenn man bedenkt, daß zu den elf herzoglichen Stipendiaten im Lauf der Zeit 30 Stipendienplätze hinzugestiftet worden sind. Jene oben zitierte etwas vage Aussage der zehn bis elf vakanten Stipendien beinhaltet möglicherweise die Gesamtzahl der vakanten Stipendien, also der georgianischen *und* der nichtgeorgianischen Stipendien. Das würde heißen, daß von insgesamt 52 Sti-

---

[69] UA J II 369, J III 19, 16 und J III 22; vgl. Schmid 42.
[70] UA J II 4.
[71] Vgl. oben S. 136.

pendienplätzen zum Zeitpunkt der Befragung der Kollegbewohner 41 bis 42 Plätze besetzt gewesen waren. Bei alledem scheint es einerseits angemessener, der konkreten Aussage von den sechs genannten Stipendienvakanzen Glauben zu schenken, doch berichten andererseits die nach Ingolstadt entsandten herzoglichen Räte, nach Auskunft des Kollegsregenten seien zur Zeit (1587) zwölf Stipendien vakant[72]. Diese Widersprüche zu lösen, dürfte wohl unmöglich sein.

Während die Antworten der befragten Stipendiaten als einzige Quelle des 16. Jahrhunderts hinsichtlich der Stipendienvakanzen bzw. der Frequenz des Kollegs herangezogen werden können, sind aus dem beginnenden 17. Jahrhundert mehrere Belege festzustellen.

Aus dem Jahre 1601 (26. Juli) ist ein Vakanzbericht des damaligen Kollegregens Johannes Deschler (1598 - 1601) erhalten[73]. Ihm zufolge waren vier Stipendien vakant: neben der Öttinger Stipendiatur die privaten Stipendien Harrer-Ecks, Kurz' und Krippers. — Im Jahre 1608 gibt Regens Johann Harsäus (1604 - 1619) fünf Stipendienplätze als vakant an: Zingel (2), Flach, Zeys und Harrer-Eck[74]. — Aus dem Jahre 1612 (10. März) gibt der nämliche Regens die Zahl der Vakanzen mit acht an: das herzogliche Stipendium von Schärding sowie die Stipendien Flachs, Zeys', Krippers, Kurz', Sterkels (2) und Harrer-Ecks[75]. Aus einem Stipendiatenverzeichnis, welches auf das Jahr 1643 datiert werden konnte[76], geht schließlich hervor, daß neben den herzoglichen Stipendien Wasserburgs und Burghausens die beiden Kurzschen, das Harrer-Ecksche sowie das Trautkirchnerische Stipendium nicht besetzt waren[77].

---

[72] Vgl. oben S. 136.
[73] StA Obb GL 1477/4, 161 ff.
[74] StA Obb GL 1494, 43.
[75] StA Obb GL 1499, 11.
[76] GA II 46.
[77] Schmid 44.

Zusammenfassung

Die Untersuchung des Stipendienwesens an der Ingolstädter Universität des 16. Jahrhunderts hat ergeben, daß es weitestgehend von privater Stiftungstätigkeit getragen war. Die landesherrliche Oberaufsicht war zwar stets vorhanden und gegenwärtig, übte auch eine gewisse bewahrende und darum durchaus als positiv zu bewertende Kontrolle aus, doch ist eine herzogliche Stiftungsinitiative, soweit sie Stipendien betrifft, während des 16. Jahrhunderts nicht nachzuweisen. Ohne Zweifel hätte das Ingolstädter Stipendienwesen nie eine nennenswerte Bedeutung gewonnen, wenn nicht von seiten akademischer Lehrer, kirchlicher Amts- und Würdenträger, herzoglicher Räte und anderen Angehörigen der Bildungsschichten Stipendien in so zahlreicher Weise gestiftet worden wären. Andererseits darf nicht übersehen werden, daß der eigentliche Ausgangspunkt für fast alle Stipendienstiftungen des 16. Jahrhunderts in Herzog Georgs des Reichen großzügiger Kollegstiftung, dem Georgianum, zu sehen ist. Der Landesherr ging sozusagen als aufmunterndes Vorbild voran, ließ ein Kolleggebäude errichten, stattete es mit den nötigen Einkünften aus und richtete selbst elf Stipendienplätze ein, was er mit dem Wunsch verband, daß sich Wohltäter finden möchten, die durch Zustiftungen neuer Stipendiaturen sein Werk unterstützten und erweiterten.

Im Laufe des 16. Jahrhunderts sind für die Universität Ingolstadt nachweislich 39 Stipendienplätze gestiftet worden. Dreißig von ihnen waren dem Wunsch ihrer Stifter gemäß ausdrücklich als Zustiftungen für das Georgianum bestimmt, so daß sich die Anzahl der ursprünglich elf herzoglichen Stipendiaturen auf die sehr beachtliche Zahl von 41 erhöhte. Von landesherrlicher Seite wurden in nicht seltenen Fällen die privaten Stiftungsakte in Form von Konfirmationsurkunden bestätigt und gutgeheißen; so findet die Stellung des Landesherrn als des Garanten und Schützers privater Stipendienstiftungn in feierlichen Urkunden ihren bekräftigenden Ausdruck. Überhaupt ist festzustellen, daß von landesherrlicher Seite durchaus von einer gewissen Achtung und Anerkennung vor dem Stifterwillen allgemein gesprochen werden kann, eine Tatsache, die sich nicht nur aus den Konfirmationsurkunden ableiten läßt, sondern ebenso aus den Stiftungsakten selbst hervorgeht. In ihnen ist kein Fall überliefert, in welchem der Landesherr, sich über die Stiftungsbedingungen der Stifterpersonen hinwegsetzend, regulativ eingegriffen hätte.

Auch wurde solchen Stipendien, welche ihren Inhabern die Wahl der Fakultät frei stellten, ohne Unterschied die landesherrliche Konfirmation zuteil.

Ihren Höhepunkt erreichte die Stiftungstätigkeit in den Jahrzehnten zwischen 1560 - 1580. Fast zwei Drittel aller Stipendienplätze des Georgianischen Kollegs, 19 von insgesamt 30, wurden in diesem Zeitraum, welcher die Regentschaften der beiden bedeutenden Kollegvorsteher Christian Kripper (1562 - 1570) und Rudolf Klenk (1570 - 1577) umfaßt, gegründet bzw. eingerichtet. Ohne Zweifel läßt diese über zwei Dezennien anhaltende Stiftungstätigkeit Schlüsse sowohl auf die wirtschaftliche Prosperität als auch auf das hohe Ansehen des Kollegs zu. Waren die Jahre vor der Ära Krippers und Klenks geprägt durch ein langsames, noch zögerndes Ingangkommen der Stiftungswilligkeit und -tätigkeit, so ist die Zeit nach 1580 charakterisiert durch ein Abflauen, ja Erlahmen der Stiftungsfreudigkeit, welches seine Ursache im wesentlichen wohl in dem wirtschaftlichen Niedergang und dem damit zusammenhängenden Prestigeverlust des Kollegs hatte. Mit dieser Tatsache dürfte nicht zuletzt auch die Arrestierung des Kollegregens Robert Turner im Jahre 1586 in unmittelbarer Beziehung stehen. Darüber hinaus zeichnet sich gegen Ende des Jahrhunderts eine Tendenz ab, Stipendien zu errichten, die nicht an das herzogliche Kolleg gebunden sind; den wenigen Stipendiengründungen vor und nach der Wende zum 17. Jahrhundert fehlt der direkte Bezug zur georgianischen Stiftung.

Betrachtet man die besonders für den Beginn des untersuchten Zeitraumes anzutreffende geographische Streuung und Vielzahl der Gülteinnahmen, welche das Stiftungseinkommen ausmachten, zieht man ferner in Betracht, daß die verantwortlichen Präsentatoren mit ganz wenigen Ausnahmen für damalige Verhältnisse weit entfernt vom Sitz der Universität ihr Besetzungsrecht ausübten uzw. ausüben mußten, so kommt man zu der Feststellung, daß den einzelnen Stipendiaturen oft eine erstaunliche Lebenskraft innewohnte. Die Untersuchung hat gezeigt, daß jedes einmal gestiftete und ins Werk gesetzte Stipendium auch tatsächlich Bestand hatte. Für das gesamte 16. Jahrhundert ist kein Fall bekannt, wo ein gestiftetes Stipendium untergegangen wäre. Der Wille der Stifter fand seine Erfüllung, der Stiftungszweck wurde erreicht. Daß in wirtschaftlich schlechten Zeitläufen, besonders zu Robert Turners Zeiten, die Vakanz von den Stipendien nicht ungern gesehen wurde, um so die einkommenden Gelder dem allgemeinen Wohl des Kollegs zuzuwenden, ist nicht verwunderlich, mußte doch letzterem der Vorrang vor dem individuellen Wohl des Stipendiaten eingeräumt werden.

Was nun den ‚klerikalen' Charakter des Georgianums betrifft, so darf daran erinnert werden, daß es für die Zeit des 16. Jahrhunderts keine

Zusammenfassung

Ausbildungsstätte für Theologen und Priester in dem Maß darstellte, wie es etwa in späterer Zeit der Fall gewesen ist. Gemäß dem Stiftungsbrief Herzog Georgs des Reichen waren die Inhaber der elf ursprünglichen herzoglichen Stipendiaturen weder an ein Studium der Theologie, noch an eine Verpflichtung auf Eintritt in den Priesterstand gebunden. Ihre Pflicht war es lediglich, das Magisterium zu erwerben. Die ihnen zur Auflage gemachten religiösen Andachtsübungen sowie die Verpflichtung, nach Erlangung des Magistergrades die ihnen noch verbleibende Stipendienzeit auf ein theologisches Studium zu verwenden, reichen nicht aus, um in dem Kolleg ausschließlich oder auch nur in erster Linie ein Theologenkonvikt zu sehen. Dies kann um so weniger angenommen werden, als ihnen nach Erlangung dieses Grades das Verlassen des Stipendiums unbenommen war. Hinzu kommt die Tatsache, daß durch die zahlreichen Zustiftungen, deren Zahl sich im Laufe des 16. Jahrhunderts auf die fast dreifache Anzahl der herzoglichen Stipendien erhöhte, in ihren Stiftungsbestimmungen, wie gezeigt werden konnte, in acht Fällen (= elf Stipendienplätze) die freie Wahl der Fakultät gewährt wurde. Ferner ist das Vorhandensein von Mitgliedern aller vier Fakultäten im Kolleg belegbar, wünschte doch sogar Herzog Wilhelm V. expressis verbis die Heranbildung von Medizinern im Kolleg.

Lediglich von den herzoglichen Stipendiaten mußt festgehalten werden, daß diese — und nur diese — durch die Statutenrevision Herzog Albrechts V. verpflichtet wurden, in einer auf acht Jahre verlängerten Stipendienzeit sich dem Studium der Theologie zu widmen und in den priesterlichen Stand einzutreten, um danach für den landesherrlichen Kirchendienst zur Verfügung zu stehen, eine Neuregelung, welche, streng genommen, einer Änderung des von Herzog Georg intendierten Stiftungszweckes gleichkommt. So gesehen bedeutet das Jahr 1555 eine Zäsur in der Geschichte des Ingolstädter Stipendienwesens, deren Ursprung ohne Zweifel in den gegenreformatorischen Bestrebungen der bayerischen Herzöge zu suchen ist.

Die Tatsache, daß in Ingolstadt in der dargelegten Weise Stipendien errichtet wurden, gibt Zeugnis von Prestige und Ansehen der Universität. Sie sind ein unverkennbares Zeichen der Verbundenheit ihrer Gründer mit der Universität, ob es sich nun bei den Stiftern, wie es überwiegend der Fall war, um lehrende oder lernende Glieder der Ingolstädter Hochschule handelte, oder ob es kirchliche Würdenträger aus nah und fern oder gar Ingolstädter Handwerksleute waren.

Soziologisch ist es nicht uninteressant zu beobachten, daß Tauglichkeit zum Studium, charakterliche Eignung und Familienzugehörigkeit die wichtigsten Voraussetzungen für die Bewilligung eines Stipendiums darstellten, nicht jedoch Bedürftigkeit und Armut. Diese beiden letzteren

Zusammenfassung

Voraussetzungen galten lediglich für die herzoglichen Stipendiaten. Herzog Georgs Absicht war es, durch die Stiftung seines Kollegs der durch seinen Vater gegründeten Universität eine von ihm als notwendig erachtete und wesentliche Ergänzung zu schenken. Der primäre Zweck seiner Stiftung war auf die Landesuniversität selbst gerichtet, war somit ein akademischer. Nicht zu trennen von diesem ist freilich ein zweites Moment: ein Werk der Barmherzigkeit sollte verrichtet werden, indem unbemittelten Landeskindern ein Studium ermöglicht wurde, wofür diese mannigfache Fürbitten für das Seelenheil des stiftenden Herzogs zu verrichten hatten. Es manifestiert sich hier wie auch in den Privatstiftungen das für das Stiftungswesen jener Zeit charakteristische Heilsstreben. Die georgianische Stiftung kann deshalb auch eher als eine ‚fromme' Stiftung verstanden werden, während die privaten Stipendienstiftungen mehr eine Mittelstellung zwischen ‚pia causa' und ‚causa publica' einzunehmen scheinen. Doch ist mit ihnen selbstverständlich der Übergang zur „Verweltlichung" der Stiftungen noch keinesfalls vollzogen; Ansätze hierzu sind zu beobachten, wenn z. B. Johannes Fator (1585) seiner Hoffnung Ausdruck verleiht, durch die Stiftung eines nicht an das Studium der Theologie gebundenen Stipendiums — sozusagen durch eine „weltliche" Tat — die Erlangung seines Seelenheils zu befördern.

Im ganzen gesehen hat sich das Stiftungswesen an der Ingolstädter Universität als ein von tiefer Religiosität geprägtes Bemühen erwiesen, in dem akademische und fromme" Zwecke nicht isoliert voneinander betrachtet werden können; beide sind stets gegenwärtig. Sie äußern sich in der Vorschreibung von Studiengängen und Graden einerseits und von Jahrtagen, Fürbitten, Dankgebeten andererseits. Zweifelsohne sind die Stipendienstiftungen zum großen Teil von ihren Gründern bewußt auch in den Dienst der herzoglichen „Bildungs- und Religionspolitik" gestellt worden.

Herzog Georg leitete das Ingolstädter Stipendienwesen materiell ein, indem er Unterkunftsgelegenheiten für Stipendiaten schuf, er leitete es aber auch ideell ein durch jenen im Stiftungsbrief von 1494 geäußerten Wunsch nach Zustiftungen, einen Wunsch, der in den zahlreichen Stipendienstiftungen des 16. Jahrhunderts einen so erfreulichen Widerhall finden sollte. So erfuhr das Werk Georgs des Reichen in bemerkenswerter Weise Fortführung und Erweiterung dank der Großzügigkeit privater Wohltäter, die sich seinem Wunsch und seinem Aufruf nicht versagten.

Das Georgianum
(1494—1600)

Frühe Geschichte und Gestalt eines
staatlichen Stipendiatenkollegs

Von Arno Seifert

Das Ingolstädter Georgianum[1] ist das erste, und es bleibt vor der Reformation das einzige staatliche Stipendiatenkolleg auf deutschem Boden. Dieser interessante Anspruch ist gegen eine Reihe naheliegender Mißverständnisse einzuzäunen. Die Institution des Kollegs als mit Einkünften bestifteten, der Beherbergung und Beköstigung, seltener der Unterrichtung von Scholaren dienenden Internats hatte zum Zeitpunkt der georgianischen Gründung bereits eine mehr als zweihundertjährige Tradition im europäischen Universitätswesen[2]. Neben dem kirchlichen, privat oder in Scholareneigenschaft erworbenen Benefizium[3] ist die Kol-

---

[1] A. Schmids Kolleggeschichte behandelt die Ingolstädter Periode (1494 - 1800) als Einheit, ohne Aufmerksamkeit für Wandlungsvorgänge. Vielfach veraltet, führt sie doch als Materialsammlung über Prantl hinaus.. Prantl hat wichtiges Quellenmaterial zur Georgianumsgeschichte zugänglich gemacht. Neben ihm behalten auch Mederers Annalen noch immer ihren Aussagewert. — Der folgende Aufsatz möchte das erste Jahrhundert Georgianumsgeschichte, auf eine verschiedentlich erweiterte Quellenbasis gestellt, in den Zusammenhang der Ingolstädter Universitäts- und der frühneuzeitlichen europäischen Kolleggeschichte einordnen.

[2] Rashdall I 501 ff. und III 169 ff.; Kaufmann II 217 ff. Statutenmaterial für Paris bei M. Félibien, G. A. Lobineau, Histoire de la ville de Paris, III - V, 1725; für Cambridge: Documents relating to the University and colleges of Cambridge, 3 Bde. 1852. Aus der reichen monographischen Literatur seien erwähnt: A. B. Emden, An Oxford Hall in Medieval Times, 1927; P. Glorieux, Aux Origines de la Sorbonne, I 1966; A. B. Cobban, The King's Hall within the University of Cambridge in the later Middle Ages, 1969. Zusammenfassend neuerdings A. L. Gabriel, The College System in the Fourteenth-Century Universities, o. J.

[3] Vgl. zu den „Rotuli" des 14. Jahrhunderts, die in Deutschland nur noch in Heidelberg, Wien und Köln eine Rolle spielten, D. E. R. Watt, University Clerks and Rolls of Petition for Benefices: Speculum 34 (1959) 213 ff. — Eine vollständige Geschichte des Stipendienwesens einer Universität dürfte die kleineren, zur Versorgung von Theologiestudenten dienenden Pfründen, im Falle Ingolstadts eine größere Anzahl von Altar- und Meßbenefizien der beiden Stadtpfarreien, nicht unbeachtet lassen.

legiatur der historische Prototyp des modernen Stipendiums. Solche Studentenhäuser, wie sie seit dem Ausgang des 13. Jahrhunderts die französischen und englischen Universitätsstädte übersäten, verdankten ihre Entstehung in der Regel privater Stiftung[4], wie denn auch ihre Gründungsurkunden den Motiven privater Heilssuche und familiär-landsmannschaftlicher Wohltätigkeit vor universitäts- oder bildungspolitischen Zielsetzungen im allgemeinen den Vorrang einräumen[5]. Stellt man neben Pfründe und Kollegiatur als dritte, von der Universität selbst gewährte, nur dem lehrenden Teil ihrer Angehörigen zugängliche Erwerbs- und Subsistenzmöglichkeit noch die Regenz[6], so ergibt sich ein skizzenhaftes Gesamtbild mittelalterlicher Studienfinanzierung, in dem zwar die Kollegiatur eher in die Vorgeschichte des modernen Studentenstipendiums gehört und das Benefizium, zumal das ergiebigere, funktional eher das Professorengehalt antizipiert[7]; die unscharfe Grenzziehung zwischen Studentenschaft und Lehrkörper, vor allem im Bereich der Artistenfakultät, läßt aber eine reinliche Unterscheidung dieser Art nicht zu, wie auch der Begriff des „stipendium" noch im 16. Jahrhundert zugleich für die Besoldung des akademischen Lehrers und die Unterstützung des bedürftigen Schülers in Gebrauch bleibt.

In den staatlich gegründeten Universitäten, also überall in Deutschland, wird dann das Professorengehalt, sei es noch in der alten Form des

---

[4] Der Begriff erhält erst mit dem Eintritt des Staates in die universitäre Finanzgeschichte seinen antithetischen Sinn. Ein frühes Beispiel landesherrlicher Kolleggründung ist die von Eduard II. 1317 gestiftete King's Hall in Cambridge; vgl. Cobban (Anm. 2).

[5] Dies wäre ausführlicher und differenziert aufzuzeigen. Familiäre und landsmannschaftliche Aufnahmekriterien fehlen in dem ältesten (der Sorbonne) und den beiden größten Pariser Kollegien (Navarra und Lemoine); trotzdem muß das Motiv der Fürsorge für die armen Scholaren unterschieden werden von der dem Stiftern im allgemeinen fremden Zielsetzung, der Universität und dem „Studium" Förderung angedeihen zu lassen. Allgemein bezeugen die Kollegstatuten der Universität, ihrem Lehrbetrieb und ihrer politischen Tätigkeit gegenüber eine Gleichgültigkeit, die sich bis zu Beteiligungsverboten steigerte. Die Autarkiebestrebungen der großen Pariser und englischen Kollegien untergruben bekanntlich seit dem Ausgang des 15. Jahrhunderts das universitäre Regenzsystem.

[6] Vgl. dazu G. Post, Masters' Salaries and Student-fees in the Mediaeval Universities: Speculum 7 (1932) 181 ff. In die Geschichte der Studienfinanzierung gehört speziell die artistische Regenz, die, wie sich gerade für die deutschen Universitäten klar nachweisen läßt, in der Regel mit dem Studium in den höheren Fakultäten einherging, also in Beziehung auf dieses die Funktion eines „Stipendiums" erfüllte.

[7] Der Regenznachweis spielte bei der Aufstellung der Rotuli eine wichtige Rolle, doch war er für die Aufnahme in die Listen keine unerläßliche Bedingung. — In Paris führte der Erwerb einer oberen Lizenz in der Regel zum Verlust der Kollegiatur, mit gelegentlichen Übergangsfristen. Trotzdem saßen in großer Zahl Lehrkräfte auf den Kollegiaturen, nämlich die Bakkalare der höheren Fakultäten und natürlich die Artistenmagister. Anders in England, wo die Kollegplätze allgemein auf Lebenszeit vergeben und auch bei langjähriger Absenz nicht entzogen wurden, und wo überdies die oberen Doktoren keine Lehraufgaben mehr zu erfüllen hatten.

Benefiziums oder bereits in monetärer Gestalt, schärfer faßbar. Die Gewinnung und folglich die finanzielle Unterhaltung von Lehrpersonal war die Voraussetzung, die nach einer im 15. Jahrhundert noch aufgehenden Rechnung die Ansammlung einer scholastischen universitas beinahe von selbst oder doch um den bescheidenen Preis von steuer-, zoll- und gerichtspolitischen Privilegierungen nach sich zog. Jede der deutschen Universitäten begann ihre Geschichte mit solcher Bereitstellung von Kanonikaten oder Gehältern für die Lehrkräfte der drei höheren Fakultäten, deren üblicherweise schwache Frequenz eine Selbstfinanzierung auch jenseits der prekären Gründungssituation kaum erwarten ließ[8]. Die Regentes der Artistenfakultät dagegen konnten für die Finanzierung ihres Lebensunterhalts an ihre so viel zahlreichere studentische Kundschaft verwiesen werden, zumal ihr Status zwischen Professoren- und Studentenstand schwer einzuordnen blieb. Immerhin hielten es die deutschen Universitätsgründer nach einem 1366 von Karl IV. in Prag gesetzten, über Wien und Leipzig im ganzen deutschen Universitätsraum wirksam werdenden Beispiel für zweckmäßig, auch in diese Mittelgruppe der „artistae" einen Kern besoldeter Lehrkräfte einzusenken. Dieser Überlegung verdanken die deutschen Artistenkollegien[9] ihre Entstehung, ausnahmslos staatliche Gründungen, die sich organisatorisch im gleichen Maße an die alten Kollegien französisch-englischen Typs und an die vielfach zum Zweck der Professorendotierung verwendeten Kollegiatkirchen anlehnten, funktional aber eindeutig auf die Seite der letzteren gehörten. In der Synthese von artistischer Lehrtätigkeit und höherem Studium nämlich, die die akademische Lebensform auch dieser Kollegiaten charakterisierte, war das „stipendium", die Kollegiatur, eindeutig der ersteren zugeordnet, mithin als Professorengehalt sui generis gemeint. Die Stiftungsbriefe und Statuten bezeugen es, indem sie den weiteren Studiengang der Kollegiaten regelmäßig deren Belieben anheimstellten, auf der Lehrverpflichtung in der Artistenfakultät aber strikt bestanden. Die

---

[8] In Paris verlangten auch die oberen Fakultäten Hörgelder (vgl. Post, Anm. 6), in Deutschland später in der Regel nur noch die Artisten.
[9] Monumenta historica Universitatis Carolo-Ferdinandeae Pragensis II/1 (1834) nr. 5 und A. Voigt, Acta litteraria Bohemiae et Moraviae II (1783) 71 ff. und 222 ff.; R. Kink, Geschichte der kaiserlichen Universität zu Wien II (1854) 62 und 271 ff.; E. Winkelmann, Urkundenbuch der Universität Heidelberg I (1886) nr. 76; F. Zarncke, Die Statutenbücher der Universität Leipzig aus den ersten 150 Jahren ihres Bestehens (1861), 2 f., 7, und passim sowie B. Stübel, Urkundenbuch der Universität Leipzig 1409 - 1555 (1879) 176 f., 203 ff. und 251 ff.; G. Oergel, Urkunden zur Geschichte des Collegium majus zu Erfurt: Mitteilungen d. Vereins f. d. Gesch. u. Altertumskunde v. Erfurt 16 (1894) 111 ff.; J. C. Dähnert, Sammlung gemeiner und besonderer Pommerscher und Rügischer Landes-Urkunden II (1767) nr. 6 und J. G. L. Kosegarten, Geschichte der Universität Greifswald mit urkundlichen Beilagen II (1856) 297 ff.; R. Roth, Urkunden zur Geschichte der Universität Tübingen 1476 - 1550 (1877) 70, 82 ff., 378 ff.; G. Kaufmann — G. Bauch, Acten und Urkunden der Universität Frankfurt a. O., 3 (1900) 31 ff.; A. Seifert, Das Ingolstädter Collegium vetus: HJb 89 (1969) 33 ff.

Differenz zu den „Studentenkollegien" alten Stils, in denen umgekehrt die artistische Regenz neben dem höheren Studium eine zunehmend tolerierte, niemals aber geforderte Nebenbeschäftigung darstellte[10], zog eine weitere nach sich: die Ersetzung des personal orientierten Förderungsgedankens durch eine primär universitätspolitische Zielsetzung rückte diese Kolleggründungen aus dem Umkreis privatstifterlicher Motivation in den Aufgabenbereich des Staates.

Zusammen mit der funktionsanalogen Finanzierung des oberen Lehrkörpers hielt der Staat diesen speziellen und spezifisch deutschen Sektor des Kollegwesens schon lange von der Georgianumsgründung besetzt; auch in Ingolstadt, wo ein sechsköpfiges Artistenkolleg gleichzeitig mit der Universität ins Leben getreten war. Die Studienfinanzierung im engeren Sinne, also die Unterhaltsgewährung für Studenten als solche, zu Studienzwecken und mit Studienauflagen, konnten jedoch die deutschen Universitätsgründer noch immer privatem Mäzenatentum überlassen, dessen Skala von der Zahlungsbereitschaft der natürlichen Eltern über die Wohltätigkeit vermögender Verwandter und Patrone bis hin zur förmlichen Stiftungstätigkeit reichte; nur die letztere ist ja zumeist dem historischen Rekonstruktionsversuch zugänglich. Die vergleichsweise bescheidenen Verhältnisse der deutschen Universitäten setzten den Erwartungen in dieser Richtung allerdings Grenzen, nachdem das 15. Jahrhundert auch im gesamteuropäischen Raum die Stiftungsfreudigkeit abklingen ließ[11]. Mit Kollegien von Ausmaß und Anzahl dessen, was ein Jahrhundert früher in Paris, Oxford und Cambridge in unübersehbarer Vielzahl aus dem Boden geschossen war, hat sich keine deutsche Universität schmücken können. Stiftungen von der Art des Heidelberger Dionysianums[12], des Erfurter Amplonianums[13] oder des Leipziger Frauen-

---

[10] Die Pariser Kollegien veranstalteten bis zur Mitte des 15. Jahrhunderts außer Repetitionen und Disputationen keinen Unterricht; die Kollegiaten besuchten die Fakultätslektionen, die sich im Falle der theologischen Fakultät allerdings schon früh räumlich, nicht organisatorisch, an die Sorbonne anschlossen. Nach der Magisterpromotion begab sich der Kollegiat in der Regel sofort auf die höhere Fakultät; die Ausübung der artistischen Regenz wurde ihm gelegentlich verboten, später immer häufiger erlaubt, bis sie im 16. Jahrhundert in der Form der Kollegregenz allgemein zulässig war. In England gehörte die „necessary regence" seit jeher zu den Studienauflagen der Kollegiaten.
[11] Vgl. Gabriel, The College System 4. Während aber die Zahl der Kollegien abnahm, wuchs gleichzeitig sowohl in Paris wie in England die Bedeutung der großen Häuser, die sich Konvikte angliederten und den Lehrbetrieb in sich hineinzogen.
[12] Winkelmann, Urkundenbuch nr. 40, nr. 111 und nr. 208. Die finanzielle und organisatorische Einwirkung des Landesherrn auf diese private Stiftung hatte eine Annäherung an das Artistenkolleg zur Folge; auch die Magister des Dionysianums waren strikt verpflichtet, neben ihrem jeweiligen höheren Studium in der Artistenfakultät zu „regieren". 1452 hatte das Dionysianum 12 Kollegiaten, denen die Wahl der höheren Studienfakultät freigestellt war.
[13] H. Weißenborn, Amplonius Ratingk de Berka und seine Stiftung, 1878;

kollegs[14] konnten sich in Umfang und Bedeutung mit den Artistenkollegien kaum messen, die auch als Schulgebäude und häufig als Studenteninternate[15] im Zentrum des Fakultätslebens standen. Die meisten deutschen Universitäten boten der erdrückenden Mehrzahl ihrer Studenten nicht mehr als die kostenpflichtige Unterbringung in einer der zumeist gemieteten, seltener in Fakultätsbesitz befindlichen Bursen (Kontubernien)[16], die sich, wie etwa die Wiener Rosenburse[17], durch Zustiftungen dem Typ des fundierten Kollegs schrittweise annähern mochten. Indem die Kollegien ihrerseits seit jeher aus Werbungs- und finanziellen Gründen zahlende „hospites" aufgenommen hatten, kamen sie den Bursen auf halbem Wege entgegen. Die Aufgabe, auch im Bereich studentischer Unterhaltsgewährung für die erlahmende Privatstiftungstätigkeit einzuspringen, stellte sich jedoch für den Staat solange nicht, wie einerseits den Universitäten nicht das studentische Publikum ausging und auf der anderen Seite ihre Ausbildungsleistung nicht hinter dem Nachwuchsbedarf von Staat, Kirche und Schule spürbar zurückblieb. Das aber war vor der Reformation im allgemeinen nicht der Fall.

Die Gründung

Vor diesem Hintergrund offenbart die Kolleggründung Herzog Georgs ihre Besonderheit, die eben deshalb mit Behutsamkeit gewürdigt werden will. Die Universität Ingolstadt, inzwischen etwas mehr als zwanzig Jahre alt, verfügte in den neunziger Jahren über ihr Artistenkolleg, das durch die Gründung des „neuen" Georgianums zum „Collegium vetus" gestempelt wurde[18], und über eine Handvoll Bursen, mit einer Ausnahme

---

das Kolleg, auch nach der Porta coeli benannt, wurde zwischen 1415 und 1433 gegründet und nahm 15 Kollegiaten auf, die zunächst das Magisterium erwerben, dann ein Jahr die Regenz ausüben, anschließend bis zur Promotion in einer der drei oberen Fakultäten studieren sollten.

[14] Zarncke, Statutenbücher 265 f.; es war 1416 für 6 Magister vorwiegend schlesischer Herkunft gegründet worden, von denen „quilibet ... audiat lectiones in sacra theologia et laboret in artibus, usque quo contingat eum legere sententias". Vgl. auch ebd. 271.

[15] In Greifswald (1456), Wittenberg (1508) und Frankfurt (1544) waren die Artistenkollegien von vornherein zugleich als Bursen konzipiert, deren Leitung eben von den Kollegiaten besorgt wurde. Umgekehrt wurde aus Konkurrenzerwägungen in Heidelberg 1441 (Winkelmann nr. 99) und Leipzig 1496 (Stübel 251 ff.) den Kollegiaten das „bursam regere" bzw. „domicellos habere" verboten.

[16] Wenig bekannt ist über die analogen Pariser „pedagogia", mehr über die englischen „aulae". Neben „bursa" kommt in Deutschland am Ende des 15. Jahrhunderts die Bezeichnung „contubernium" stark auf.

[17] K. Schrauf, Zur Geschichte der Studentenhäuser an der Wiener Universität: Mitteilungen d. Gesellschaft f. dt. Erziehungs- u. Schulgesch. 5 (1895) 141 ff.

[18] Vgl. Seifert, Collegium vetus. Mit Rücksicht auf die Artistenkollegiaten war auch die Bezeichnung „collegiati minores" für die Stipendiaten des Geor-

gemietete Häuser[19]. In ihnen hatten sich die Studenten statutengemäß einzuquartieren, soweit sie nicht als Privatschüler und Famuli von den Professoren, auch von den Kollegiaten in ihre Häuser genommen wurden. Dieser Zwang galt zunächst für die zahlreichen und aufsichtsbedürftigen Artisten; die im Durchschnitt älteren, oft aus besserer Familie stammenden Juristen entzogen sich ähnlichen Regelungen mit Erfolg, während die theologische und auch die unbeträchtliche medizinische Hörerschaft größtenteils in den Reihen der artistischen Regentes, Kollegiaten und Bursenkonventoren zu suchen war[20]. Private Stipendienstiftungen waren in diesen zwei Jahrzehnten noch völlig ausgeblieben. Der Vergleich mit den nicht viel reicher ausgestatteten Nachbaruniversitäten mochte aber dieses Manko nicht eben beunruhigend erscheinen lassen. Wien, größer und in bedeutenderem städtischen Milieu, hatte nach mehr als hundertjähriger Geschichte neben seinem, durch private Meßstiftungen bereicherten Artistenkolleg vier zum Teil dotierte Bursen[21]. Erfurt, Heidelberg und das frequenzstarke Leipzig konnten nur einem verschwindenden Bruchteil ihrer Studentenschaft Kollegplätze bieten. Tübingen besaß zwei Bursenhäuser, anscheinend ohne Dotation[22]. In Freiburg hatte auch erst mehr als 30 Jahre nach der Universitätsgründung Konrad Arnolt von Schorndorf ein äußerst schwach versorgtes Haus für sechs Theologiestudenten gestiftet[23], bevor um 1496, gleichzeitig mit dem

---

gianums gewählt (Prantl II 120). „Collegiatus" bleibt, wie überall in Deutschland, so auch in Ingolstadt die Bezeichnung für den Kollegiaten des Artistenkollegs; die Georgianer wurden später in der Regel als „stipendiarii" bezeichnet. — Der Name „collegium novum" für das Georgianum kam naturgemäß allmählich außer Gebrauch, zumal es seit den dreißiger Jahren ein „collegium vetus" außer im räumlichen Sinne nicht mehr gab. Die Planung und dann die Gründung des Albertinums ließen dann das Georgianum gelegentlich selber als „collegium vetus" erscheinen (Mederer IV 337), auf die Dauer aber mit dem Namen seines Stifters verschmelzen.

[19] A. Seifert,. Statuten- und Verfassungsgeschichte der Universität Ingolstadt (1472 - 1586), 1971, 150 ff., 160 f. Die ältesten Statuten für die „bursae seu domus studentum" bei Mederer IV 83 ff. Die ebd. 95 ff. gedruckten „Statuta bursalia bursae Pavonis" sind, wie schon Prantl (I 94) richtig bemerkt hat, späteren Datums und in weiten Teilen von den Freiburger Fakultätsstatuten von 1490 abhängig, die ihrerseits eng einem Tübinger Text von 1477 folgen (H. Ott, J. M. Fletcher, The Mediaeval Statutes of the Faculty of Arts of the University of Freiburg im Breisgau, 1964, 97 ff.; Roth, Urkunden 367 ff.). — Die erwähnte Ausnahme war die 1488 von der Fakultät gekaufte, gegen Zins vermietete Engelburse, die später in der Georgianumsgeschichte eine gewisse Rolle spielte (vgl. Anm. 81).

[20] Die alten Bursenstatuten rechneten damit, daß neben dem Konventor auch andere Magister in der Burse wohnten, daß man also auch nach der Magisterpromotion in ihr wohnen blieb (Mederer IV 78 und 101).

[21] Vgl. Schrauf (Anm. 17); H. Demelius, Beiträge zur Haushaltsgeschichte der Universität Wien: Studien zur Gesch. d. Univ. Wien I (1965) 92 ff.; Kink II nr. 58 und 62.

[22] Roth, Urkunden 375, 331 ff., 129 und öfter. Die Bursen gehörten der Fakultät; in jeder hielten 5 Magister („conventores") einen vollen Lehrkurs, vgl. unten Anm. 106.

Ingolstädter Georgianum und in mancher Beziehung mit ihm verwandt, das 12 arme Schüler aller Fakultäten aufnehmende Sapienzkolleg des Johann Kerer ins Leben trat[24].

Es ginge daher sicher zu weit, Ingolstadt als die erste deutsche Universität zu bezeichnen, die infolge Ausbleibens privater Stiftungen darauf angewiesen war, mit einem Staatskolleg ausgestattet zu werden. Direkte Kolleggründungen von privater Seite kamen in Ingolstadt zwar erst im 17. Jahrhundert zustande[25], doch die Zahl der privaten Stipendien des Georgianums übertraf diejenige der herzoglichen Kollegiaturen schon bald, und es läßt sich unschwer vorstellen, daß sie auch ohne das herzogliche Kolleg einen räumlichen Kristallisationspunkt gefunden hätten[26]. Wenn daher die Georgianumsgründung den Übergang des studentischen Stipendienwesens an den Staat in überlokaler Gültigkeit antizipiert, so lag diesem Vorgang doch nicht eigentlich eine innenuniversitäre Notwendigkeit zugrunde. Auch die trotz gelegentlicher Schwankungen etwa gleichgebliebene Immatrikulationsfrequenz bewahrt davor, das in der georgianischen Stiftungsurkunde formulierte herzogliche Interesse am „aufnemen" der Universität[27] für das ausschlaggebende Stiftungsmotiv zu halten.

Was aber sonst bewegte Herzog Georg zur Gründung dieses Kollegs für elf arme Studenten und damit zur Übernahme einer Stiftungslast, die nach dem Stand der Dinge noch nicht zu den Aufgaben des Staates gehörte? Die Analyse der Stiftungsumstände und -vorschriften gestattet, den Aussagewert der Urkundenarenga zu kontrollieren und unter den sich motivisch gewiß überlagernden Zielerklärungen, wenn nicht eine Auswahl zu treffen, so doch eine Rangordnung aufzustellen. Der Dienst an Land und Leuten, die Förderung der Armen, die Verbreitung theologischen Schriftverständnisses und ähnliche, teils topische, teils direkt der Universitätsurkunde entliehene Zwecksetzungen erscheinen dann

---

[23] F. Schaub, Die älteste Stipendienstiftung an der Universität Freiburg i. B. und ihr Stifter Konrad Arnolt von Schorndorf: Ztschr. d. Gesellschaft f. Beförderung d. Gesch.-, Altertums- u. Volkskunde von Freiburg 38 (1925) 53 ff.
[24] F. X. Werk, Stiftungsurkunden akademischer Stipendien u. anderer milder Gaben an der Univ. Freiburg (1842) 1 ff.; A. Weisbrod, Die Freiburger Sapienz und ihr Stifter Johannes Kerer von Wertheim, 1966.
[25] Das Hieronymus- (1600) und das Franz-Xaver-Seminar (1631), beide von vornherein unter jesuitischer Leitung und bald vom jesuitischen Konvikt, dem Ignatianum, aufgesogen.
[26] Johann Adorf etwa wies seinen vier Stipendiaten die Realistenburse (?) als Wohnung an, erwog aber dabei die Möglichkeit, daß sie zu einem eigenen Haus gelangen könnten, in dem sie dann gemeinsam wohnen sollten; in diesem Fall hätten sich seine nicht ans Georgianum gebundenen Stipendien zu einem Kolleg fortgebildet, mit allerdings sehr geringer Dotation (Sammelbl. d. Hist. Vereins Ingolstadt 10 (1917) 24; vgl. vorn S. 40).
[27] Prantl II 118. Ein spürbarer Rückgang der Frequenz ist erst seit etwa 1497, stärker dann im Gefolge von Pestepidemien in den ersten Jahren des 16. Jahrhunderts zu verzeichnen.

einem sehr persönlich geprägten, in seiner Auffassung vergleichsweise altertümlichen, Gebet und fromme Übung betonenden Heilsverlangen untergeordnet, das die Betätigungsmöglichkeiten christlicher Landesherrschaft eher und wenig konsequent als Gelegenheiten und Vorwände ergreift, als sich von ihnen ursächlich bewegen zu lassen.

Die Ingolstädter Kolleggründung ist das Kernstück eines umfassenden Stiftungsvorhabens, das Herzog Georg am Jahresanfang 1494 mit der Erfassung des in seiner Regierungszeit erworbenen Kammerguts in die Tat umzusetzen begann[28]. Die Streuung der Besitztitel legte eine Verteilung der Stiftung auf verschiedene Städte des Landshuter Herzogtums nahe, doch war das Kolleg wohl von Anfang an, nachweislich schon im April 1494, als zentrales Stiftungsvorhaben ausersehen[29]. Herzogliche Kommissare, unter ihnen führend der Rat und Universitätsjurist Peter Baumgartner, besichtigten in diesem Monat die Ingolstädter Örtlichkeiten und erwarben von der Artistenfakultät den Baugrund[30], auf dem in den folgenden beiden Jahren das Kolleggebäude mit anstoßender Kapelle entstand. Etwa ebenso viel Zeit nahm die komplizierte wirtschaftliche Organisation der Stiftung in Anspruch. Die Stiftungsurkunde für das Ingolstädter Kolleg ist zwar schon vom 15. Dezember 1494, diejenigen für die Städte vom 12. Januar 1495 datiert[31]. Erst im Februar 1496 aber be-

---

[28] Die Briefstücke und Verzeichnisse aus der Vorbereitungsperiode sind in HStA GL Ing. nr. 16 überliefert, Prantl (I 96 f.) hat sie kurz beschrieben. Am 6. 2. 1494 erging an die Rentmeister des Oberlands Ulrich Albersdorfer und Caspar Morhart Befehl, ein Verzeichnis aller in der Regierungszeit Georgs neuerworbenen Güter mit geschätztem Ertragswert anzufertigen (ebd. 1, es folgen verschiedene Gültenverzeichnisse).

[29] Ebd. 12 f. ein erneutes herzogliches Schreiben an die genannten Rentmeister vom 5. 4. 1494 mit dem Befehl, den herzoglichen Besitz in den einzelnen Städten zu verzeichnen; der Herzog habe „etlich stiftung" vor, darunter „sonnderlich" das „neue collegium". Dasselbe in Reinschrift ebd. 14 f. mit der Nachbemerkung, der Bericht solle sich auch auf den Erwerb Herzog Ludwigs erstrecken. Ebd. 18 ff. weitere Gültenverzeichnisse, Berichte von Kastnern u. .ä.

[30] Am. 12. 4. 1494 beschloß die Artistenfakultät, dem Stadtpräfekten und den „doctoribus commissarijs principis nostri ill. super novo collegio erigendo" die „domus antiqua et tota area", wenn nötig auch die 1488 gekaufte Engelburse, anzubieten. Jedenfalls dürften die Fenster der Engelburse durch den Neubau nicht verstellt werden. Sollte im neuen Kolleg auch die Fakultätsbibliothek untergebracht werden, so wolle die Fakultät den Kaufpreis ermäßigen. Von den Kommissaren erfuhr man dann, sie wollten nur einen Teil des Grundstücks kaufen; am 18. 4. erklärte die Fakultät, sie würde lieber das ganze verkaufen (UA O I 2, L). — An diesem Punkt brechen die Fakultätsprotokolle für fast zwanzig Jahre ab. Daß die Kommissare das Grundstück gekauft haben, erwähnt die Stiftungsurkunde (Prantl II 118); die Engelburse wurde nicht benötigt, erst 30 Jahre später kaufte das Georgianum sie an. Für die Grundrisse und Ansichten der Gebäude vgl. Schmid, Georgianum.

[31] Der erstere gedruckt bei Prantl II nr. 27 (nach dieser Edition im folgenden zitiert) und bei Schmid, Georgianum. Den städtischen Stiftungsbriefen wurde die Kollegurkunde inseriert, soweit die Städte das Präsentationsrecht für Kollegiaturen erhielten. Die Ingolstädter Urkunde druckt auszugsweise Mederer IV nr. 21; sie liegt abschriftlich vor in HStA Neub. Kop. b. 35, 1 ff. Ent-

Die Gründung 155

richtete Baumgartner, die Vorbereitungen seien nun so weit gediehen, daß der Herzog die Urkunden ausfertigen könne[32], und zwei Monate darauf wurde das Georgianum mit der ersten Regenswahl und der Stipendiatenpräsentation eröffnet[33].

18 Städte seines Herzogtums versah der Herzog durch Übereignung von Gülten mit Meß- und Almosenstiftungen im Jahresertrag von 12 bis 48 Gulden; elf von ihnen erhielten zusätzlich das Präsentationsrecht für je eine Kollegiatur des Georgianums[34]. Die auffällige Dezentralisation des Besetzungsverfahrens, in der Kollegurkunde damit begründet, daß eine Mehrzahl von Personen, insbesondere von städtischen Ratsleuten, eine solche Stiftung besser verwalten könne als ein einzelner[35], folgte keiner wirtschaftlichen Zweckmäßigkeit, denn das Kolleg erhielt ein zwar zersplittertes, aber kollektives Einkommen, mit dessen Verwaltung die präsentierenden Städte nichts zu schaffen hatten. Den Schlüssel zum Verständnis dieser Maßnahme liefert der Begriff des Almosens, der für die Kolleggründung und die städtischen Stiftungen gleichermaßen in Anspruch genommen wurde; das Präsentationsrecht der Städte setzte die Einzelstiftungen über das Kolleg als Mittelpunkt zueinander in Beziehung und stellte damit die Einheit des Gesamtwerks her[36].

---

würfe der Urkunden für Wasserburg, Hilpoltstein und Ötting in HStA GL Ing. nr. 16, 110 ff. Der Inhalt der übrigen Urkunden geht aus den erhaltenen Reversen hervor, vgl. Anm. 33.

[32] Peter Baumgartner an Herzog Georg aus Landshut am 5. 2. 1496: er übersende beiliegend ein Gutachten über die Stiftung und Kopien der Urkunden und Reverse. Das Ganze sei sehr kompliziert, aber er habe Vorstellungen darüber, wie es geordnet werden könne. Die Stiftung habe sich bis jetzt „verzogen"; wenn aber der Herzog die Stiftungsbriefe nun gleich unterzeichne, siegle und zurücksenden lasse, könne zu Oculi (6. März) ein Anfang gemacht werden (HStA Pfalz-Neuburg, Klöster und Pfarreien 1143).

[33] Mederer I 47 nach nicht erhaltenen Vorlagen. — Die Reversurkunden der Universität und der Artistenfakultät vom 23. 4. 1496 (gedruckt bei Mederer IV 153 ff.) und diejenigen der Städte unter unterschiedlichen Daten aus dem Frühjahr 1496 abschriftlich in HStA Neub. Kop. b. 109, 116 ff. und in StA Obb GL 1477/1, 1 ff.

[34] Unter den 11 Präsentatorenstädten (vgl. vorn S. 25) wurde Ingolstadt mit 48 Gulden Jahreszins am reichlichsten versehen; am anderen Ende der Skala erhielt Weißenhorn außer dem Präsentationsrecht keine weitere Stiftung. Die Ingolstädter Stiftung umfaßte einen Jahrtag, eine Brotspende, eine Heiratsbeihilfe für eine arme Jungfrau und eine Spende von Almosenröcken. Bei den anderen Städten fehlt der eine oder andere Titel in diesem Katalog, neue Stiftungsarten kamen nicht hinzu. Eine eigenartige Sonderstellung nahm Lauingen ein, das von seinen eigenen Stiftungsgülten je 15 fl. an Gundelfingen und Höchstätt abgeben mußte. Neben diesen beiden Orten erhielten weiter Stiftungen, aber keine Kollegiatur, Neuburg, Reichenhall, Rain, Friedberg; der 18. Name fehlt.

[35] Prantl II 121.

[36] Die oben Anm. 34 erwähnte Einbeziehung Gundelfingens und Höchstätts durch eine Abgabe Lauingens ist wohl bezeichnend für das herzogliche Bestreben, die Stiftung möglichst auf alle größeren Orte des Herzogtums zu verteilen; dieser Gedanke wird seinerseits ursprünglich durch die Streuung der Stiftungsgüter nahegelegt worden sein. Ganz ähnlich muß auch die „Streuung" der Prä-

In seinem Rahmen wird der Charakter des Kollegs und seiner Organisationsbestimmungen genauer erkennbar. Die religiösen Verpflichtungen der Kollegiaten, die, wie es zu einer „gab ad pias causas" paßte, arm sein mußten[37], der allmittägliche Marienkurs und das allabendliche Stiftergebet, lassen sich mit den Vorschriften privater Kolleggründer vergleichen, fallen aber im Vergleich mit den Studienbestimmungen durch unverhältnismäßige Vorrangigkeit und Ausführlichkeit auf. Die Laufzeit der Stipendien wurde auf fünf Jahre beschränkt, eine Frist, die dem bei seiner Aufnahme mindestens sechzehnjährigen und also, wie aber nicht ausdrücklich verlangt wurde, partikularschulisch vorgebildeten Studenten gestattete, den auf drei Jahre normierten artistischen Kurs mit dem Magisterium abzuschließen; die verbleibende Zeit hatte er ohne Aussicht auf irgendeinen Gradabschluß Theologie zu studieren[38]. Da die an Schulmeister und Pfarrer gestellten Ansprüche über einen solchen Ausbildungsstand im allgemeinen nicht hinausgingen, wird man diese Regelung nicht geradezu für sachfremd halten. Sie bezeugt aber, daß dem Herzog in auffälligem Unterschied zu den privaten Kolleg- und Stipendienstiftern der Zeit[39] nicht in erster Linie daran gelegen war, seinen Kollegiaten zu Berufs- und Standeswürden zu verhelfen. Die absolute Gleichgültigkeit der Urkunde in Hinsicht auf das spätere Fortkommen der Stipendiaten verbietet, in dieser Zeitregelung mehr zu sehen als den Versuch, das heilversprechende Almosen auf einen möglichst breiten Empfängerkreis auszudehnen. Über die so viel weltfreudigere, rationalere Universitätsgründung Herzog Ludwigs des Reichen hinweg knüpft die georgianische Urkunde mit dieser Sinnesart und mit der aus-

---

sentationsrechte verstanden werden, durch die die Kollegstiftung gleichsam aufgeteilt wurde. Vielleicht war ursprünglich daran gedacht, jeder der 18 Städte eine Kollegiatur zu geben, und man hatte erst später Bedenken, ob das Kollegeinkommen dazu ausreichen würde. — Herzog Georg erklärt, „obgemellt stifftung durch gotswillen als ein allmüesen (zu) thun" (Prantl II 120); durch solche Formulierungen wird die Kolleggründung auch begrifflich mit den „echten" städtischen Almosenstiftungen in Verbindung gesetzt.

[37] Prantl II 120, 122. Die Armutsforderung ist allerdings in der Kolleggeschichte seit Gründung der Sorbonne üblich; sie fehlt auch nicht in der Freiburger Sapienzstiftung. Vom Bursenzwang war in Ingolstadt dispensiert, wer „gravatus paupertate servire alibi cogatur" (Mederer IV 88); hier füllte also das Georgianum eine Lücke.

[38] Ein interessanter Einwand gegen diese Bestimmung wurde seitens des Juristen Wolfgang Baumgartner bei der Befragung von 1497 geäußert: „Item der studenten im mynnderen collegium, das die selben studenten nit gedrungen werden, nach dem sy maister wären, in der heyligen schrifft, sonnder in annderen faculteten zuhören" (HStA Neub. Kop. b. 10, 130 ff.).

[39] Die ältere Kolleggeschichte scheint für eine solche, ohne Rücksicht auf einen akademischen Gradabschluß bemessene Stipendienlaufzeit kein Beispiel zu bieten. Die ausnahmslose Regel war, daß den Stipendiaten auferlegt wurde, ihr Studium in der vorgeschriebenen Fakultät zu vollenden. Dagegen verfügten die nachreformatorischen Stipendienanstalten mit ihrer Ausrichtung auf die praktische Berufsausbildung von Pfarrern und Schulmeistern auffallend ähnliche Zeitregelungen. Trotzdem sollte man zögern, daraus verwandte Zielsetzungen zu schlußfolgern. Vgl. dazu unten Anm. 134.

drücklichen Versicherung, „nichts Zeitliches zu suchen"[40], an die Pfründner- und Psaltristenstiftung Ludwigs des Bärtigen an, deren Erbe 1472 an die Universität gegangen war[41]. In der entgegengesetzten Zeitrichtung ist die motivische Differenz zu den nachreformatorischen Stipendienstiftungen mit ihrer Ausrichtung auf die Lehrer- und Pfarrerausbildung bei allen gelegentlichen Analogien unübersehbar. Dieses georgianische Kolleg mochte nebenbei auch seinen Insassen und darüber hinaus der Universität und dem Lande Nutzen schaffen, seinen wesentlichen, nicht diesseitigen Bestimmungszweck hatte es in sich selbst. Es ist ein eigentümliches und doch bezeichnendes Fazit, daß der Staat für seinen historisch vorgreifenden und richtungweisenden Eintritt in die Sphäre studentischer Unterhaltsgewährung gleichsam den Umweg über Motivationen benötigte, die noch hinter die seelischen Bewegkräfte der versiegenden privaten Stiftungsfrömmigkeit zurückzuführen scheinen.

Rechtsstellung, Organisation und Ausstattung

Nur von dieser stifterlichen Mentalität her wird der Umstand begreifbar, daß die Gründungsurkunde neben den Präsentationsrechten auch alle wesentlichen Hoheits- und Aufsichtsbefugnisse aus der landesherrlichen Hand gab; Rechte, deren Revindikation der Staat schon im ersten Jahrhundert der Georgianumsgeschichte mit Verletzungen der Stiftungsbestimmungen erkaufen mußte. Die Selbstverwaltungskompetenzen des Kollegs freilich blieben beschränkt; wenn auch die Kollegiaten an Administration und Kontrolle des Rechnungswesens teils in corpore, teils durch Vertreter in gewissem, praktisch später bedeutungslosem Maße beteiligt wurden, so bildeten sie doch im Unterschied zum Alten Kolleg keine demokratische, entscheidungsbefugte Gemeinschaft[42].

---
[40] Prantl II 121; mit dieser Wendung wird die Delegation der Präsentationsrechte auf die Städte begründet.
[41] Vgl. dazu zusammenfassend Seifert, Statutengeschichte 318 ff.
[42] Zwei „geschickte" Kollegiaten sollten mit dem Regens und dem Superattendenten zur Wirtschaftsverwaltungskommission gehören, alle Kollegiaten der Abrechnung des Regens beiwohnen. Rein formellen Charakter hatte die Bestimmung, daß die Präsentationsbriefe der Städte „an den maister und ander collegiaten" gerichtet werden sollten (Prantl II 122, 129 f.). Die kollegial-demokratische Lebensform, kennzeichnend für die innere Verfassung der älteren Kollegien, hatte in England, nicht jedoch in Paris, auch die Vorstandswahl und die Vermögensverwaltung einbegriffen. Hier ist zu berücksichtigen, daß das Georgianum seiner Anlage nach vorwiegend ein Internat für junge Artistenschüler darstellte, die in den ausnahmslos gemischten französischen und englischen Kollegien auch nicht die Eigenschaft von vollberechtigten „socii" besaßen, und deren Anteil an der Regierung des Kollegs in der Praxis sich folgerichtig gegenüber den Stiftungsbestimmungen noch verringerte. Später nahm zwar der Prozentsatz der Stipendiatenmagister infolge der privaten Zustiftungen zu; sie erlangten jedoch zwar persönliche Privilegien, konstituierten sich aber anscheinend nicht zu einer politisch berechtigten communitas. — Auch in den Bursen hatten die Konventoren alle wichtigen Entscheidungsbefugnisse; für gewisse demokratische Restformen vgl. Mederer IV 81.

Nach dieser Richtung in seiner Macht kaum beschränkt, wurde der Kollegregens[43] jedoch der Aufsicht der Artistenfakultät unterstellt. Sie durfte ihn wählen und absetzen[44], sie kontrollierte unter Beiziehung des Rektors und des theologischen Dekans seine Rechnungen, und sie auch ordnete ihm aus ihrer Mitte einen Superattendenten bei, der gemeinsam mit ihm und zwei Kollegiaten die Wirtschaftsverwaltung besorgen sollte[44a].

Dieser ihr verbrieften und der Sache nach zukommenden Hoheit über das „collegium principis" konnte sich die Artistenfakultät nicht lange erfreuen. Die Universitätsreform Herzog Albrechts IV. ließ zwar den rechtlichen Status des Kollegs noch unangetastet[45]; der um das Jahr 1515

---

[43] In Paris hießen die Kollegvorstände „magister domus", „principalis", „praesidens" (so auch im Freiburger Sapienzkolleg), im 16. Jahrhundert häufig „primarius". Das Collegium vetus unterstand, wie ähnliche Institutionen anderswo, einem gewählten „praepositus". Die Bursenleiter werden in den alten Statuten „rectores bursarum", gelegentlich auch schon „conventores" genannt (Mederer IV 74 ff., 81); der letztere Ausdruck setzte sich durch.

[44] Prantl II 123. Schon in Paris hatten die Stifter die Aufsichts- und Wahlbefugnisse, die ihren Kollegien in der Regel vorenthalten blieben, immer häufiger an Universitätsgremien, meistens allerdings an den Kanzler (den „reformator multorum collegiorum", Félibien-Lobineau III, 417) delegiert. In noch viel stärkerem Maße wurden die deutschen Kollegien dem Universitätsverband integriert. Vgl. dazu die ausdrückliche Bestimmung der georgianischen Urkunde, Regens und Kollegiaten sollen „dem rector und dechannten der universitet nichtsminder gehorsam irem gerichtszwanng und oberkeit underworffen sein ... wie ander studenten" (Prantl II 126). Auch über die Bursen hatte die Artistenfakultät die Aufsicht; sie wurden in jedem Semester vom Dekan feierlich visitiert (Mederer IV 75). Die Fakultät wählte die Konventoren; die Hausbesitzer („hospites") durften nur an Gewählte vermieten (Prantl II 52).

[44a] Die Superattendenten wurden nicht aus den Reihen der Georgianums-Kollegiaten genommen. Als erster läßt sich 1518, damals aber schon länger im Amt, Johann Salach ausmachen (vgl. Anm. 56a). Für ihn wurde am 17. 6. 1522 der ehemalige Regens Georg Schwebermaier gewählt (UA Georg. III/22,63'), ihm folgte im April 1525 der Collegium-vetus-Kollegiat Wolfgang Lotter (ebd. 80). Am 21. 4. 1530 wurde der Exregens Schröttinger gewählt, gleichfalls Kollegiat, am 1. 5. 1531 Nikolaus Appel, am 8. 10. 1531 wieder Lotter (ebd. 101', 105' und 106'). Weitere Wahlen sind nicht verzeichnet. Seit 1526 kontrollierten zwei Superattendenten der Universität das artistische Unterrichtswesen (Prantl II 179), vielleicht übernahmen sie mit der Zeit auch die Kollegaufsicht. — Die Rechnungskontrolle fand, wie der Fall Zaler zeigt, nicht ganz regelmäßig statt. 1510 wurde statuiert, sie sei jedes Jahr im Mai vorzunehmen (Prantl II 146); später scheint man sich jedoch damit begnügt zu haben, jeweils dem abtretenden Regens eine Schlußabrechnung abzuverlangen (so Kretz 1520, Schröttinger 1523: UA Georg. III/22, 43' und 69'). Gelegentlich prüfte die Fakultät die Rechnungen allein (ebd. 10, 93, 99 und öfter); 1524 und wieder 1526 wurde aber die Abrechnung wegen Abwesenheit des Theologen Johann Eck verschoben (ebd. 77 und UA D III 4, 220).

[45] Die Nova Ordinatio von 1507 traf lediglich einige Einzelstimmungen (vgl. Anm. 99) und verlangte von der Universität eine Revision der Kollegstatuten, ohne dafür jedoch Richtlinien anzugeben. Über die anschließenden Beratungen der Universität ist zum Thema Georgianum nichts bekannt. Vgl. über diese Reform im allgemeinen Seifert, Statutengeschichte 76 ff.

begründete Patronat Leonhard Ecks jedoch, durch den auch die Universität als Ganzes in ihrer Autonomie aufs empfindlichste beschnitten wurde[46], fand sich mit der stiftungsbrieflichen Delegation der Aufsichtsrechte nicht ab. Im Dezember 1515 setzte die Fakultät den Regens Johannes Zaler (seit 1508) ab, dessen Wirtschaftsgebaren sie zuvor wiederholt und erfolglos beanstandet hatte; sie entschloß sich endlich zu diesem Schritt, um, wie sie erklärte, ihres Wahlrechts nicht verlustig zu gehen, also wohl nicht ohne Druck und Drohung von außen[47]. Die im Januar 1516 vorgenommene Neuwahl versetzte die Fakultät jedoch in die Verlegenheit, zwischen dem von Eck und Herzog Ernst empfohlenen Magister Andreas Hainlein und einem Kandidaten der Neuburger Pfalzgrafen, die einen beträchtlichen Teil der Kolleggüter unter ihrer Kontrolle hatten, zu entscheiden[48]. Die von Eck mit grober Drohung durchgesetzte Wahl Hainleins bildete nur das Vorspiel zu dem viel schärferen Konflikt, den Hainlein im Dezember des folgenden Jahres mit seinem Rücktritt auslöste. Eck forderte ihn auf, mit der formellen Resignation noch zu warten; die Fakultät jedoch, die von Hainleins bevorstehendem Wegzug Wind bekommen hatte, entschloß sich, den Konventor der Sonnenburse Johann Schröttinger zum Nachfolger zunächst zu nominieren, dann förmlich zu wählen[49]. Schröttinger war von Eck kurz zuvor gegen Willen und Wahl-

---

[46] Seifert, Statutengeschichte 86 ff. und 429 ff.

[47] Am 13. Juli 1513 befahl die Fakultät Zaler, sich nicht in die Geschäftsführung des Prokurators einzumischen, für die Eintreibung der Kollegeinkünfte einen „granarius" anzustellen, seine Spesenausgaben durch einen Stipendiaten aufzeichnen zu lassen und über die Kollegkapelle jährlich Rechnung zu legen, außerdem seine Unterrichts-, Erziehungs- und Aufsichtsfunktionen fleißig auszuüben. Nur unter diesen Bedingungen wolle man ihn über Michaelis hinaus im Amt lassen (UA Georg. III/22, 2'). Im November 1515 erhielt Zaler eine achttägige Frist, binnen derer er sein Restat belegen mußte, wenig später wurde ihm „sub pena depositionis" eine neue Dreitagesfrist gesetzt (ebd. 10 f.). Am 9. Dezember 1515 schließlich wurde beschlossen, Zaler zu Georgi 1516 wegen „negligens administratio, expensarum tam domus quam ecclesie magnitudo" abzusetzen. Alle vergangenen Mahnungen hätten nichts gefruchtet; weitere Nachsicht könne sich die Fakultät mit Rücksicht auf die Wahrung ihres Wahlrechts nicht erlauben (ebd. 11). Zaler verteidigte sich in der folgenden Sitzung, resignierte aber widerstandslos. Ihm wurde auferlegt, sein Restat zu begleichen und für das vergangene Jahr Rechnung zu legen (ebd. 11').

[48] UA Georg. III/22, 12'; vgl. auch Mederer I 98. Der Neuburger Kandidat ist namentlich nicht bekannt. Die Fakultät erklärte sich für „perplexa"; der junge Herzog Ernst, zur Zeit in Ingolstadt studierend, sei ja gleichsam „dominus terrae" „et preces eius pari ab imperio different", während die Pfalzgrafen viele Kollegeinkünfte unter Kontrolle hätten. Die Fakultät wandte sich an Leonhard Eck, formell Hofmeister Ernsts, der ultimativ die Wahl Hainleins verlangte. Dies ist unter dem 20. 1. 1516 verzeichnet, am 2. 2. wählte die Fakultät gehorsam Hainlein, bisher Konventor der Adlerburse (ebd. 13).

[49] UA Georg. III/22, 24'-26'. Hainlein war im Oktober 1517 zum Bamberger Suffragen ernannt worden, hatte aber die Regenz noch nicht resigniert, als die Fakultät am 31. Dezember, um einer Vakanz vorzubeugen, beschloß „iam nominare aliquem", der sich inzwischen schon vorbereiten könne. Noch am selben Tag bewarben sich Mathias Kretz und Johann Schröttinger, die Fakultät „nominavit et nominatum proclamavit" einstimmig den letzteren. Am 2. Januar

handlung der Fakultät auf das Widmann-Stipendium präsentiert worden[50], und so konnten die Artisten nun hoffen, mit dieser Wahl ihr Recht zu demonstrieren, ohne gegen die Prädilektionen des Herzogs oder des Patrons zu verstoßen. Gegen Schröttinger aber kandidierte mit dem Tübinger Magister Mathias Kretz, dem Konventor der Lilienburse, ein erklärter Favorit Ecks[51], der denn auch nicht zögerte, seine ganze Macht gegen die Fakultätswahl in die Waagschale zu werfen. Vor dem Universitätskonzil berief sich die Fakultät auf die Stiftungsurkunde, Kretz auf seine schriftliche Einsetzung durch den Herzog[52]. Den Kompromißvorschlag, Kretz für den Verlust der Regenz mit einer artistischen Kollegiatur zu entschädigen, lehnten beide Parteien ab[53]; darauf lieh die Universität der Fakultät bei dem Versuch, den Herzog von seiner Entscheidung abzubringen, ihre Unterstützung. Schröttinger wurde selbst nach München gesandt, er kam aber vor dem Herzog gegen den offensichtlich

---

1518 ließ aber Schröttinger der Fakultät vorstellen „modicum ius sibi esse per nominationem acquisitum", und man möge ihn doch ordentlich wählen. Die Fakultät stimmte zu und „prius nominatum iam elegit et electum nominavit", obwohl Hainlein bestritt, schon resigniert zu haben, „nam ipse promisit magistro curie (sc. Eck) non velle resignare nisi ad iussionem suam".

[50] UA Georg. III/22, 23′ f. Am 3. 12. 1517 hatten sich um das eben freigewordene Fakultäts-Stipendium die Magister Schröttinger und Konrad Schaider beworben, beide mit herzoglichen „literae comendaticiae". Schaider war gewählt worden, doch am 18. 12. traf ein herzoglicher Brief ein mit dem Befehl, das Stipendium Schröttinger zu geben. Die Fakultät verteidigte ihre Wahlhandlung und wählte eine Kommission, die eine Erwiderung an den Herzog aufsetzen sollte. Am 29. 12. verlangte Eck persönlich vor der Fakultät die Absetzung Schaiders, ließ sich aber unter dem Drängen der Fakultät zu der Zusage herbei, den Herzog über die Sachlage aufzuklären. Tatsächlich blieb Schaider im Besitz des Stipendiums.

[51] Vgl. über ihn Prantl II Biogr. nr. 19. Er immatrikulierte sich in Ingolstadt am 13. 6. 1516. Am 1. 9. 1516 beantragte Aventin vor der Fakultät die Eröffnung einer neuen Burse, der Kretz und Urban Rieger vorstehen sollten; die Fakultät sträubte sich dagegen mit dem Argument, es gebe schon mehr Bursen als nötig (UA Georg. III/22, 18). Im folgenden Monat erlangte Kretz die Leitung der Lilienburse. Er gehörte zur „Sodalitas" Ecks und Aventins; vgl. Mederer I 100, 107 und 110. Am 4. 11. 1516 bewarb er sich vor der theologischen Fakultät um den Grad des Sententiars, den er aber erst im Februar 1517 erhielt (UA Georg. I/1 (1), 53′f.). Über seine weiteren Ingolstädter Auftritte vgl. unten Anm. 57.

[52] UA Georg. III/22, 25. Am 9. 1. 1518 erschien eine Artistendelegation vor dem Senat und legte dar, „quomodo iuste, rite ac legitime secundum literas novi collegij fundationis facultatis artium privilegium et ius continentes electionem regentis ad facultatem spectantem" sie Schröttinger gewählt habe, wohingegen Kretz uneingedenk seines der Fakultät geleisteten Eides „proprio ausu seipsum in novum collegium contra ius intrudere" versuche. „Ipse vero Kretz ex parte adversa gloriabatur se habere literas a principe ..., quibus dux doctori Andre Henlin preciperet, ut sibi possessionem novi collegij, claves et omnia alia que ad officium regencie pertinerent, resignaret et offerret. Idem Kretz renuit et recusavit huiusmodi literas universitati manifestare."

[53] UA D III 4, 19 f.; auch das Einverständnis der kooptationsberechtigten Kollegiaten des Collegium vetus hatte die Universität schon besorgt, aber Kretz lehnte ab. Die Fakultät legte am gleichen Tage Schröttinger nahe, sich in dieser Richtung nicht „in concordiam et pactum" mit Kretz einzulassen (UA Georg. III/22, 25 f.).

lebhaft engagierten Leonhard Eck nicht auf[54]. Die herzogliche Entscheidung fiel für die Fakultät niederschmetternd genug aus: jeder, der Kretz an der Besitzergreifung der Regenz zu hindern suchte, wurde mit Absetzung, Relegation und Stadtverweisung bedroht[55]. Fakultät und Universität resignierten nun mit der für die rechtliche Bedeutung des Streits bezeichnenden Bemerkung, nachdem sie ihrer Gewissenspflicht Genüge getan hätten, solle der Herzog mit dem Kolleg anstellen, was ihm beliebe[56].

Kretz dankte nach zweijähriger Amtszeit Ende 1519 ab[56a]; nach seiner Rückkehr von mehrmonatiger Predigertätigkeit in Eichstätt wurde er vom Herzog, ebenfalls gegen heftigsten Widerstand der Fakultät, auf eine artistische Kollegiatur gesetzt[57]. In der Regenz durfte ihm jetzt Schröttinger folgen, nicht ohne daß der Herzog der Fakultät ausdrücklich befohlen hätte, ihn zu wählen[58]. Auch die folgenden Regenten wurden in der Regel nicht ohne vorherige Konsultation des Herzogs bzw. des Patrons oder sogar wieder, wie 1531 Oswald Arnsperger, auf einen förm-

---

[54] Ebd. Als „adiutor" war Schröttinger ein weiterer Magister beigeordnet worden. Nach seiner Rückkehr berichtete Schröttinger am 17. Januar, „quomodo princeps non audiverit supplicationes, sed ipse magister curie (sc. Eck) solus recepisset et legisset maledixisset" (ebd. 25').
[55] Der herzogliche Brief traf am 16. Januar ein, nachdem Hainlein zwei Tage zuvor nun doch vor der Fakultät formell die Regenz resigniert hatte. Über den Inhalt des Schreibens referiert das Fakultätsprotokoll, der Herzog habe verboten, „ne facultas nec verbo nec facto ullomodo impediat magistrum Mathiam Kretz in sua regentia sub pena relegationis et amissionis tam provincie quam civitatis Ingolstadt". Am 9. Februar resignierte Kretz die Leitung der Lilienburse. Die Fakultät weigerte sich zunächst, einen neuen Konventor zu wählen, „ne sibi cum bursa contingeret, quid cum stipendio et regente contigit" (UA Georg. III/22, 25' f.). Auf Ecks Befehl wählte sie dann am 12. 3. Schröttinger zum Nachfolger Kretz' (ebd. 26).
[56] „Censuit tam universatis quam facultas in hoc negotio quiescendum esse, cum ipsi de universitate et facultate fecerint ea que eorum conscientia ac iuramenta dictabant, Princeps ergo faciat cum collegio quicquid velit et cum regente, ipsi sint securi et quieti" (UA Georg. III/22, 25').
[56a] Am 26. 1. 1520 legte er vor der Fakultät Rechnung (UA Georg. III/22, 43'). Er scheint in diesen zwei Jahren recht eigenmächtig regiert zu haben; schon am 18. 3. 1518 hatte der Superattendent Johann Salach mit dieser Begründung sein Amt niederlegen wollen (ebd. 27).
[57] Vgl. darüber Seifert, Collegium vetus 46 f. Die Fakultät, die an sich mit der Kollegiatenwahl nichts zu tun hatte, setzte sich wiederum scharf gegen Kretz zur Wehr. Man hatte ihn wohl noch immer in schlechter Erinnerung, außerdem war Kretz als noch in seiner Regentenzeit, im November 1519, promovierter Doktor der Theologie nicht zum Kollegiaten qualifiziert, und schließlich ging es gegen diesen „advena" einfach um die Beförderungschancen der heimischen Magister. Kretz muß sich diesem Streit, der sich im Grunde um die 1518 von Leonhard Eck veranlaßte Reform des Alten Kollegs drehte, bald darauf durch seine neuerliche Abreise entzogen haben, ohne die ihm zugedachte Kollegiatur wohl je in Besitz zu nehmen.
[58] Die Fakultät wählte ihn am 5. 12. 1519, erst vom 11. 12. 1519 ist das herzogliche Schreiben datiert, das die Fakultät auffordert, Schröttinger zu wählen und künftig auf das Kolleg, das durch die „lessigkaith der vorigen regenten" Schaden gelitten habe, gute Obacht zu geben (UA Georg. III/22, 43' und 45).

lichen herzoglichen Wahlbefehl hin bestimmt[59]. Bei Arnspergers Nachfolgern scheint, um aus dem Schweigen der Fakultätsprotokolle zu schließen, nicht einmal mehr eine Wahlhandlung stattgefunden zu haben.

Unmittelbar auf das Stifterrecht zurückgreifend, fand dieser frühe landesherrliche Kollegpatronat auch in jeder anderen Sachbeziehung kaum an den Stiftungsbestimmungen, dafür aber an seiner eigenen, noch instabilen und seit den dreißiger Jahren spürbar nachlassenden Intensität eine Grenze[60]. Im Alltag blieb die Artistenfakultät vorläufig die erstinstanzliche Aufsichtsbehörde für den Regens, der ihr bis zur Jahrhundertmitte angehörte und zu ihren Ämtern gewählt wurde[61]. Schon daraus ergab sich für ihn eine gewisse Gehorsamspflicht, die sich nur in Konfliktfällen durch den Hinweis auf die Stiftungsurkunde legitimieren mußte[62].

Außer und unter dem Regens hatte der Stifter keine weiteren Kollegämter vorgesehen. Schon in den bescheidenen Anfangsverhältnissen mußte aber für die Verwaltung der Einkünfte und für die Bestellung von Küche und Tisch ein „Prokurator" vorhanden sein, wie ihn jede Burse auch besaß. Seine Funktion und sein Name sind so alt wie das Kollegwesen selbst[63]. Vielleicht füllte diesen Posten anfangs ein Kollegiat

---

[59] Der Herzog „significavit m. O. Arnsperger in regentem esse eligendum. Electus est igitur ... omnium votis" am 28. 1. 1531 (UA Georg. III/22, 104). Zuvor war nach Reckenschinks Tod am 5. 1. 1531 provisorisch und vorbehaltlich der Zustimmung Ecks Alexius Zehntmayer gewählt worden (ebd. 103'). Ohne erkennbare Mitwirkung von herzoglicher Seite war am 15. 2. 1522 nach Schröttingers Resignation Anton Braun zur Regenz gelangt (ebd. 62'). Sein Nachfolger Johann Reckenschink jedoch scheint von Eck präsentiert worden zu sein (am 27. 11. 1529, ebd. 100).

[60] Einige Beispiele: Im Frühjahr 1521 gestattete die Fakultät dem Regens Schröttinger nur mit herzoglicher Erlaubnis, während der Pest die Stadt zu verlassen (UA Georg. III/22, 55 f.). Den Ankauf der fakultätseigenen Engelburse durch den Regens Braun (vgl. unten Anm. 81) mußte 1524 Eck genehmigen, der drei Jahre später auch den Kaufpreis regelte (ebd. 77 und 93'). Vgl. weiter die Vorgänge bei der Vizeregenswahl im Jahre 1546, unten Anm. 123.

[61] Nach den Fakultätsstatuten von 1519/20 gehörte der Regens mit den Artistenkollegiaten und den Bursenkonventoren zum Stamm des Fakultätskonzils (Prantl II 154 f.). Die Statuten von 1526 erklärten die Kollegiaten und die sechs Lektoren, zu denen aber der Regens gehörte, zu ständigen Konzilsmitgliedern (ebd. 179). Das artistische Dekanat verwalteten die Regentes Hainlein (nicht bezeichnenderweise Kretz), Schröttinger, Braun (dreimal), Arnsperger (dreimal), Thurn (zweimal), Wolf (dreimal). In den Universitätssenat gelangten die Regentes in diesem Zeitraum als Artisten durch Wahlhandlung der Fakultät, also nicht von Amts wegen. Als Senatsmitglieder waren sie dann zu Rektoren wählbar. Vgl. dazu Seifert, Statutengeschichte 162 ff., 189 ff., 242 ff. und 482 ff. Über die Beteiligung der Regentes am artistischen Vorlesungsbetrieb vgl. unten Anm. 97.

[62] Am 9. 11. 1541 erteilte die Fakultät dem Regens Wolfgang Thurn eine Reihe von Vorschriften. Als Thurn sich gegen den antragstellenden Magister empörte, wurde er von der Fakultät zurechtgewiesen: ihr gebühre rechtlich die Kontrolle des Kollegs und des Regens (UA Georg. III/22, 131').

[63] In den Pariser Kollegien waren der „procurator" (für die Hauswirtschaft) und der „praepositus" (für Disziplin) im Unterschied zu dem von den externen

aus. Die Vergrößerung der Einwohnerzahl und die Ausweitung des Konvikt- und Mensenbetriebs erforderten aber bald die Anstellung eines nichtstudentischen Beamten, der kein Gehalt bezog, sondern auf der Grundlage einer mit dem Kolleg vereinbarten Kostgebühr auf Risiko und Gewinn wirtschaftete[64]. Dagegen blieben die kleineren Dienste wie in den Bursen die Domäne studentischer Famuli, die sich auf diese Weise im Kolleg Herberge und Freitisch, dazu in der Universität Gebührenfreiheit bei Immatrikulation und Promotion und bei den Vorlesungen und Resumtionen verdienten[65]. Die Einziehung der Gülten scheint in dieser ersten Periode der Regens noch selbst besorgt zu haben, vielleicht mit Hilfe der Universitätskastner. 1513 erwog zwar die Artistenfakultät die Anstellung eines eigenen „granarius"[66], doch ist die Exestizen eines solchen Beamten bis über die Jahrhundertmitte hinaus nicht bezeugt.

Herzog Georg hatte sein Kolleg mit einer Reihe von Pfennig- und Getreidegülten dotiert, deren Gesamtertrag mit den Preisen schwanken mochte, in der Planung aber auf knapp 250 Gulden geschätzt war. Mehr

---

Aufsichtsorganen eingesetzten „magister domus" Wahlämter, die unter den „socii" rotierten. — Für die nicht ganz klar erkennbaren Verhältnisse in den Ingolstädter Bursen vgl. erst die Statuten der Pfauenburse (Mederer IV 97 und 100 f.). Der „procurator" war anscheinend ein „bursalis" und gehörte zur Gruppe der „famuli"; er durfte bei der Besorgung der Lebensmittel keinen Profit machen; ihm unterstand auch die Küche. — Am 9. 7. 1513 befahl die Artistenfakultät dem Regens Zaler, „quot ... nullo modo se procuratorie intromittat, et quod nequaquam procuratori verbis aut factis resistat aut invideat, sed agat cum eo sicut ceteri conventores bursarum". Die Prokuratoren scheinen demnach in eigener Verantwortung gewirtschaftet zu haben; nebenbei beweist diese Bestimmung, daß die unmittelbare Finanzierung der Kollegmensa aus dem Kollegeinkommen bereits nicht mehr praktiziert wurde (vgl. unten Anm. 75).

[64] Vgl. unten Anm. 75. Am 14. 10. 1516 immatrikulierte sich Stefan Strobl, den ein Zusatz als „collegii novi oeconomus" bezeichnet. Bis 1534 war Leonard Vogel „procurator", er starb in diesem Jahr (UA D III 6, 46 und D III 4, 338). 1544 wird im gleichen Amt ein Stefan Mader erwähnt (UA D III 6, 117), der, inzwischen entlassen, 1555 dem Georgianum nach 950 fl. schuldete (StA Obb GL 1477/3, 62').

[65] Die Statuten darüber sind zahlreich, es muß mit dem Armutsvorwand viel Mißbrauch getrieben worden sein. Am 11. 11. 1515 beschloß die Fakultät „ut amodo nullus habeatur pauper, id est ad audiendas lectiones gratis admittatur, nisi famulus existat et nisi evidens et notoria sit eius paupertas" usw. (UA Georg. III/22, 10). Die georgianischen Stipendiaten selbst waren nur im eingeschränkten Sinn „pauperes": nur die Hörgelder waren ihnen erlassen. — Zu den Aufgaben der georgianischen Famuli gehörte einem Fakultätsbeschluß von 1541 zufolge etwa die Säuberung der „loca secreta" und das morgendliche Läuten zum Aufstehen (UA Georg. III/22, 131'). Als „publicus famulus" ist 1551 ein Wolfgang Pranger aus Landshut bezeugt (ebd. 156); nebenbei hatten wohl der Regens und die anderen im Kolleg wohnenden Magister ihre privaten Famuli.

[66] „... quod in novo collegio habeatur granator vel granarius pro certa mercede, qui frumenta et alia ad prefatum collegium spectancia dilligenter colligat." Das Getreide wurde im Georgianum selbst gespeichert; das „Aufziehen" des Getreides nennt Christian Kripper 1565 als eine der Arbeiten, zu denen er die Stipendiaten heranziehe (StA Obb GL 1477/3, 153; vgl. unten Anm. 170). Seit den 70er Jahren war der Ingolstädter Universitätskastner dann erweislich auch für die Georgianumseinkünfte zuständig; vgl. Anm. 226.

als die Hälfte davon erbrachte der Zehnt von Meckenhausen[67]. Da der Regens mit einer der Pfarrei Baar auferlegten Pension von 40 Gulden unabhängig versorgt war[68], ergab sich für jeden der elf Kollegiaten der vergleichsweise nicht niedrige Versorgungssatz von etwas mehr als 20 fl.[69], also der Betrag, den die Stiftungsurkunde privaten Zustiftungen als Mindestsatz vorschrieb[70]. Nach der Vorstellung des Stifters sollten aber diese Einkünfte nicht in die Hände der Kollegiaten gelangen, sondern für die gemeinsamen Bedürfnisse verwendet werden; erst wenn ein Vorrat von 300 fl. angesammelt war, durften Überschüsse verteilt werden[71]. In gleicher Weise sollten die Erträge privater Stipendienstiftungen künftig in das Gesamteinkommen eingehen, diese Stipendiaten folglich den Stammkollegiaten wie in allen anderen Verpflichtungen, so auch im Verpflegungssatz gleichgestellt sein[72]. Was der Herzog anstrebte und wo-

---

[67] Diese Zahlen nennt ein herzogliches Schreiben an die Rentmeister des Oberlands vom 18. 8. 1494 (HStA GL Ing. nr. 16, 93 f.). Der Meckenhauser Zehnt ist schon hier, ebenso dann in der Stiftungsurkunde, auf 130 Gulden veranschlagt; vgl. aber unten Anm. 197. Die Differenz hätte 105 Gulden betragen; ein herzogliches Schreiben an die Rentmeister vom 1. 9. 1494 erhöht aber dann das Jahreseinkommen des Kollegs von 135 (!) auf 140 (!) Gulden, soll wohl heißen 240 Gulden (ebd. 95). Rechnet man die Pfenniggülten nach der Stiftungsurkunde zusammen, so kommt man auf etwa 34 Gulden; ganz ähnlich beziffert ein Verzeichnis vom 3. 1. 1578 die Kollegeinkünfte ohne den Meckenhauser Zehnt und ohne die privaten Stiftungen auf etwas über 37 Gulden. Dazu kamen die schwer zu taxierenden Getreidegülten.

[68] Prantl II 123 f. Herzog Georg beruft sich auf eine darüber ergangene Papstbulle, die aber nicht vorliegt. Der Landshuter Erbfolgekrieg ließ die Pfarrei in das Gebiet der neugegründeten Pfalz Neuburg fallen. Bereits im kaiserlichen Schiedsspruch muß vorgesehen worden sein, daß die Pension an das Georgianum weiter zu zahlen sei, doch scheint das zunächst trotz der grundsätzlichen Bereitwilligkeit der Pfalzgrafen unterblieben zu sein. Im Frühjahr 1523 erhielt Johann Eck Auftrag, darüber eine päpstliche Bestätigung zu erwirken (J. Wiedemann, Dr. Johann Eck, 1865, 660 ff.), die am 12. 6. 1523 wirklich erging: Mederer IV nr. 35 nur nr. 36.

[69] Das Freiburger Collegium Hieronymi hatte 1485 für 6 Kollegiaten nur 500 Gulden Kapital, also 25 Gulden Einkommen; Johann Kerer gewährte in seiner Sapienz einen Satz von nur 10 Gulden pro Person (Werk 1 ff.). Dagegen rechnete das Heidelberger Dionymianum 1452 mit 25 fl. pro Person (Winkelmann I nr. 111). — Die Kollegiaten des Alten Kollegs erhielten 40 fl.

[70] Prantl II 128.

[71] Die Bestimmungen der Stiftungsurkunde Prantl II 129 lassen darüber keinen Zweifel: die Gülten sollen „aines yeden jares zw gemaynem nutzen und fromen des regennten und aller collegiaten unsers collegium gebraucht werden, nemblich darumb die notturfft der speis holtz und anders, so man gewondlich pflegt von gemeiner bursen wegen auszugeben, zubestellen kauffen und zubezallen" usw.

[72] Prantl II 128 f.: die Stifter sollen ihre Stiftungsgülten „unserm collegium und collegiaten ... gentzlich gebe(n)" und „zuaigne(n)". „Allsdann so mag der stiffter ainen schueler oder studenten ... in obgedacht collegium presentiren". Diese aus privater Stiftung stammenden „collegiaten" sollen „der zynns frücht nutzung und gülltn, so wir unserm collegium geben und in der gemein den collegiaten zugeaignet haben, zu niessen und zuegebrauchen" berechtigt sein, und der Regens soll „einem collegiaten sovil zuthun schulldig sein alls dem andern on underschaid" usw.

zu er einlud, waren mithin nicht Stipendien-, sondern Kollegerweiterungsstiftungen, jedoch mit dem Ziel und nach dem Maßstab einer Vermehrung der Kollegplätze. Die Gewährung des Präsentationsrechts an die Stifter entsprach der Besetzungsregelung für die Stammkollegiaturen und brachte in die Kollegorganisation kein fremdes, desintegrierendes Element[73].

Lange bevor das Anwachsen der privaten Stipendiensätze diese Regelung hätte erschüttern können[74], wurde sie stillschweigend und aus Gründen preisgegeben, die sich leicht vorstellen lassen. Sie gab dem Regens die Macht, den jährlichen Ausgabenumfang nach eigenem Belieben, schlimmstenfalls auch zum eigenen Vorteil zu bestimmen. Die Angliederung des Konviktbetriebs mußte die wirtschaftliche Sachlage für die von der Rechnungskontrolle praktisch ausgeschlossenen Kollegiaten vollends undurchsichtig machen und ihnen das Verlangen eingeben, sich durch die Auszahlung des ihnen zustehenden Anteils am Gesamteinkommen gegen Mißwirtschaft und Veruntreuung zu schützen. Eine herzogliche Verordnung vom 24. Januar 1522 bezeugt ihren raschen, schon als selbstverständlich empfundenen Erfolg: Mit Rücksicht auf die Abnahme der Einkünfte und die Verschuldung des Kollegs wird dem Regens vorgeschrieben, den Stipendiaten künftig „nit mer dann die zwaintzig gulden in chrafft erster stifftung" auszuzahlen und Überschüsse bis zum stiftungsurkundlich vorgesehenen Betrag aufzusparen[75].

Es läßt sich leicht ausrechnen, daß das Kolleg nach Auszahlung solcher Stipendiensätze nur noch über bescheidenste Mittel verfügte, also nicht mehr für die Kollegiaten gebührenfrei Tisch halten konnte. Sie waren in dieser Beziehung nun den übrigen Konviktoren gleichgestellt, hatten ihnen aber den Vorteil des kostenlosen Wohnens voraus. Der Prokurator, bisher mit Kolleggeldern wirtschaftend, trat nun unter Umgehung des Regens mit den Kolleginsassen ins Geschäft[76]. Die gemeinsame Tisch-

---

[73] Solche Einladungen zu Zustiftungen nach fixierten Mindestsätzen sind auch aus der Pariser Kolleggeschichte bekannt. Zustiftungen erhielten das Heidelberger Dionysianum, das Freiburger Hieronymus-Kolleg und die Wiener Bursen (vgl. Anm. 12, 17, 23).

[74] Bis über die Jahrhundertmitte hinaus stiegen die privaten Stipendiensätze nicht über 25 Gulden, dann jedoch recht rasch auf das Doppelte dieser Summe, während der Stipendiensatz der Stammkollegiaten nach der Erhöhung von 1555 bei 25 Gulden stehen blieb. Vgl. unten Anm. 207.

[75] Prantl II 164. Auch in Paris erhielten die Kollegiaten regelmäßig ihre wöchentliche „bursa" ausgezahlt, nach Sätzen, die in Stiftungsurkunden und Statuten festgelegt wurden und je nach Fakultätszugehörigkeit unterschiedlich hoch waren.

[76] Vgl. oben Anm. 63 sowie UA Georg. III/22, 131' (1541): der Regens soll den Prokurator ermahnen, „ne rationes sumptuum collegio singulis septimanis reddendas longius suspenderet". Klar wird die Lage in einem Entwurf Christian Krippers erkennbar, Vorschriften für den Prokurator („Schaffner") enthaltend: Jeder Kostgänger hatte unter den Ingolstädter Bürgern einen Bürgen zu benennen, der dem Prokurator vierteljährlich die Kostgebühr zahlte. Auch der

haltung als wesentliches Element der kollegialen Lebensgemeinschaft verlor damit ihre unmittelbare Verbindlichkeit und ließ sich nur durch außerökonomische Zwangsmaßnahmen aufrechterhalten. Die Gefahr der Auflösung des Kollegs in studentische Einzelstipendien, die nur noch über eine Art „gemeinsamer Stiftungskasse" miteinander verbunden waren, kündigte sich von fern an. Ihr begann um die gleiche Zeit, durch kein eigenes Vermögen zusammengehalten, das Artistenkolleg zu erliegen, das aber entsprechend seiner von derjenigen des Georgianums grundverschiedenen Funktion nicht Stipendien, sondern Professuren aus sich entließ[77]. Die Erhaltungskräfte des Georgianums waren ungleich stärker; die ausführlichen Stiftungsbestimmungen, die Aufsichtsbefugnisse der Universität über eine größtenteils minderjährige Belegschaft, das gemeinsame Vermögen und schließlich der ökonomische Anreiz des mietfreien Wohnens ließen die Anstalt die Jahrzehnte der Zersetzung der bursalen Lebensform überstehen und die dem Kolleggedanken wieder freundlichere zweite Jahrhunderthälfte erreichen.

Trotz gelegentlicher Mißwirtschaft und Verschuldung[78], ungeachtet auch des Umstands, daß der Ausgang des Landshuter Erbfolgekriegs einen Großteil der Kolleggüter unter fremde Landesherrschaft gebracht hatte[79], scheint die wirtschaftliche Lage des Georgianums vorerst im ganzen nicht schlecht gewesen zu sein. Der Universität konnte 1531 ein beträchtliches Darlehen gewährt werden[80]. 1524 kaufte der Regens Anton Braun der Artistenfakultät die Engelburse ab und errichtete an ihrer Stelle einen Neubau[81], den ersten von dreien in diesem Jahrhundert. Für

---

Regens bürgte und zahlte für einzelne Studenten, nicht aber für die Stipendiaten generell (StA Obb GL 1477/3, 157).

[77] Vgl. Seifert, Collegium vetus 50 f. Auch hier war zunächst durch Mandate versucht worden, die gemeinsame Tischhaltung und die „communitas" des Kollegs aufrechtzuerhalten. Nachdem die Kollegiaten von Anfang an einzeln und gehaltsähnlich aus der Universitätskammer besoldet worden waren, hatte das Kolleg einen künstlichen Charakter. Die Vorteile des mietfreien Wohnens wogen die Nachteile der zunehmend unpopulären zölibatären Lebensform nicht auf.

[78] Die herzogliche Verordnung vom 24. 1. 1522 (Prantl II 164) spricht von Verschuldung und Rückgang der Kollegeinkünfte.

[79] Beträchtliche Teile dieser Einkünfte gingen dem Kolleg im 16. Jh. verloren; so seit 1532 der Hof in Rohrenfeld (Schmid 70), seit 1576 die Pension von Baar (vgl. unten Anm. 202). 1534 war auch die Zahlung des halben Weicheringer Zehnts ins Stocken geraten (UA D III 4, 340).

[80] Im Juni 1531 gab die Universität den Neuburger Pfalzgrafen ein Darlehen über 2 000 Gulden; 700 Gulden steuerte das Georgianum bei (UA D III 6, 38).

[81] Der Verkauf der 1488 erworbenen Bursa Angelica, der einzigen fakultätseigenen Burse, wurde seit Anfang 1524 von der Fakultät erwogen, um dadurch die Errichtung von besoldeten Lekturen mitfinanzieren zu helfen (vgl. Anm. 113). Noch im gleichen Frühjahr zeigte sich der Regens Anton Braun an diesem Nachbarhaus des Georgianums interessiert, im August billigte Leonhard Eck den Verkauf an den Regens (UA Georg. III/22, 75 ff.). Im September 1527 regelte Eck den Kaufpreis: das Georgianum hatte der Fakultät jährlich 8 Gulden zu zahlen, außerdem dem „Pädagogen", dem 1526 bestellten Lehrer für Anfänger,

die durch die Zustiftungen Zingels und Widmanns[82] inzwischen auf 14 gewachsene Anzahl der Stipendiaten hätte das alte Haus noch immer genug Platz gehabt. Der Stifter hatte aber dem Kolleg gestattet, gegen Zahlung einer angemessenen, dem Verpflegungssatz der Stipendiaten entsprechenden Gebühr zusätzlich Studenten aufzunehmen[83], so wie es auch die älteren Kollegien schon von jeher gehalten hatten, teils der Ehre wegen, zunehmend aber mit dem Ziel, den inflatorischen Wertverlust des Stiftungsvermögens aufzufangen[84]. Für das Georgianum und seine Regenten eröffnete sich hier ein Zusatzeinkommen von unschätzbarem Wert. Der Mietzins und der Konventorenverdienst, die in den üblichen Gebührensätzen der Bursen abgedeckt werden mußten, fielen dem Kolleg als Reinerlös zu[85]. Gewissenhafte Regenten konnten daraus das Kollegeinkommen, vielleicht sogar die Stipendiensätze erhöhen, aber in Ermangelung wirksamer Kontrollen war auch dem persönlichen Bereicherungstrieb Tür und Tor geöffnet[86]. Schon ein Jahr nach der Kolleggründung wurde gegen den Regens Schwebermaier Klage geführt, er nehme zuviele Konviktoren auf[87]. Ihre Zahl muß diejenige der Kollegiaturen

---

Kost und Logis zu bieten und ihm jährlich 24 Gulden als Gehalt zu zahlen (ebd. 93'). Um den Neubau zu finanzieren, erhob Braun in den folgenden Jahren von den Kollegeinwohnern einen Zins, der auf ihre Beschwerde hin erst 1534 abgeschafft wurde (UA D III 6, 69).

[82] Vgl. vorn S. 30 und 37.

[83] Prantl II 129: „umb ain nemblich summa gellts, so zw gemeiner ausgab der bursen gedachts collegium gebraucht würde, der sy sich mit denselben studenten vertragen möchten".

[84] Schon die Statuten des Collège du Trésorier von 1281 gestatteten gegen bestimmte Gebühr die Aufnahme von „divites", sofern sie die Kollegiaten nicht zu Ausgaben verleiteten und am Studieren hinderten (Félibien-Lobineau III 287). Als Motiv heißt es im Collège de Narbonne 1379: „cum domus lucretur et honoretur per tales" (ebd. V 662 ff. § 4). Vgl. zusammenfassend Rashdall 515, auch 507. Im 16. Jh. durften gelegentlich auch „bursarii conducere volentes" zusätzliche Zimmer mieten (Bayeux 1543, Tours 1540: Félibien-Lobineau V 765 und III 413), häufiger jedoch stand dieses Recht nur dem Kollegleiter zu (z. B. Sainte Barbe 1556, ebd. III 652, und du Mans 1526, ebd. III 592). Im Collège du Mans heißt es 1526 bezeichnend: „recipiantur alii scholastici in dicto collegio, tam portionistae quam cameristae, prout fit in aliis collegiis" (ebd. III 590). „Portionistae" nahmen im Kolleg auch Kost, „cameristae" nicht. — Ganz ähnlich verlief die Entwicklung in England, wo sich die Kollegien im 15. Jh. die „halls" vielfach angliederten (Emden 222 ff.; M. H. Curtis, Oxford and Cambridge in Transition, 1959, 35 ff.).

[85] Die Bursengebühr hing von der Höhe der Hausmiete ab, die im Zweifelsfall von einer gemischten Kommission festgesetzt wurde (Prantl II 52), dann wohl auch von der Anzahl der „bursales". Der Konventor verlangte von ihnen einen „census proportionatus" (Mederer IV 78); sein eigener Verdienst bestand aus den „superexcrescentiae census domus", außerdem hatte er Anspruch auf freie Unterkunft und Verpflegung und auf einen Groschen pro Woche (und pro Person?), dazu kam schließlich das „salarium eorum quibus resumit" (efd. 79). Die „bursales" zahlten die Gebühr („bursam ponere") jeweils für ein Semester im voraus (ebd. 86). — Jede Burse hatte eine „mensa", für die aber wohl gesondert Gebühr erhoben wurde (ebd. 78, 98 f.).

[86] Vgl. unten Anm. 213.

[87] Befragung von 1497: „im newen collegium nemb man vil schuler auf, den

schon bald übertroffen haben. Für das Kolleg und seine Organisation ergaben sich daraus um so weniger Komplikationen, als es sich durch die Ausgliederung der Stipendien dem gewöhnlichen Bursenbetrieb beizeiten annäherte. Da die Kollegiaten kaum Selbstverwaltungsrechte genossen[88], brauchte man die Konviktoren, die sich stiftungsgemäß der Lebensordnung des Kollegs unterwerfen mußten[89], in allen praktischen Belangen von ihnen nicht zu unterscheiden, geschweige räumlich abzusondern[90]. Ihre Kostgebühr zahlten sie wie die Stipendiaten auch. Daß sie ihr „stipendium" nicht vom Regens, sondern von Eltern und Patronen bezogen, und daß sie für ihre Kammern dem Kolleg eine Miete schuldeten[91], hatte für den Kollegalltag kaum größere Bedeutung.

Die Rolle des Georgianums im artistischen Fakultätsbetrieb

Zu den Bursen geriet aber das Georgianum nicht erst durch die Aufnahme von Konviktoren in Konkurrenz. Die Studienrichtungs- und -zeitvorschriften der Stiftungsurkunde bestimmten das Kolleg zu einem Haus vorwiegend für Studenten der Artistenfakultät[92]; folgerichtig war es diese und nicht beispielsweise die theologische Fakultät, der die Aufsichtsbefugnisse übertragen wurden. Damit war aber das Georgianum den ebenfalls fast rein artistischen Bursen in seiner Funktion von vornherein parallel geordnet. Es wurde ihnen darüber hinaus in studienorganisatorischer Hinsicht durch den Stifter direkt nachgebildet[93].

---

conventoren zuschaden, sollt sich billich der gestifften benüegen lassen" (HStA Neub. Kop. b. 10, 130 ff.).

[88] In Paris hatten die „hospites" im Gegensatz zu den „socii" gewöhnlich kein Stimmrecht im Kolleg.

[89] Auch hinsichtlich der Gottesdienste in der Kapelle; der Regens sollte mit solchen Studenten über die Einhaltung der Kollegordnung jeweils „Verträge" aufrichten, also eine schriftliche Verpflichtung verlangen (Prantl II 129).

[90] Es ist daher unmöglich, in den Untersuchungsprotokollen über das Georgianum die Stipendiaten von den übrigen Studenten zu unterscheiden, weil die untersuchende Universität auf diesen Unterschied keinen Wert legte. Vgl. Anm. 217.

[91] All das ist im einzelnen schwer erkennbar. 1526 wurde vor der Fakultät gegen zwei Studenten Klage geführt, die „ordinarie agerent in collegio uterenturque famulis communibus, recusarent tamen in rempublicam collegij principis quavis septimana exponere nummos IV, quamvis extraordinarie mensa exciperentur" (UA Georg. III/22, 88). 1541 wurde der Regens angehalten darauf zu achten „ne numerus mediorum qui dimidia positione (ut vocant) contenti vivunt, in damnum communitatis accresceret ac ne in dictis medijs sit simulata paupertas" (ebd. 131'); das genaue Analogon zu den englischen „semi-commoners" (Emden 211).

[92] Von den 5 Kollegjahren mußte der Stipendiat theoretisch wenigstens drei, praktisch häufig gewiß mehr Jahre in der Artistenfakultät studieren. Da auch der Bursenzwang nur die Artisten betraf, gehörten die Konviktoren wohl ausnahmslos dieser Fakultät an. Vgl. dann unten Anm. 217.

[93] Vgl. allgemein zunächst die Bestimmung der Stiftungsurkunde, der Regens solle alle Kompetenzen haben, „die ein conventor nach gewondlichem gebrauch unser universitet in den burssen im bevolhen hat" (Prantl II 123).

Im Zentrum des Unterrichtsbetriebs der deutschen Artistenfakultäten stand im 15. Jahrhundert nach dem Beispiel des soeben ins Wanken geratenden Pariser Brauchs die „publica lectio", also die von der Fakultät vergebene und regulierte, für alle Examenskandidaten verbindliche Vorlesung, der die ebenfalls öffentliche, der jeweiligen Vorlesung angeschlossene „resumtio" und die Disputation zur Seite standen. Von dieser organisatorischen Sachlage sind die vergleichsweise unerheblichen Raumlösungen zu unterscheiden, deren Art davon abhing, ob die Fakultät, wie etwa in Ingolstadt, über eigene Hörsäle verfügte oder gezwungen war, sich bei dem jeweiligen Artistenkolleg einzumieten. Spielten die Bursen unter diesen Umständen in erster Linie die Rolle von Logis und Kost bietenden Internaten, so fiel doch auch ihnen in Gestalt des allgemein üblichen „exercitium bursale", einer allabendlichen Übung unter Leitung des Konventors, ein Anteil an der Lehraufgabe zu. Nach Ingolstädter Statut fand diese Veranstaltung zur Stunde der Abendmahlzeit statt, ihr schloß sich, ebenfalls für jede Burse gesondert, eine „conversatio" an[94]. In den Tagesstunden jedoch besuchten die Bursenstudenten die Lektionen und Resumtionen im Universitätsgebäude; sie wurden durch Los bzw. Wahl an die „magistri regentes" vergeben, zu denen wiederum auch die Bursenkonventoren gehörten.

Diese Aufgabenverteilung übernahm die georgianische Stiftungsurkunde. Der Regens hatte also jeden Abend zur üblichen Stunde ein „exercitium bursale" zu halten, das war schon alles[95]. Regelungen, die die Wohngemeinschaft von älteren und jüngeren Studenten, von Magistern und Schülern pädagogisch und didaktisch nutzbar gemacht hätten[96], fehlen, und diese Beobachtung harmoniert mit allem, was über den weniger scholastischen als monastischen Charakter dieser Kolleggründung schon angemerkt worden ist. So gingen also die jungen Georgianumsstudenten über die Straße hinüber in die Hörsäle des Alten Kollegs zu den von der Fakultät vorgeschriebenen Lektionen und Resumtionen, wo ihnen als Lehrer auch der Regens und die älteren Kollegiaten gegenüber-

---

[94] Die „disputatio serrotina que bursale exercicium apellari solet" fand täglich nach dem Abendbrot statt und behandelte den Petrus Hispanus in Form von „questiones" und „sophismata"; so die alten Fakultätsstatuten Mederer IV 78. Später wurde bestimmt, daß jeweils der Stoff gewählt werden sollte, den die Mehrheit der „bursales" im laufenden Semester durchnahm (Prantl II 111 f.). — Die anschließende „conversatio" sollte das Thema der „resumtio", einer oligatorischen, neben der „lectio" einherlaufenden Fakultätsveranstaltung, noch einmal „resumieren" (ebd.).
[95] Prantl II 123.
[96] Es sei hier an die in den französischen und englischen Kollegien üblichen tutoralen Organisationsformen erinnert: das Zusammenwohnen von Magistern und jungen Scholaren in einer Kammer, das Patronatsverhältnis der oberen Studenten über die „parvuli artistae" u. ä. m. Vgl. dazu die verwandten Bestimmungen der Kripper-Stiftung (vorn S. 81); in den Statuten von 1675 heißt es: „Qui sunt eminentiores et perfectiores in studiis, alios inferiores vel imperfectiores amanter instruere et perficere non graventur" (Mederer IV 423).

standen. Denn es verstand sich von selbst, daß sich der Kollegregens bei der allsemesterlichen „distributio librorum" um eine Vorlesung bewarb, die ihm ja zusätzliche Einnahmen verschaffte[97]. Die Stiftungsurkunde verbot ihm eine solche Entfremdung von seinen Verwaltungsaufgaben nicht, und auch den Kollegiaten winkte nach der Magisterpromotion in den „Regenz"-Einnahmen zunächst ein Zusatzverdienst, dann ein Ersatz für ihr Stipendium[98].

Für die Wahl zum Regens war stiftungsurkundlich der Besitz des theologischen Bakkalariats und der Priesterweihe erforderlich, aber diese, übrigens bald schon abgemilderte[99] Qualifikation teilten die Regenten am Beginn des 16. Jahrhunderts noch mit einem Großteil der in der Fakultät lesenden und Bursen leitenden Magister. Ihnen allen bedeutete die Georgianumsregenz eine Pfründe, gegen die man, da sie finanziell ergiebiger war, die Leitung einer Burse hergab[100]. Mit den artistischen Kollegiaturen war die Regenz finanziell gleichgestellt, doch erforderte sie natürlich einen höheren Arbeitsaufwand. Folgerichtig gab im Jahre 1507 Georg Schwebermaier, vom Herzog vor diese Wahl gestellt, die

---

[97] Im September 1513 erloste der Regens Zaler das „exercitium Elencorum", im April 1514 wurde er zu den „Parva logicalia" gewählt, im folgenden Semester las er die „libri Priorum" (UA Georg. III/22 2, 3′, 4′). Mit dem Sommersemester 1515 hörten die Bücherverteilungen auf.

[98] Nachweisbar für den Widmann-Stipendiaten Magister Johann Hubschenauer, der im April 1515 das „exercitium Elencorum" erloste (UA Georg. III/22, 6′). Dieses Stipendium, das von der Artistenfakultät vergeben wurde, ging auch später in der Regel an Magister, die als Lektoren in der Fakultät tätig waren. Es ist aber kein Grund erkennbar, warum die Stammkollegiaten nach Erwerb des Magisteriums anders verhalten haben sollen.

[99] Prantl II 123. Die Bakkalariatsforderung wurde von Herzog Albrecht in der Nova Ordinatio von 1507 eingeschränkt: „Es wurdt auch angezeigt, das nit fürtreglich sey, das deß neuwen collegi obrister, der regennt, für unnd für ein formirter baccalari in der theologei, als villeicht das ain statut sei, dann man die nicht zu aller zeitt fueglich darzu habenn möge; das bevelchen wir auch dem rector unnd seinem rath zubedenckhenn unnd das best darinn fürzenemen unnd zu statuiern, ob man kheinen derselben baccalari in der theologi mit fug darzu finden möchte, das als dann ein annder wolgeschickhter unnd gelerter maister darzu erfordert unnd im solch collegi zu regieren, wie sich gebürth, bevolchenn werde" (BStB Clm 1619, 87′). Die Stiftungsurkunde verlangte nur das Bakkalariat, nicht die Formatur. Georg Schwebermaier, der Gründungsregens, der 1507 noch amtierte, war als Cursor ins Amt gelangt, hatte im September 1496 mit den Sentenzen begonnen und war also inzwischen längst „formirt". Das Statut richtete sich offenbar gegen ihn (vgl. unten Anm. 101). Sein Nachfolger Johannes Zaler scheint wirklich keinen theologischen Bakkalarsgrad, jedoch die Weihen besessen zu haben, denn er erhielt später ein Meßbenefizium (UA D III 4, 36: 1519). Andreas Hainlein war bei seiner Wahl frischgebackener Sententiar (UA Georg. I 11/1, 51′), ebenso Mathias Kretz; Johann Schröttinger begann mit den Sentenzen kurz nach seiner Wahl. Dagegen wurde Anton Braun erst zwei Jahre nach Antritt der Regenz Cursor. Johann Reckenschink hatte keinen theologischen Grad, Oswald Arnsperger war 1531 Cursor (alle Gradangaben nach UA Georg. I 11/1).

[100] Hainlein hatte vor seiner Wahl die Adlerburse, Kretz und Schröttinger die Lilienburse, Braun die Pariser Burse geleitet; vgl. oben Anm. 48 ff.

Regenz preis und behielt die Kollegiatur[101]. In dieser Hierarchie der Magisterpfründen, zu denen noch eine größere Anzahl von Meßbenefizien der beiden Ingolstädter Pfarrkirchen und die artistischen und theologischen Fakultätsstipendien gehörten, nahm die Regenz, solange die Fakultät auf ihre Besetzung Einfluß behielt, keine Ausnahmestellung ein; sie war kein Beruf, sondern Zwischenhalt und Sprungbrett beim Aufstieg zu den höheren akademischen Graden und kirchlichen Würden[102].

Die von Leonhard Eck in den Jahren nach 1515 durchgeführte Reform der Artistenfakultät vergrößerte den Anteil des Georgianums am artistischen Lehrbetrieb im gleichen Maße wie denjenigen der Bursen. Mit ihnen zusammen wurde das Kolleg durch die Abschaffung der öffentlichen Vorlesungen, an deren Stelle „resumtiones bursales" gesetzt wurden, zu einer Anstalt mit vollem Unterrichtsbetrieb[103]. Wie die Bursenkonventoren bestellte der Regens nun unter Aufsicht der Fakultät soviele „magistri resumentes", wie die Abhaltung des vorgeschriebenen Lehrkurses erforderte, und verteilte unter ihnen die von den Kolleginsassen pauschal eingezogenen Hörgelder[104]. Da die Kollegiaten stiftungsgemäß

---

[101] Schwebermaier war 1506, wohl durch die noch übliche Kooptation seitens der Kollegiaten, auf die Kollegiatur Johann Plümels gelangt; offenbar zum Mißfallen der übrigen Kollegiaturen, denn die Nova Ordinatio (1507) bestimmte, daß „der oberst oder regent in dem neuwen colleggi... in dem alten füran khein collegiat mer sein soll" (BStB Clm 1619, 79). Neben die oben Anm. 99 zitierte Passage gestellt bedeutet das, daß Schwebermaier die Regenz entweder schon abgegeben oder sich dazu bereit erklärt hatte. Leider fehlt für seinen Rücktritt das genaue Datum. Für eine Kollegiatur in Verbindung mit einem theologischen Lehrauftrag gab auch Johann Schröttinger im Februar 1522 die Regenz preis (UA Georg. III/22, 62'). Gestattet wurde die Personalunion von Regenz und Kollegiatur im November 1529 Johann Reckenschink, der sich anscheinend nur unter dieser Bedingung hatte wählen lassen (ebd. 100). Nach seinem Tod im Januar 1531 war die Frage nicht mehr aktuell, nachdem das Alte Kolleg sich in den folgenden Jahren vollends auflöste.

[102] Hainlein tauschte die Regenz Ende 1517 mit dem Bamberger Suffraganat; vor seinem Abgang ließ er sich noch rasch zum Dr. theol. promovieren. Völlig analog verhielt sich Anton Braun im September 1529; er war zum Eichstätter Suffragan berufen worden. Arnsperger tauschte die Regenz 1539 oder 1540 mit der Ingolstädter Frauenpfarrei und erwarb aus diesem Anlaß die theologische Lizenz; 1548 ging er dann als Suffragan nach Freising.

[103] Das Ergebnis dieser Reform erscheint in den bei Prantl II nr. 43 gedruckten Fakultätsstatuten; Schritt für Schritt eingeführt wurde sie bereits seit 1515. „Et quando lectiones in collegio factae non solum inutiles, sed etiam auditores eis audiendis vacare coacti simul et operam amiserunt et tempus, eas posthac quoque placet omittendas... Ceterum sancimus, ut lectionum collegii loco utilia quaedam exercitia in collegiis et contuberniis habeantur" (Prantl II 160). Vgl. zu dieser Reform vorläufig Seifert, Statutengeschichte 159. Der Unterschied zu dem Vordringen der „collegia cum pleno exercitio" in Paris und England liegt auf der Hand; in Ingolstadt machten sich nicht die Kollegien von sich aus von den Fakultätsveranstaltungen unabhängig, sondern diese zogen in die Bursen. Vgl. unten Anm. 113.

[104] Jeder Bursenkonventor warb also Magister an, mußte sie aber von der Fakultät bestätigen lassen. Die pro Kopf des Studenten festgesetzten „pastus" wurden in jedem Semester gleichmäßig unter den Magistern aufgeteilt. Jede Burse veranstaltete also den gleichen, vollen artistischen Lehrkurs. Vgl. Prantl

von der Zahlung der Lektions-, nicht aber der Resumtionsgebühren befreit waren, mußte für sie jetzt, wo Lektion und Resumtion zusammenfielen, eine Sonderregelung gefunden werden[105].

Das an die Pariser, ja an die englische Entwicklung erinnernde, unmittelbar wohl von Tübingen her beeinflußte[106] Experiment Ecks scheiterte an den schweren Frequenzverlusten, die im Gefolge von Reformation und Pest seit Beginn der zwanziger Jahre über die Ingolstädter Universität hereinbrachen und die Bursen von einem Tag auf den anderen zum Verschwinden brachten[107]. Schon 1522 erinnerte man sich ihrer wie eines verlorenen Besitzes[108], 1541 und 1544 kamen Neugründungsversuche nicht über die Beratungsphase hinaus[109], und 1555 beklagte man ihre Auflösung als die Ursache aller Mißstände[110]. Der Bursenzwang, auch für die lesenden Magister geltend[111], mußte sich nun noch stärker zugunsten des

---

II 160 ff. — Im Herbst 1519 führte die Fakultät in allen Bursen eine Untersuchung durch; im Georgianum wurden alle Lektoren bestätigt außer dem Magister Martin Keller, der nicht zum Fakultäts-„gremium" gehörte, also sich nach der Promotion nicht hatte ordentlich aufnehmen lassen oder sonst etwas versäumt hatte (UA Georg. III/22, 41').

[105] Die Beschwerde der Georgianumskollegiaten wurde am 27. 12. 1516 Leonhard Eck vorgetragen; das Ausmaß des erbetenen „moderamen" ist nicht erkennbar (UA Georg. III/22, 20).

[106] Vgl. Rashdall I 518 ff., Curtis 102 ff. In Tübingen lasen nach der Fakultätsordnung von 1488 in jeder der beiden Bursen 5 Konventoren alle vom Lehrplan geforderten „exercitia", je zwei für Scholaren und Bakkalare und eins für beide Gruppen gemeinsam, so daß ein Student also jederzeit mit dem Kurs beginnen und ihn im Hause absolvieren konnte. Studenten zahlten dafür im Jahr pauschal 4, Bakkalare 4½ Gulden. Daneben gab es einen „resumptor" für die Magistranden und einen „paedagogus". 1522 stiftete der Landesherr für die 10 Magister „Stipendien", damit entstanden besoldete Lekturen, die Hörgebühren konnten abgeschafft werden (vgl. Roth, Urkunden 375 ff.). Über den Einfluß Tübingens auf Ingolstadt allgemein Seifert, Statutengeschichte 98 ff.

[107] Mederer vermutet, das Georgianum habe die Bursen ruiniert („exhausisse"), I. Das scheint zumindest übertrieben. Bevor der Ankauf der Engelburse durch das Georgianum 1524 unter diese Entwicklung den Schlußstrich zog (vgl. oben Anm. 81), werden die Bursen in den Fakultätsprotokollen schon seit 1522 kaum mehr erwähnt. Die vorübergehende Auflösung der Universität infolge der Pest im Jahre 1521 hatten sie wohl nicht überlebt, anschließend erfolgten keine Wiedereröffnungen.

[108] Instruktion der Universität für Verhandlungen mit Leonhard Eck, wohl aus dem Jahr 1522, in UA B III 1: Aus den Kollegiaturen des Alten Kollegs sollten besoldete Lekturen gemacht, im Alten Kolleg selbst außerdem eine Art Bursenbetrieb organisiert, außerdem noch „ettlich wursch" gehalten werden, „doch nicht sovil als vormals".

[109] UA D III 7, 147 und 165. Die Ursache ist leicht zu erkennen: seit 1540 kam es zu einem merklichen Frequenzanstieg, der aber 1545 durch Krieg und Pest wieder zunichtegemacht wurde.

[110] Vgl. das Gutachten des Mediziners Hieronymus Leucht bei Prantl II 195 ff.

[111] 11. 11. 1515: „...nulli...posthac licere extra domos approbatas, hoc est bursas et collegia habitare, quintare, quinpocius omnes publico edicto...esse admonendos, in bursas commigrent..." (UA Georg. III/22, 10). 10. 6. 1519: „...quod magister Conradus Thumann omnino debeat inhabitare contubernium Parisiense aut lectiones bursales relinquere" (ebd. 36').

Georgianums auswirken, dem in dieser Internatsfunktion nur bis in die dreißiger Jahre hinein das Alte Kolleg zur Seite stand[112]. In unterrichtsgeschichtlicher Hinsicht war die Mehrzahl paralleler Lehrkurse wieder hinfällig geworden, bevor 1526 die Wiedereinführung der „publicae lectiones", die nun aber gebührenfrei von besoldeten Lektoren gehalten wurden, aus dieser Entwicklung die Konsequenz zog. Der Anschein, daß damit der allein übriggebliebene georgianische Kurs zur Fakultätsveranstaltung erhoben wurde, verstärkt sich durch die förmliche Deklaration des herzoglichen Kollegs zum „locus ordinarius" der Artistenfakultät[113]. Wenigstens drei der fünf Lektoren mußten im Georgianum Wohnung nehmen, ebenso der für den Anfängerunterricht zuständen „paedagogus"[114]. Zu den Lektoren, die, für eine kurze Weile noch mit den Kollegiaten des Alten Kollegs, das Fakultätskonzil konstituierten[115], gehörte auch der Regens, der sich allerdings mit einem geringeren Gehalt begnügen mußte[116]. Für eine kurze Zeitspanne waren nun die Fakultät und das Kolleg räumlich und personell annähernd miteinander identisch, wobei jedoch das völlige Fehlen einer Kollegialverfassung und die organisatorische Unselbständigkeit dem Georgianum nicht mehr als die Rolle eines Gehäuses erlaubte, in das sich die zusammengeschrumpfte Fakultät, in ihrer Konstitution durch diesen Vorgang unbeeinflußt, zurückzog. Da es der Universität auf die Dauer nicht gelang, die Studenten im Kolleg zu halten oder hineinzuzwingen, löste sich die interessante Deckungsgleichheit

---

[112] 1526 wurde statuiert: „Admittimus tamen Vetus Collegium quoque locum ordinarium, ita quod scholastici baccalaureique in eo hibatare possint,..." (Prantl II 177, vgl. Anm. 113). Ebenso heißt es 1535: „nullus extra duo collegia degens debeat ad ullum gradum in artibus promoveri" (UA Georg. III/22, 116'). Vgl. dann unten Anm. 118.

[113] Prantl II nr. 60: „Statuimus et ordinamus, Collegium Novum locum esse ordinarium, in quo omnes lectiones et baccalaureatum et magisterium concernentes legantur." Infolgedessen errichtete die Fakultät im Frühjahr 1526 im Georgianum zwei neue "cathedrae" (UA Georg. III/22, 86'). Das Kolleg muß also über mehrere größere Räume verfügt haben. Da auch im Collegium vetus keine Raumnot bestand, läßt sich die neue Regelung nur aus dem Wunsch begreifen, die Fakultät als eine Art Internatsschule im Georgianum zusammenzufassen. Auch die Fakultätsbibliothek befand sich im Haus und wurde vom Regens verwaltet (ebd. 93').

[114] Ihm mußte das Georgianum gratis Kost und Logis bieten und das Gehalt zahlen, als Kaufpreis für die Engelburse (vgl. oben Anm. 81).

[115] Sie werden dann 1539 nicht mehr erwähnt; vgl. Prantl II 184.

[116] Nämlich mit 12 Gulden zusätzlich zu den 40, die er als Regens hatte (Prantl II 178). Damit war er im Vergleich mit den übrigen Lektoren, die in der Regel 15 Gulden bekamen, sehr gut versorgt. Außerdem hatte er wohl wie sie noch Anteil an den Promotionsgebühren. Regens Braun übernahm gleich bei der ersten Verteilung die Dialektiklektur. Lektoren waren auch seine Nachfolger Reckenschink, Arnsperger und Wolf. — Das Fakultätskonzil bestand also seit 1539 nur noch aus sechs Personen; schon vorher wurde diese Mitgliederzahl praktisch oft unterschritten. Bis über die Jahrhundertmitte hinaus gehörten die Regenten regelmäßig zu diesem kleinen Kreis; entsprechend häufig sind sie im artistischen Dekanat und im Universitätsrektorat anzutreffen; vgl. Seifert, Statutengeschichte 485 ff.

rasch wieder auf. War das verbotene „extraordinarie stare" noch 1535 mit „extra duo collegia degere" identisch[117], so durften die Studenten nach Universitätsmandat von 1544 mit gleichem Recht bei den Professoren und bei approbierten „praeceptores" wohnen[118]. Verboten, und also wohl weithin üblich, blieb es, ganz ohne Kontrolle bei Bürgern oder in Wirtshäusern Unterkunft zu nehmen. Den gemeinen Studenten werden die Magister vorausgegangen sein, die sich nun häufiger verheirateten und in der Aufnahme von „discipuli" ihren Unterhalt fanden. Ihnen versuchten schließlich, wie die Verbote zeigen, sogar die Stipendiaten zu folgen[119]. So muß es als ein Indiz für den Bedeutungsverlust des Georgianums verstanden werden, wenn es 1539 durch die Rückwanderung der Vorlesungen ins Alte Kolleg auch die Eigenschaft eines „locus ordinarius" der Fakultät wieder verlor[120]. Im Georgianum blieben vor allem die Armen, die sich die Mieten in der Stadt und die „Disziplin"-Gebühren der Präzeptoren nicht leisten konnten, natürlich zu seinem wirtschaftlichen Nachteil[121]. Sogar für die finanziell noch immer vergleichsweise attraktive Regenz konnte die Fakultät gegen die Jahrhundertmitte hin in ihren Reihen keine tauglichen Kandidaten mehr finden. Auf das theologische Bakkalariat hatte man ohnehin verzichtet[122]. 1546 aber mußte der nach Augsburg ziehende Regens Erasmus Wolf (1544 - 51) im Amt gelassen und ein Vizeregens bestellt werden[123]. Wolfs Nachfolger Johann

---

[117] Vgl. oben Anm. 112.
[118] Niemand wird promoviert, „nisi vel in Novo collegio vel apud professores publicos vel denique publice probatos et certos praeceptores habitaverint": UA Georg. III/22, 142, Mandat der Artistenfakultät vom 5. 10. 1544. Reichen Studenten, die „domum propriam tenere et expensas proprias cum magistro vel informatore habere" könnten, war schon 1472 gestattet, außerhalb der Bursen zu wohnen (Mederer IV 88). Von diesem Hauslehrertum nahm offenbar das Präzeptorat seinen Ausgang; weniger vermögende Studenten taten sich zusammen und brachten die Kosten gemeinsam auf bzw. wurden von ihren Eltern einem schon installierten „praeceptor" zur Obhut anvertraut.
[119] Vgl. unten Anm. 170.
[120] Schon 1535 sollte die Grammatik-(Pädagogik-)Vorlesung ins Alte Kolleg zurück (Prantl II 181), 1539 heißt es genereller, wenn auch mit Bezug auf die Verordnung von 1535, „ut vetus collegium lectionibus deputetur, etiam grammaticis et dialecticis" (ebd. 183).
[121] Vgl. die oben Anm. 91 zitierten Fakultätsbeschlüsse. Am 20. 10. 1533 bat Regens Arnsperger die Fakultät um ein „stipendium" von jährlich 20 Gulden, „cum iam communitas Novi collegij quotidie decrescat, ita quod amplius non queam habere pastum de inquilinis collegij ut prius" (UA Georg. III/22, 113). In der „Reformation" von 1555 heißt es bezeichnend: „Nach dem sich auch zu mererm theil ausser der stipendiaten ander unvermöglich gesellen in dem collegio erhaltten" usw. (Prantl II 206).
[122] Vgl. oben Anm. 99.
[123] Wolf wurde nach Augsburg gerufen, wo er ein Kanonikat besaß. Die Fakultät stellte fest, daß sie keine „personam sacris ordinibus initiatam" habe, suchte erst von Leonhard Eck einen Entscheid zu erwirken und setzte dann von sich aus mit Zustimmung der Universität den Magister Anton Pogner, der Stipendiat und Priester im Georgianum war, also durch andere Gründe disqualifiziert gewesen sein muß, als Vizeregens ein; Wolf blieb „verus regens

Spreter (1551 - 54) besaß die Weihen nicht und studierte in der Juristenfakultät[124], und nach seinem Weggang blieb das Georgianum gar neun Wochen lang ohne Vorstand, bis man in dem Magister Joseph Schütz (1555 - 56) einen ersichtlich ebenfalls unqualifizierten, daher nur als Vizeregens bezeichneten Nachfolger fand[125].

Die Kollegreform von 1555

Welches Ausmaß die Zersetzung der bursalen Lebensform in Ingolstadt um die Mitte des 16. Jahrhunderts erreicht hatte, zeigt die von Herzog Albrecht V. im Jahre 1555 vorgenommene „Reformation"[126], die die neue Situation im ganzen anerkannte und sich damit begnügte, ihre ärgsten Auswüchse zu beschneiden. Die Masse der Studenten scheint in unterschiedlich großen Gruppen bei Präzeptoren gewohnt oder doch, ganz frei lebend, bei ihnen Ersatz für die mit den Bursen verschwundenen Exerzitien und Resumtionen gesucht zu haben[127]. Diese Privatlehrer wurden toleriert, doch sollten sie ihre Diszipel nebenbei zu den Fakultätsvorlesungen schicken, deren Wert offenbar nicht sehr hoch eingeschätzt wurde[128]. Auch die besoldeten Lektoren hielten Privatschüler, und wie die Präzeptoren gingen sie häufig auch noch bei den höheren Fakultäten in die Schule. Eine solche Pflichtenhäufung ging dem Herzog zu weit: Lektoren mit Diszipeln sollten künftig nicht mehr weiter studieren, stu-

---

etiam absens" (UA Georg. III/22, 144' ff.). Wolf kam später zurück. Er hatte außer der Regenz seit 1550 die Moritzpfarrei inne.

[124] Vgl. zu Spreters Studienlaufbahn hinten Anm. 185. Daß Spreter die Weihen nicht besaß, geht aus einer Aufzeichnung in StA Obb GL 1477/1, 95 und 99 hervor (vgl. zu ihrem Charakter unten Anm. 239), wo es heißt, der jetzige Regens studiere Jura und „non est sacerdos nec ut apparet fiet". Spreter gehörte aber zur Artistenfakultät.

[125] UA Georg. III/22, 161 ff. Spreter ging am 27. 12. 1554 ab, die Fakultät wählte inzwischen Hieronymus Ziegler, den späteren Poetikprofessor, zum Vizeregens. Am 14. 12. 1555 setzte dann die Universität mit herzoglichem Konsens den anscheinend fakultätsfremden Magister Joseph Schütz ein. Daß er kein Priester war, geht aus der in seine Amtszeit fallenden Reformation von 1555 hervor, die verlangt, „das nach vermög der fundation ein regennt auffgenommen werde, der priester sey oder sich in einer benennten zeit dahin zubegeben verpflichte" (Prantl II 209).

[126] Prantl II nr. 71; vgl. dazu Seifert, Statutengeschichte 110 ff.

[127] Ein Steuerverzeichnis der Universität von 1542 führt neben dem Georgianum mit seinen 17 Kollegiaten 12 Magister auf, die „discipuli" hielten (BStG Cgm 2209, 213 ff.). 1526 hatte die Fakultät jedem Studenten vorgeschrieben, unter den Magistern einen „praeceptor" zu wählen, dem er bei der Bakkalar- und Magisterpromotion je einen Gulden bezahlen sollte (Prantl II 181). Diese Regelung sollte wohl für die Bursenexercitien Ersatz bieten, scheint aber zur reinen Ausbeutung entartet zu sein und wurde daher 1539 nicht nur abgeschafft, sondern geradezu verboten (ebd. 185). Damit überließ man freilich die Deckung der von der Fakultät nicht mehr befriedigten Bedürfnisse an Übungen und Examensvorbereitungen ganz einfach dem freien Markt.

[128] Prantl II 206.

dierende Präzeptoren nicht mehr auf Lekturen berufen werden[129]. Grundsätzlich aber erhielt das wildgewachsene Präzeptorat die landesherrliche Legitimation, zumal es im Vergleich mit der völlig unkontrollierten Lebensweise eines Teils auch der artistischen Studentenschaft deutlich das geringere Übel darstellte[130].

Weiter ging es aber der „Reformation" darum, das Georgianum neben dem Präzeptorat lebens- und konkurrenzfähig zu erhalten. Die Präzeptoren wurden eingeladen, mitsamt ihren Diszipeln im Kolleg kostenlos Wohnung zu nehmen[131]. Für die Stipendiaten und Konviktoren, die ihren Bedarf an Examensvorbereitungen und Übungen ebenfalls auf dem freien Markt hatten decken müssen, wurde im Kolleg und auf seine Kosten ein Präzeptor angestellt[132]. Der Regens, der sich wohl dieser Stiftungsverpflichtung längst entfremdet hatte, sollte sich künftig nur noch der „haussorg" widmen.

Solche Bestimmungen zielten vorsichtig auf die Wiederherstellung einer studentischen Lebensform, die sich aus inneruniversitären, vorwiegend disziplinären Gesichtspunkten empfahl. Sie waren aber weiterhin einem größeren, die ganze Universität umfassenden und zugleich den Umkreis ihrer Selbsterhaltungsinteressen überschreitenden Reformzusammenhang eingeordnet, der auch das Georgianum in seinem Charakter und seiner Bestimmung nicht unverändert ließ. Das Reformationszeitalter hatte mit konfessioneller Absonderung, mit neuen Bildungsideen und vor allem auch mit neuen Schulgründungen die Universitäten in eine schwere Frequenzkrise gestürzt, die finanzgeschichtlich die bis dahin gültige Beschränkung der staatlichen Unterhaltspflicht auf den Lehrkörper der höheren Fakultäten und die artistischen Kollegien nicht länger zuließ. Die Einführung besoldeter Lekturen und die Abschaffung der Hörgebühren in der Artistenfakultät, zu der sich seit den zwanziger Jahren alle Universitäten entschließen mußten, trugen indirekt dem neuen Prinzip Rechnung, das 1526 gelegentlich der Marburger Universitätsgründung prägnant formuliert wurde: nicht nur die Lehrkräfte,

---

[129] Prantl II 104. Außerdem durfte ein studierender Präzeptor höchstens 5 Diszipel und einen Tisch Kostgänger halten. Er mußte, wenn er zur Vorlesung ging, seinen Diszipeln auf eigene Kosten einen Aufseher hinterlassen.

[130] Kein Student unter 17 Jahren durfte künftig ohne Präzeptor leben; den älteren blieb das erlaubt, doch mußten sie regelmäßig von den Professoren Zeugnisse vorweisen (Prantl II 206 f.).

[131] Weil „darinn die jugennt beschlossen und also in mererer zucht erhaltten würde" (Prantl II 205 f.), ein Befehl, der, wenn er ausgeführt wurde, das Georgianum wirtschaftlich hart treffen mußte. — Schon von 1538 ist das Gesuch eines Magisters Zacharias Preu überliefert, „quod posset cum quibusdam discipulis habitare in collegio Novo et extra eo comedere sive mensam habere"; das wagte damals die Fakultät noch nicht zu gestatten (UA Georg. III/22, 99).

[132] Für 28 - 32 Gulden „ex camera collegii"; Wigulaeus Hund hielt diese Bestimmung mit Rücksicht auf die Leistungskraft des Kollegs für bedenklich (Prantl II 209). Außerdem sollten im Kolleg wöchentlich wenigstens zwei „conversationes" und ab und zu Disputationen gehalten werden (ebd. 211).

sondern auch die Studenten habe der Landesherr zu kaufen[133]. Wie in Marburg konnte dieses Prinzip jedoch nur auf dem Rücken von staatlichen Interessen zur Geltung gelangen, die den Gesichtskreis einer eng verstandenen Universitätsreform transzendierten. Die protestantische Kirchenerneuerung verlangte die Neuregulierung und Finanzierung der Schulmeister- und Pfarrerausbildung und stellte zugleich durch die Säkularisationen der Klöster und Benefizien die Mittel dafür zur Verfügung. Auf dieser Grundlage entstand nach Marburger Beispiel in Tübingen, Wittenberg und Leipzig ein staatliches Stipendienwesen, das schon aus ökonomischen Gründen die traditionelle Kollegreform für seine Zwecke adaptierte und ihr damit zu einer unerwarteten Neublüte verhalf[134]. Die Analogie mit der Ingolstädter Stiftung Herzog Georgs erschöpft sich in der Finanzierung durch den Landesherrn und in der Verpflichtung der Stipendiaten zum artistisch-theologischen Studiengang; der Verzicht auf das theologische Vollstudium hatte hier motivisch einen neuen Charakter. In scharfem Unterschied zu den quietistischen, dem Seelenheil des Stifters dienenden Georgianumskollegiaten wurden diese protestantischen Stipendiaten straff und kontrolliert auf ihren künftigen Beruf in Kirche und Schule trainiert; der Bestimmungszweck der neuen Anstalten lag außerhalb ihrer selbst, außerhalb auch der Universitäten, die von ihrer Anwesenheit profitierten.

Eine in den Grundzügen vergleichbare kirchen- und schulpolitische Situation ließ dieses Beispiel auch in den katholischen Territorien Schule machen. Seit den dreißiger Jahren beunruhigte in Bayern der Mangel an Priestern und Lehrern den Herzog und die Bischöfe. Ein Jahrzehnt später wurde die Idee, ihm durch die Gründung von Universitätskollegien entgegenzuwirken, vielfach und lebhaft diskutiert[135]. Bei Herzog Wil-

---

[133] Um zu verhindern, „das es nuhn furtter an schulern, unnd nitt an lerern felen wolle", will man einige Studenten „mit jerlichen stipendien ad studia ziehen unnd kauffen lassennn". Unmittelbar anschließend wird die Dringlichkeit der Geistlichenausbildung betont (B. Hildebrand, Urkundensammlung über die Verfassung u. Verwaltung d. Univ. Marburg unter Philipp dem Großmütigen, 1848, 12, landesherrlicher Freiheitsbrief von 1529).
[134] Für Tübingen A. L. Reyscher, Vollständige, historisch und kritisch bearbeitete Sammlung der württembergischen Gesetze, XI 2, 1847, 8 ff. und 91 ff.; verschiedene Stücke auch bei Roth, Urkunden; zusammenfassend: O. Schmoller, Die Anfänge des Theologischen Stipendiums („Stifts") in Tübingen unter Hg. Ulrich 1536 - 1550, 1893. — Für Wittenberg W. Friedensburg, Urkundenbuch der Univ. Wittenberg I, 1926, nr. 205, 266, 322 und J. C. Lünig, Codex Augusteus, 1724, 485 ff.; zusammenfassend W. Friedensburg, Geschichte der Universität Wittenberg 239 ff. — Für Leipzig Lünig, Codex Augusteus 475 ff.
[135] Vgl. Acta Reformationis Catholicae (Hrsg. G. Pfeilschifter) II 1960, 627 ff.; H. Jedin, Domschule und Kolleg: Trierer Theologische Ztschr. 67, 1958, 210 ff. — Ich darf für das folgende auf eine noch in Arbeit befindliche Untersuchung hinweisen, die die „Seminarpolitik" Bayerns in der 2. Hälfte des 16. Jh. unter Benützung vorwiegend unveröffentlichter Materialien in ihren vielseitigen steuerlichen, diplomatischen und bistumspolitischen Aspekten zur Darstellung bringen wird.

helm IV. und Leonhard Eck fand sie frühzeitig Anklang. Von 1544 und 1548 datieren die ersten herzoglichen Versuche, die benachbarten Bischöfe zur Stiftung von Stipendien für die Universität Ingolstadt zu bewegen[136]. In den gleichen Zusammenhang gehört die von Eck persönlich 1548 in Rom erwirkte Bewilligung dreier Klerikerdeziamtionen, aus deren Ertrag „contubernia et collegia" in Ingolstadt errichtet werden sollten[137], wie auch die bei gleicher Gelegenheit eingeleitete Berufung der Jesuiten, denen ebenfalls eine, in der herzoglichen Planung wohl mit derjenigen des Stipendiatenkollegs verschwimmende Kolleggründung zugesagt wurde. Die von der neuen Regierung 1550 mit den Ingolstädter Jesuiten geführten Verhandlungen[138] zeitigten schließlich, da sich die beiderseitigen Vorstellungen über Form und Funktion des Kollegs nicht vereinbaren ließen, das Doppelprojekt eines Ordens- und eines theologischen Stipendiatenkollegs[139]. Der unglückliche Verlauf der Dezimationen, dann die Abberufung der jesuitischen Professoren (1552) ließen zunächst weder das eine noch das andere zustandekommen, doch hielt die Regierung Albrechts V. auch in den folgenden Jahren an ihrem eigenen Kollegplan fest, so wie andererseits die dringend betriebene Rückgewinnung der Jesuiten die Bewilligung des ihnen versprochenen Ordenskollegs unvermeidbar machte. Unter diesen Umständen gingen die Verhandlungen, die Petrus Canisius Ende 1555 mit herzoglichen Räten führte, wieder von einer zweifachen Gründung aus[140], für die jedoch, wie sich rasch herausstelle, die finanziellen Mittel fehlten. Die Jesuiten mußten sich anstelle eines Neubaus mit der Unterbringung im Alten Kolleg und anstelle einer festen Dotation mit einer herzoglichen Jahrespension begnügen[141]. Ihr Kolleg bekleidete sich auf Canisius' ausdrücklichen Wunsch mit dem Namen eines „Collegium theologicum", das bisher so genannte Stipendiatenkolleg wurde einstweilen preisgegeben[142]. Für das Georgianum hatte diese Kompromißlösung bedeutende Folgen. Die zunächst überraschende Tatsache, daß die neuen herzoglichen Kollegplanungen an diesem bestehenden Haus mit seiner nicht ausgelasteten Kapazität[143] vorbeigingen, erklärt sich wohl so, daß man nach außen hin, besonders für die Werbung bei den Bischöfen, eine Anstalt eindeutig theologischen

---

[136] Vgl. einstweilen V. A. Winter, Geschichte der Schicksale der evangelischen Lehre in Bayern, 2 Bde. 1809/10, und Th. Wiedemann, Gesch. d. Reformation u. Gegenreformation im Lande der Enns I 1879, 119 ff.
[137] Dafür vorläufig noch, mit Vorsicht zu benützen, Prantl I 182 ff. und II 187 - 193. Leonhard Ecks Versprechen, mit den Dezimationsgeldern Kollegien zu errichten, in UA D III 4, 584.
[138] O. Braunsberger, Beati Petri Canisii SJ Epistulae et Acta, I, 1896, 323 ff.
[139] Braunsberger I 361 f.
[140] Braunsberger I 565 f.
[141] Der Vertrag zwischen Herzog und Orden vom 7. 12. 1555 bei Mederer IV 282 ff.; die vorbereitenden Materialien bei Braunsberger I 569 ff.
[142] Braunsberger II.
[143] Vgl. oben Anm. 131.

und geistlichen Charakters anstrebte, wie ihn das Georgianum zu dieser Zeit wohl nicht aufwies[144]. Nun war die Haltung der Jesuiten zum herzoglichen Gründungsplan zwiespältiger Natur, indem sie einerseits auf dem finanziellen und baulichen Vorrang ihres Ordenskollegs bestanden, andererseits auf die Bereitstellung eines zahlreicheren, qualifizierteren und disziplinierteren studentischen Publikums großen Wert legten. Da solche Eigenschaften von einer unkontrolliert lebenden Studentenschaft nicht zu erwarten waren, eine spezielle Kolleggründung aber außer Reichweite geraten war, führte die Suche nach einer Ersatzlösung folgerichtig das Georgianum ins Blickfeld. Canisius scheint an die Stiftung zusätzlicher herzoglicher Stipendien für Theologiestudenten gedacht zu haben, die im Georgianum wohnen und den jesuitischen Theologieprofessoren unterstellt werden sollten[145]. Wirklich empfahlen denn auch die herzoglichen Räte in ihrem Gesandtschaftsbericht dem Herzog, um die Jesuiten mit Hörern und die bayerische Kirche mit Priesternachwuchs zu versorgen, die Neustiftung von 20 oder wenigstens 12 Stipendien im Georgianum, für die im Unterschied zu den alten Kollegiaturen dem Landesherrn das Präsentationsrecht reserviert bleiben sollte[146].

Vor diesem Hintergrund sind die Änderungen zu verstehen, die die „Reformation" an den Bestimmungen der georgianischen Stiftungs-

---

[144] Mit Ausnahme der Wolf-Stiftung waren zwar bis 1555 auch alle privaten Stipendien mit der Verpflichtung zum Theologiestudium verbunden worden, so daß das Georgianum zu dieser Zeit 19 - 20 Kollegiaten beherbergte, die sich nach Erwerb des Magisteriums dieser Fakultät zuwenden mußten. Auch bei strikter Einhaltung der Vorschriften, woran gezweifelt werden darf, mußte aber der Anteil der noch bei den Artisten studierenden Stipendiaten, die auch großenteils wohl nie über diese Fakultät hinausgelangten, den der Theologen weit übertreffen. So wie das Georgianum vor 1555 organisatorisch zur Artistenfakultät gehörte, war es wohl auch hinsichtlich seiner Zusammensetzung überwiegend ein Kolleg für Studenten dieser Fakultät, die zwar formell nur eine dreijährige Studienzeit bis zum Magisterium verlangte, jedoch in zunehmendem Maße praktisch auf einem Ausbildungsstand aufbauen mußte, der die Einhaltung dieser Frist kaum erlaubte.

[145] So schon in seinem Gutachten an die Räte von Ende November, Braunsberger I 573 ff.: „studiosi quidam certo numero comprehensi et sacris studijs destinati" seien abgesondert im Jesuitenkolleg selbst oder im Georgianum zu unterhalten; der Regens sei anzuweisen, seine „stipendiarii" zu den Vorlesungen der jesuitischen Lektionen zu senden.

[146] StA Obb GL 1477/3, 55: „Damit aber die theologi professores und jesuiten auditores et scholares theologie haben und, wie die groß notturfft erfordert, geschikht und tauglich catholisch prediger und seelsorger auffzogen, haben die verordnete räthe undtherheniglich bedacht, das noch zwaintzig (korr.: zwölff) stipendiaten zw den andern in das new collegium gestifft und deren jedem des jar dreissig gulden zw seiner underhaltung gegeben sollen werden (korr.: und wie die anderen daselbs von der decimation unterhalten würden, welche unser gnediger fürst unnd herr jeder zeit zu praesentieren), auf maß und weg, wie derhalben ain concept ainer fundation mag gestellt und unnserm gn. fürsten und herrn furtragen werden". Canisius könne inzwischen in Ingolstadt nach tauglichen Kandidaten Ausschau halten.

urkunde vornahmen. Da der Stifter „fürnehmlich" beabsichtigt habe, seine Stipendiaten Theologie studieren und zum geistlichen Stand vorbereiten zu lassen, die fünfjährige Stipendienlaufzeit für diesen Zweck aber nicht ausreiche, wurde sie um drei auf acht Jahre verlängert. Für ein theologisches Vollstudium genügte freilich auch diese Frist nicht; sie gestattete aber dem Stipendiaten immerhin den Erwerb des theologischen Bakkalariats und verpflichtete ihn damit ausdrücklich, ohne daß die Verordnung das ausdrücklich vorschreiben mußte, zum Eintritt in den geistlichen Stand[147]. Die Absolventen mußten ihre Dienste zunächst dem Herzog anbieten[148]. Das Präsentationsrecht der Städte wurde nicht angetastet, ihre Kandidaten mußten sich aber vor der Aufnahme ins Kolleg einer Prüfung unterziehen und durften bei Untauglichkeit abgewiesen oder auch später abgesetzt werden[149]. In diesem Fall oder bei Versäumung der Präsentationsfrist fiel die Verfügung über das Stipen-

---

[147] Die georgianische Stiftungsurkunde wurde dadurch zweifellos überinterpretiert; sie hatte die Stipendiaten weder zum Eintritt in den geistlichen Stand noch zu späterem Kirchendienst verpflichtet und ihnen für das Theologiestudium im Idealfall nur zwei Jahre Zeit gelassen. Schmids Behauptung, Herzog Georg habe das Kolleg zum Zwecke der Seelsorgerausbildung gegründet (S. 72 f.), entspricht daher kaum den Tatsachen. — Mit den nun maximal 5 Jahren Theologiestudium konnte nach den theologischen Fakultätsstatuten von 1474 der Grad eines Cursor erreicht werden; 1565 erlaubte die Fakultät diese Promotion gegebenenfalls sogar schon nach 3 Jahren (Prantl II 61 und 256). Der Cursor mußte aber die Akolythenweihe haben (ebd. 61), und überhaupt verstand es sich wohl von selbst, daß jemand, der so lange Theologie studierte, auch in den geistlichen Stand treten wollte. Die „Reformation" von 1555 setzte es wohl stillschweigend voraus, wenn sie bestimmte, alle Stipendiaten, die auf ihr Stipendium vorzeitig verzichteten „und sich in den gaistlichen stanndt nit begeben wollten", die empfangene Unterstützung später, sobald sie zu Vermögen gelangt wären, zurückerstatten müßten (Prantl II 210). Schärfer formulierten dann die „Capita reformationis" die Verpflichtung zum geistlichen Stand: aufgenommen wird nur „qui animum adiecit ad ordinem ecclesiasticum", Neupräsentierte werden ermahnt „ordinis ecclesiastici in quo futuri sunt"; schon Herzog Georgs Absicht sei gewesen, „ut studiis theologiae se fingant et forment aptos ad ordinem ecclesiasticum" (Prantl II 240).

[148] Sie sollen „sich an andere dienst on unser vorwissen und willen kheins wegs begeben" (Prantl II 211).

[149] Prantl II 210. Der „Reformation" zufolge sollten diese Prüfung der Artistendekan und der Regens vornehmen. Die Kommission wurde im folgenden Jahr nach längeren Beratungen (Braunsberger II 4 ff.) erweitert: „Es sollen auch hinfuran khain stipendiat angenummen oder in das collegium eingelassen, sonnder ain yeder zuvor in beysein des rectors, zwaier theologen, aines allten und collegij theologici (d. h. eines der beiden weltgeistlichen Theologieprofessoren) und eines Jesuiten, darzu decani facultatis artium in gegenwiertigkhait des regentis examiniert und, so er tauglich erfunden, allsdann die obligation, wie wir euch dieselb in khurtz zuschicken wellen, von ime angenummen und dem regennten zugestellt werden" (HStA Jesuiten 1746/16 B, herzogliche Verordnung vom 19. 8. 1556). Die Obligationformel liegt nicht vor. — Die Bestimmungen von 1555 werden wieder aufgenommen von den „Capita reformationis" von 1563 (Prantl II 240). — Das Recht, ungehorsame Stipendiaten unabhängig von der Art ihres Stipendiums abzusetzen, nahm die Universität in einem Beschluß vom 13. 3. 1575 ausdrücklich in Anspruch (UA D III 7, 271').

dium für die volle achtjährige Laufzeit an den Landesherrn[150]. Ohnehin nahm das herzogliche Kirchenregiment die Besetzung vakanter oder zweckentfremdeter Benefizien unabhängig von den Patronatsverhältnissen für sich in Anspruch, und es verfügte zudem über Mittel und Wege, partikulare Präsentationsrechte unauffällig zu überspielen, so daß sich eine offene Verletzung der Stiftungsurkunde in diesem Punkt erübrigte[151]. Die Reform von 1555 setzte damit das der besonderen Obhut der Jesuiten anvertraute[152] Georgianum in den Stand, das ursprünglich geplante theologische Kolleg in seiner Funktion als Seminar der bayerischen Kirche zu ersetzen.

In den folgenden Jahren standen die georgianischen Stammkollegiaturen denn auch weitgehend zur Verfügung einer mit unterschiedlicher Intensität betriebenen herzoglichen Personalpolitik. Als 1558 das Schärdinger und das Braunauer Stipendium freistanden, wurde dem Regens noch einmal eingeschärft, dergleichen Vakaturen künftig nach München zu melden und keine Besetzungsvorschläge von dritter Seite anzunehmen[153]. Gänzlich erloschen vorübergehend die Präsentationsrechte der protestantisch gewordenen, ausländischen Städte Lauingen und Hilpoltstein, deren Stipendiaten man zwar die Verpflichtung zu Theologiestu-

---

[150] Immerhin sollte die betreffende Stadt bei Säumigkeit zuvor noch einmal gemahnt werden, und sie sollte ihr Recht auch erst nach zweimaliger Präsentation eines Untauglichen verlieren (Prantl II 210). Die Bestimmungen ließen aber der Willkür der Universitätsorgane, wie auch die künftige Praxis zeigen sollte, einen gewissen Spielraum.

[151] Am 2. 3. 1577 forderte der Herzog Daniel Pemler als Präsentator auf, das Pemler-Stipendium dem Magister Andreas Röckler zu verleihen (StA Obb GL 1477/3, 279).

[152] Vgl. dazu die bei Braunsberger II 4 ff. gedruckten Beratungsdokumente. In der herzoglichen Verordnung vom 19. 8. 1556 (HStA Jesuiten 1746/16 B) heißt es dazu: Die Jesuiten dürfen zu vorlesungsfreien Stunden in der Georgianumskapelle „predigen, declamirn, disputiern und anndere noch mer taugliche und nutzliche exercitia anrichten, darzu dann alle stipendiaten von unnserm regennten des jetztgedachten neuen collegij auch beschiden, mit ernnst verschafft und angehallten sollen werden, solliche predigen, declamationes, disputationes und nutzliche exercitia zubesuechen, dabey beleiben und was in und bey ainem yeden stipendiaten zethun gebürt oder auferlegt wuerdet, mit vleis verrichten" usw. Weiter „sollen die professores linguarum und artium unnsers vilgemellten collegij theologici (d. h. des Jesuitenkollegs) zu gelegnen stunden in dem neuen collegio profitirn, lesen und mit den stipendiatis repetirn".

[153] Herzogliches Schreiben an den Regens vom 26. 7. 1558 in HStA Staatsverw. 3019, 111 f.: Der Augsburger Priester Bernhard Messenhauser habe für die freien Stipendien von Schärding und Braunau zwei Knaben empfohlen. Dem Regens wird vorgeworfen, die Vakaturen nach Augsburg und nicht an den Herzog gemeldet zu haben, „dan bej der cantorej und am hof auch junge khnaben vorhanden, die billicher alls die frembden versehen werden". Da die Braunauer keinen tauglichen Kandidaten hätten, werde auf ihr Stipendium hiermit der Sohn des Hofwagners Clemens Hofmeyer präsentiert, der bereit sei, Theologie zu studieren und geistlich zu werden. Auf die Schärdinger Kollegiatur solle, wenn sie wirklich frei sei, Christoph Streittel aus Weilheim gesetzt werden. — Das gleiche Schreiben, hier auf den 28. 7. 1557 datiert, in BStB Clm 26, 479.

dium und bayerischem Kirchendienst, nicht aber das katholische Glaubensbekenntnis erlassen wollte[154]. Daß mit den Kollegiaturen der übrigen Städte, teils im Einvernehmen mit dem Herzog, teils doch mit Rücksicht auf die von ihm immer wieder vergebenen Anwartschaften, nicht viel rücksichtsvoller verfahren wurde, zeigen Briefe des Regens Kripper aus den sechziger Jahren[155]. Sein Versuch, auch die auswärtigen Präsentatoren privater Stipendien in dieser Weise zu behandeln, wurde zwar vom Herzog verbal nicht gebilligt[156]. Wenn aber auch die älteren Privatstiftungen durch die „Reformation" genau genommen nur in Hinsicht auf die Stipendienlaufzeit den Stammkollegiaturen gleichgestellt worden waren, so ließen sich die einschlägigen Formulierungen mühelos im weitesten Sinne auslegen[157].

---

[154] Lauingen war 1504 an Pfalz-Neuburg, Hiltpoltstein zur gleichen Zeit an Nürnberg gekommen. Vgl. zum Streit um das Hilpoltsteiner Stipendium die beiden von Prantl (II 241 ff.) gedruckten Briefe. Mit Hilfe ihrer nürnbergischen Landesherrschaft wollte die Stadt nicht nur einen Protestanten präsentieren, sondern erhob für ihn auch Anspruch auf den Meckenhauser Zehnt. Die Ablehnung eines Protestanten begründete Kripper, und nach ihm der Herzog, mit dem Glauben und der Intention des Stifters. Der Streit entflammte 1570 von neuem; am 27. 6. 1570 beschloß die Universität, den Nürnbergern zu antworten, „nobis non esse integrum nec velle nos in novo collegio ferre et tollerare stipendiarum, quit alterius quam catholicae religionis sit, cuius religionis fuit etiam fundator huius stipendij". Außerdem verböten das tridentinische Glaubensbekenntnis und die neue Kollegordnung die Annahme eines Protestanten (UA D III 7, 241'). Am 16. 2. 1571 wurde das Hilpoltsteiner Stipendium einem Wolfgang Krischl gegeben, „tantisper donec Hilpaldsteinenses aliquem abilem mittant" (ebd. 250). Turners Bericht von 1586 (?) erwähnt das Hilpoltsteiner Stipendium nicht, sagt aber von dem Lauinger, es sei an die Regenten gekommen, „cum Lauinga lassa in haeresim perderet ius" (Prantl II 333).

[155] Schreiben Krippers an den Herzog vom Jahresende 1566: er habe gemäß der „Reformation" mit Zustimmung des inzwischen (1564) verstorbenen Superintendenten Staphylus auf das Hilpoltsteiner, Lauinger und auch Öttinger Stipendium Studenten gesetzt; die Universität habe aber die Öttinger aufgehetzt, wieder jemand zu präsentieren (StA Obb GL 1477/3, 178).

[156] Vgl. das vorige Anm. zitierte Schreiben Krippers: in der gleichen Weise wie im Fall Öttingens sei ihm die Universität beim (privatgestifteten) Zeys-Stipendium in den Rücken gefallen, indem sie die Stadt Ebern zur Präsentation aufgehetzt habe. Vgl. dazu vorn S. 134 f. Am 31. 12. 1567 schrieb der Herzog an die Universität, der Regens gedenke wohl die „Reformation" „etwas weiter (zu) ziechen" als sie gemeint war; er solle die privaten Stipendien in Ruhe lassen (StA Obb GL 1477/3, 172 und UA J III 63). Die anschließende Senatsberatung zeigt, daß es ein herzoglicher Präsentat war, der das Zeys-Stipendium besetzt hielt (UA J III 63).

[157] Schon die „Reformation" schloß den Satz „dergleichen soll es auch mit den andern stipendien ... gehalten werden" an einen Abschnitt an, in dem nicht nur von der Verlängerung der Stipendienzeit, sondern auch von der Verpflichtung zum geistlichen Stand die Rede war (Prantl II 210); ebenso zweideutig verfahren die „Capita reformationis" (ebd. 241). Der herzogliche Entscheid in der Zeys-Sache darf nicht überbewertet werden. Nur ausnahmsweise erhielt zwar der Herzog von einem privaten Stifter formell das Ersatzpräsentationsrecht zugesprochen (vgl. Fator vorn S. 106); die landesherrliche Kirchenvogtei implizierte aber generell ein Kontroll- und sogar ein subsidiäres Präsentationsrecht auch über Stiftungen privater Herkunft. Bezeichnenderweise hielt 1567 ein

In den späteren Stipendienstiftungen fand die herzogliche Kollegreform überraschend nicht mit ihrer Zeitregelung[158], dafür aber mit ihrer seminaristischen Zielsetzung lebhaften Widerhall. Noch im gleichen Jahr 1555 stiftete der Weihbischof Heinrich Kurz zwei Kollegplätze für Studenten, die sich zu fünfjährigem Dienst in der Passauer Kirche verpflichten mußten[159]. Analoge Verpflichtungen enthalten in den nächsten anderthalb Jahrzehnten die Urkunden Michael Harrer-Ecks, Georg Flachs, Konrad Hofers und Christian Krippers, Stiftungen, durch die der beste Teil des mittleren bayerischen Klerus seine Unterstützung für die seminarpolitischen Bemühungen Herzog Albrechts zum Ausdruck brachte[160].

Für sein Teil hatte der Herzog die vorgeschlagene Neustiftung von Stipendien wohl aus den gleichen, also finanziellen Gründen unterlassen, an denen die Gründung des theologischen Kollegs gescheitert war. Ersatzweise vergab der 1556 eingesetzte Religionsrat nach reguliertem Verfahren „ungestiftete" Stipendien an studentische Bewerber, die sich ganz wie die Georgianumskollegiaten zu geistlichem Stand und bayerischem Kirchendienst verpflichteten; zumeist Meßbenefizien, wo immer im Lande Vakaturen eintraten, aber auch monetäre Pfründenpensionen und, in selteneren Fällen, Beiträge aus dem Ertrag der Dezimationen[161]. Nachdem deren Kapital der Universität und den beiden Jesuitenkollegien in Ingolstadt und München übereignet worden war, fehlten die ursprünglich zur Finanzierung dieses freien Stipendiensystems vorgesehenen Mittel. Daraufhin wurden in den sechziger Jahren verschiedentlich Stipen-

---

herzoglicher Präsentat das Zeys-Stipendium besetzt. Am 17. 9. 1569 befahl Herzog Albrecht der Artistenfakultät, „des Sedlmairs son" ins Kolleg zu nehmen und bei Gelegenheit auf ein Stipendium zu befördern (BStB Clm 26, 479). Am 24. 9. 1578 erhielt der Regens Befehl, das nächste vakante Stipendium für den Sohn des eben verstorbenen Freisinger Kanzlers Johann Lorichius zu reservieren (HStA Staatsverw. 2023, 217'). Da die privaten Stipendien in dieser Zeit bis zur Ununterscheidbarkeit ins Georgianum integriert wurden (vgl. Anm. 208), gingen sie in den ständigen Vakaturenfonds ein, aus dem dann solche herzoglichen Kandidaten versorgt werden konnten. Turner berichtet 1586, das Kolleg unterhalte ständig wenigstens einen, häufig zwei „sperantes" (Prantl II 334, vgl. auch ebd. 335); über das Vakaturensystem vgl. ebd. 333 f.

[158] Fünf Jahre mit Verlängerungsmöglichkeit gewähren auch in der zweiten Hälfte des 16. Jahrhunderts fast alle privaten Stipendienstifter; eine achtjährige Grunddauer begegnet nirgends (vgl. vorn S. 117).

[159] Vgl. vorn S. 56. Kurz' Stiftung fiel zeitlich mit der Universitätsreform von 1555 zusammen. In ihrem Gesandtschaftsbericht übermitteln die herzoglichen Räte dem Herzog die Bitte des Stifters um landesherrliche Konfirmation. „Ist der räth underthenig bedenckhen, dieweil sollches ain christlich gueth werckh und zw auffnemmen des collegij reicht, unnser gn. f. und h. werde solliche confirmation mit gnaden wol geben und bewilligen mögen" (StA Obb GL 1477/3,67').

[160] Vgl. vorn S. 68 ff.

[161] Vgl. schon den Vorschlag der Räte oben Anm. 146, dann auch die „Reformation" mit der Ankündigung, zusätzliche Stipendiaten „auss der decima" zu unterhalten (Prantl II 211).

dien zu Lasten der Universitätskammer vergeben, doch wandte auch die Hofkammer beträchtliche Summen für solche Zwecke auf[162].

Zu den ausdrücklichen Verpflichtungen der „freien" Stipendiaten gehörte es nicht, im Georgianum Wohnung zu beziehen: besonders die Studenten höherer Fakultäten, auch die Theologen, scheinen sich vielfach bei Bürgern eingemietet zu haben, zumal ihnen im Kolleg vielleicht kein kostenloses Wohnrecht zustand[163]. Im Oktober 1561 plädierten die Jesuiten, vom Herzog um ihre Meinung befragt, lebhaft für die Zusammenfassung aller Theologiestudenten in einem Haus unter einem Präses, so wie es in Paris und Löwen der Brauch sei, ohne das Georgianum auch nur mit einem Wort zu erwähnen[164]. Ihm mußte aber, solange die Mittel für eine Neugründung fehlten, die Funktion eines solchen theologischen Kollegs noch immer zufallen.

Friedrich Staphylus, der eben ernannte Superintendent der Universität, erklärte im Frühjahr 1562 auf der Salzburger Provinzialsynode, im Georgianum würden zur Zeit „bei dreißig" Stipendiatten beim Theologiestudium unterhalten[165]. Staphylus hatte Auftrag, die Salzburger Suffragane erneut zur Entsendung von Stipendiaten nach Ingolstadt aufzufordern. Bischöfliche Partikularschulen könnten, wie er unter Aufbietung aller Beredsamkeit darlegte, das Universitätsstudium nicht ersetzen; ihre Errichtung sei überdies schwierig und teuer, während an der Universität ein schon vorhandenes, soeben durch den Herzog erweitertes Lehrangebot nur ausgenützt zu werden brauchte. Was die bischöflichen Vorbehalte in bezug auf die Gefahren des freien Universitätslebens betreffe, so habe Herzog Albrecht die Universität kürzlich von Grund auf reformiert, und er erbiete sich überdies, durch Erweiterung des Georgianums eine „theologische Burse" zu schaffen, in der die bischöflichen zusammen mit den herzoglichen Stipendiaten Unterkunft und Betreuung finden würden[166].

---

[162] Für all diese Vorgänge und Zusammenhänge sei noch einmal auf die Anm. 135 enthaltene Ankündigung verwiesen.

[163] 1564 forderte der Herzog Staphylus auf zu überlegen, „wie sy (die Stipendiaten) all miteinander ins neu collegium zebringen oder sonsten zu ainem eingezogenen erbern leben zehalten und zuverainigen seyen" (Prantl II 247). Hier ist zu berücksichtigen, daß die Hofkammer in nicht genau zu erkennendem Ausmaß auch Stipendien ohne Verpflichtung zum Theologiestudium und zum Eintritt in den geistlichen Stand vergab.

[164] G. M. Pachtler, Ratio Studiorum et Institutiones Scholasticae Societatis Jesu III, MGP IX, 1890, 480 ff. Es ist interessant, daß dieses ganz vom Kolleggedanken beherrschte Gutachten die Existenz des Georgianums nicht erwähnt. Umgekehrt werden in den Briefen Krippers (vgl. Anm. 155) die Jesuiten nie genannt. Entgegen der herzoglichen Verordnung von 1556 (oben Anm. 149) muß es den Jesuiten nicht gelungen sein, auf das Georgianum Einfluß zu nehmen. Vgl. dazu ausführlicher unten Anm. 239.

[165] G. Lurz, Mittelschulgeschichtliche Dokumente Altbayerns I, MGP 41, 1907, 338.

[166] Vgl. vorläufig Lurz I 337 ff.

Während die bayerische Diplomatie trotz aller Mißerfolge nicht müde wurde, in Übereinstimmung mit der kaiserlichen Konzilspolitik die Bischöfe von den Vorteilen eines solchen Anschlusses ihrer Seminarveranstaltungen an die Universität zu überzeugen, wurde das Georgianum durch eine neue, freilich die Bestimmungen der alten nur erneuernde und einschärfende Reform auf seine Aufgaben vorbereitet[167]. Im folgenden Jahr (1564) ließ der Herzog den Regens Kripper den in Salzburg verheißenen Neubau ausführen, damit, wie Kripper nach München schrieb, „wan sich die bischof und prelaten in Bayrn einmal bedächten, ire ordinandos hieher auf das studium zuschikhen, dieselbigen raum hetten im collegio beyeinander zuwonen"[168]. Der rührige Regens entwarf 1565 neue Kollegstatuten und Vorschriften für den Schaffner[169]; er nahm in der erwähnten Weise zielstrebig auf die Besetzung der Stipendien Einfluß, und er versuchte auch, die Stipendiaten im Haus beisammen und unter straffer Disziplin zu halten[170]. Die erhofften bischöflichen Stipendiaten freilich blieben aus; private Stifter aber honorierten so sichtbare Bemühungen um das Kolleg mit der Errichtung von nicht weniger als neun Stipendien in diesem Jahrzehnt.

Die herzogliche Kollegpolitik zwischen 1570 und 1600

Ein Seminar, wenigstens eines nach Maß und Art der herzoglichen Vorstellungen, wurde das Georgianum durch all dies noch nicht. Als sich die bayerische Politik am Ende der sechziger Jahre diesem Thema

---

[167] Prantl II 240 f.; es handelt sich Punkt für Punkt um eine Neuredaktion der Georgianumsbestimmungen der „Reformation" von 1555, insofern parallel zu sehen mit der erneuerten Gesamtfassung dieser Reformation aus dem Jahre 1562 (Mederer IV nr. 45), vielleicht auch erst aus dieser entnommen.

[168] StA Obb GL 1477/3, 152, Schreiben Krippers an den Herzog vom 27. 1. 1565. Vgl. zu diesem Neubau Rotmars Beschreibung in Mederer I 291, sowie Schmid, Georgianum 59 (mit Skizze S. 55).

[169] Prantl II 254 ff. Erasmus Fend notierte am 3. 2. 1565, Kripper habe kürzlich den Patronen diese von ihm entworfenen Statuten gezeigt, er solle sie nun mit der Artistenfakultät beraten und dann vollziehen (StA Obb GL 1477/3, 162'). Die Vorschriften für den Schaffner S. 157.

[170] Am 27. 1. 1565 beschwerte sich Kripper darüber, daß der Herzog zwei Stipendiaten erlaubt habe, außerhalb des Kollegs zu wohnen, sich dadurch der Hausdisziplin zu entziehen und anderen ein schlechtes Beispiel zu geben (StA Obb GL 1477/3, 152). Der Herzog wies die Beschwerde aber in den vorliegenden Fällen ab (ebd. 156). Die neuen Statuten erlaubten niemand, im Kolleg zu wohnen und außerhalb zu essen, verboten längerfristige Entfernung aus dem Kolleg und trafen verschiedene Bestimmungen über die Hausordnung (Prantl II 254 ff.). Kripper hatte aber mit seinen Untergebenen Schwierigkeiten, wie der Senat am 4. 4. 1569 notierte: „Item d. regens conqueritur stipendiarios incipere recusare obedire illi et recusare poenas, ita ut cogatur frequentius molestare dominos rectores. Item eos incipere amare hinc inde vagari, item sectari res amatorias, item sese splendidius iusto vestire et alia contra bonos mores et honestum agere et frequentius sectare. Rogans aliquas leges excogitari, quibus hisce malis posset obviari..." (UA D III 7, 220).

erneut mit Intensität zuwandte, mußte sich das inzwischen schon traditionsreiche Projekt einer theologischen Kollegstiftung mit der Existenz des Georgianums gar nicht erst auseinandersetzen. Noch am Jahresende 1569 wurde mit der Errichtung des „Seminarium Bavariae", des später so genannten Albertinums, in Ingolstadt begonnen. In unklarer Abgrenzung zu ihm sollte das Georgianum, wie die Geistliche Kammerinstruktion von 1571 erklärte, vorwiegend für die Ausbildung weltlicher Studenten bestimmt sein[171], obwohl die Stammkollegiaturen seit der Reform von 1555 in diese Interpretation kaum paßten. Bis etwa 1573 zogen sich die Bauarbeiten hin, dann verhinderten Dotierungsschwierigkeiten weitere drei Jahre lang die Eröffnung des neuen Kollegs. Die Planung, von 100 Kollegplätzen ausgehend, wurde in dieser Zeit Schritt für Schritt auf zuletzt 12 Stipendien reduziert, die man allerdings durch bereits zugesagte Privatstiftungen und durch den noch immer erhofften Zuzug bischöflicher und auch päpstlicher Alumnen zu ergänzen hoffte.

Für das Schicksal des ganzen Projekts wurde schließlich, analog zu den Vorgängen von 1555, der Umstand entscheidend, daß die Jesuiten, die 1573 ihren Philosophiekurs und das Pädagogium nach München verlegt hatten, ihre seitens des Herzogs angestrebte Rückkehr von einer Erweiterung und neuen Unterbringung ihres Kollegs abhängig machten. Da für einen weiteren Neubau die Mittel fehlten, wurde den Patres im Frühjahr 1576 das Albertinumsgebäude zugesprochen, in das sie im Sommer 1577 einzogen[172]. An der Gründung seines theologischen Kollegs hielt Herzog Albrecht zwar fest; es wurde aber, theoretisch bis zu dem in Aussicht behaltenen jesuitischen Neubau, praktisch definitiv, in einem kleinen Haus an der Schutter untergebracht. Unter jesuitischer Leitung wurde das Albertinum dort in bescheidenem Umfang und ohne feste Dotation am Jahresende 1576 eröffnet.

Dem Georgianum brachte dieser ans Scheitern grenzende Ausgang des großpropagierten herzoglichen Seminarprojekts zunächst den handgreiflichen Gewinn, daß mehrere ursprünglich dem Albertinum zugedachte Stipendienstiftungen, nämlich diejenigen Anna Sterkels (1574), Rudolf Clencks (1578), Simon Ecks (1579), Michael Benz' (1579) und schließlich auch Martin Eisengreins (1580), bei ihm landeten[173]. Weiterhin war im

---

[171] Es sollen „allain gaistliche in unnserm neuen theologischen collegio erhalten" werden, „weil daselbs für andere, die weltlich bleiben mügen, one das ein ansechliche stifftung von weilend hertzog Georgen in Bayrn etc. im neuen collegio vorhanden" (HStA Staatsverw. 2797, 63 ff.). Diese Geistliche Kammerinstruktion vom 15. 9. 1571 ist wie das meiste übrige Material zur Seminargeschichte noch ungedruckt. Die Nachweise wird im einzelnen meine Seminargeschichte liefern.
[172] Vgl. im einzelnen die neue Kollegstiftungsurkunde von 1576 mit der provisorischen Zuweisung des Albertinumsgebäudes bei Mederer IV 346 ff., hier 350.
[173] 1574 oder 1575 stellte Martin Eisengrein eine Liste der Personen zusammen, die „si felicem sortiatur effectum" Stipendien ins Albertinum stiften

Jahre 1580 die noch von Herzog Albrecht eingeleitete Planung eines bayerischen Seminars für den Klosternachwuchs unter tatkräftiger Mitwirkung des päpstlichen Nuntius Felician Ninguarda in die akute Verhandlungsphase gelangt, in der sich nach einigem Hin und Her die Entscheidung für den Anschluß an die Universität und also für Ingolstadt als Standort herausschälte. Zufällig machte die Universität im gleichen Frühjahr 1580 den Herzog auf die Reparaturbedürftigkeit des 1524 errichteten georgianischen Nebengebäudes aufmerksam[174]. Angesichts der permanent kritischen Verfassung der herzoglichen Finanzen bliebe es ohne dieses Zusammentreffen unbegreiflich, daß Herzog Wilhelm dem Regens Bartholomäus Vischer und dem Juristen Nikolaus Everhard, der schon den Albertinumsbau beaufsichtigt hatte, Erlaubnis und Auftrag erteilte, das ruinöse Gebäude unter Einbeziehung eines Nachbarhauses durch einen Neubau zu ersetzen, für den die Hofkammer in den folgenden beiden Jahren mehr als 7000 Gulden bereitstellte[175]. Im Frühjahr 1581 war vorgesehen, das Mönchsseminar hier unterzubringen; als aber im folgenden Herbst Ninguarda dem Herzog Hoffnung machte, auch einige der Salzburger Suffragane seien nun bereit, ihre schulischen Veranstaltungen in Form von Stipendienstiftungen an die Ingolstädter Universität anzuschließen, zeichnete sich noch einmal das alte Traumprojekt eines großen bayerischen Seminars mit gesonderten Abteilungen für die mönchischen, bischöflichen und herzoglichen Alumnen am Horizont ab. Der soeben erweiterte Georgianumskomplex sollte zu diesem Zweck um einen dritten Gebäudeteil vergrößert werden[176].

---

wollten; von den späteren Stiftern des Georgianums sind darunter Rudolf Clenck (ohne Angabe der Summe), Simon Eck (bzw. aus seinem Nachlaß Eisengrein) mit 2 000 fl., Michael Benz mit 1 000 fl., Eisengrein selbst mit 3 000 fl., eine Ingolstädter Witwe (Anna Sterkel) mit 500 fl., dann auch der Abt von Hersfeld (Landau) mit 1 100 fl. (UA Georg. II/157; vgl. auch Schmid 52 Anm. 1. Landaus Stiftungsurkunde vom 29. 9. 1574 läßt die Raumfrage offen, erwähnt aber das Albertinum als Möglichkeit (vgl. vorn S. 86); auch im Sterkel-Testament (1574) wird das Georgianum nicht genannt (vgl. S. 83). Von der Clenck-Stiftung (1578) an war das Albertinum wohl schon indiskutabel geworden; in der Eck-Urkunde wird aber noch erwähnt, daß die Stipendien ursprünglich dem „theologischen Kolleg" zugedacht waren (vgl. vorn S. 89).

[174] Herzog Wilhelm an die Artistenfakultät vom 14. 3. 1580: „Wir haben euren bericht die paufellige behausung betr. bei dem Georgianischen collegio, darinn die alumni und convictores wonen, heren leßen"; demnächst kämen Räte nach Ingolstadt, bis dahin sei zu warten (HStA Staatsverw. 3024, 16').

[175] Noch 1580 empfingen Vischer und Everhard von der Hofkammer 2 000 fl. „zu dem neuen collegi paw", 1582 rechneten sie über 7 295 Gulden ab (StA Obb HZR 26, 127' und 28, 271'). Vgl. zu diesem Bau Schmid, Georgianum 59 sowie den Grundriß ebd. S. 55 und die Ansicht S. 4.

[176] Für die ganze Vorgeschichte des Religiosenseminars muß ich wieder auf die Seminargeschichte verweisen. Das zuletzt geschilderte Projekt unterbreitete Erasmus Fend dem Nuntius Ninguarda in einem Brief vom 29. 12. 1581: „Porro de monasteriorum Bavaricorum seminario in ea Georgiani collegij parte, quae nova nuper exstructa est, instituendo placet suae serenitati..." Für die bischöflichen Stipendiaten werde er demnächst in Ingolstadt ein weiteres Nachbarhaus

Schon kurze Zeit später hört man nichts mehr von dieser überschwenglichen Planung. Über die Absichten der Bischöfe hatte sich Ninguarda offenbar getäuscht, und nachdem sich auch Papst Gregor XIII. dem seit mehreren Jahren dringlich geäußerten bayerischen Wunsch, Ingolstadt mit einer Alumnatsstiftung zu bedenken, hartnäckig verweigerte, blieb allein das Religiosenseminar übrig, dessen Errichtung der Nuntius namens der Prälaten im Mai 1583 förmlich ankündigte[177]. Erst vier Jahre später wurde es aber wirklich unter jesuitischer Leitung eröffnet; in einem Trakt des Georgianums untergebracht, hatte es zum übrigen Kollegbetrieb keine Beziehung.

Was das Albertinum betrifft[178], so fristete es bis zur Mitte der achtziger Jahre im Schutterhaus seine Existenz. Die Stipendiaten, anfangs zwölf an Zahl, schmolzen im Lauf der Jahre auf ein unbeträchtliches Häuflein zusammen. Von 1582 an ließ Herzog Wilhelm den Jesuiten neben ihrem Kolleg, dem einst für das Albertinum bestimmten Gebäude, ein Externenkonvikt aufführen, das Ignatianum, in das schließlich das Albertinum als herzogliche Stipendiatenabteilung überführt wurde. 1591 erließ der Herzog für sie ein Reglement, das die Anzahl der Alumnen auf 15 bis höchstens 20 normierte; neben ihnen wurden im gleichen Haus von der Hofkammer „weltliche" Stipendiaten bei nichttheologischen Studien und ohne Verpflichtung zum Kirchendienst unterhalten. Sie waren die ersten, die 1595 der von Herzog Maximilian bei seinem Regierungsantritt veranlaßten Revision der väterlichen Ausgabenpolitik zum Opfer fielen. Die Entlassung der geistlichen Alumnen folgte vier Jahre später. Auch sie ging vorwiegend auf finanzielle Erwägungen zurück, doch hatte der Geistliche Rat den Herzog wiederholt darauf hingewiesen, daß das Georgianum mit seinen zahlreichen, zum Nutzen des Landes gestifteten Stipendien durchaus imstande sei, das kostspielige und wenig erfolgreiche Alumnat zu ersetzen[179]. Bei der Inkorporation des Klosters

---

ankaufen, dadurch werde ein „castrum sacrorum studiorum" entstehen. „Illud enim a primo accessu ducalis fundatio tuebitur; in medio monachi Bavarici statuentur..., ultimum latus claudent episcopi..." (GStA Kasten schwarz 7306/4).

[177] Mederer IV nr. 56.

[178] Die Geschichte des Albertinums kann hier nur skizziert werden; einstweilen sei auf die knappen und nicht immer zuverlässigen Angaben bei Prantl (I 262 f.) und Schmid (50 f.) verwiesen. Zu Verwechslungen gab vornehmlich der Umstand Anlaß, daß die Jesuiten 1576 (definitiv dann 1590) die albertinische Kolleginstitution um ihr Gebäude beerbt hatten; der Name „Albertinum" wird daher gelegentlich für das Haus, also für das Jesuitenkolleg, dann wieder für das Alumnat verwendet.

[179] Die an die Alumnen gewendeten Kosten könnten eingespart oder wenigstens verringert werden, „in sonderer bedenkhung, weil ohne das in collegio Georgiano zue Ingolstatt nit wenig eben dem landt Bayrn zu guettem fundirte stipendia vorhanden, ob welchen unnd derrn fundationen e. d. desto mehrer zehalten und teugliche guete leuth darzue zuefürdern hetten" (StA Obb HR 475/3, Gutachten des Geistlichen Rats vom 30. 7. 1598). Ähnlich ein weiteres Gut-

Münchsmünster erlangten die Ingolstädter Jesuiten von dem nun alleinregierenden Maximilian, daß ihnen der den Alumnen zustehende Teil der Klostereinkünfte gegen die unbestimmte Verpflichtung, kostenlos arme Externe bei sich aufzunehmen, überlassen wurde[180]. Die durch den Staat damit niedergelegte seminaristische Notfunktion übernahm noch im folgenden Jahr (1600) mit der Gründung des Hieronymus-Kollegs durch den Regensburger Domherrn Quirinus Leoninus private Stifterinitiative[181].

Soviel in Vorgriff und Übersicht über den Umkreis, in den die Geschichte des Georgianums in den beiden letzten Jahrzehnten des 16. Jahrhunderts eingebettet war. Seiner konkurrenzlosen Stellung war das Kolleg zunächst verlustig gegangen, doch hatte noch in der Regierungszeit Albrechts V. ein Abbau der herzoglichen Seminarpolitik begonnen, dem unter dem ganz mit den jesuitischen Stiftungen beschäftigten Wilhelm V. keine eindeutige Richtungsumkehr, unter Maximilian schließlich die konsequente und restlose Liquidation folgte. Sie ließ neben dem undotierten jesuitischen Ignatianum und dem bald dahinsiechenden Religionsseminar nur das Georgianum selbst mit seiner soliden Baumasse und seinem ansehnlichen Stiftungsfonds übrig[182]. Bereits um die Mitte der achtziger Jahre war es, das eine Zeitlang im Schatten der albertinischen Planungen gestanden hatte, in der herzoglichen Aufmerksamkeit deutlich nach vorn getreten; der Bedeutungsverlust der Albertinuumsstiftung mußte sich zu seinem Vorteil auswirken. Das bezeugt eine Reihe verbal aufwendiger landesherrlicher Visitations- und Reformationshandlungen, deren übersetzbare Ausbeute zwar gering erscheint, die aber über die Verhältnisse des Georgianums am Ende des

---

achten derselben Behörde vom 25. 1. 1599: im Georgianum gebe es etwa 30 gestiftete Stipendien; wenn man ihre Vergabe richtig kontrolliere, erübrigten sich weitere Aufwendungen (HStA Staatsverw. 3039, 25 ff.). — Der Geistliche Rat, mit der herzoglichen Seminarpolitik nur ausnahmsweise befaßt, war schon unter Wilhelm V. ein notorischer Gegner des Alumnats. Die georgianischen Angelegenheiten fielen eher in sein Ressort, aber auch nur insofern, als sie ihm von dem für die Universität zuständigen Ratsgremium, den „Patronen", überlassen wurden.

[180] Seit 1598 verhandelte Herzog Maximilian mit den Jesuiten über die Inkorporation des Klosters, dessen Einkünfte auf 2 600 fl. taxiert wurden, während das Ingolstädter Jesuitenkolleg seit der Inkorporation des Klosters Biburg (1590) nur noch 600 fl zu beanspruchen hatte. Ein Anspruch der Universität über 800 fl. und die Pension der herzoglichen Alumnen (1 200 fl) wurden daher zunächst den Jesuiten aufgeladen. Diese lösten den ersteren mit einem Kapitaltransport auf der Landschaftskasse ab; die letztere wurde ihnen unter den angegebenen Bedingungen von der herzoglichen Inkorporationsurkunde (20. 4. 1599, HStA Jesuiten 1851) erlassen. Vgl. aber unten Anm. 234.
[181] Vgl. vorläufig Prantl I 352 f. und Schmid 48.
[182] 1598 fanden die herzoglichen Visitatoren, daß das Georgianum„ nit allain für sich selbert wol stehn, sondern der universität auf den notfahl die hand pieten und beispringen khondte" (HStA Jesuiten 1766/II, 5 ff.).

hier behandelten Zeitraums ein dokumentarisch gut gesichertes Gesamtbild gewinnen lassen[183].

Zustand und Stellung des Georgianums am Ende des 16. Jahrhunderts

Innerhalb der Universität, und zum Teil in Wechselwirkung mit den bedeutungsvollen Wandlungsprozessen, denen sie selbst unterworfen war, änderte das Georgianum in dieser Jahrhunderthälfte unauffällig seine Stellung und Funktion. Es war bisher ein überwiegend von artistischen Studenten bewohntes, von einem Artisten geleitetes, von der Artistenfakultät überwachtes Kolleg gewesen. Nun dispensierte die Reform von 1555 den Regens vom „profitiren und repetiren"[184] und bestätigte damit die Trennung von Regenz und artistischer Lektur, die sich schon in den vorhergehenden Jahren angebahnt hatte. Etwas später, von der Regentschaft Christian Krippers (1562 - 69) an, erscheinen die Regenten nicht mehr in den artistischen Fakultätsämtern. Krippers unmittelbare Vorgänger hatten schon keine Lekturen mehr, wirkten aber in der Fakultät als Examinatoren, bekleideten das Dekanat[185] und gelang-

---

[183] Zur Visitation von 1585, in deren Folge die Artistenfakultät den Jesuiten übergeben wurde, gehört ein liederliches Befragungsprotokoll (StA Obb GL 1477/3, 112 ff.), vielleicht auch das Protokoll der Stipendiatenbefragung (ebd. 105 ff.; vgl. auch S. 136). Die allgemeine Untersuchung deckte Mißstände in der Wirtschaftsverwaltung des Georgianums auf; darauf wurden im Juni 1586 der Regens Turner und seine Unterbeamtl arrestiert (Prantl II 328). Aus diesem Anlaß wird Turners Bericht (Prantl II 333 f.) entstanden sein; am 21. 1. 1587 reichte die jesuitische Artistenfakultät, vom Herzog dazu aufgefordert, ein Gutachten über die Kollegreform ein (ebd. 335 ff.). Am 29. 10. 1587 entstandte Herzog Wilhelm erneut Visitatoren mit einer Instruktion (StA Obb GL 1477/4, 60 ff.), deren Anfangsteil sich ausführlich mit Georgianumsangelegenheiten befaßt. Bei dem dazugehörigen Text ebd. 51 ff. handelt es sich nicht um den Visitationsbericht, sondern um ein Memorandum des für das Kolleg zuständigen Rats Johann Lichtenauer. Das Protokoll der Stipendiatenbefragung (vgl. oben) könnte auch erst in diesem Zusammenhang gehören. — Ein Jahrzehnt später veranstaltete Herzog Maximilian durch Instruktion vom 16. 9. 1598 (HStA 1766/III, 1 ff.) seine erste Universitätsvisitation. Der ausführliche Gesandtschaftsbericht (ebd. 5 ff.) widmet sich auch Georgianumsangelegenheiten. Seinen Vorschlägen folgt weiterhin der herzogliche Rezeß vom 6. 11. 1598 (ebd. 74 ff. und UA B IV 1).
[184] Prantl II 209.
[185] Wolfgang Thurn (1539 - 44), seit 1536 Magister, wirkte in der Fakultät als Examinator und war zweimal Dekan, hatte jedoch keine Lektur. — Erasmus Wolf (1544 - 51), Magister seit 1538, hatte vor seiner Ernennung zum Regens eine Lektur, fungierte in seiner Amtszeit regelmäßig als Examinator und war mehrfach Dekan. — Das gilt auch für Johann Spreter (1551 - 54), der noch als Regens 1554 zum Dr. iur. promovierte; er examinierte in der Fakultät regelmäßig und war zweimal Dekan. — Joseph Schütz (1554 - 56) war nie Dekan, aber wiederholt Examinator. — Stefan Reitmaier (1556 - 58) wurde im Jahr seiner Magisterpromotion Regens; er examinierte bei den Artisten und promovierte in seiner Amtszeit zum theologischen Cursor. — Über Friedrich Lichtenauer (1558 - 59) ist in dieser Beziehung wenig bekannt; er war 1556 Magister geworden und

Zustand und Stellung des Georgianums am Ende des 16. Jahrhunderts 191

ten als Artisten über das Fakultätskonzil in den Senat[185a]. Das hörte nun auf, dafür wurden die Regenten von amtswegen rektorabel und wohl auch senatsfähig[186]. Dem Ausbildungsstand und akademischen Grad nach war auch Kripper noch Artist, rechtlich aber stand er außerhalb der Fakultätsgliederung.

Eine neue Rechtslage ergab sich 1570 mit dem Amtsantritt Rudolf Clencks, der, promovierter Theologe, gleichzeitig eine theologische Professur übernahm und daher Mitglied, wiederholt auch Dekan der theologischen Fakultät war[187]. Sein Nachfolger Bartholomäus Vischer (1577 bis 1584) besaß bei seinem Amtsantritt erst das theologische Bakkalariat, übernahm aber von Clenck die Casus-conscientiae-Professur, promovierte zwei Jahre später und trat damit ebenfalls in die theologische Fakultät ein, die ihn unverzüglich zu ihrem Dekan wählte[188]. Auch unter Robert Turner (1584 - 86) wurde die Personalunion dieser Lektur mit der Regenz beibehalten[189]. Seine drei Nachfolger lasen nicht, aber Veit Michael (1595 - 98) promovierte ein Jahr nach seiner Ernennung und übernahm wieder die dem Regens nun schon traditionell zustehende, in Michaels Nachfolge aber an die Jesuiten übergehende Professur[190].

1557 Cursor. — Paul Zettel schließlich (1559 - 62) war Magister seit 1558 und erscheint als artistischer Examinator. — Alle diese Angaben sind aus UA O IV 2 entnommen.

[185a] Johann Spreter beantragte im Oktober 1551 seine Aufnahme in den Senat, wogegen die Artisten aber protestierten. Sie wählten Spreter im folgenden Sommersemester zum Dekan, wodurch er Senatsmitglied wurde; im folgenden Wintersemester konnte er dann Rektor werden (Seifert, Statutengeschichte 243 f.). Über die artistische Senatsvertretung vgl. ebd. 187 ff.

[186] Vgl. Seifert, Statutengeschichte 242 und 244. Kripper wurde als Regens zweimal zum Rektor gewählt. Seine Nachfolger hatten als theologische Professoren ohnehin Anspruch auf die Senatsmitgliedschaft.

[187] Prantl 307. Clenck war theologischer Dekan 1572, 1575 und 1576/77.

[188] Prantl I 307. Vischer promovierte im SS 1579 und wurde im folgenden WS und dann wieder im WS 1583/84 zum Dekan gewählt (UA Georg. I/11, 1, 143 ff.).

[189] Turner war zuvor Rhetorikprofessor in der Artistenfakultät; mit der Ernennung zum Regens gab er diese Lektur ab (5. 4. 1584, StA Obb GL 1477/3, 300). Acht Tage später wurde ihm nachträglich die Casus-Lektur übertragen (13. 4. 1584, ebd. 302). Am 15. 1. 1585 machte er sein „principium" (UA Georg. I/11, 1, 150), im folgenden Sommersemester war er Dekan (ebd. 150′).

[190] Michael wurde am 20. 11. 1595 als Regens präsentiert (UA O I 4, 46′), erwarb im Oktober 1596 die theologische Lizenz und begann mit der Casus-Vorlesung (UA Georg. I/11, 1, 164′). Zum Doktor promovierte er erst zwei Jahre später vor seinem Wegzug (ebd. 170). Die Professur ging jetzt an den Jesuiten Michael Mayek (so vom Herzog auf Vorschlag der Räte am 6. 11. 1598 bestätigt, HStA Jesuiten 1766/III, 74 ff.). — 1599 schlug ein Gutachten vor, in der Artistenfakultät eine Reihe weltlicher Lekturen für Fächer, die von den Jesuiten nicht oder nur nebenbei gepflegt wurden, neu zu errichten. Sie seien, um Kosten zu sparen, teilweise mit höheren Professuren zu verbinden; „possent quoque regentes collegij Georgiani inter artistas esse, ut antea solebant, ut Turnerus, qui docebat eloquentiam, contentus stipendio suo collegij illius" (HStA Jesuiten 1766/III, 81 ff.). Turner hatte jedoch, wie erwähnt, seine Rhetoriklektur beim Antritt der Regenz abgegeben. — Die herzoglichen Schulräte hielten diese An-

Diese rein gewohnheitsrechtliche, zu den Reformbestimmungen von 1555 und 1563 an sich in Widerspruch stehende Ämterverbindung bezeugt die gestiegene Qualifikation der Regenten und den Bedeutungszuwachs ihres Amtes. Zum speziellen Aufgabenbereich der Regenz hatte sie kaum Beziehungen[191], sondern wurde eher durch simple besoldungstechnische Zweckmäßigkeiten gestützt. Nachdem die „Stipendien" der Professoren beträchtlich und auch diejenigen der Kollegiaten im Rahmen der Möglichkeiten gestiegen, andererseits die Regenzpflichten zusammen mit dem Kolleg gewachsen waren, konnte der Regens nicht mehr gut mit seiner 40 Gulden-Pension abgespeist werden, zumal ihm ja die Möglichkeit genommen war, sie wie früher durch artistische Lektur- und Fakultätseinnahmen zu ergänzen. Schon Erasmus Wolf hatte 1550 zusätzlich über ein Augsburger Kanonikat und über die einträgliche Ingolstädter Moritzpfarrei verfügt; in seiner Nachfolge verhinderte die zu niedrige Dotation die an sich fällige Professionalisierung der Regenten, die das Amt wieder nur im Vorbeigehen als Studienpfründe benützten[192]. Die Vereinigung von Regenz und theologischer Lektur, zunächst von Clencks Qualifikation nahegelegt und auf seine Person zugeschnitten[193], erwies sich daher als eine glückliche Konstruktion, an der man auch nach Clenck festzuhalten suchte. Die fällige Gehaltserhöhung konnte wenigstens teil-

---

regung für gut; der Herzog erklärte jedoch am 12. 8. 1599, er sehe nicht, wie sich das ohne Präjudiz für die Jesuiten verwirklichen lassen sollte (ebd. 85 ff. und UA B IV 1, 69 ff.).

[191] Allerdings ist die Neugründung dieser Casus conscientiae-Professur im Zusammenhang mit den herzoglichen Seminarplanungen zu sehen, insofern sie die zunächst mechanische Verkürzung des theologischen Vollkurses für den Klerikernachwuchs, insbesondere die Stipendiaten, durch ein Lehrangebot in praxis-orientierter Theologie zu ergänzen suchte.

[192] So offensichtlich Spreter, Reitmaier und Lichtenauer, die damit ihre juristischen bzw. theologischen Studien finanzierten (vgl. Anm. 185). Erst Kripper war „Berufsregent"; seine Versorgung ist unklar, doch wird er als „caplan" ein Benefizium gehabt haben. Vielleicht bereits jene St. Annamesse im Ingolstädter Heiliggeistspital, die am 15. 1. 1577, nach Rudolf Clencks Ausscheiden, dem Spitalpfarrer durch den geistlichen Rat mit der Begründung verweigert wurde, daß Clenck sie „als regent unnsers hertzog Georgischen collegij, wie auch andere seine vorfaren bey disem ambt, bisher genossen und ain khunfftiger regent ausser diß beneficij sein gebürende competentz nit hat" (HStA Staatsverw. 3023, 9). Turner berichtet 1586, die priesterlichen Verpflichtungen des Regens seien auf den Widmann-Stipendiaten übergegangen, „maxime cum regentis tenuitati sublevendae fuisset postea communi consensu subnexa quaedam quasi appendix alterius beneficii, quod requirebat certas statasque missas" (Prantl II 333).

[193] Die Sachlage ist nicht ganz klar. Rotmar zufolge wurde Clenck bereits 1570 auf eine Professur in „theologia positiva" (und auf die Regenz) berufen, erst später habe er dann die sonntägliche Casus-Lektur ohne Gehalt mit übernommen (Mederer I 319 und II 49). Ein vom 15. 6. 1572 datiertes herzogliches Schreiben an den Kämmerer Wolfgang Zettel erklärt aber, Clenck, aus Eichstätt berufen, erhalte für seine „ordinari lection" künftig 200 fl. (BStB Cgm 2205 a, 68'). Unterm 2. 2. 1572 hatte sich Eisengrein bei Eck darüber beschwert, daß Zettel Clenck die zur Lektur gehörige Besoldung verweigere (BStB Cgm 3018, 25').

Zustand und Stellung des Georgianums am Ende des 16. Jahrhunderts 193

weise vom Kolleg weg auf die Universitätskammer abgewälzt werden, freilich um den Preis einer zusätzlichen Belastung des Regens und mithin nicht unbedingt zum Vorteil des Kollegs.

Zusammen mit der Regenz, und nicht erst in ihrem Gefolge, entfernte sich auch das Georgianum als ganzes in diesem Zeitraum mehr und mehr aus dem Bannkreis der Artistenfakultät. Die Gesamtzahl der gestifteten Stipendien erhöhte sich im Gefolge der besonders in den beiden Jahrzehnten zwischen 1560 und 1580 anschwellenden privaten Stiftungstätigkeit von 11 im Gründungsjahr und auch erst 18 um die Jahrhundertmitte auf etwa 40 in den achtziger Jahren[194]. Entsprechend wuchs das Gesamteinkommen von seiner bei knapp 250 Gulden liegenden Ausgangshöhe auf über 1000 fl. im Jahre 1578[195] und mehr als 1500 fl. ein Jahrzehnt später[196]. Dieser Zuwachs betraf auch das Stammvermögen, indem der bei der Gründung auf 130 fl. taxierte Zehnt von Meckenhausen in den sechziger Jahren für 300 fl. Jahreszins nach Nürnberg verkauft werden konnte[197]. Dafür waren allerdings die übrigen Einkünfte zusammengeschrumpft; sie wurden 1578 auf knapp 38 fl. berechnet und scheinen infolge der Verarmung der Bauern lange Jahre überhaupt ausgefallen zu sein[198].

Diese aus der herzoglichen Stiftung stammenden Einkünfte hätten die gemeinsamen Lasten des Kollegs und die 1555 um zwei bis drei Gulden erhöhten, wenig später bei 25 fl. angelangten elf Stipendien nicht zu

---

[194] Bis 1585 (einschließlich Fator) hatten private Stifter im Georgianum 30 neue Plätze errichtet. Abzüglich der Vakaturen berechnet Turner für die Regenten vor Clenck höchstens jeweils 30 Stipendiaten, für Clenck nur 24, für sich selbst mehr als dreißig, immer die herzoglichen Kollegiaten eingeschlossen (Prantl II 334). Bei der etwa gleichzeitigen Stipendiatenbefragung sagte Joachim Denich, jetzt „seyen bey ein 30 stipendiaten" (StA Obb GL 1477/3, 105 ff.).

[195] HStA Staatsverw. 2939, 239, ein vom Regens (Vischer) stammendes, von Erasmus Fend auf den 3. 1. 1578 datiertes Verzeichnis der gestifteten Stipendien, das auffälligerweise die beiden Clenck-Stipendien schon aufführt. Abzüglich der Naturalgülten ergibt sich eine Gesamtsumme der Einkünfte von 1051 fl.

[196] StA Obb GL 1477/3, 34 ff., ein undatiertes Verzeichnis der Kolleggülten; da es die Eisengrein-Stipendien schon aufführt, muß es nach 1580 entstanden sein. Die Pfenniggülten erbringen 1296 fl., die Getreidegülten (54 Schaff) etwa 256 fl., macht zusammen 1552 fl.

[197] Über diesen Verkauf verhandelte die Universität am Jahresanfang 1565 mit dem Nürnberger Bürger Adam Tucher; sie verlangte 10 000 Gulden (entspr. einem Jahresertrag von 500 fl.) und ging dann bis auf 9000 fl. herunter; der Käufer bot 6500 fl. (Jahresertrag von 325 fl.). Man konnte sich zunächst nicht einigen (HStA Jesuiten 1748/II, 221 ff., Berichte der Universität, des Pflegers und des Regens an den Herzog vom 4. bzw. 5. 1. 1565). Später muß sich die Universität mit einem Kaufpreis von 6000 fl. begnügt haben. Das Verzeichnis von 1578 (Anm. 195) führt bereits 300 fl., von der „Losungstube" Nürnberg fällig, auf; ebenso dann das folgende Verzeichnis (Anm. 196).

[198] Die Pfenniggülten betrugen allerdings bereits bei der Gründung kaum mehr als 30 fl. (vgl. Anm. 66a). Turner berichtet um 1586, die Bauern hätten jetzt vier ganze Jahre lang wegen Armut nichts gezahlt (Prantl II 334).

tragen vermocht. Mitte der achtziger Jahre wurden die Aufwendungen für Verwaltung und Reparaturen, für den Kastner, den Repetitor und für sonstige gemeinsame Bedürfnisse auf 225 fl. berechnet[199]. Diese Summe erhöhte sich um die Ansprüche des Regens, die sich zur gleichen Zeit unter Berufung auf eine herzogliche Entscheidung auf 109 fl. und einen Freitisch im Werte von 34 fl. beliefen[200], nicht gerechnet die von der Universität getragene Professorenbesoldung. 1596 wurden dann einem nicht lesenden Regens sogar 200 fl. und ein Freitisch im Wert von 52 fl. zugebilligt[201]. Nachdem die Neuburger Pfalzgrafen seit 1576 die Pensionszahlung von Baar unterbunden hatten[202], lastete dieses ganze Regensgehalt auf dem Kollegeinkommen. Noch in den siebziger Jahren wurden das dritte, von der Universität vergebene Schwebermaier-Stipendium und die Kollegiatur des protestantischen Lauingen zu Regentenpfründen[203], eine Lösung, die allerdings den Verlust der Pension nur eben ausglich, den Gehaltsanstieg aber nicht abdeckte. Zudem verschoben diese und zusätzlich veranstaltete oder wenigstens ausgenützte Vakaturen[204] zwar die Einkommensverteilung innerhalb des Kollegs, boten

---

[199] Prantl II 334: 20 fl. für die Kollegkapelle (Kerzen, Hostien usw.), wenigstens 12 fl. für Arzt und Chirurg, 26 fl. für den Repetitor, 25 fl. für den Kastner (bzw. Schaffner, denn dieser fehlt), 130 fl. für Handwerker, Einrichtungsgegenstände und Verwaltungsunkosten, 10 fl. für den Apotheker und 2 fl. für den Universitätspedell.

[200] Prantl III 334 f.

[201] Johann Cholin (1591 - 95) muß 300 fl. gehabt haben, denn soviel verlangte im Februar 1596 auch Veit Michael. Die Universität lehnte ab, jedem Regens ohne Ansehen der Person diese Summe zu zahlen, und bewilligte 200 fl. und den Freitisch (UA D III 9, 101'). Michael begann erst im Oktober zu lesen, dann bekam auch er 300 fl. Sein Nachfolger Johann Deschler (1598 - 1601) erhielt keine Lektur; daher schlugen die herzoglichen Räte vor und verfügte der Herzog 1598, ihm neben dem Freitisch 150 bis höchstens 200 fl. zuzugestehen (HStA Jesuiten 1766/III, 5 ff. und 74 ff.). — Nach den Statuten von 1675 betrug das Regens-Gehalt 300 fl. (Mederer IV 429).

[202] Am 20. 11. 1576 forderte der Herzog den Pfalzgrafen auf, die Pensionszahlung nicht zu behindern (HStA Staatsverw. 3022, 116'). Turner schrieb um 1586, die Pension werde „iam diu" nicht gezahlt. Der Pfalzgraf habe ihm wiederholt einen neuen Vertrag auf der Basis angeboten, daß von der Pension jeweils die „fabrica" der Kirche Baar abgezogen werde (so verstehe ich Turners knappen Bericht bei Prantl II 334).

[203] 1568 und 1572 wurde dieses „stipendium postremum" Schwebermaiers noch von der theologischen Fakultät, dem Artistendekan und dem Regens jeweils an Studenten verliehen (UA Georg. I/11, 1, 116 und 123). Im Mai 1575 ging es, und das bezeichnet wohl den entscheidenden Übergang, an den Vizeregens Sebastian Pollinger (ebd. 133). Um 1586 galt dieses Stipendium dann als Regentenpfründe; Turner beruft sich dafür auf eine Anordnung des Herzogs und der Patrone; ebenso für das Lauinger Stipendium (Prantl II 333).

[204] Vgl. den Bericht Turners (Prantl II 333 f.), wo die Vakaturen offen als eine Notwendigkeit verteidigt werden. Bei der Stipendiatenbefragung (Anm. 183) behauptete Warmund Faber, „es vacieren anietzt wol 10 oder 11 solche stipendia" (StA Obb GL 1477/3, 105 ff.). Die Jesuiten verlangten 1587, „ut propter salarium regentis non minuatur numerus stipendiatorum" (Prantl II 335). 1598 berichteten die Visitatoren, der Regens habe die Möglichkeit, „die vacirende stipendia seines gefallens dem collegio zu verrechnen, und damit sie die regen-

aber keine Handhabe gegen das durch ein Ansteigen der Gesamtausgaben verursachte Defizit, nachdem das Regensgehalt und die gemeinsamen Ausgaben schon ohne die Stipendienanteile den Ertrag des Stiftungsvermögens beträchtlich überstiegen.

Rettung kam dem Kolleg von den privaten Stiftungen, die die Stammkollegiaturen inzwischen an Zahl weit übertrafen und deren vom Kolleg verwaltete Erträge[205] in den siebziger Jahren bei Durchschnittssätzen von 40 bis 50 Gulden angelangt waren; auch die älteren Privatstiftungen hatte man verschiedentlich aufbessern lassen, während die Erhöhung der Stammstipendien kapitalmäßig nicht abgedeckt war. Rechnungen und Protokolle deuten nun übereinstimmend darauf hin, daß diese privaten Stipendiaten ungeachtet des höheren Werts ihrer Stipendien den herzoglichen Kollegiaten gegenüber nicht bevorzugt wurden. Eine solche Gleichstellung macht den Eindruck der Unrechtmäßigkeit und Willkür, entsprach aber den Intentionen des Kollegstifters und ließ sich auch von der „Reformation" her vage legitimieren[206]. Praktisch wurde sie aber nur dadurch möglich, daß die bis zur Jahrhundertsmitte übliche Auszahlung der Stipendien in der Folgezeit, ungefähr von der Regenz Krippers an, nicht mehr vorgenommen wurde. Solange man den Stammkollegiaten je 25 fl. auf die Hand gab, und das war in den fünfziger Jahren nachweislich der Fall[207], konnte man den privaten Stipendiaten ihre höheren Sätze nicht gut vorenthalten. In der Mitte der achtziger Jahre jedoch zahlte der Regens dem Kollegschaffner für die Stipendiaten, und zwar ohne Zweifel auch für die privaten, die 1586 auf 22, im folgenden Jahr auf 26 fl. pro Person berechnete Kostgebühr. Ausgezahlt erhielten sie nur eine „Zuburse" von einem Schilling pro Woche, also knapp 7½ Gulden im Jahr; auch das wurde beanstandet und 1587 wohl abgeschafft[208]. Von den

---

ten in disem fahl iren waizen desto füeglicher schneiden khünden", seien sie von der Rechnungslegung vor Stipendiaten und Universität abgekommen (HStA Jesuiten 1766/III, 5 ff.).

[205] Und zwar unabhängig davon, ob das Kapital dem Georgianum zur selbständigen Verfügung ausgehändigt oder ob dem Kolleg bestimmte Stiftungsgülten überschrieben worden waren. In keinem Fall wurde die Verwaltung der privaten Stiftungserträge dem Kolleg, etwa zugunsten der externen Präsentatoren, vorenthalten.

[206] Vgl. oben Anm. 71 u. 157.

[207] Es ist schwer zu erkennen, wann diese Änderung eingetreten ist. Ein wohl jesuitischer Kommentar zur georgianischen Stiftungsurkunde, etwa von der Jahrhundertmitte stammend (vgl. dazu Anm. 239), bemerkt zu dem Abschnitt über die Bestreitung der gemeinsamen Kollegausgaben (Anm. 70): „Istud nunc non observatur, sed cuilibet datur certa summa annua, nempe 25 fl., quod an sit bonum nescitur" (StA Obb GL 1477/1, 97', ähnlich auch 98). Das stimmt mit den oben Anm. 74 f. gemachten Beobachtungen völlig überein. Auch die Reformation von 1555 spricht noch von einer „Besserung" der „stipendia" um 2 - 3 Gulden, denkt also offenbar an die Auszahlung von Stipendien (Prantl II 211). Ebenfalls scheint 1563, einem Brief Krippers zufolge, eine solche Auszahlung, jetzt von 25 fl., noch vorgenommen worden zu sein (ebd. 241).

[208] Das geht ganz klar aus dem Gutachten Johann Lichtenauers von 1587 hervor (vgl. Anm. 183; übrigens berechnet sich der Gulden zu 7 Schillingen,

privaten Stiftungen, soweit nicht auch in ihrem Fall mit Vakaturen gearbeitet wurde, konnten nach Abrechnung dieses Gebührensatzes beträchtliche Beträge für die nicht mehr abgedeckte Verpflegung der Stammkollegiaten, für den Regens und für das Kolleg als Ganzes erspart werden[209]. Folgerichtig verzeichnen die erhaltenen Kollegrechnungen die privaten Stiftungszinsen allenfalls noch namentlich, aber nicht rechnerisch geschieden neben den Gefällen des Kollegvermögens[210]. Hatten die Kollegiaturen sich in der Frühzeit nach dem Beispiel der privaten Stiftungen zu Stipendien emanzipiert, so wurden nun umgekehrt die privaten Stipendien als Kollegplätze in das Georgianum fest integriert:

---

[210] Pfennig, 60 Kreuzern oder 15 Batzen): Das Kolleg sei dem Schaffner für 1585 900 fl. schuldig geblieben, davon habe der Regens 591 fl. zurückgezahlt. Für 1587 habe der Regens dem Schaffner schon so weit ausgezahlt, „das er ime für die stipendiaten auf die cottemer Luci gar außzaln khan, was sy diß 87. jars verzert". Das Kolleg sei deshalb verschuldet, weil man dem Schaffner jetzt „für den stipendiaten tisch" in der Woche 7 statt früher 5 bis 6 Batzen zahle. „Diß augmentum haben die stipendia nit ertragen khönden, dan merer thails die hertzog Georgischen stipendia haben des jars nur 25 fl., davon hat man ainem stipendiato wüchentlich zu seiner zuburß geben 1 s. Wan nun solcher s. von den 25 fl. abgezogen, khan man die cost pro 30 kr. die wuchen nit bezaln." Man sollte also diese Zuburse abschaffen und das ersparte Geld dem „costgeld" zuschlagen. Wollen die Stipendiaten eine Zuburse haben, so sollen sie sich an ihre Präsentatoren wenden. — Hier ist unterschiedslos von den herzoglichen und den privaten Stipendien die Rede, und es ist klar, daß das, was als „stipendium" bezeichnet wird, nur mehr eine rechnerische Größe meint. Die traditionelle „bursa" aber ist zur „zuburß" geworden. Auch Turner hat 1586 in seiner Rechnung keine Stipendien mehr verzeichnet, sondern nur noch: „singulorum mensa in singulos annos 22 fl." (Prantl II 334). So muß auch noch im 18. Jahrhundert gewirtschaftet worden sein; Schmid (S. 120 f.), der die Meinung vertritt, die Stipendien seien stets ausgezahlt worden, hätte leicht ausrechnen können, daß bei Einbehaltung eines Kostgeldbetrags von 2½ fl. pro Person und Woche, d. h. von 130 fl. im Jahr, der 1781 auf 120 fl. festgesetzte Stipendiensatz bereits überschritten war, zur Auszahlung also nichts oder höchstens minimale Überschüsse gelangen konnten (vgl. auch ebd. 48). — Unter diesen Umständen verwundert, daß der Herzog im Oktober 1584 streng befehlen mußte, alle Stipendiaten hätten im Kolleg Wohnung zu nehmen (StA Obb GL 1477/3, 295 und 297). Das Schreiben Krippers vom 27. 1. 1565 zeigt aber, daß es sich bei denen, die einen Wohndispens anstrebten, teils um Ingolstädter Bürgerskinder, auch Professorensöhne handelte, teils um solche, die nebenher famulieren wollten oder sollten (ebd. 152).

[209] Vgl. dazu die Stipendiatenbefragung von 1585 oder 1587 (Anm. 183): Der Eisengrein-Stipendiat Caspar Elsner erklärte: „Ob wol der Eisengrein 2 stipendia gestifft, ... so hab man inen beden kainem das vollig einkhommen geraicht, sunder jettwederm ein 6 jar her alle jar ein 20 fl. abgezogen; wo es hinkhom, waiß niemant"; Eisengreins Stipendiensätze betrugen 45 fl. Vakant waren zu dieser Zeit ein Clenck- (seit einem Jahr), ein Eisengrein-Stipendium, „ains von Passau" (Kurz), „unnd von Saltzburg ains" (Kripper), auch ains von Presslau, hat wol 10 jar vaciert" (Flach). Vgl. Real Anm. 264.

[210] Am klarsten das Verzeichnis oben Anm. 196, wo namentlich nur mehr die Stiftungen Zingel, Furtmaier, Harrer-Eck, Sterkel, Eck, Benz, Clenck und Eisengrein aufgeführt werden, auch sie in der chronologischen Abfolge der Fälligkeitstermine. Desgleichen wird in allen Kommissionsberichten und Gutachten pauschal von den Stipendiaten gesprochen.

Zustand und Stellung des Georgianums am Ende des 16. Jahrhunderts 197

eine zunächst ökonomisch bedingte, aber für den Zusammenhalt des Kollegs höchst bedeutsame Entwicklungsumkehr.

Von den „ungestifteten" Stipendiaten, die in den sechziger Jahren das Georgianum recht zahlreich bevölkert haben müssen, blieben nach der Eröffnung des Albertinums (1576) nur die weltlichen übrig, für die dann 1591 das Ignatianum als Wohnsitz bestimmt war. Auch danach gab es aber im Georgianum Studenten, für die die Hofkammer die Unterhaltsgebühren zahlte[211]. Etwa die Hälfte der 1586 auf über 70 bezifferten Belegschaft des Georgianums[212] werden die Konviktoren gestellt haben, deren Zahlungen das Einkommen des Kollegs und, kaum sauber davon zu trennen, dasjenige des Regens aufbessern halfen[213]. Mit ihrem Pädagogium, das, seit 1555 geplant, 1571 zur offiziellen und kostenlosen Vorbildungsanstalt der Universität aufrückte, entzogen die Jesuiten den Präzeptoren ihre Privatschüler, ohne doch für ihr Kost- und Logisangebot vorerst Ersatz bieten zu können[214]. Hier wird das Georgianum eingesprungen sein. Hatten um die Jahrhundertmitte vorwiegend arme Studenten in ihm billige Unterkunft gesucht, so lockte nun der attraktive Neubau von 1582 auch Wohlhabende an. Der Regens handelte mit ihnen je nach Größe und Zustand des Raums eine Miete aus, und er stopfte, wie

---

[211] Im Sommer 1600 wandte sich Johannes Cholin, Regens von 1591 bis 1595, inzwischen Rat des Kölner Kurfürsten, mit der Bitte an Herzog Maximilian, „das wir ime seines praetendirten ausstand wegen ettlicher alumnen, so unnser gster geliebter herr vatter in das Georgianische collegium nach Ingolstadt verschickhet, nun mehr entrichten lassen sollen". Die meisten dieser Alumnen seien „nit geistliche personen gewest, sonder aus irer d. sonderbarn gnaden der ortten undterhalten worden" (HStA Jesuiten 1762 und StA Obb GL 1496/28).
[212] Prantl II 333.
[213] „Omne lucrum, quod ex convictoribus ratione habitationum, lectorum vel quocunque alio titulo percipitur, solius collegii esse deberet ...; regens et officiales suis salariis essent contenti" (Prantl II 337, Gutachten der jesuitischen Artistenfakultät). — Konviktoren wurden noch im 18. Jahrhundert aufgenommen, vgl. Schmid 113 ff.
[214] Im Januar 1561 trug die Artistenfakultät dem Herzog eine dringliche Beschwerde der „praeceptores et magistri privatim docentes" „de interceptis discipulis a dominis de societate Jesu" vor (UA Georg. III/22, 167' f.). Im Januar 1571, vor der offiziellen Übergabe von Pädagogium und Philosophiekurs an die Jesuiten, schlug Eisengrein vor, es den „magistri welche discipulos haben" freizustellen, ob sie ihre Diszipel ins Pädagogium schickten oder nicht, „damit man nit ursach zu sagen hette, es möchte sich neben den jesuiten kain ehrlicher man mehr ernehren" (HStA Jesuiten 1748/I, 188 ff.). Aus handgreiflichen ökonomischen Gründen konnte aber das Präzeptorat eine solche Konkurrenz nur durch Zurückbildung auf die Form bestehen, aus der es historisch wohl hervorgegangen war, d. h. als Hauslehrertum der adligen und ganz reichen Familien. — Viele Studenten, zumal natürlich solche der höheren Fakultäten, wohnten frei in der Stadt; Lichtenauer schlug 1587 vor, „schlechten bürgern" (wie Holzhackern und Wäschern) das Kosthalten zu verbieten, mußte aber zugeben, daß diese Leute geringere Gebühren verlangten als das Georgianum (Anm. 183).

Beschwerden zeigen[215], die Stipendiaten dicht in die schlechteren Kammern, um für solche Konviktoren Raum zu gewinnen. 1596 erklärte die Universität den Stipendiaten ganz offen, sie dürften sich darüber nicht beklagen, denn das neue Haus sei für externe, vornehmlich für adlige Studenten bestimmt[216]. An der Kollegmensa speisten Mitte der achtziger Jahre die Stipendiaten an zwei, die übrigen Studenten an sieben Tischen[217]. Sie wohnten nicht alle im Kolleg, aber die Universität suchte das zu erreichen[218].

Der Georgianumstisch war die Mensa der Universität; gelegentlich wies der Herzog seinen Stipendiaten oder auch Lektoren dort einen Freiplatz an[219], wofür die Kollegküche mit Getreide- und Holzdeputaten unterstützt wurde[220]. Die Qualität des Essens allerdings gab zu Klagen Anlaß, viele wurden nicht satt, und Wein oder Bier gab es gar nicht[221].

---

[215] „Er steck offt die alumnos inn ein klains stubl ybereinander unnd die convictores, die im gefallen, setz er inn die groß stuben offt ainest, do doch ein 4 oder 5 darinn wonen kunten. Man nem 10 fl. von derselben stuben, wiß niemand wo ers hin thue" (Befragung der Stipendiaten, vgl. Anm. 183).

[216] „De hipochaustis, stipendiarios non posse conqueri, quando cogantur cedere nobilibus, illud enim semper fuisse observatum, et collegium novum pro externis extructum esse" (UA D III 9, 87', Senatsprotokoll vom 19. 1. 1596). Bei der gleichen Gelegenheit verlangte der Senat vom Regens eine Spezifikation, wem und wie lange er die Räume vermietet habe.

[217] StA Obb GL 1477/3, 105 (Stipendiatenbefragung). Der Senat nahm bei Inquisitionen die Tische des Georgianums der Reihe nach vor; Stipendiaten und Konviktoren lassen sich anhand solcher Protokolle nicht unterscheiden (z. B. UA D III 7, 272 f., 24. 3. 1575).

[218] Die Artistenfakultät verlangte 1587: „Ad collegii mensam admissi convictores alli in ipso collegio habitare teneantur et iisdem cum stipendiatis legibus parere" (Prantl II 336). So hatte es ja die Stiftungsurkunde schon verlangt (vgl. Anm. 89). Lichtenauer schlug 1587 vor, nach dem (nicht ausdrücklich erwähnten) Beispiel der jesuitischen Konvikte den Konviktoren jeder Fakultät jeweils einen Stipendiaten als „praefectus" vorzusetzen, der mit ihnen gegen Entgelt repetieren sollte.

[219] Am 30. 4. 1576 schrieb der Geistliche Rat an den Regens Clenck, Johann Wagner solle den Tisch im Georgianum bekommen, dafür werde vierteljährlich „die bezalung von hieaus neben unserer stipendiarien gelt" geschickt (HStA Staatsverw. 3022, 63'; ebd. 84 dasselbe für Magister Wolfgang Eck). Am 28. 8. 1581 ernannte der Herzog Zacharias Oberschwender und Robert Turner zu Lektoren für Ethik bzw. Rhetorik; am 6. 9. erging an den Regens die Weisung, beide bekämen „den düsch im collegio" (ebd. Staatsverw. 3024, 200 ff.).

[220] Vgl. Schmid 122.

[221] Vgl. dazu das Gutachten der Artistenfakultät bei Prantl II 336: „ut paulo liberalius stipendiati tractentur vel certe pro meliori mensa ipsi stipendiati oeconomo id solvant, quod interim externis hospitibus solvere coguntur ad famem suam explendam". Lichtenauer erklärte zur gleichen Zeit, „bey diser theurer zeit khönde man inen merers nit dan den truckhen tisch und behausung geben" (vgl. Anm. 183). Regens Rudolf Clenck hatte 1570 bei seinem Amtsantritt die Kostgebühr von 6 auf 7 Batzen in der Woche erhöht. Der Senat reagierte darauf scharf: „Ad querelas de d. regente ob auctum precium mensarum suarum in collegio propositas est conclusum, dicendum esse regenti, mirari dominos ipsum inconsultis omnibus dominis nec expectato responso ex aula renunciasse mensas ijs, qui nollent pro sex batzeis dimidium florenum persolvere, et mandandum illi, ut relinquat omnes in mensa sua, donec accipiat

Zustand und Stellung des Georgianums am Ende des 16. Jahrhunderts

Der mit Rücksicht auf die ärmeren Studenten und, im Falle der Stipendiaten, auf den Kolleghaushalt niedrig gehaltene Verpflegungssatz gestattete keinen größeren Aufwand.

Diesen ganzen großen Hausbetrieb leitete der Regens noch immer allein mit Hilfe eines Schaffners[222] und studentischer Famuli[223]. Erst ganz am Ende des Jahrhunderts begegnet ein besoldeter „Subregens"[224]. Die Küche wurde in den achtziger Jahren von externen „mulierculae" besorgt, was die Jesuiten bedenklich fanden[225]. Die Einkommensverwaltung allerdings war ein Jahrzehnt zuvor, also etwa zu dem Zeitpunkt, wo die Regenten theologische Professuren erhielten, an den Ingolstädter Universitätskastner übergegangen, und bei dieser Lösung blieb es zunächst, als Herzog Wilhelm 1586 den Kastner Simon wegen seiner auch dem Kolleg schädlichen Mißwirtschaft absetzen ließ[226]. Unter dem Eindruck dieser Erfahrung wurde nun aber dafür plädiert, die Wirtschaftsverwaltung wieder ganz in die Hände des Regens zu legen, dem nach dem Beispiel des Jesuitenkonvikts nur ein Koch und ein Einkäufer zugeordnet werden sollten[227]. Der Umstand, daß die Regenten nach Turner

---

responsum ex aula, in pristino statu..." (UA D III 7, 245). Die Erhöhung hatte sich jedoch durchgesetzt, vgl. oben Anm. 208.

[222] Der „oeconomus" scheint eine ständige Einrichtung geblieben zu sein, auch nachdem 1578 der Herzog befohlen hatte, den derzeitigen Amtsinhaber zu entlassen und an seiner Stelle nur mehr einen Koch und 2 Buben zu beschäftigen (HStA Staatsverw. 3023, 216 und 226). In Turners Ausgabenliste steht mit 25 fl. nur ein „granarius"; da aber zu dieser Zeit der Universitätskastner die Kollegeinkünfte einzog, wird der Schaffner gemeint sein (Prantl II, 334). Die Artistenfakultät monierte 1587, daß als Ökonom ein „externus homo" verwendet werde (ebd. 336). — Der Schaffner verdingte sich beim Regens gegen ein Gehalt. Im Januar 1591 klagte der Schaffner Stefan Probst gegen den soeben ernannten Regens Cholin, der ihn fristlos entlassen wollte; der Senat bestimmte Cholin zur Zahlung einer Ablösung (UA D III 8, 274 ff.).

[223] Vgl. vorn Anm. 65. Am 30. 12. 1567 immatrikulierten sich auf einen Schlag 5 „discantistae et famuli in Georgiano" (Pölnitz, Matrikel I/2), das Kolleg baute wohl einen Kirchenchor auf. Eignung zum Chorgesang gehörte zu den Aufnahmebedingungen im Georgianum (Prantl II 122; vgl. Schmid 134 f.). — Neben einem weiteren „discantista" (5. 8. 1589) führt die Matrikel einmal einen „famulus" (10. 12. 1565), einmal einen „tertius" (ebd.), einmal einen „pauper in Georgiano" auf (30. 1. 1589).

[224] Gesandtschaftsbericht von 1598 (HStA Jesuiten 1766/III, 5 ff.). Die Matrikel bezeichnet als Subregentes des Georgianums Rudolf Esch aus Klostereifel (imm. 26. 10. 1592) und Moritz Specht Westphalus (imm. 1. 5. 1596); sie sind also in dieser Eigenschaft schon nach Ingolstadt gekommen. Nach den Statuten von 1675 bekam der Subregens einen Freitisch und 52 fl. im Jahr (Mederer IV 430).

[225] Prantl II 336. Ein Koch war offenbar schwer zu beschaffen. Lichtenauer schlug vor, aus dem Münchener Jesuitenkolleg einen herbeizuschaffen.

[226] Johann Chrysostomus Simon war seit Mitte der siebziger Jahre Universitätskastner gewesen; sein Nachfolger Samuel Scheiring wurde wieder „casstner sowol für die universitet als das collegium Georgianum" (Prantl II 330).

[227] Sowohl durch die Jesuiten (Prantl II 335 f.) wie durch Lichtenauer: „Unnd würde disem collegio in dem geholffen, wan ain regens alles einkomen wie vor alter einnem unnd verrechnet, dan es khaines castners darzue bedürfftig, welcher (d. h. der Regens) auch oeconomus sein müest." Er könnte zusammen

nicht mehr lasen, ja, wie es heißt, nicht lesen durften, geht vielleicht auf diese Überlegungen zurück, jedoch ist die Sachlage in der Folgezeit nicht klar erkennbar. Der jesuitischen Konviktpraxis war auch der Vorschlag entlehnt, die Stipendiaten in den einzelnen „hypocausta" jeweils einem aus ihren Reihen bestimmten „praefectus" zu unterstellen[228].

Weit über seine Ausgangsmaße hinauswachsend, änderte das Georgianum in dieser Jahrhunderthälfte auf eine für seinen Charakter und seine Stellung in der Universität folgenreiche Weise auch seine Zusammensetzung. Die Studienzeitverlängerung von 1555, die auch für die älteren Privatstipendien galt[229], hatte naturgemäß zur Folge, daß sich die Fakultätszugehörigkeit der Kollegiaten zugunsten der höheren Disziplinen verschob. Eine Zunahme mußte, auch im Gefolge der seminaristischen Ersatzrolle, die das Kolleg zwischen 1555 und 1576 übertragen bekam, zunächst der Anteil der Theologen erfahren. Neben den Stammkollegiaten war die Mehrzahl der privaten Stipendiaten nach dem Erwerb des Magisteriums zum Studium in dieser Fakultät verpflichtet[230]. Trotzdem waren sie offenbar nicht zahlreich genug, den Gesamthabitus des Georgianums zu prägen. Daß die herzogliche Seminarpolitik seit 1569 mit der Neugründung eines „Collegium theologicum" am Georgianum vorbeiging, weist auf, pauschal gesagt, weltliche Züge in seinem Erscheinungsbild, die durch diese Entscheidung wiederum rückwirkend bestätigt und verstärkt wurden.

In den achtziger Jahren war auch die Gruppe der Juristen und Mediziner so stark geworden, daß man erwog, sie von den Artisten und Gym-

---

mit einem Koch und einem „ainkhauffer" (vgl. über die „procuratores" oben Anm. 63!) allein verwalten, den jetzigen Schaffner könne man entlassen (vgl. Anm. 183).

[228] Vgl. Anm. 218. Solche „praefecti" begegnen noch in den Statuten von 1675 (Mederer IV 423).

[229] Vgl. oben Anm. 157. Hatte das Verhältnis der Theologen zu den Artisten bei fünfjähriger Stipendienlaufzeit theoretisch höchstens 2 zu 3, praktisch wahrscheinlich 1 zu 4 betragen, so mußte es sich jetzt, da die „Reformation" 3 bis höchstens 4 Jahre Artes-Studium vorsah, auf 4,5 zu 3,5 verbessern. Von den 8 privatgestifteten Stipendien vor 1555 waren 7 auf den artistisch-theologischen Studiengang festgelegt; davon hatten 2 (Zingel) von vornherein eine zehnjährige Laufzeit, ein weiteres (Widmann) verzichtete auf die Vorschaltung des artistischen Studiums, so daß also im ganzen bei dieser Gruppe der Anteil der Theologen noch etwas höher gewesen sein muß.

[230] Zwischen 1555 und 1585 wurden 22 Stipendien gestiftet; davon stellten 7 die Wahl der höheren Fakultät ausdrücklich frei, bei dreien sind die Bedingungen nicht klar erkennbar (Winkler und Pemler), 11 schrieben den artistisch-theologischen Studiengang vor. Von ihnen wieder gewährten nur 2 eine siebenjährige Laufzeit, alle anderen fünf Jahre, zumeist mit Verlängerungsmöglichkeit. Vgl. im einzelnen die Untersuchung Reals. Die Durchschnittszahl der Theologiestudenten unter den Georgianumsstipendiaten wird also in den achtziger Jahren zwischen 10 und 15 gelegen haben, also, abgerechnet die Vakaturen, etwa bei einem Drittel der Stipendienanzahl.

nasiasten getrennt unterzubringen[231]. Für einen Mediziner hatte 1562 Lorenz Grill seine allerdings nicht ans Georgianum gebundene Stipendienstiftung bestimmt; am Ende des Jahrhunderts galt auch das 1574 gestiftete Landau-Stipendium als dieser Fakultät zugehörig. Der Mangel an Ärzten veranlaßte 1587 Herzog Wilhelm zur Anweisung an seine Räte, einige von den nicht fakultätsgebundenen Stipendien privater Stiftung für Medizinstudenten zu reservieren[232]. 1598 regten die Visitatoren an, zwei oder drei von den herzoglichen Alumnen zum Medizinstudium zu verpflichten[233], und im folgenden Jahr schließlich gingen aus der Liquidation des wilhelminischen Alumnenwesens dann tatsächlich zwei gestiftete landesherrliche Medizinstipendien hervor[234]. Unversorgt mit Stipendien, aber bei ihrer starken Frequenz und der sozialen Zusammensetzung ihrer Hörerschaft auf solche Förderung auch am wenigsten angewiesen, war die Juristenfakultät. Trotzdem muß der Anteil von Studenten gerade dieser Fakultät an der Georgianumsbelegschaft gegen das Jahrhundertende stark zugenommen haben. Von den nicht an eine bestimmte Fakultät gewiesenen Stipendiaten wird sich ein Teil, wahrscheinlich der größere, dem Rechtsstudium zugewandt haben, das ja mehr als jedes andere sozialen Aufstieg und Erwerb versprach. Ihre Zahl wurde aus den Reihen der Konviktoren verstärkt[235] und war schon in den achtziger Jahren groß genug, daß man neben dem seit 1555 für die Artisten vom Kolleg besoldeten Präzeptor nun auch für sie einen Repetitor anstellen wollte[236].

[231] Nach Vorstellung der Jesuiten (Artisten) im Neubau von 1582; nur wenn Platz übrig sei, sollten auch Theologen dazugesellt werden (Prantl II 336). Ähnlich schlägt Lichtenauer vor: „Es were auch sehr guet, das die stipendiaten im collegio im vorderen hauß (?) beysamen, doch abgesündert der faculteten, wohneten, alß die theologie studiosi beysamen heraußen, juris studiosi und medici, darunder alzeit der elteste ir prefectus", der die übrigen überwachen und mit ihnen repetieren könnte (Anm. 183).
[232] Instruktion vom 29. 10. 1587 (Anm. 183).
[233] Relation vom 30. 9. 1598, HStA Jesuiten 1766/III, 5 ff. Maximilian folgte diesem Vorschlag in seinem Rezess vom 6. 11. 1598 (ebd. 74 ff.).
[234] Bei der Inkorporation des Klosters Münchsmünster 1599 wurde den Ingolstädter Jesuiten zwar die Unterhaltung der herzoglichen Alumnen im Ignatianum erlassen (vgl. oben Anm. 180), doch wurden sie verpflichtet, jährlich 100 fl. für zwei Medizinstipendien bereitzustellen. Die herzogliche Inkorporationsurkunde vom 20. 4. 1599 (HStA Jesuiten 1851) ist daher die eigentliche Stiftungsurkunde dieser Stipendien. Bereits am 1. 4. 1599 hatte aber Herzog Maximilian durch eine Reversurkunde bestätigt, daß das Ingolstädter Jesuitenkolleg durch den Transport eines Kapitals von 2000 fl. auf der Landschaftskasse diese Verpflichtung abgelöst hätten (ebd.). Die Landschaft trug also in Zukunft in Form der Verzinsung dieses Kapitals die beiden Medizinstipendien.
[235] Vgl. dazu, was oben Anm. 216 über den Zustrom wohlhabenderer Konviktoren ins Georgianum gesagt wurde; die Kinder reicher und adliger Eltern studierten bekanntlich am ehesten in der Juristenfakultät.
[236] Prantl II 336. Ganz ähnlich wieder Lichtenauer: „khönndt man alle mall jeder facultet aines armen stipendiaten denselben pro prefectum (!) ordnen, der mit inen repetirten unnd also jerlich pro laboribus suis von inen

Zweifellos stellten die Artisten mit Einschluß der Pädagogiumspflichtigen noch immer das Gros der Stipendiaten und wohl auch der Konviktoren. Alle Stipendiaten mußten den dreijährigen Philosophiekurs, nötigenfalls vorher noch das Pädagogium absolvieren[237]. Die Eignung zum Besuch wenigstens seiner obersten, der Rhetorikklasse, forderte die Universität jedoch 1596 von jedem Stipendienbewerber[238]. Diese Sachlage verband das Georgianum noch immer unterrichtstechnisch mit der Artistenfakultät und erklärt die Befugnisse, die ihrem Dekan etwa bei der Aufnahmeprüfung der Stipendiaten zustanden. Unverkennbar ist aber auf der anderen Seite die Lockerung, die in der vor-rechtlichen Beziehung zwischen der Fakultät und dem Kolleg seit der Jahrhundertmitte eingetreten war, und die denn auch nicht verfehlte, sich auf die rechtliche Stellung des Georgianums auszuwirken. Sie erlaubte ihm, der Artistenfakultät auf ihrem Weg in die jesuitische Botmäßigkeit nicht zu folgen.

Die 1556 den Jesuiten anvertraute, ausschließlich Unterrichtsbelange betreffende Kollegaufsicht[239] war in der Folgezeit so wenig wirksam geworden, daß sie in den aus der Amtszeit Krippers überlieferten Schriftstücken nicht die mindesten Spuren hinterlassen hat. 1561 übertrug Herzog Albrecht seinem eben ernannten Superintendenten Staphylus die Inspektion und Rechnungskontrolle des Kollegs[240]; dieser fand jedoch

---

etlich gulden zu ainer zueburß hette" (vgl. Anm. 218). 1596 forderte der Senat den Regens auf, in jedem Zimmer einen „praefectus vel inspector" einzusetzen (UA D III 9, 100').

[237] Die Verpflichtung der Stipendiaten auf Pädagogium und Philosophiekurs datiert schon von dem Augenblick, wo diese Veranstaltungen den Jesuiten übergeben wurden (vgl. Mederer IV nur 49, Rezess vom 30. 1. 1571). Für Theologen war der Kurs verbindlich, ob sie Stipendien hatten oder nicht; darüber hinaus waren aber neben den Stammkollegiaten wohl auch alle privaten Stipendiaten, unabhängig von ihrer späteren Studienrichtung, zum Erwerb des artistischen Magisteriums verpflichtet.

[238] UA D III 9, 88, Senatsbeschluß vom 19. 1. 1596.

[239] Vgl. Anm. 152. In StA Obb GL 1477/1 ist eine Aufzeichnung über das Georgianum überliefert, enthaltend 1. einen Extrakt aus der Stiftungsurkunde, 2. ein Stipendienverzeichnis bis herab zur Zeys-Stiftung (1543, also noch ohne die Erasmus-Wolf-Stiftung von 1553) und 3. ein Gutachten über die Kollegreform. Das Ganze muß also um die Jahrhundertmitte entstanden sein. Eine Marginalie zur Stiftungsurkunde vermerkt den Mißbrauch, daß Stipendiaten sich vielfach aus dem Kolleg eigenmächtig entfernt hätten: „wir aber habens abgeschafft". Dieses „wir" sollte auf jesuitische Provenienz deuten; der Text müßte dann in der ersten Canisius-Zeit entstanden, den Jesuiten also bereits damals eine gewisse Aufsicht über das Georgianum übertragen worden sein. Dafür, daß die Jesuiten wenig später wirklich die Herrschaft über das Georgianum anstrebten, vgl. Monumenta Lainii VIII, 1917, 514 (Mon. Hist. Soc. Jesu) ein Schreiben des jesuitischen Kollegrektors Lanoy an Lainez: „Pareria cosa utile, se la Compagnia havesse il guverno di questo nuovo collegio..." Man habe kürzlich in dieser Sache an Hund geschrieben,„ in genere tamen, dicendo que saria opera molto utile per questa patria... dando a quelli stipendiati secolari... buoni rettori et buone leggi per il ben vivere..." (Dez. 1558).

[240] Prantl II 234, auch 247.

nach seinem Tode (1564) keinen Amtsnachfolger. Glaubt man einer Beschwerde der Universität, so versuchten nun die in der Artistenfakultät an Boden gewinnenden Jesuiten, die „cura collegii" an sich zu ziehen[241], doch wußte der eigenwillige Regens Kripper in engem Kontakt mit den „Patronen" seine Unabhängigkeit sogar gegen die Universität zu behaupten. 1567 verzichteten die jesuitischen Philosophieprofessoren auf jede Beteiligung an den Fakultätsgeschäften[242], und als ihnen vier Jahre später mit dem Kurs und dem Pädagogium der wichtigere Teil des artistischen Unterrichtsbetriebs übergeben wurde, blieb ihre Sitzzahl im Fakultätskonzil auf zwei beschränkt[243]. Unter solchen Umständen mochte die Universität 1570 der Artistenfakultät die „superintendentia" über das Georgianum gern bestätigen; die praktische Aufsicht scheint doch eher sie selbst geübt zu haben, während alle wichtigeren Entscheidungsbefugnisse zusammen mit der Einsetzung der Regenten längst unangefochten beim Landesherrn lagen[244].

1573 schieden die Jesuiten ganz aus der Artistenfakultät aus; drei Jahre später kehrten sie zurück, wurden aber von den weltlichen Fakultätsangelegenheiten, darunter ausdrücklich der „cura Georgiani", dispensiert[245]. Eine grundsätzliche Neuregelung mußte erst gefunden werden, als 1585 den Patres die gesamte Artistenfakultät mit ihrem Konzil und ihren Ämtern übergeben wurde. Die jesuitische Fakultät verlangte 1587, unverkennbar für sich selbst, die klare Zuständigkeit eines „magistratus" für die Kollegaufsicht einschließlich der Regenswahl[246], und es bestand zu diesem Zeitpunkt wohl wirklich die Gefahr, daß nach dem Albertinum auch das Georgianum vom Orden unter seine Fittiche genommen wurde. Herzog Wilhelm, persönlich dieser Lösung sicher nicht abgeneigt, entschied sich 1587 für ein Provisorium, durch das das Georgianum einstwei-

---

[241] Prantl II 252.
[242] Braunsberger VI, 560 ff.
[243] Mederer IV nr. 49.
[244] Vgl. Turners lakonische Feststellung: „princeps omnem in se potestatem derivavit" (Prantl II 333). Überraschend hatte aber der Senat am 31. 5. 1570 beschlossen: „Super literis ducalibus de regenteria esse scribendum in aulam, pertinuisse hactenus electionem regentis ad dominos de facultate artistica tamquam superintendentes collegij novi"; vielleicht hatte der Herzog über die Rechtslage Auskunft begehrt. — Am 28. 5. 1573 ermahnte die Artistenfakultät den Regens Clenck: „inspectio enim illius collegij ad artisticam spectat facultatem" (UA O I 4, 18′).
[245] Prantl II 299.
[246] Prantl II 335: „Necessarium item videtur, ut regens in suo officio integre pendeat ab uno aliquo certo magistratu, a quo eligatur, praesentetur, investiatur, moneatur, castigetur, et, si res ita postulet, removeatur". Das folgende macht klar, an wen die Fakultät dachte: „Ad hoc, ut rector et senatus academicus a regente vel regentis magistratu requisiti consilium et auxilium eis benigne praestent" usw. Auch Turner fragte, zugleich im Namen der Jesuiten, beim Herzog an, wer künftig berechtigt sein solle, die vakanten Stipendien zu besetzen (ebd. 334).

len ganz aus dem Universitätsverband herausgelöst wurde: er ernannte seinen Rat Johann Lichtenauer zum Inspektor des Kollegs[247]. Im Februar 1593 fiel dann die landesherrliche Entscheidung zugunsten der Universität: die „cura Georgiani" wurde dem Senat übertragen, die Jesuiten behielten nur das Präsentationsrecht für die beiden Fakultätsstipendien[248]. Tatsächlich war der Senat in den folgenden Jahren vielfach mit Georgianumsangelegenheiten befaßt[249], aber auch die Artistenfakultät erteilte dem Regens Vorschriften, vergab im Einvernehmen mit ihm Stipendien und inspizierte sogar das Kolleg[250]. In diese verworrene Rechtslage, die aber anscheinend keine Konflikte entstehen ließ, brachte die Visitation vom Herbst 1598 Klarheit. Die Räte stellten dem Herzog vor, daß die Jesuiten seinerzeit mit der Artistenfakultät auch die Georgianumsaufsicht an sich genommen, sie aber später, behindert durch den häufigen Wechsel ihres Lehrpersonals, an die Universität abgetreten hätten. Dies sei nun zu bestätigen, doch sollte die Obsorge für das Kolleg nicht mehr dem ganzen Senat, sondern den drei „Seniores" und dem Universitätskämmerer übertragen werden[251]. Maximilian folgte diesem Vorschlag in seinem Rezess vom 6. November 1598[252] und besiegelte damit einen nichts weniger als selbstverständlichen Erfolg der Universität, der das Georgianum für die nächsten beiden Jahrhunderte in ihrem

---

[247] BStB Clm 26479, Schreiben Herzog Wilhelms an die Artistenfakultät vom 2. 8. 1587. Daher hatte auch Lichtenauer zwei Monate später, wie die herzogliche Instruktion darlegt, „schrifften und rechnungen" des Georgianums und fertigte für die Kommissare selbst ein Gutachten an (StA Obb GL 1477/4, 60 und 51 ff.). — 1591 anläßlich der Klage des Schaffners Probst (vgl. Anm. 222) fragte der Senat den abtretenden Regens Dietrich und erhielt zur Antwort, „das er die universitet für die obrigkeit erkhenne und kheinen scheuch trag, vor derselben seine sachen zu erörtern, ob ime wol zu hof gesagt worden, alle sachen, so ime begegnen, geen hof zuweisen" (UA D III 8, 274).
[248] HStA Jesuiten 1751, 16, herzogliches Dekret vom 18. 2. 1593.
[249] Zum Beispiel UA D III 9, 87' ff., 100' ff. und öfter (1596).
[250] UA O I 4, 46', 49, 51 ff.; häufig geschahen solche Handlungen, wie es heißt, im Einvernehmen mit der Universität.
[251] „... nachdeme vor etlichen jaren den herrn patribus tota facultas artistica eingeraumbt worden, das sy sich daher des collegij Georgiani allain underfangen und angenommen, die praesentirte stipendiarios acceptirt oder recusirt, bej den rechnungen gesessen und ex professoribus etliche ihrer glegenheit nach zu denselben erfordert. Nachdeme aber die professores patrum offt mutirt werden, auch etwan frembder nationen sein, so die erfahrung des collegij nit haben, und sy derentwegen selbert omnem curam collegij Georgiani der universitet widerumben übergeben, so wär unser underthenigist guetachten, das hinfüran gewise deputirte personen ... dem collegio und desselben regenten praeficirt und fürgestellt werden, als nemblich die 3 seniores" Hunger, Lagus und Menzel und der Kämmerer Schober. Dieser Ausschuß wurde um die gleiche Zeit auch für alle Wirtschaftsangelegenheiten der Universität allein zuständig (HStA Jesuiten 1766/III, 5 ff.).
[252] Mit fast den gleichen Formulierungen, jedoch wurde offenbar versehentlich die Inspektionsbefugnis der Seniores auch auf die Artistenfakultät ausgedehnt (HStA Jesuiten 1766/III, 74 ff.). Am 24. 12. 1598 wurde das durch ein

Verband und in seinem, durch Stiftung und frühe Geschichte geprägten Charakter erhielt.

Das sechzehnte Jahrhundert ist, nicht nur in der engeren Universitätsgeschichte, ein Zeitalter der thematischen Ansätze und Entwürfe, die vom achtzehnten mit neuer Energie aufgenommen und an die Moderne weitergereicht wurden. Der Charakter eines staatlichen Priesterseminars, den das Georgianum von seiner Gründungsanlage her nicht besaß und der ihm unter Albrecht V. nur vorübergehend und aushilfsweise zugedacht war, wurde ihm 1785 von Kurfürst Karl Theodor offiziell aufgeprägt[253]; zwei Jahrzehnte später erhielt es in dieser Funktion durch die Beseitigung der bischöflichen Seminare sogar eine monopolistische Stellung im altbayerischen Raum[254]. Diese Entwicklung wurde durch den Ertrags- und Bedeutungsverlust der privaten Stiftungen nicht gerade ermöglicht, aber erleichtert[255]. Seinen eigenen wirtschaftlichen Substanzverlust konnte das Kolleg dadurch ausgleichen, daß es im gleichen Zeitraum ausnahmslos alle, auf Gründungen des 17. Jahrhunderts zurückgehenden Ingolstädter Kolleg- und Seminarinstitutionen um ihr Vermögen beerbte[256]. Neben solchen mehr akzidentiellen Umständen war es der besonders von seiner frühen Geschichte ausgeprägte halbstaatliche Charakter, der das Kolleg zu dieser Karriere qualifizierte. Wenn dagegen aus der Perspektive des späten 19. Jahrhunderts der Anschein

---

weiteres Dekret richtiggestellt: die Inspektion beziehe sich nur auf Wirtschaftsangelegenheiten der Artistenfakultät und auf das Georgianum (UA B IV 1, 58 ff.). — Allerdings fungierten die Seniores gleichsam schon im landesherrlichen Auftrag. Schärfer wird das in den Statuten von 1675 (Mederer IV 420 ff.) erkennbar, die zwei Professoren als „commissarii electorales" des Regens vorsetzten; alle wichtigeren Angelegenheiten mußten der Regierung zur Entscheidung vorgelegt werden, der Senat selbst hatte keine Befugnisse. Der Kurfürst hielt es für nötig zu erklären, daß der Regens unter solchen Umständen dennoch ein „membrum universitatis" und ihrer Gerichtsbarkeit unterworfen bleibe (ebd. 431). — 1785 wurde das soeben zum Seminar erklärte Kolleg dem Geistlichen Rat unterstellt, 1790/91 kam es vorübergehend noch einmal unter die Oberhoheit der philosophischen Fakultät (Schmid 69, 74 ff., 81).

[253] Schon 1675 hatten die kurfürstlichen Kollegstatuten formuliert: „omnium pene stipendiorum (also auch der privaten) prima et principalis est conditio, ut clericus fiat" (Mederer IV 420). Vgl. dann die kurfürstliche Entscheidung vom 31. 8. 1785 bei Schmid 74 ff.: Das Georgianum wird organisatorisch und rechtlich den tridentinischen Bischofsseminaren gleichgestellt; zwei Jahre Studium sollten hier wie dort zum Erwerb der Weihen qualifizieren. In teilweise mühsamen Verhandlungen erlangte der Kurfürst die Einwilligung der Bischöfe.

[254] Schmid 176 ff.: Mit der Universität nach Landshut übergesiedelt, wird das Georgianum 1805 zum bayerischen Generalseminar; die bischöflichen Seminare werden mit wenigen Ausnahmen aufgehoben.

[255] Schmid 48: 1785 wurde die überwiegende Mehrzahl der Privatstiftungen mit dem Seminarfonds vereinigt; schon zuvor hatten sie, ebenso wie die Stammkollegiaturen, teilweise zusammengelegt werden müssen (vgl. auch Mederer IV 432 f.).

[256] Schmid 50 ff., 197 ff.

entstehen und Argumente finden konnte, das Georgianum sei das, was endgültig erst das 18. Jahrhundert aus ihm gemacht hat, schon von seiner Stiftungsanlage her und in seiner Frühzeit gewesen[257], so hält er, wie gezeigt wurde, kritischerer Untersuchung nicht stand. Der Seminargedanke ist, und zwar nicht erst in seiner tridentinischen Ausprägung, jünger als dieses traditionsreiche Universitätskolleg, dessen Verfassung aber, zeitlich und geistig an der Schwelle von Mittelalter und Neuzeit konzipiert, den Umwandlungen und Umdeutungen wenig Widerstand entgegensetzte, die das Staatskirchentum des 16. und der in seinen Erscheinungsformen ihm so ähnliche Säkularismus des 18. Jahrhunderts an ihm vornahmen.

---

[257] Andreas Schmids zum vierhundertsten Jubiläum geschriebene Kolleggeschichte bekennt sich schon von ihrer Disposition her, gelegentlich auch ausdrücklich zu dieser Überzeugung (S. 72 ff.).

Register

der Personen- und Ortsnamen

Die alphabetische Anordnung folgt dem in den Matrikeleditionen üblichen Verfahren. Nicht verzeichnet wurden die Namen der regierenden bayerischen Herzöge sowie die Städte Ingolstadt und München.

Appel, Nikolaus 158[44a]
Adorf, Johann Permeter von 23 f., 25, 38 f., 109[1], 110 f., 113, 117, 119, 122 f., 126, 139, 153
Adorf/Vogtland 40, 123[26]
Aventin, Johann 160[51]
Agricola (Peurle), Johann sen. 54, 63 f.
Agricola (Peurle), Johann jun. 64 f.
Aicher, Wolfgang 30[10]
Albersdorfer, Ulrich 154[28]
Albertus, Wolfgang 43[64]
Altheim bei Landsberg 46 f., 61, 123[26]
Almangavus, Sigismund 80[41]
Amberg 34
Ander, Wilwold 43[63]
Armpruster, Johann 50
Arnolt von Schorndorf, Konrad 152
Arnsperger, Oswald 39 f., 43[64], 161 f., 170[99], 171[102], 173[116]
Augsburg 76, 192
Aurpachius, Hieronymus 29[7]

Baar 164, 166[79], 194
Pacher, Sixtus 105
Badensis, Daniel 43[64]
Paludanus, Georgius 58[113]
Partenschlag, Christoph 30[10]
Paris (Universität) 147 - 51, 157[42], 158[43] f., 162[63], 165, 167 - 69, 171 f., 184
Passau 56 f., 79, 82, 183
Baumgartner, Peter 154 f.
Baumgartner, Wolfgang 156[36]
Baumschab, Johann 29[9], 46[73]
Pettendorfer, Johann 23 f., 44 f., 109[1], 111[4], 113[9], 119, 123[25], 139 f.
Petnkover, Thomas 139
Petz, Pankraz 51[91]
Pemler, Daniel 66 f., 76 f., 181[151]
Pemler, Sebastian 22[2], 23 f., 66 f., 76, 109[1], 112 f., 119, 120[15], 123[26], 128, 181[151], 200[230]
Benz, Michael 22 f., 69 f., 87[53], 98 f., 102 f., 110 f., 114 f., 120[16], 121[19], 123[26], 128, 130[38], 136[52], 140, 142, 186, 196[210]

Beringer, Veit 43[63]
Peurle, vgl. Agricola
Pfaffenberger, Sigismund 30[10]
Pfaffenhofen 46[73], 58 f., 123[26]
Pfanzelter, Antonius 49, 51
Phisle, Georg 43[64]
Biburg 189[180]
Pihelmair, Bernhard 30[10]
Bischoff, Jörg 36[34]
Plannck, Lucas 41
Plankstetten 71
Plümel, Johann 31, 44, 46, 171[101]
Plümel, Sebastian 46[73]
Pogner, Anton 40, 174[123]
Pogner, Caspar 29[9]
Pollinger, Sebastian 194[203]
Bracher, Georg 29[9]
Prätler, Caspar 29[6]
Prag (Universität) 149
Pranger, Wolfgang 163[65]
Braun, Anton 162, 166, 170 f., 173[116]
Praun, Michael 29[9]
Braunau 26, 29[10], 181
Präxl, Christoph 60
Bremen 92, 123[26]
Breslau 72 f.
Preu, Zacharias 176[131]
Prinzenbach, Egidius 29[9]
Probst, Stefan 199[222], 204[247]
Probus, Johann 78
Bruchsal 98 f., 123[26]
Brunner, Georg 139[66]
Buchen/Odenwald 32, 34 f.
Bucher, Voit 36
Burger, Ulrich 139[66]
Burghausen 26, 29[10]

Kager, Johann 94
Calceolus, Georg 56[110]
Cambridge (Universität) 147[2], 148[4], 150
Camerer, Eustachius 77
Canisius, Petrus 54, 178 f., 202[239]
Karl IV. 149
Karner, Caspar 60

Carolus, Christophorus 20[2]
Keck, Bernhard 30[10]
Keller, Caspar 43[64], 136[54]
Keller, Christoph 35
Keller, Martin 172[104]
Kerer, Johann 153, 164[69]
Kerner, Johann 139
Khnab, Hans 69
Christel, Michael 56[108]
Christemer, Joachim 56[108]
Kirchperger, Sebastian 58[113]
Kistler, Stephan 98
Klaiber, Melchior 30[10]
Claus, Melchior 30[10]
Clenck (Klenk), Rudolf 23 f., 66, 70[10], 80[40], 84, 92 f., 102, 109[1], 113[9], 114[10], 115 f., 119, 120[15], 123, 125, 136[52], 138, 141, 144, 186 f., 191 - 93, 196, 198, 203[244]
Clostermair, Martin 37
Clostermair, Mathäus 43[64]
Knor, Friedrich 51[91]
Knöringen, Johann Egolf von 102
Köln (Universität) 147[3]
Colonarius, Christoph 43[64]
Colsdorfer, Matheus 60
Conradi, Johann 139[66]
Kornburg bei Schwabach 75, 123[26]
Kretz, Mathias 158 - 62, 170
Kripper, Christian 22, 24 f., 50 f., 60, 66, 70[10], 72, 79 f., 90, 99, 108[17], 109[1], 111 f., 115 f., 123, 127, 130, 132 f., 138, 141 f., 144, 163[66], 165[76], 169[96], 182 - 85, 190 f., 192[192], 195 f., 202 f.
Krischl, Wolfgang 182[154]
Croaria, Hieronymus von 41
Kueperg, Georg 30[10]
Kugler, Simon 29[10]
Kumpfmiller, Michael 43[63]
Kurz, Heinrich 22[2], 24, 56 f., 110, 116, 128[31], 141 f., 183, 196[209]

Dapetzhoven 68 f.
Talhamer, Wolfgang 139[66]
Daxer, Jakob 29[9]
Theander, Georg 40, 43[64]
Theander, Wolfgang 67
Deminger, Johann 30[10], 139[66]
Dennich, Joachim 101, 136[54]
Dersch, Johann 29[9]
Deschler, Johann 98, 105, 142, 194[201]
Deuringer, Michael 139[66]
Textor, Johann 71
Diepolt, Wolfgang 29[9]
Dittenauer, Michael 43[64]
Dietmayer, Johann 95
Diellin, Johann 78
Till, Johann 43[64]
Tobler, Georg 139[66]

Transer, Konrad 43[64]
Truchseß von Waldburg, Gebhard Graf 93
Tübingen (Universität) 149[9], 152, 172, 177
Tucher, Adam 193[197]
Thumann, Konrad 43[64], 172[111]
Thurn, Wolfgang 162, 190[185]
Turner, Robert 50, 54[102], 135 f., 144, 182[154], 183[157], 190[183], 191 - 94, 196[208], 198[219], 199[222], 203
Dürz, Jodocus 30[10]

Ebern 51 f., 123[26], 134 f., 182[156]
Eck, Anna 90
Eck, Maria 90
Eck, Johann 68, 89, 127, 158[44a], 164[68]
Eck, Leonhard 39, 159 - 62, 166[81], 171 f., 174[123], 178
Eck, Simon Thaddäus 22[2], 52, 65, 69, 70[10], 89 f., 98 f., 102, 110[2], 111, 114, 120[16], 121, 123[26], 128[31], 136[52], 186 f., 192[193], 196[210]
Eck, Wolfgang 198[219]
Eck, Johann Wagner 92
Ednelinger, Hans 53
Ednelinger, Michael 30[10]
Egg/Günz 68, 123[26]
Eichholz, Johann 72
Eichstätt 43[64], 95 f., 161
Einpeck, Johann 30[10]
Eisengrein, Johann 103, 105
Eisengrein, Martin 22[2], 23, 24[10], 70[10], 87[53], 89, 101 f., 110[2], 112[8], 114 f., 119, 120[16], 121[19], 123, 128, 130[38], 133[46], 136[52], 141, 186 f., 192[193], 193[196], 196 f.
Ellwangen 41
Elsenheimer, Christoph 78
Elsner, Caspar 105, 196[209]
Erkherus, Thomas 136[54]
Erelmüller, Leonhart 29[9], 43[63], 46[73]
Erfurt (Universität) 149[9], 150, 152
Ernst, Herzog von Bayern 159
Esch, Rudolf 199[224]
Everhard, Georg 84
Everhard, Nikolaus (sen.) 54
Everhard, Nikolaus (jun.) 52, 187

Faber, Varimund 97, 194[204]
Fabris, Melchior de 43[64]
Fator, Jakob 108
Fator, Johann 22[2], 23 f., 69, 105 f., 111, 112[7], 114[10], 115 f., 120[16], 121[19], 123[26], 128[31], 140, 146, 193[194]
Fannemann, Balthasar 34
Vaukop, Robert 71
Vele, Christoph 56

Register der Personen- und Ortsnamen

Fend, Erasmus 185[169], 187[176], 193[195]
Ferrara 44
Vilshofen 98
Fischer, Bartholomäus 94, 135, 187, 191, 193[195]
Fischer, Georg 71
Fischer, Michael 139[66]
Fischer, Oswald 71
Flach, Georg 20[2], 22[2], 23, 69, 71 f., 80[39], 110[2], 113 f., 116 f., 123[26], 128[51], 141 f., 183, 196[209]
Vogt, Hans 29[9]
Vöhlin, Christoph 77
Vöhlin, Ferdinand 77 f.
Fraislich, Hans 65
Frankfurt/O. (Universität) 149[9], 151[15]
Frankmann, Willibald 43[64]
Freiburg i. Br. (Universität) 152, 156[37], 158[43], 164[69], 165[73]
Freyman, Rochus 139[66]
Freising 43[64], 171[102]
Freundt, Johann 40[55], 140
Friedberg 155[34]
Frontenhausen 43[64]
Fröschl, Gebrüder 64
Fugger, Johann Jakob 61
Furt bei Pfaffenhofen/Ilm 58
Furtmair, Ursula 58
Furtmair, Wolfgang 22[2], 58 f., 110, 114[10], 120[16], 122, 123[26], 128[31], 136[52], 196[210]

Gabriel, Ulrich 43[64]
Gebbauer, Caspar 136[54]
Geiger, Benedikt 137[58]
Geiger, Simon 43[63]
Gerstner, Johann 29[9]
Gobell, Heinrich 71
Götz, Johann 43[64]
Gregor XIII. 188
Greifswald (Universität) 149[4], 151[15]
Grill, Johann 48[80], 63 f.
Grill, Lorenz 20[2], 23, 61 f., 88, 89, 89[55], 110, 113, 116, 123[26], 128, 130, 136[52], 201
Grill, Michael 66
Grottkau 59 f.
Groschl, Theodor 36
Großheppach bei Waiblingen 71, 123[26]
Güglinger, Heinrich 30[10]
Guilielmis, Lukas de 43[64]
Gundelfingen 155
Günter, Stefan 36
Gundesreisser, Urban 58[113]

Habach 74
Hadrian VI. 27[5]
Haydlauf, Sebastian 43[64]
Hainlein, Andreas 159, 162[61], 170 f.
Haysswasser, Achaz 41

Hartlieb, Jodokus 20[2]
Häring, Leonhard 139[66]
Harrer-Eck, Michael 22[2], 24, 68 f., 75, 90 f., 100, 111, 113 f., 117, 120 f., 127 f., 142, 183, 196[210]
Harsäus, Johann 142
Häslwanger, Adam 29[10]
Hasenbüchler, Georg 30[10]
Hauswirt, Johann 29[10]
Hepf, Sebastian 29[9]
Heckenbach 73
Heidelberg (Universität) 147[3], 149[9], 150 - 52, 164[69], 165[73]
Heiss, Johann 43[64]
Hemmen, Andreas 29[9]
Henischius, Philipp 20[2]
Hereszeller, Maria 89
Hermann, Sebastian 139[66]
Hersfeld 85
Hesslinger, Markus 29[10]
Hilpoltstein 24[10], 26, 29, 30[10], 130, 134, 140, 155[31], 181 f.
Hildebrandt, Georg 60 f.
Hiltprand, Michael 60
Hintermaier, Johann 65
Höchstätt 155
Hofer, Konrad 22[2], 23 f., 70[10], 74 f., 80[39], 110[2], 114, 116, 119 f., 123[26], 124, 127, 128[31], 131
Hoffmair, Klemens 139[66], 181[153]
Hoffmann, Martin 51 f.
Hohenwart bei Schrobenhausen 123[26]
Hölzel, Andreas 29[10]
Hueber, Bartholomäus 29[6]
Huber, Johann 43[64]
Hubschenauer, Johann 39, 170[98]
Hudler, Pantaleon 25[17]
Hüttner, Michael 50
Hund, Wiguleus 176[132], 202[239]
Huendel, Hans 43[63]
Hünfeld 87 f., 123[26]
Hunger, Albrecht 84, 138, 204[251]

Ichenhausen 123[26]
Jacobus, Thomas 30[10]
Jonas, Jakobus 102
Julius, Bischof von Würzburg 73

Lättenbeck, Johann 98
Lagus, Caspar 136, 138, 204[251]
Lainez, Jakob 202[239]
Landau, Adam 85
Landau, Friedrich 85
Landau, Laurentius 86, 88
Landau, Ludwig 23 f., 70[10], 100, 111 f., 122 f., 128, 130[38], 136[52], 138, 187, 201
Landsberg/Lech 54 f., 123
Landshut 24[10], 25, 28[6], 29, 30[10], 155[32], 205[254]

Lang, Martin 30[10]
Langenmantel, Heinrich 96
Lanoy, Nikolaus 202[239]
Lauther, Georg 65
Lauther, Michael 65
Lauingen 26, 30[10], 130, 134 f., 140, 155, 181 f., 194
Lechner, Mathias 139[66]
Leipzig (Universität) 41, 149 f., 152, 177
Leoninus, Quirinus 189
Leucht, Hieronymus 172[110]
Leuttner, Sigismund 29[10]
Lichtenauer, Friedrich 190[185]
Lichtenauer, Johann 60, 190[183], 192[206], 197[214], 198 f., 201, 204
Liechtensperger, Sebastian 30[10]
Linsinger, Nicolaus 20[2]
Loberg 79, 123[26]
Locher, Jacob 31
Lotter, Wolfgang 158[44a]
Loisacher, Johann 46[73]
Lorenz von Bibra 44
Lorichius, Johann 183[157]
Lorsch 71
Losschüler, Balthasar 139[66]
Löwen (Universität) 184
Ludwig der Bärtige, Herzog von Bayern-Ingolstadt 157
Luther, Martin 44

Mader, Stefan 163[64]
May, Johann Leonhard 136[54]
Mayek, Michael 191[190]
Maier, Alexander 20[2]
Mayer, Christoph 48[80]
Mair, Johann 43[63]
Mair, Sebastian 48[80]
Maimauer, Wolf 84
Maister, Sebastian 29[9]
Marburg (Universität) 176 f.
Marsteller, Leonhard 71
Martin, Bischof von Eichstätt 93, 96 f.
Mauser, Nikolaus 30[10]
Meckenhausen 164, 182, 193
Meixner, Johann 51[91]
Melchior, Bischof von Würzburg 71
Memmingen 89
Menzel, Philipp 138, 204[251]
Mertzen, Balthasar 69
Messenhauser, Bernhard 181[153]
Michael, Veit 97, 191, 194[201]
Miller, Christoph 43[64]
Morhart, Caspar 154[28]
Mülich, Johann 30[10]
Müller, Theodor 43[64]
Münchsmüster 189, 201[234]
Muscal, Albert 97

Nadler, Hieronymus 89
Neuchinger, Hanns 89
Neumayer, Egidius 40
Neumann, Moritz 71
Nikh, Burkhard 36
Niedermair, Georg 29[6]
Niedermayer, Johann 30[10]
Ninguarda, Felician 187 f.
Nierer, Niklas 46[75]
Noiman, Niklas 43[63]
Nürnberg 182[154], 193

Oberschwender, Zacharias 198[219]
Ötting 26, 30[10], 134 f., 140, 142, 155[31], 182[155]
Omissel, Johann Christoff 92
Ortissei 105 f., 123[26]
Ossana 106 f.
Oxford (Universität) 147[2], 150

Ratingk de Berka, Amplonius 150[13]
Rain 155[34]
Ramelspach, Thomas 37
Rauscher, Simon 46[73]
Reckenschink, Johann 40[50], 162[59], 170[99], 171[101], 173[116]
Reel, Georg 98
Regensburg 43[64], 56
Regler, Georg 43[63]
Reichenhall 155[34]
Reitmaier, Stefan 190[185], 192[192]
Reinhart, Jakob 36
Reiss, Johann 43[64]
Reysach, Dietrich 31
Renner, Caspar 29[9]
Richardus, Johann 43[64]
Ritter, Johann 58[113]
Ried, Bernhard 29[9]
Riede, Georg 139[66]
Rieger, Urban 160[51]
Röckler, Andreas 68, 181[151]
Rohrenfeld 166[79]
Rosenheimer, Alexander 30[10]
Rumpold, Leonhard 52 f.

Sailer, Wolfgang 29[9]
Salach, Johann 158[44a], 161[56]
Salzburg 79 f., 184 f.
Sameshueber, Georg 30[10]
Sartorius, David 105
Specht, Franz 35
Specht, Moritz 199[224]
Spitelmayr, Johann 43[63]
Spieß, Johann 30[10]
Spreter, Johann 129[33], 174 f., 190 - 92
Schaider, Jakob 29[9]
Schaider, Konrad 39, 160[50]
Schaller, Caspar 85

Register der Personen- und Ortsnamen

Schaller, Georg 85
Schärding 26, 30[10], 142, 181
Schaupp, Johann 71
Schäzl, Stefan 58[113]
Scheitterberg, Jakob 78[30]
Scheiring, Samuel 199[226]
Schilt, Leonhart 43[64]
Schlack, David 30[10]
Schleuff, Martin 43[64]
Schlierstadt/Odenwald 30, 34, 123[26]
Schmid, Johann 43[63]
Schnabel, Johann 43[63], 46[73]
Schneider, Warmund 43[63]
Schober, Veit 78[30], 204[251]
Schönawer, Jeremias Georg 136[54]
Schonhart, Johann 51[91]
Schröttinger, Johann 39, 47, 158 - 62, 170 f.
Schuentzle, Johann 30[10]
Schütz, Joseph 175, 190[185]
Schwab, Oswald 36, 50
Schwarz, Andreas 51[91]
Schwebermair, Georg 22[2], 31, 33, 46 f., 51, 64, 66, 79, 109, 111, 119 f., 123, 127, 135, 140, 158[44a], 167, 170 f., 194
Staphylus, Friedrich 52, 67, 134, 184, 202
Steyberger, Johann 43[64]
Steinemer, Eustachius 50[86]
Sterkel, Abraham 84
Sterkel, Anna 22, 37, 83 f., 113, 114[10], 116, 120[15], 123[26], 128, 136[52], 142, 186 f., 196[210]
Sterkel, David 84
Sterkel, Hans 83
Sterkel, Jakob 84 f.
Stimfflin, Vital 77
Stockler, Wolfgang 58[113]
Strauss, Caspar 97
Streitel, Christoph 181[153]
Strobl, Jakob 29[9]
Strobl, Stefan 163[64]
Strobel, Sebastian 139[61]
Strohmeier, Caspar 29[9]
Stuttgart 101, 123[26]
Seemiller, Johann 44[64]
Seyst, Wolfgang 30[10]
Seyz, Michael 30[10]
Simon, Johann Chrisostomus 199
Sindlhauser, Georgius 75
Synninger, Hanns 37
Suppan, Michael 71
Subenpurger, Georg 46[73]
Surtel, Leonhard 30[10]

Ulmer, Martin 29[9]
Utz, Sixtus 30[10]

Waffenschmidt, Johann 29[9]
Wagner, Johann 198[218]
Waizenegger, Jakob 43[64]
Walter, Hans 35
Walter, Johann 29[10]
Walterringer, Wolfgang 139[66]
Wangner, Georg 90
Wangner, Paul 90
Wasserburg 26, 30[10], 142, 155[31]
Weckerle, Johann 58[113]
Weichering 166[79]
Weigmann, Friedrich 29[9]
Weißenhorn, 26, 30[10], 155[34]
Wemding 24[10], 26, 29, 30[10], 43[64]
Werner, Ulrich 30[10]
Westermair, Andreas 43[64]
Wittenberg (Universität) 92, 151[15], 177
Widmann, Hans 22[2], 33[20], 37 f., 47 f., 56, 109 f., 117, 119 f., 123[26], 126, 140, 160, 167, 170[98], 192[192], 200[229]
Widman, Johannes 29[9]
Wien (Universität) 30, 147[3], 149, 151 f., 165[73]
Wiener, Wolfgang 139[66]
Wilfengheder, Ambrosius 29[10]
Winhartt, Johann 37
Winkler, Felicitas 76
Winkler, Jakob 29[9]
Winkler, Johann 22[2], 24, 33[20], 66, 76 f., 109[1], 113 f., 120[15], 123[26], 200[230]
Winner, Anton 29[9]
Wolf, Erasmus 22[2], 40, 54 f., 59, 79, 110, 114 f., 119 f., 123, 128[31], 137, 162[116], 174, 179[144], 190[185], 192, 202[239]
Wolf, Martin 22[2], 77 f., 108[17], 110[3], 120[16], 121, 123[26], 128[31]
Wolfgang, Bischof von Passau 34[24]
Würzburg 50
Wurzler, Matthaeus 29[9]

Zaler, Johann 46, 158[44a], 159, 163[63], 170
Zettel, Johann 60
Zettel, Paul 79, 191[185]
Zeys, Johann 22[2], 24[10], 27[4], 50 f., 78, 110, 120[16], 121, 123[26], 128[31], 135, 142, 182, 202[239]
Zeelmayer, Augustin 30[10]
Zenckel, Christoph 30[10]
Zehenter, Wolfgang 48[80]
Zehntmayr, Alexius 39, 162[59]
Ziegeldrumb, Georg 46[73]
Ziegler, Anton 29[9]
Ziegler, Hieronymus 56, 175[125]
Zingel, Christoph 34
Zingel, Georg 22[2], 23, 24[10], 30 f., 51, 56, 69, 113 f., 116, 120, 123, 126, 136, 142, 167, 196[210], 200[229]
Zingel, Hartmann 34 f.
Zingel, Johann 34

Printed by Libri Plureos GmbH
in Hamburg, Germany